高等学校经济学类核心课教材

# 中国特色社会主义政治经济学

## 制度·运行·发展·开放

## （第四版）

张　宇　谢　地　任保平　蒋永穆　等

中国教育出版传媒集团

高等教育出版社·北京

本教材 2017 年以来：

★ 获列主题出版重点选题及主题出版重点出版物（2017）

★ 入选"砥砺奋进的五年"国家成就展（2017）

★ 获第八届国家级教学成果奖二等奖（2018）

★ 被圣智学习出版公司（CENGAGE）引进出版英文版（2021）

★ 入选"一带一路"出版合作典型案例（2022）


本教材建设所获支持：

☆ 中国特色社会主义经济建设协同创新中心

☆ 中国人民大学重大规划项目

☆ 国家社科基金重大项目"推动我国经济高质量发展与构建中国特色
社会主义经济学学科体系研究"（18ZDA036）

写出一本社会主义共产主义政治经济学教科书，现在说来，还是一件困难的事情。有英国这样一个资本主义发展成熟的典型，马克思才能写出《资本论》。社会主义社会的历史，至今还不过四十多年，社会主义社会的发展还不成熟，离共产主义的高级阶段还很远。现在就要写出一本成熟的社会主义共产主义政治经济学教科书，还受到社会实践的一定限制。

　　毛泽东：《读苏联＜政治经济学教科书＞的谈话（一九五九年十二月——一九六〇年二月）》，《毛泽东文集》第8卷，人民出版社1999年版，第140页。


　　我说我的印象是写出了一个政治经济学的初稿，是马克思主义基本原理和中国社会主义实践相结合的政治经济学。

　　邓小平：《在中央顾问委员会第三次全体会议上的讲话（一九八四年十月二十二日）》，《邓小平文选》第3卷，人民出版社1993年版，第83页。


　　坚持和发展中国特色社会主义政治经济学，要以马克思主义政治经济学为指导，总结和提炼我国改革开放和社会主义现代化建设的伟大实践经验，同时借鉴西方经济学的有益成分。中国特色社会主义政治经济学只能在实践中丰富和发展，又要经受实践的检验，进而指导实践。要加强研究和探索，加强对规律性认识的总结，不断完善中国特色社会主义政治经济学理论体系，推进充分体现中国特色、中国风格、中国气派的经济学科建设。

　　习近平：《在主持召开经济形势专家座谈会上的讲话》，《人民日报》，2016年7月9日。

## 本书编写组主要成员

张　宇（中国人民大学）

谢　地（辽宁大学）

任保平（南京大学）

蒋永穆（四川大学）

何自力（南开大学）

高　帆（复旦大学）

赵　峰（中国人民大学）

何爱平（西北大学）

周端明（合肥师范学院）

张　晨（中国人民大学）

卢　江（浙江大学）

齐　昊（中国人民大学）

刘清田（高等教育出版社）

# 前　　言

## 一

党的二十大报告指出，"马克思主义是我们立党立国、兴党兴国的根本指导思想。实践告诉我们，中国共产党为什么能，中国特色社会主义为什么好，归根到底是马克思主义行，是中国化时代化的马克思主义行"。马克思主义政治经济学是马克思主义的重要组成部分，恩格斯说，无产阶级政党的"全部理论来自对政治经济学的研究"①。列宁把政治经济学视为马克思主义理论"最深刻、最全面、最详尽的证明和运用"②。中国共产党一贯重视对马克思主义政治经济学的学习、研究和运用，坚持把马克思主义政治经济学的基本原理同中国具体实际相结合，提出科学的经济理论，指导经济发展实践，在经济战线上取得了一个又一个巨大胜利。

在新民主主义革命时期，中国共产党创造性地提出了新民主主义经济纲领，在探索社会主义建设道路过程中对发展中国经济提出了独创性的观点。在改革开放和社会主义现代化建设新时期，把马克思主义政治经济学基本原理同中国改革开放新的实践相结合，不断丰富和发展马克思主义政治经济学，创立了中国特色社会主义政治经济学。1984年10月《中共中央关于经济体制改革的决定》通过之后，邓小平评价这个决定"写出了一个政治经济学的初稿，是马克思主义基本原理和中国社会主义实践相结合的政治经济学"。③ 这个初稿，实际上就是中国特色社会主义政治经济学的初稿。改革开放40多年来，随着中国特色社会主义经济实践的蓬勃发展，中国特色社会主义政治经济学的初稿不断丰富、充实、拓展、完善，发展成了具有鲜明主体性、原创性的系统化经济学说。

党的十八大以后，中国特色社会主义进入新时代。习近平就新时代坚持和发展马克思主义政治经济学发表了一系列重要论述，强调我国经济发展进程波澜壮阔、成就举世瞩目，

---

① 恩格斯.卡尔·马克思《政治经济学批判。第一分册》[M]//马克思恩格斯选集：第2卷.北京：人民出版社，2012：8.
② 列宁.卡尔·马克思[M]//列宁选集：第2卷.北京：人民出版社，2012：428.
③ 邓小平.在中央顾问委员会第三次全体会议上的讲话[M]//邓小平文选：第3卷.北京：人民出版社，1993：83.

蕴藏着理论创造的巨大动力、活力、潜力,要深入研究世界经济和我国经济面临的新情况新问题,为马克思主义政治经济学创新发展贡献中国智慧;强调要学好用好政治经济学,自觉认识和更好遵循经济发展规律;强调要把实践经验上升为系统化的经济学说,不断开拓当代中国马克思主义政治经济学新境界;强调要坚持发展中国特色社会主义政治经济学,不断完善中国特色社会主义政治经济学理论体系;强调要运用马克思主义政治经济学的方法论,深化对我国经济发展规律的认识,提高领导我国经济发展能力和水平;强调要树立国际视野,从中国和世界的联系互动中探讨人类面临的共同课题,为构建人类命运共同体贡献中国智慧、中国方案。习近平的重要论述,深刻回答了新的历史条件下坚持和发展马克思主义政治经济学的一系列方向性、原则性的重大问题,对于在新时代更好坚持发展中国特色社会主义政治经济学,更好指导我国经济实践、推动中国特色社会主义经济建设持续健康发展,进一步增强中国特色社会主义道路自信、理论自信、制度自信、文化自信,推进充分体现中国特色、中国风格、中国气派的经济学科的建设,都具有重要指导意义。

改革开放以来,中国经济改革和经济发展取得了举世瞩目的巨大成就,反映这一巨大成就的中国经济理论的发展,也取得了丰硕成果。但是,对于用什么样的范畴从总体上概括这些理论成果的本质特征和历史地位,起到纲举目张的作用,学术界存在不同认识,有三种代表性观点:

第一种观点认为,中国的经济理论只是社会主义政治经济学一般理论在中国的具体应用。这种观点忽视了中国特色社会主义经济理论所具有的鲜明民族特色、时代特色和实践特色,以及对社会主义政治经济学的创造性发展;忽视了中国经济理论的主体性和原创性。

第二种观点认为,中国的经济理论只是当代中国经济问题的理论汇总,或者说是对中国经济改革和经济发展过程中产生的各种具体问题的探讨和总结。这种观点忽视了中国的经济发展也要遵循一般经济规律,忽视了中国的特殊经验中也包含着普遍意义。

第三种观点认为,中国的经济理论只是一种过渡经济学或转型经济学,是西方经济学在经济转型中的具体应用。这种观点忽视了西方经济学存在的局限和缺陷,忽视了中国经济改革和经济发展特殊的制度条件、历史背景和文化传统,以及中国经验的世界意义。

"一门科学提出的每一种新见解都包含这门科学的术语的革命。"[1]党的十八大后,习近平创造性地提出了中国特色社会主义政治经济学这一新的理论范畴或术语,为我们科学认识这个问题指出了正确方向。这一新范畴的提出,明确了中国特色社会主义政治经济学的主体性和原创性,确认了中国特色社会主义政治经济学作为一门学科的独立地位,表明了中国共产党对中国特色社会主义经济的认识已经从经验性知识上升为系统化学说,对社会主义经济发展规律的认识把握发生了新的历史性飞跃,在经济理论上的自觉自信达到

---

① 恩格斯.英文版序言[M]//马克思恩格斯文集:第5卷.北京:人民出版社,2009:32.

了新的高度,为推动马克思主义政治经济学的发展注入了强大动力,在马克思主义政治经济学发展史上树起了一座重要的里程碑。

# 二

什么是中国特色社会主义政治经济学,如何认识和把握中国特色社会主义政治经济学的内涵和特点?回答这个问题,需要弄清楚中国特色社会主义政治经济学的对象、任务、方法和原理等基本问题。

——关于研究对象。

中国特色社会主义政治经济学是以中国特色社会主义经济为研究对象的,而中国特色社会主义经济又包括了生产力和生产关系两个方面的内容。

从生产关系的方面看,中国特色社会主义经济的主要内容有:中国共产党对经济工作的全面领导,以公有制为主体、多种所有制经济共同发展的所有制制度,以按劳分配为主体、多种分配并存的分配制度,社会主义市场经济体制,社会主义国家的宏观调控,工农城乡关系,合作共赢的新型对外关系,实现全体人民的共同富裕,保障社会公平正义等。

从生产力的方面看,中国特色社会主义经济的主要内容有:中国特色社会主义的新型工业化、信息化、城镇化、农业现代化同步发展,中国特色社会主义的经济增长以及农业、工业、服务业和数字经济等各个领域和部门的发展,社会再生产中各部类之间的物质平衡和连续运动,中国特色社会主义经济中的高水平科技自立自强、创新型国家、产业优化、空间布局、可持续发展等。

生产力和生产关系这两个方面的有机结合,构成了中国特色社会主义经济的动态发展过程,在此基础上形成了复杂多样的经济现象,包括企业制度、市场体系、政府职能,财政、金融、社会保障、贸易、投资和价格,总供给、总需求、经济增长与经济波动,参与国际分工、交换、投资、竞争、合作的国际经济过程,等等,这些现象相互联系、相互制约、相互交织,形成了中国特色社会主义经济的有机整体。

此外,在中国特色社会主义条件下,经济和政治之间具有十分密切的关系。经济是政治的基础、政治是经济的集中体现,这一规律在中国特色社会主义经济中表现得尤为明显。中国特色社会主义最本质的特征是中国共产党领导,中国特色社会主义制度的最大优势是中国共产党领导,中国共产党是最高政治领导力量,必须坚持党对经济工作的全面领导。因此,研究中国特色社会主义经济还需要紧密联系社会主义政治等上层建筑。

总之,中国特色社会主义政治经济学是以中国特色社会主义经济,更具体说,以中国特色社会主义经济中生产力与生产关系的矛盾运动为研究对象的,也就是以中国特色社会主义生产方式为研究对象的。

生产方式始终是马克思主义政治经济学关注的核心问题,但是,在不同的社会制度下,政治经济学研究的重点有所不同。

在资本主义制度下,马克思主义政治经济学的研究重点是揭示资本主义经济运动规律,阐明资本主义制度的本质及其内在矛盾,阐明资本主义制度产生发展和灭亡的历史趋势,证明社会主义代替资本主义的历史必然性,为无产阶级革命提供科学的理论依据。

在社会主义制度下,马克思主义政治经济学的研究重点则是揭示社会主义经济运动规律,为社会主义经济发展提供科学指导。社会主义的根本任务是发展生产力,发展是硬道理,从这一点出发,中国特色社会主义政治经济学在研究对象上要求更加突出生产力的发展,在生产力与生产关系的统一中把握经济发展的规律,为促进社会主义经济发展服务。

——关于研究任务。

政治经济学的任务在于揭示经济运动规律。中国特色社会主义政治经济学的目的在于揭示中国特色社会主义经济运动规律,这些规律是从中国改革开放和中国特色社会主义经济建设的实践经验中概括总结出来的,反映了中国特色社会主义经济内在的、必然的联系。掌握了这些规律,就可以透过纷繁复杂的经济现象把握经济运动的本质,更好地回答我国经济发展的理论和实践问题,更好地指导我国经济发展实践,提高驾驭社会主义市场经济能力,提高调控我国经济运行的能力和水平。

需强调的是,特殊性中包含着普遍性,中国特色社会主义经济规律中蕴含着社会主义经济的一般规律、社会经济的一般规律。正如习近平指出的那样:越是民族的越是世界的。解决好民族性问题,就有更强能力去解决世界性问题;把中国实践总结好,就有更强能力为解决世界性问题提供思路和办法。这是由特殊性到普遍性的发展规律。因此,中国特色社会主义政治经济学既要致力于揭示中国特色社会主义经济的运动规律,也要致力于把中国的特殊经验上升为系统的一般化的经济理论,为马克思主义政治经济学的发展贡献中国智慧,为人类对更好社会制度的探索提供中国方案。

——关于研究方法。

中国特色社会主义政治经济学是当代中国的马克思主义政治经济学,是运用马克思主义政治经济学的理论和方法分析当代中国经济现实的理论成果。马克思主义政治经济学的方法有许多,如矛盾分析法、科学抽象法、逻辑与历史统一法等,但最根本的方法是辩证唯物主义和历史唯物主义,其核心是生产关系适应生产力发展的原理。这一原理的重要意义列宁曾作过明确概括,"只有把社会关系归结于生产关系,把生产关系归结于生产力的水平,才能有可靠的根据把社会形态的发展看作自然历史过程。不言而喻,没有这种观点,也就不会有社会科学。"①

人类社会的经济运动过程从来都是生产力与生产关系相统一的过程,正是由于这个原

---

① 列宁.什么是"人民之友"以及他们如何攻击社会民主党人[M]//列宁选集:第 1 卷.人民出版社,1995:8-9.

因，马克思提出了著名的"劳动二重性"学说，并强调这一学说称为理解政治经济学的枢纽。我们可以看到，在《资本论》中，所有的经济现象和经济范畴都是生产力与生产关系二重性的统一。比如，商品是使用价值与价值的统一、社会劳动是具体劳动与抽象劳动的统一、资本主义生产是一般劳动过程与价值增殖过程的统一、资本构成是资本的技术构成与资本的价值构成的统一、资本的积累是物质资料的再生产与生产关系再生产的统一。

因此，坚持马克思主义政治经济学的分析方法，就必须坚持从生产力与生产关系的统一中分析中国特色社会主义经济。比如，中国特色社会主义经济制度，一方面体现了社会主义初级阶段生产力发展的硬道理，另一方面体现了社会主义生产关系的本质要求；中国特色社会主义经济运行，一方面体现为生产要素在微观、中观和宏观不同层面的配置过程，另一方面体现为个人、企业和国家等经济主体进行的经济活动；中国特色社会主义经济发展，一方面体现为生产力的发展和物质财富的增加，另一方面体现为以人民为中心发展的实现过程；中国特色社会主义对外开放，一方面体现为积极参与全球的分工体系和资源配置体系，另一方面体现为社会主义生产关系和资本主义生产关系的共存与斗争。

——关于基本理论。

中国特色社会主义政治经济学有哪些基本理论？这是需要深入研究的。总的来说，中国特色社会主义是科学社会主义而不是空想社会主义、民主社会主义或其他什么主义，因此，中国特色社会主义政治经济学的基本原理与科学社会主义的基本原理是一致的，而不是背离的。同时，中国特色社会主义政治经济学又是马克思主义政治经济学中国化时代化的新成果，其基本理论也必然具有了新的内容。

马克思和恩格斯是科学社会主义的创始人，也是社会主义政治经济学的奠基者。他们通过对资本主义生产方式矛盾运动规律和发展趋势的深刻分析，揭示了未来共产主义和社会主义经济关系的基本特征，阐明了科学社会主义关于未来社会经济特征的基本原理，包括：以社会化大生产为物质基础，生产资料公有制代替私有制，实行按劳分配或按需分配，生产的目的是满足人民群众的需要，实现人的全面发展和社会成员的共同富裕，有计划按比例地发展社会生产，消除脑力劳动与体力劳动、城市与乡村的差别，等等。

中国特色社会主义政治经济学是社会主义政治经济学坚持了科学社会主义关于社会主义和共产主义经济特征的基本理论，又根据时代、国情和实践对其进行了创新和发展，形成了一系列新的理论，包括：坚持以人民为中心的发展思想，坚持新发展理念，推动高质量发展，构建新发展格局，全面建设小康社会和全面建设社会主义现代化国家理论，社会主义初级阶段基本经济制度的理论，社会主义市场经济，经济体制改革，对外开放和参与经济全球化，构建人类命运共同体，推动城乡一体化发展，中国特色新型工业化、信息化、城镇化、农业现代化同步发展，建设现代化经济体系，等等。这些理论成果，马克思主义经典作家没有讲过，改革开放前我们也没有这方面的实践和认识，是适应当代中国国情和时代特点的政治经济学,不仅有力指导了我国经济发展实践,而且开拓了马克思主义政治经济学新境界。

——关于逻辑主线。

马克思主义是人民的理论,是人类思想史上首创的关于人民实现自身解放的思想体系。马克思主义博大精深,归根到底就是一句话,为人类求解放。社会主义基本经济制度的建立,为人民实现自身解放创造了坚实的制度条件并开辟了广阔的发展前景。社会主义经济与资本主义经济的根本区别就在于,社会主义经济以人民为中心发展,资本主义经济以资本为中心发展。中国特色社会主义政治经济学坚持把以人民为中心的发展思想作为根本指导思想,把满足人民日益增长的美好生活需要、促进人的全面发展和全体人民共同富裕,作为经济发展的出发点和落脚点,把坚持以人民为中心的发展思想体现在经济发展的各个环节和全部过程,使其成为贯穿于整个理论体系的逻辑主线。比如,在所有制结构上,体现为以公有制为主体、多种所有制经济共同发展,发挥各种所有制的优势;在分配制度上,体现为以按劳分配为主体、多种分配方式并存,使全体人民共享发展成果;在经济体制上,体现为社会主义基本制度与市场经济的有机结合,充分发挥市场在资源配置中的决定性作用,更好发挥政府作用;在经济运行上,体现为供给和需求在总量和结构上实现自觉的动态平衡,从低水平平衡到高水平平衡的向上移动;在经济发展上,体现为高质量发展,能够很好地满足人民日益增长的美好生活需要;在城乡关系上,体现为以工促农、以城带乡、工农互惠、城乡一体的新型工农城乡关系,让广大农民平等参与现代化进程、共同分享现代化成果;在国际关系上,体现为构建人类命运共同体,为世界谋大同;等等。总之,以人民为中心体现了中国特色社会主义经济发展的本质,把握了以人民为中心的发展的根本原则,就把握了中国特色社会主义政治经济学的精髓。

## 三

如何构建中国特色社会主义政治经济学理论体系,在很大程度上体现这门学科的发展状况和完善程度。这一问题,国内的学者进行了深入的探索,发表了不少有价值的意见。比如,有的学者提出,可以按照《资本论》的逻辑体系来构建社会主义政治经济学理论体系;有的学者提出,可以参照西方经济学体系,从微观和宏观两个部分对社会主义经济问题进行分析;有的学者提出,可以按照本质、运行、发展三个层次来阐述政治经济学的理论体系;有的学者提出,中国特色社会主义政治经济学的核心是社会主义与市场经济的结合;有的学者提出,应当按照企业、市场、政府的结构来安排社会主义政治经济学的理论体系;等等。

有两种比较有代表性的意见值得研究:

一是按照马克思《资本论》的体系来进行阐述的理论体系。毫无疑问,马克思《资本论》对于构建中国特色社会主义政治经济学理论体系具有重要指导意义,比如,生产力决定生产关系,生产力与生产关系是有机统一体;社会再生产分为生产、分配、交换和消费四个环节,生产在其中居于支配地位;劳动者和生产资料的结合方式,是社会经济运动过程的基础;现实的市场经济是与特定社会制度相结合的,有一般商品关系的属性,也有特殊的制度属性,等等。同时,我们也要看到,构建中国特色社会主义政治经济学的理论体系不能完全模仿或者直接照搬《资本论》的体系,这主要是因为:

(1)《资本论》研究的是资本主义经济,其逻辑结构是以资本为中心展开的,而中国特色社会主义政治经济学研究的是社会主义经济,其逻辑结构是以人民为中心展开的。

(2)《资本论》研究的目的侧重于对资本主义生产方式内在矛盾的揭示和批判,而中国特色社会主义政治经济学研究的目的侧重于对社会主义经济发展规律的探索和把握。

(3)在《资本论》中马克思抽象掉了一些重要的因素,如国家的作用、经济发展的体制机制、国际贸易与世界市场等,而中国特色社会主义政治经济学则必须把这些因素作为重要的分析内容。

二是按照西方经济学的体系进行阐述的理论体系。应当承认,西方经济学反映了现代市场经济运行的一些规律和特点,对于构建中国特色社会主义政治经济学理论体系有借鉴意义。但是,西方经济学的理论体系与中国特色社会主义政治经济学的理论体系有着本质区别,具体来说:

(1)研究的对象不同。西方经济学研究的是发达资本主义经济,反映发达资本主义经济的制度要求、利益结构和思想理念。而中国特色社会主义政治经济学研究的是当代中国社会主义经济,反映中国特色社会主义经济的制度要求、利益结构和思想理念。

(2)研究的目的不同。西方经济学研究的目的在于总结资本主义经济的实践经验,说明资本主义经济制度的合理性,并为资本主义国家发展经济提供理论依据。而中国特色社会主义政治经济学研究的目的在于总结中国特色社会主义经济的实践经验,揭示中国特色社会主义经济的运动规律,并为中国特色社会主义经济发展提供理论依据。

(3)研究的内容不同。西方经济学主要研究自利经济人的假设前提下微观层面个人和企业的行为,以及以总供给与总需求为核心研究宏观经济的波动。而中国特色社会主义政治经济学主要研究社会主义生产、分配、交换和消费四个环节,以及经济制度、经济运行、经济发展和对外开放等。

构建中国特色社会主义政治经济学理论体系是一个复杂艰巨的任务,需要在坚持马克思主义政治经济学基本理论和方法论的基础上,正确吸收西方经济学的合理成果,系统总结中国特色社会主义经济理论和实践发展的经验,进行多方面的比较、探索、借鉴、开拓,在不断发展创新中逐步向前推进。

本书在充分吸取和借鉴国内外相关研究成果的基础上,对中国特色社会主义政治经济学理论体系的构建提出了具体设想,这就是制度、运行、发展和开放四位一体的体系结构。

第一篇,社会主义基本经济制度。社会主义基本经济制度是中国特色社会主义生产关系的具体体现,主要包括了四个方面的内容:社会主义基本经济制度的本质、社会主义初级阶段所有制制度、社会主义初级阶段分配制度和社会主义市场经济制度。其中,以公有制为主体、多种所有制经济共同发展的所有制制度居于核心地位。中国特色社会主义基本经济制度是中国特色社会主义经济最根本的制度基础,中国特色社会主义经济的运行、发展和开放都在这一基础上展开。

第二篇,中国特色社会主义经济运行。中国特色社会主义经济运行是中国特色社会主义基本经济制度在经济活动中的展开,主要包括了三个方面的内容:微观经济运行、中观经济运行和宏观经济运行。其中,微观经济运行是市场配置资源的基础,并通过企业、农户、居民的经济活动得以实现;中观经济运行是微观经济运行和宏观经济运动的结合部,体现为产业经济和区域经济的变动;宏观经济运行是社会产品的总供给与总需求的平衡及其波动。

第三篇,中国特色社会主义经济发展。中国特色社会主义经济发展是中国特色社会主义经济运行长期积累的结果,主要包括了三个方面的内容:经济增长、经济发展以及城乡一体化。其中,经济增长表现为人均国民经济产出的持续增加,经济发展表现为经济增长基础上经济结构的优化和社会的全面进步,城乡一体化则是中国特色社会主义经济发展的重点和特色所在。

第四篇,中国特色社会主义对外开放。中国特色社会主义对外开放是中国特色社会主义经济参与经济全球化进程的必然要求,主要包括了三个方面的内容:对外开放和经济全球化、对外经济关系及参与全球经济治理。其中,参与经济全球化是对外开放的历史背景,发展对外经济关系是对外开放的体制基础,参与全球经济治理是对外开放的必然要求。

经济制度、经济运行、经济发展和对外开放,这四个部分之间存在紧密的联系、严密的逻辑。社会主义基本经济制度是体现中国特色社会主义生产关系的基本行为规则,各个经济主体依据这些行为规则从事经济活动,构成了经济运行的过程,经济运行过程结果的积累,形成了经济发展,经济发展的国际化,就是对外开放。制度、运行、发展、开放作为一个有机的整体,体现了中国特色社会主义经济的本质特征和内在规律。而贯穿于其中的逻辑主线则是以人民为中心的发展,这是主导中国特色社会主义经济发展的根本准则,体现在经济社会发展各个环节和全部过程。

# 四

本书第四版是在第三版的基础上修订而成的,本修订的主要目的是充分体现党的二十大精神,充分体现习近平新时代中国特色社会主义思想特别是习近平经济思想的最新成果,充分体现新时代我国社会主义经济建设的新实践和中国特色社会主义政治经济学发展的新进展。

本书是集体合作的成果,来自中国人民大学、南京大学、复旦大学、南开大学、浙江大学、四川大学、吉林大学、辽宁大学、西北大学、合肥师范学院、大连民族大学等近30位教师参加了本书的编写,他们是张宇、谢地、任保平、蒋永穆、何自力、高帆、赵峰、何爱平、周端明、李政、张晨、卢江、齐昊、伍旭中、刘佳丽、孔晓、刘清田、张广辉、吴英慧等。张宇主持了全书内容的设计、组织和统稿工作,谢地、任保平、蒋永穆参与了组织和协调工作。

由于时间紧迫和水平所限,本书难免存在一些不足,希望广大读者尤其是学界同行提出宝贵意见和建议。

坚持发展中国特色社会主义政治经济学、不断完善中国特色社会主义政治经济学理论体系,是新时代赋予中国经济学者的历史重任,我们愿意和大家一道,为此而不懈努力。

作者

2023 年 4 月

# 目　　录

## 第二篇 中国特色社会主义经济运行

## 第三篇　中国特色社会主义经济发展

# 第四篇　中国特色社会主义对外开放

# 导　　论

　　什么是中国特色社会主义政治经济学？它是如何产生和发展的,其方法、对象、任务和理论体系有什么特点,与政治经济学、马克思主义政治经济学和社会主义政治经济学的关系是什么？学习中国特色社会主义政治经济学有什么重要的理论和现实意义？这些问题,是我们学习和把握中国特色社会主义政治经济学必须首先了解的。

## 第一节　什么是中国特色社会主义政治经济学

### 一、经济学和政治经济学

　　中国特色社会主义政治经济学属于政治经济学,要想了解什么是中国特色社会主义政治经济学,首先需要了解什么是政治经济学,特别是需要弄清政治经济学与经济学的关系。

　　政治经济学是研究社会经济问题的科学,有着悠久的历史。早在我国春秋战国时期,以管仲为代表的中国的一批思想家包括儒、法、墨、农等各思想派别,就对赋税、贸易、货币、价格、田制、土地、人口、国家市场关系等经济问题进行了研究,提出了系统的观点。一般认为,是法国重商主义的代表人物安·德·蒙克莱田(Antoine de Montchrétien)在 1615 年出版的《献给国王与王太后的政治经济学》一书中,第一次使用了"政治经济学"这个词。在经济前面加上"政治"一词,表明人们的经济活动已超出家庭经济或庄园经济范围,涉及国家或社会的经济问题。

　　政治经济学在最初的产生阶段,所讨论的问题差不多都是围绕如何增进国家的财富、税收和保障国民的生活福利而展开的,为统治者管理经济出谋划策。比如,英国古典经济学代表人物亚当·斯密(Adam Smith)在著名的《国民财富的性质和原因的研究》一书中,对政治经济学作了如下定义:"被看作政治家或立法家的一门科学的政治经济学,提出两个不同的目标:第一,给人民提供充足的收入或生计,或者更确切地说,使人民能给自己提供这样的收入或生计;第二,给国家或社会提供充分的收入,使公务得以进行。总之,其目的在于富国裕民。"①

到了18世纪70年代,政治经济学的主题逐步明确起来,这就是关于财富的生产和分配的规律。这一时期,政治经济学开始被作为一门独立的科学,而与统治者的政治活动区别开来。法国古典自由主义者让·巴蒂斯特·萨伊(Jean-Baptiste Say)在《政治经济学概论》绪论中强调,应当把"研究社会秩序所根据的原则的政治学"与"阐明财富是怎样生产、分配与消费的政治经济学"区别开来。英国经济学家约翰·穆勒(John Stuart Mill)在谈到政治经济学"研究的主题"时说,"这个主题就是财富""政治经济学家们声称是讲授或研究财富的性质及其生产和分配的规律,包括直接或间接地研究使人类或人类社会顺利地或不顺利地追求人类欲望的这一普遍对象的一切因素所起的作用"。②

19世纪六七十年代,特别是边际革命后,政治经济学的研究内容有了重要变化,从对国家的财富积累、生产转向了个人行为和市场价格的变化。随着研究内容的变化,一些人开始对政治经济学这一学科名称提出批评,主张改变政治经济学的名称,将政治经济学改名为财富学或努力满足人类需要的学说。新古典经济学的重要奠基人之一英国的威廉姆·斯坦利·杰文斯(William Stanley Jevons)虽然以《政治经济学原理》命名自己的著作,但书中所用的学科名称却是经济学而不是政治经济学。1879年,在《政治经济学原理》再版序言里,杰文斯提出,Political Economy(政治经济学)是一个双名,比较麻烦,应尽早放弃,最好的名称是Economics(经济学),因为它既与旧名称比较接近,又在形式上与从亚里士多德(Aristotle)开始就已通用的Mathematics(数学)、Ethics(伦理学)、Aesthetics(美学)等学科名称类同。经济学这一名称的广泛使用,一般归因于新古典经济学体系的创立者英国的阿尔弗雷德·马歇尔(Alfred Marshall),他的《经济学原理》一书,创立了以均衡价格为核心的新古典经济学,从19世纪末到凯恩斯革命前的半个世纪中,在西方经济学中一直占据着支配地位,经济学一词也从此开始流行起来。特别是在1932年英国经济学家莱昂内尔·罗宾斯(Lionel Robbins)发表了《经济科学的性质和意义》这篇著名的论文后,经济学这一名称不仅在形式上,而且在内容上都与古典政治经济学明确区别开来。在这篇论文中,罗宾斯正式地把经济学定义为研究稀缺资源配置的科学,他说:"经济学是把人类行为当作目的与各种具有不同用途的稀缺手段之间的一种关系来研究的科学"。③ 愿望和稀缺之间的关系意味着经济学可以代替政治经济学。罗宾斯的这个定义几十年来被西方国家的经济学界广泛采用。

需要指出的是,在经济学一词广泛流行的时期,政治经济学一词也没有消失。在一些经济论述中,经济学被看作是与政治经济学可以相互替代的同一概念而得到了使用。比

① [英]亚当·斯密.国民财富的性质和原因的研究:下卷[M].郭大力,等,译.北京:商务印书馆,2008:3.

② [英]约翰·穆勒.政治经济学原理[M].赵荣潜,等,译.北京:商务印书馆,2009:18.

③ [英]莱昂内尔·罗宾斯.经济科学的性质和意义[M].朱泱译.北京:商务印书馆,2009:21.

如,马歇尔虽然将其著作称为《经济学原理》,但是该书开宗明义的第一句话却是:"政治经济学或经济学是一门研究人类一般生活事务的学问。"在当代西方国家广为流行的美国保罗·萨缪尔森(Paul A. Samuelson)的经济学教科书中,也有"经济学或政治经济学"的提法。

总的来看,政治经济学与经济学并不是两门不同的学科,而是属于同一学科的不同称呼。正如一本权威的经济学词典所说,"在即将进入 21 世纪的今天,'政治经济学'和'经济学'这两个名词都还存在。自它们产生以来,涵义都有所变化,然而,两者基本上可以看作是同义语,这个术语上的特征反映出它所描述的这门学科的有趣特征。"①

在马克思主义理论中,政治经济学和经济学也是交替使用的概念,马克思主义政治经济学也可以称作马克思主义经济学。比如,恩格斯评论马克思的《资本论》第 1 卷时指出,"这部著作叙述了他的经济学观点",②列宁撰写的《卡尔·马克思》一文中,有一节专门介绍"马克思的经济学说"。③ 不过,需要说明的是,在通常情况下,用政治经济学比用经济学一词,更能准确表达马克思主义政治经济学的本质特征,主要原因在于:

1. 在马克思主义发展历史上,人们更多是用马克思主义政治经济学而不是马克思主义经济学这一术语。比如,马克思的《资本论》副标题为《政治经济学批判》,马克思主义的三个主要组成部分是哲学、政治经济学和科学社会主义。在正式的场合以及党和政府的有关文献中,一般也是用"马克思主义政治经济学"这一术语。

2. 在我国,长期以来已经形成了一种约定俗成的概念,即讲到政治经济学一般特指马克思主义政治经济学。目前,在我国的学科划分中,政治经济学和西方经济学被视为经济学门类中理论经济学一级学科下面的两个相对独立的二级学科,其中政治经济学指的就是马克思主义政治经济学。

3. 马克思主义政治经济学研究社会生产力与生产关系的相互作用,揭示社会经济的运动规律,强调阶级性与科学性的统一,因而,高度重视政治、国家和经济的相互作用;而现代西方主流经济学则强调研究个人的行为和市场均衡。相对而言,用政治经济学比用经济学一词更能体现马克思主义政治经济学的本质。

## 二、马克思主义政治经济学

中国特色社会主义政治经济学不仅属于政治经济学,而且属于马克思主义政治经济学,因此,要想了解什么是中国特色社会主义政治经济学,还需要了解什么是马克思主义政治经济学。

---

① [英]约翰·伊特韦尔,等.新帕尔格累夫经济学大辞典:第 3 卷[M].北京:经济科学出版社,1992:970.
② 恩格斯.卡尔·马克思[M]//马克思恩格斯选集:第 3 卷.北京:人民出版社,2012:720.
③ 列宁.卡尔·马克思[M]//列宁全集:第 26 卷.北京:人民出版社,2017:62.

　　马克思主义政治经济学是马克思和恩格斯创立的经济学体系。马克思和恩格斯批判性地继承了历史上出现的各种经济思想特别是资产阶级古典经济学的精华,克服了其存在的时代局限、阶级局限和思想方法上的局限,科学地揭示了人类社会的经济运动规律,特别是资本主义经济的运动规律及其历史趋势,阐明了社会主义制度代替资本主义制度的历史必然性,为社会主义革命和建设指明了方向。马克思主义政治经济学的内容十分丰富,是一个不断发展的开放的体系,其基本理论包括了生产力与生产关系的理论、劳动价值论、剩余价值论、资本积累理论、帝国主义理论、资本主义向社会主义和共产主义过渡的理论、社会主义经济理论、世界经济理论等。

　　马克思主义政治经济学与其他各种经济学流派,特别是西方经济学相比的主要特征是什么?

　　首先是它的世界观方法论,即辩证唯物主义和历史唯物主义,这是马克思主义政治经济学区别于其他经济学的根本所在。列宁曾经指出:"虽说马克思没有遗留下'逻辑'(大写字母的),但他遗留下了'资本论'的逻辑,应当充分地利用这种逻辑来解决当前问题。在'资本论'中,逻辑、辩证法和唯物主义的认识论不必要三个词:它们是同一个东西都应用于同一门科学。"① 他还指出:"自从《资本论》问世以来,唯物主义历史观已经不是假设。"② 这一论断也清楚地表明了马克思主义政治经济学与唯物史观之间的密切联系。马克思强调,自己的政治经济学理论是以辩证法为基础的,他还把唯物史观当作"并且一经得到就用于指导我的研究工作的总的结果"③。恩格斯在为马克思《政治经济学批判》所写的序言中明确指出,这种德国的经济学本质上是建立在唯物主义历史观的基础上的。④

　　其次是它的根本立场。马克思主义鲜明代表无产阶级和最广大人民的根本利益。习近平指出,"发展为了人民,这是马克思主义政治经济学的根本立场"。⑤ 列宁指出:"马克思学说中的主要的一点,就是阐明了无产阶级作为社会主义社会创造者的世界历史作用。"⑥ 马克思明确指出,他的经济理论"能代表的只是这样一个阶级,这个阶级的历史使命是推翻资本主义生产方式和最后消灭阶级。这个阶级就是无产阶级。"⑦ 正是因为如此,

① 列宁.黑格尔辩证法(逻辑学)的纲要[《小逻辑》(《哲学全书》)的目录](1915年)[M]//列宁全集:第55卷.北京:人民出版社,2017:290.
② 列宁.什么是"人民之友"以及他们如何攻击社会民主党人[M]//列宁选集:第1卷.北京:人民出版社,2012:10.
③ 马克思.《政治经济学批判》序言[M]//马克思恩格斯选集:第2卷.北京:人民出版社,2012:2.
④ 恩格斯.卡尔·马克思《政治经济学批判。第一分册》[M]//马克思恩格选集:第2卷.北京:人民出版社,2012:8.
⑤ 习近平.不断开拓当代中国马克思主义政治经济学新境界[M]//十八大以来重要文献选编(下).北京:中央文献出版社,2018:4.
⑥ 列宁.马克思学说的历史命运[M]//列宁选集:第2卷.北京:人民出版社,2012:305.
⑦ 马克思.《资本论》第一卷(节选)[M]//马克思恩格斯选集:第2卷.北京:人民出版社,2012:90.

马克思的《资本论》被称作是工人阶级的"圣经"。也正是在这个意义上,人们把马克思主义与科学社会主义画上等号,当作同一事物的不同表述。科学性和革命性都是马克思主义的本质属性,马克思主义理论"对世界各国社会主义者所具有的不可遏止的吸引力,就在于它把严格的和高度的科学性(它是社会科学的最新成就)同革命性结合起来,并且不仅仅是因为学说的创始人兼有学者和革命家的品质而偶然地结合起来,而是把二者内在地和不可分割地结合在这个理论本身中"①。

最后是它的研究对象,即生产方式。马克思指出:"摆在面前的对象,首先是物质生产。"②它包括两个方面的内容:一方面是生产的物质内容,即人类与自然界进行物质变换以生产出满足自身需要的产品的具体方式;另一方面是生产的社会形式,即人与人在生产资料和物质产品占有、交换和分配等方面形成的社会关系。前一方面的内容可以用生产力这个范畴来概括,后一方面的内容可以用生产关系这个范畴来概括。政治经济学既要研究生产力,也要研究生产关系,而进行这种研究的目的是揭示经济运动的规律。

为什么政治经济学必须研究生产力?按照历史唯物主义的观点,只有把社会关系归结于生产关系,把生产关系归结于生产力的高度,才能正确地揭示一定历史阶段的社会经济形态的运动规律。生产力发展是人类社会发展的基础,脱离开对生产力的研究,当然不可能科学地认识一种生产关系产生、发展的原因,也无法正确把握社会经济运动的内在规律。

不过,需要强调的是,不能把政治经济学对生产力的研究,等同于对具体的生产技术和工艺的研究。马克思明确指出:"政治经济学不是工艺学。"③生产力与生产关系是紧密结合不可分割的,生产总是在一定历史条件和社会关系下进行的,没有脱离开生产关系而独立存在的生产力。政治经济学研究生产力的目的,是要揭示一定社会生产关系形成和发展的根据,说明在一定生产力基础上产生的生产关系,以及由这种生产关系决定的人们的经济行为方式和经济运动规律,发现社会生产关系变迁的历史趋向并依据历史趋向的要求,自觉调整生产关系,更好促进生产力的发展。从这个意义上说,对社会生产关系的研究,是马克思主义政治经济学研究的重点。也可以说,马克思主义政治经济学是联系生产力来研究生产关系的。

众所周知,资源配置是西方经济学中的一个核心问题,那么,马克思主义政治经济学研究不研究资源配置?马克思主义的经典作家没有使用过"资源配置"这个词。但是,马克思主义认为,社会总劳动在不同生产部门的分配,是在任何社会都存在的基本经济问题,这实质上就是资源配置问题。人是一切经济活动的主体,任何自然资源都要通过人类劳动,才

① 列宁.什么是"人民之友"以及他们如何攻击社会民主党人[M]//列宁选集:第1卷.北京:人民出版社,2012:83.
② 马克思.《政治经济学批判》导言[M]//马克思恩格斯选集:第2卷.北京:人民出版社,2012:683.
③ 马克思.《政治经济学批判》导言[M]//马克思恩格斯选集:第2卷.北京:人民出版社,2012:686.

能够成为对人类有价值的经济资源,因而资源配置归根结底是社会总劳动在不同部门的分配。马克思主义还深入地研究了资本主义生产关系条件下不同生产部类的比例问题,揭示了通过经济危机表现出来的比例失调的原因。这实际上也就是对资本主义经济中资源配置失当的研究。但是,需要说明的是,在对资源配置问题的研究上,马克思主义政治经济学与现代西方经济学的研究相比,是有区别的。西方经济学往往脱离社会生产关系,将资源配置当作纯技术问题来处理。马克思主义政治经济学则认为,不存在脱离一定社会生产关系的资源配置,资源配置总是通过一定的社会生产关系来实现的。所以,在不同的生产关系或经济制度下,资源配置具有不同的社会内容和形式。

历史演进:
社会主义政治经
济学面向市场的
转型

概括讲,马克思主义政治经济学是关于社会生产方式及其运动规律的科学,以辩证唯物主义和历史唯物主义为基础的世界观和方法论,为无产阶级和广大人民群众利益服务的政治立场,以生产力与生产关系相互作用为核心的经济分析体系,这些都是马克思主义政治经济学不同于西方经济学的主要特征。

## 三、社会主义政治经济学

中国特色社会主义政治经济学不仅属于马克思主义政治经济学,而且属于社会主义政治经济学,因此,要想了解什么是中国特色社会主义政治经济学,还需要了解什么是社会主义政治经济学。

社会主义政治经济学是关于社会主义生产方式及其运动规律的科学,它研究社会主义的生产、分配和交换关系以及在此基础上产生的经济运行和发展过程,目的在于揭示社会主义经济的运动规律,为社会主义经济建设提供科学的理论指导。

社会主义政治经济学在马克思主义政治经济学中具有十分特殊而重要的地位。

科学社会主义是关于无产阶级解放运动的性质、条件和目的的学说,这一学说的目的,就在于科学地阐明,人类社会从资本主义向社会主义和共产主义过渡的历史必然性及其内在的规律。实现这一目的,仅有资本主义的政治经济学或政治经济学的资本主义部分是不够的,还必须有社会主义的政治经济学或政治经济学的社会主义部分,这两个部分相互联系、相互依赖、不可分割。社会主义是人类社会向共产主义发展必经的重要阶段,它既是旧的剥削社会发展的终点,又是新的共产主义社会发展的起点,只有建立社会主义制度并使其不断完善,促进生产力的不断发展,物质财富的不断丰富,个人得到自由全面发展,才能实现共产主义的远大目标。正因为如此,社会主义政治经济学是马克思主义政治经济学不可或缺的重要组成部分,在马克思主义政治经济学体系中起着承前启后的关键作用,它一方面为社会主义革命指明了前进方向,另一方面为社会主义建设提供了实践指南。

社会主义从理论转变为现实,社会主义经济制度在世界上已存在了 100 多年,在中国已经存在了60多年。社会主义政治经济学,在总结社会主义经济建设正反两方面经验的基础上不断创新发展、丰富完善。只有社会主义才能救中国,只有社会主义才能发展中国。巩固和发展社会主义制度,大力解放和发展生产力,为最终实现共产主义创造条件,这是社会主义社会的根本任务,需要长期的奋斗过程。在这一过程中,源于社会主义经济建设的实践又指导社会主义经济建设实践的社会主义政治经济学,承担着重要的历史使命,具有不可替代的重要作用。

## 四、中国特色社会主义政治经济学

理解中国特色社会主义政治经济学的内涵,需要把握以下四个要点:

1. 中国特色社会主义政治经济学是社会主义政治经济学在当代中国的新发展。中国特色社会主义政治经济学属于马克思主义政治经济学中的社会主义部分。进一步地说,中国特色社会主义政治经济学不是一般的社会主义政治经济学,不是改革开放前流行的传统社会主义政治经济学,而是改革开放后创立的中国特色社会主义的政治经济学,坚持了科学社会主义的基本原则,同时又根据国情时代和实践发展对其进行了丰富和发展;吸收了传统社会主义政治经济学的合理成分,同时对其进行了深刻的变革;继承了中华人民共和国成立以来的前30年社会主义经济建设的理论和实践成果,同时又与时俱进,不断推进理论的创新发展。中国特色社会主义政治经济学是社会主义政治经济学在当代中国的新发展,是社会主义政治经济学发展的一个新阶段、一种新形态。

2. 中国特色社会主义政治经济学是对中国特色社会主义经济建设实践经验的概括和总结。改革开放40多年以来,在中华人民共和国成立70多年社会主义经济建设成就的基础上,中国共产党总结国内外社会主义建设的经验教训,立足社会主义初级阶段基本国情,确立了社会主义基本经济制度,并在此基础上,形成了独特的发展理念、发展战略、发展政策、发展道路以及经济运行的体制机制,创造了经济持续快速发展的奇迹,为中国特色社会主义政治经济学的建立和发展提供了丰富的素材和丰厚的土壤。中国特色社会主义政治经济学就是在系统总结实践经验的基础上,通过一系列理论抽象和理论加工的过程,形成科学的概念、判断、推理,概括中国特色社会主义经济运动的本质特征,揭示中国特色社会主义经济运动的内在规律,形成中国特色社会主义政治经济学的理论体系。

3. 中国特色社会主义政治经济学是当代中国马克思主义政治经济学。中国特色社会主义政治经济学是关于中国特色社会主义经济建设的理论成果,但是,不能反过来说,关于中国特色社会主义经济建设的任何理论成果都属于中国特色社会主义政治经济学的范畴。在分析中国经济问题时,由于人们所持的立场观点方法不同,对同样一个问题,可能会形成不同的认识,甚至得出截然相反的结论。比如,对中国经济发展的道路,有的人持肯定态度,有的人持否定态度;对社会主义市场经济,有人持肯定态度,也有人持否定态度。我们所说的中国特色社会主义政治经济学,是运用马克思主义政治经济学基本理论分析当代中国经济建设实践的理论成果,是适应时代和国情的当代中国马克思主义政治经济学。那些运用西方经济学或者其他理论研究当代中国经济的理论成果,如果是合理有益的,也可以为我们吸收借鉴,但总体上看,西方经济学的范式不属于中国特色社会主义政治经济学的范畴。至于那些怀疑甚至否定中国特色社会主义的理论观点,与中国特色社会主义政治经济学是背道而驰的。

4. 中国特色社会主义政治经济学是中国特色社会主义理论体系的重要组成部分。我们知道,马克思主义理论是由哲学、政治经济学和科学社会主义三个主要部分组成的有机整体。作为当代中国的马克思主义,中国特色社会主义理论体系的内容也贯通于哲学、政治经济学、科学社会主义等学科,涵盖社会主义经济建设、政治建设、文化建设、社会建设和生态文明建设等各个领域。这些学科和领域各有其重要的地位和作用,又相互联系内在贯通,中国特色社会主义政治经济学在其中居于特殊重要地位。经济基础决定上层建筑,中国特色社会主义经济是中国特色社会主义政治、文化和社会发展的重要基础。中国特色社会主义政治经济学自然也就成了中国特色社会主义政治理论、文化理论和社会理论的重要基础。要想深入理解把握中国特色社会主义理论体系,弄清什么是社会主义、怎样建设社会主义的问题,弄清如何进行社会主义经济建设、政治建设、文化建设、社会建设、生态文明建设,弄清中国特色社会主义的发展道路、发展阶段、发展战略、根本任务、发展动力等一系列重要的问题,归根结底需要从中国特色社会主义政治经济学的研究成果中寻找答案。

## 五、学习和研究中国特色社会主义政治经济学的重要意义

在新的历史条件下学习和研究中国特色社会主义政治经济学具有十分重大的意义。

1. 有利于掌握科学分析中国特色社会主义经济的理论和方法,深刻认识中国特色社会主义经济运动过程,深入把握我国社会经济发展规律,更好地回答我国经济发展的理论和实践问题,提高领导和驾驭中国特色社会主义经济发展的能力,更加自觉有效推动新时代我国经济的持续健康发展。

2. 有利于深刻理解和准确把握中国特色社会主义理论体系、特别是习近平新时代中国特色社会主义思想,更好推进马克思主义中国化时代化,增强对中国特色社会主义的理论自信、道路自信、制度自信、文化自信,有效抵制各种错误思想的影响和干扰,避免犯颠覆性错误。

3. 有利于深刻认识社会主义代替资本主义的历史必然性,深刻认识中国特色社会主义经济制度的合理性和优越性,牢固树立共产主义远大理想和中国特色社会主义共同理想,牢固树立以人民为中心的发展思想,进一步坚定理想信念。

4. 有利于坚持马克思主义政治经济学的指导地位,正确借鉴西方经济学的成果,不断完善中国特色社会主义政治经济学理论体系,推进充分体现中国特色、中国风格、中国气派的经济学科建设,培养大批中国特色社会主义经济建设的优秀人才。

## 第二节　社会主义政治经济学的发展和中国特色社会主义政治经济学的形成

### 一、社会主义政治经济学的奠基

马克思和恩格斯是科学社会主义的创始人,也是社会主义政治经济学的奠基者。他们通过对资本主义生产方式矛盾运动规律和发展趋势的深刻分析,揭示了未来共产主义(包括共产主义的高级阶段和低级阶段即社会主义阶段)社会基本经济特征,主要有:

1. 人的自由全面发展,自由人的联合体。马克思恩格斯认为,实现人的全面自由发展是共产主义社会的本质特征和根本目标。《共产党宣言》对这一思想作了如下经典表述:"代替那存在着阶级和阶级对立的资产阶级旧社会的,将是这样一个联合体,在那里,每个人的自由发展是一切人的自由发展的条件。"[1]马克思恩格斯的这一思想贯穿在了他们关于未来社会的全部理论中。

2. 消灭私有制,生产资料社会占有。马克思恩格斯认为,资本主义社会的阶级对立和社会发展的无政府状态等弊病从根本上来说是由生产资料私有制造成的,因而,实现人的自由全面发展必须消灭私有制。"彻底消灭阶级和阶级对立;通过消除旧的分工,通过产业教育、变换工种、所有人共同享受大家创造出来的福利,通过城乡的融合,使社会全体成员的才能得到全面的发展,——这就是废除私有制的主要结果。"[2]"共产党人可以把自己的理论概括为一句话:消灭私有制。"[3]

3. 消灭商品生产,对社会生产实行有计划的调节。恩格斯指出:"一旦社会占有了生产资料,商品生产就将被消除,而产品对生产者的统治也将随之消除。社会生产内部的无政府状态将为有计划的自觉的组织所代替。""只是从这时起,人们才完全自觉地自己创造自己的历史;只是从这时起,由人们使之起作用的社会原因才大部分并且越来越多地达到他们所预期的结果。这是人类从必然王国进入自由王国的飞跃"。[4]

---

① 马克思,恩格斯.马克思恩格斯书信选编[M]//马克思恩格斯选集:第4卷.北京:人民出版社,2012:647.
② 恩格斯.共产主义原理[M]//马克思恩格斯选集:第1卷.北京:人民出版社,2012:308-309.
③ 马克思,恩格斯.共产党宣言[M]//马克思恩格斯选集:第1卷.北京:人民出版社,2012:414.
④ 恩格斯.社会主义从空想到科学的发展.[M]//马克思恩格斯选集:第3卷.北京:人民出版社,2012:815.

4. 消除两极分化,生产以所有人的富裕为目的。在生产资料公有制代替私有制后,社会的生产目的将会发生根本的改变,由于消灭了阶级对立,生产力的发展不再是少数人剥削大多数人的手段,而是为了满足社会成员的需要,实现共同富裕,目的和手段实现了真正的统一。在未来社会:"社会生产力的发展将如此迅速,以致尽管生产将以所有的人富裕为目的,所有的人的可以自由支配的时间还是会增加。"①

5. 消除城乡和工农差别,实现城乡融合。"消灭城乡之间的对立",②是共产主义社会的一个重要目标。在未来社会"城市和乡村之间的对立也将消失。从事农业和工业的将是同一些人,而不再是两个不同的阶级,单从纯粹物质方面的原因来看,这也是共产主义联合体的必要条件。乡村农业人口的分散和大城市工业人口的集中,仅仅适应于工农业发展水平还不够高的阶段,这种状态是一切进一步发展的障碍,这一点现在人们就已经深深地感觉到了。"③

6. 阶级和国家的消亡,对人的统治将由对物的管理和对生产过程的领导所代替。随着社会生产力的发展,阶级不可避免地要消失。"国家真正作为整个社会的代表所采取的第一个行动,即以社会的名义占有生产资料,同时也是它作为国家所采取的最后一个独立行动。那时,国家政权对社会关系的干预在各个领域中将先后成为多余的事情而自行停止下来。那时,对人的统治将由对物的管理和对生产过程的领导所代替。"④

马克思恩格斯对未来社会的认识是在不断发展的。在1875年发表的《哥达纲领批判》中,马克思明确地把共产主义社会区分为高级和低级两个发展阶段。共产主义的低级阶段实行按劳分配,共产主义的高级阶段实行按需分配。马克思指出:"在共产主义社会高级阶段,在迫使个人奴隶般地服从分工的情形已经消失,从而脑力劳动和体力劳动的对立也随之消失之后;在劳动已经不仅仅是谋生的手段,而且本身成了生活的第一需要之后;在随着个人的全面发展,他们的生产力也增长起来,而集体财富的一切源泉都充分涌流之后,——只有在那个时候,才能完全超出资产阶级权利的狭隘眼界,社会才能在自己的旗帜上写上:各尽所能,按需分配!"⑤后来,从列宁开始,人们依据马克思对共产主义社会发展阶段的论述,逐步把社会主义与共产主义区别开来,把马克思说的共产主义的低级阶段称作社会主义社会,把马克思说的共产主义的高级阶段称作共产主义社会。

马克思恩格斯认为,无产阶级在推翻资产阶级统治以后,还必须经过一个过渡时期才能进入共产主义社会,这个过渡时期必须经过一个漫长的发展过程。在过渡时期,无产阶

① 马克思.《政治经济学批判(1857—1858年手稿)》摘选[M]//马克思恩格斯选集:第2卷.北京:人民出版社,2012:786-787.
② 马克思,恩格斯.德意志意识形态[M]//马克思恩格斯选集:第1卷.北京:人民出版社,2012:185.
③ 恩格斯.共产主义原理[M]//马克思恩格斯选集:第1卷.北京:人民出版社,2012:308.
④ 恩格斯.社会主义从空想到科学的发展[M]//马克思恩格斯选集:第3卷.北京:人民出版社,2012:668.
⑤ 马克思.哥达纲领批判[M]//马克思恩格斯选集:第3卷.北京:人民出版社,2012:364-365.

级的任务是逐步改造旧的生产关系,大力发展生产力,为共产主义制度的建立创造物质条件。为此,必须大规模采用合作生产作为中介环节,还需要保留商品、货币和地租等经济形式。

马克思恩格斯关于未来社会的理论,是社会主义政治经济学的本源和基础,是社会主义革命和社会主义建设的重要指南。但是,这些理论只是社会主义政治经济学的起点,而不是它的完成形态,更不是它的终结,因而需要在实践中加以不断检验,不断丰富和发展。

## 二、 社会主义政治经济学的创立

十月革命前后的一段时期里,关于社会主义条件下政治经济学"消亡"的观点,在马克思主义理论中颇为流行。奥地利的希法亭·鲁道夫(Hilferding Rudolf)、德国的罗莎·卢森堡(Rosa Luxemburg)等当时一些重要的马克思主义经济学家,都曾持这一观点。尼古拉·布哈林的观点很具代表性,在 1920 年出版的《过渡时期经济学》一书中,他开宗明义讲道,"理论政治经济学是关于以商品生产为基础的社会经济的科学,也就是关于无组织的社会经济的科学""资本主义商品生产的末日就是政治经济学的告终"。① 的确,马克思曾经指出,在未来的共产主义社会,"人们同他们的劳动和劳动产品的社会关系,无论在生产上还是在分配上,都是简单明了的",②商品世界的全部神秘性,资产阶级政治经济学的各种范畴的社会效力,都立刻消失了。然而,资本主义政治经济学的消亡绝不等于政治经济学的消亡。列宁十分正确地指出,布哈林关于政治经济学的定义相比恩格斯的定义"倒退了一步"。在《反杜林论》中恩格斯指出,"政治经济学作为一门研究人类各种社会进行生产和交换并相应地进行产品分配的条件和形式的科学"。③ 列宁问道,"即使在纯粹的共产主义社会里不也有 $Iv+m=IIc$ 关系吗? 还有积累呢?"④

随着社会主义经济建设实践的不断发展,创建社会主义政治经济学的任务摆在了人们面前。

十月革命后,列宁依据马克思主义的基本理论分析了俄国面临的经济和政治形势,对落后国家从资本主义向社会主义过渡的道路和方法进行了开创性的探索。布哈林、沃兹涅辛斯基、普列奥布拉任斯基等马克思主义经济学家,还对社会主义条件下政治经济学的研究对象、商品生产的前途和命运、社会生产两大部类平衡和工业化道路的选择等一系列问题展开了深入的讨论,推动了马克思主义政治经济学的发展。在列宁以后,斯大林领导苏

① [苏]尼古拉·布哈林.过渡时期经济学[M].佘大章,等,译.北京:生活·读书·新知三联书店,1981:1.
② 马克思.《资本论》第一卷(节选)[M]//马克思恩格斯选集:第 2 卷.北京:人民出版社,2012:127.
③ 恩格斯.反杜林论[M]//马克思恩格斯选集:第 3 卷.北京:人民出版社,2012:528.
④ 列宁.尼古拉·布哈林《过渡时期经济学》一书上作的批注和评论(5 月)[M]//列宁全集:第 60 卷.北京:人民出版社,2017:275.

联人民进行了社会主义经济建设,实现了社会主义工业化,推动了经济的高速增长。20 世纪 30 年代以后,苏联建立了社会主义经济制度,形成了社会主义经济的最初模式即高度集中的计划经济体制。社会主义经济建设实践的深入发展,使社会主义政治经济学"消亡"的观点被否定了。1936 年联共(布)中央作出《关于改革政治经济学讲授》的决议,正式提出开设独立的社会主义政治经济学课程。1937 年苏共中央组织了一批著名的经济学家编写包括社会主义部分在内的政治经济学教科书,到 1940 年年底,完成了教科书的初稿。斯大林高度重视这一工作,指出"一本好的马克思主义政治经济学教科书的出版,不仅具有国内的政治意义,而且具有巨大的国际意义"。①  在斯大林的领导下,政治经济学教科书在 1951 年基本完成。随后苏共中央举行了经济问题讨论会,对这本教材进行了专门的讨论,斯大林针对大会讨论的重要理论问题发表了书面意见,1952 年这些意见正式以《苏联社会主义经济问题》为题出版发行。1954 年 8 月,《政治经济学教科书》正式出版,这标志着社会主义政治经济学的第一个理论体系,即传统社会主义政治经济学的诞生。

传统社会主义政治经济学的基本思想在苏联《政治经济学教科书》中得到了系统的表述,其主要观点是:生产资料社会主义公有制是社会主义生产关系的基础,公有制有两种形式——国家所有制和合作社集体所有制;社会主义的基本经济规律是,用在高度技术基础上使生产不断增长和不断完善的办法,来保证最大限度地满足整个社会经济增长的物质和文化需要;国民经济有计划按比例发展的规律是调节社会主义经济的主要规律;按劳分配是社会主义经济最基本的分配形式和重要的经济规律,这一规律要求按劳动的数量、质量分配物质资料;在社会主义制度下,商品生产和商品流通主要限于个人消费品,价值规律不是生产的调节者,但在一定范围内对个人消费品的流通起调节作用;社会主义阵营各国的经济关系则是建立在一切大小民族的国家主权完全平等、互利、尊重,兄弟互助,一切经济联系进行计划和组织的基础上。

传统社会主义政治经济学对社会主义经济制度的实现形式和运行机制做了最初的探索,对社会主义政治经济学的具体内容和内在规律做了初步的阐发,丰富发展了马克思恩格斯经典的社会主义经济理论,为社会主义经济制度的建立和发展做出了历史性贡献,为社会主义政治经济学的创立做出了历史性贡献。但是传统社会主义政治经济学中有不少片面甚至错误的东西,主要是,把马克思恩格斯对于社会主义经济关系最一般、最抽象的规定,与社会主义经济关系的具体形式或具体模式相混同,把计划经济体制当作了社会主义的本质,把苏联的社会主义经济模式当作了社会主义经济的标准模式。这种理论上的片面和错误,反映了社会主义经济制度建立之初经济建设经验的严重缺乏和思想认识上的严重不足。

①  斯大林.苏联社会主义经济问题[M]//斯大林文集.北京:人民出版社,1985:632-633.

## 三、中国社会主义政治经济学的开拓

中华人民共和国成立特别是社会主义制度建立以后,大规模经济建设的任务摆在了人们的面前,迫切需要经济理论的指导。但是,当时流行于中国的政治经济学教材是苏联的《政治经济学教科书》,当时的经济体制也基本上照搬苏联的做法。这种情况引起了毛泽东的忧虑,他说,"解放后,三年恢复时期,对搞建设,我们是懵懵懂懂的。接着搞第一个五年计划,对建设还是懵懵懂懂的,只能基本上照抄苏联的办法,但总觉得不满意,心情不舒畅"。① 针对这种情况,毛泽东提出,要以苏联的经验教训为鉴戒,推动马列主义同中国实际"进行第二次结合"。为此,他写下了《论十大关系》《工作方法六十条(草案)》等指导经济建设的重要文献,努力探索中国自己的社会主义建设道路,并提出了发展社会主义经济的一系列独创性理论观点,包括:以农业为基础,工业为主导,农、轻、重工业协调发展;统筹兼顾、适当安排,注意综合平衡;实行中央与地方并举,充分发挥两个积极性;处理好国家、集体和个人的关系,使各方各得其所;建设独立的、比较完整的工业体系和国民经济体系,全面实现农业、工业、国防和科学技术的现代化;自力更生为主,争取外援为辅;等等。这些理论观点,是对马克思主义政治经济学的创造性发展。

这一时期,毛泽东对社会主义政治经济学给予了极大关注。他强调,"目前研究政治经济学问题,有很大的理论意义和现实意义"②。"经济建设是科学,要老老实实学习"。③1958 年到 1961 年,鉴于 1958 年"大跃进"中发生的一些问题和干部思想中存在的一些混乱认识,毛泽东几次向全党干部建议,读斯大林写的《苏联社会主义经济问题》和苏联的《政治经济学教科书》第三版"社会主义部分",要求每人每本用心读三遍,随读随想,加以分析,逐章逐节加以讨论,并强调,要批判式地而不是教条式地阅读。他自己则率先垂范、身体力行,"下决心要搞通这门学问"。斯大林的《苏联社会主义经济问题》,毛泽东读了许多遍,做了很多评论,经他批注的就有四个本子。特别值得一提的是,从 1959 年 12 月至1960 年 2 月的 3 个月时间,毛泽东与邓力群等同志一起对苏联《政治经济学教科书》第三版"社会主义部分"进行了逐章逐节的认真研读,发表许多独到见解,肯定了教科书中正确的方面,强调"搞出了一本社会主义政治经济学,总是一个大功劳,不管里面有多少问题"。④ 同时指出,这本书存在严重错误,应当从中国实际出发,创造新的理论,写出新的著作,产生自己的理论家。

---

① 毛泽东.读苏联《政治经济学教科书》的谈话[M]//毛泽东文集:第 8 卷.北京:人民出版社,1999:117.
② 中共中央文献研究室.1958 年[M]//毛泽东年谱(一九四九—一九七六):第 3 卷.北京:中央文献出版社,2013:551.
③ 毛泽东.经济建设是科学,要老老实实学习[M]//毛泽东文集:第 8 卷.北京:人民出版社,1999:71.
④ 毛泽东.读苏联《政治经济学教科书》的谈话[M]//毛泽东文集:第 8 卷.北京:人民出版社,1999:139.

毛泽东对社会主义政治经济学的研究,体现了党和人民对社会主义经济发展规律的艰辛探索,为中国特色社会主义政治经济学的发展做出了开拓性贡献。

---

**专栏0-1  毛泽东读苏联《政治经济学教科书》**

从1958年11月到1961年,毛泽东曾经多次号召党的各级领导干部读斯大林的《苏联社会主义经济问题》和苏联的《政治经济学教科书》,几乎是逢会必讲领导干部要读这两本书,目的是"使自己获得一个清醒的头脑,以利于指导我们伟大的经济工作"。[①]

1958年11月9日,毛泽东给全党县委以上的领导干部写信,要大家读斯大林的《苏联社会主义经济问题》和苏联的《政治经济学教科书》第三版,"用心读三遍,随读随想,加以分析""要联系中国社会主义经济革命和经济建设去读"。

1958年11月21日在武昌政治局会议上,毛泽东又批示印发中国科学院经济研究所整理的《苏联〈政治经济学教科书〉第三版的重要修改和补充》给与会人员。他在会议的讲话中说:"苏联《政治经济学教科书》第三版的要点,你们看一下。我们这些人,包括我在内,社会主义经济规律是什么东西,过去是不管它的;现在我们真正搞起来了,全国也议论纷纷。斯大林的书,我们要看一下,《政治经济学教科书》也要看,每人发一本,把社会主义部分看一遍。"

在1958年12月的中共八届六中全会上,毛泽东说:郑州会议提出研究斯大林《苏联社会主义经济问题》,苏联的《政治经济学教科书》,还有一本《马恩列斯论共产主义社会》。大家没有看,要拿出几个月时间请各省组织一下。

1959年7月2日,毛泽东在庐山会议的开幕式上说:有鉴于去年许多领导同志对于社会主义经济问题还不大了解,不懂得经济发展规律;有鉴于现在工作中还有事务主义,应当好好读书。中央、省、市、地委一级委员,包括县委书记,都要读《政治经济学教科书》第三版。

1960年1月17日,在上海中央工作会议讨论国民经济计划时,毛泽东再次号召领导干部学习苏联《政治经济学教科书》。他说:"我有一个建议,中央各部门的党组,各省、市、自治区党委,都应组织起来读经济学教科书,先读下半部(社会主义部分);……以第一书记挂帅,组织个读书小组,把它读一遍;至于上半部(资本主义部分),也要定个期限;今年主要精力恐怕是读经济学。"

1959年12月10日到1960年2月9日,毛泽东专门组织一个读书小组,先后在杭州、上海和广州研读苏联《政治经济学教科书》,参加读书小组的有陈伯达、胡绳、邓力群、田家英等党内"秀才"。他们边读边议,逐章逐节讨论,毛泽东发表了许多谈话。 他

---

[①]  毛泽东.关于读书的建议[M]//毛泽东文集:第7卷.北京:人民出版社,1999:432.

的谈话记录,保存下来的有两个本子:一个叫《毛泽东读〈政治经济学教科书〉下册的笔记》,将毛泽东的谈话按问题做了归纳,加了小标题;另一个叫《毛泽东读苏联〈政治经济学〉社会主义部分的谈话记录稿》,按苏联《政治经济学教科书》原文顺序,同时印上原文和毛泽东针对原文的谈话记录。《毛泽东文集》第八卷节选了部分谈话记录,分为关于世界观和方法论、关于民主革命和社会主义革命、关于社会主义建设、关于政治经济学的一些问题四个部分。

1961 年 6 月 8 日,在中共中央政治局常务委员会扩大会议上,毛泽东谈到搞社会主义建设不能急,对社会主义的认识是一个长期的过程,恳切地说:我这话一直讲他几年,你们做好思想准备,听厌了,我就不讲。要重读斯大林的《苏联社会主义经济问题》,这本书写得比较好,是对苏联社会主义建设三十五年的总结。我们才十一年,写不出政治经济学来。这本书里,斯大林讲了两个经济法则:一是生产关系一定要适合生产力性质,一是国民经济有计划、按比例发展的必然性。

1961 年 6 月 12 日,在北京召开的中央工作会议上,毛泽东又谈到《苏联社会主义经济问题》:这本书只有极少数个别问题有毛病,我最近又看了三遍。他讲客观规律,把社会科学的这种客观真理,同自然科学的客观真理并提,你违反了它,就一定要受惩罚。我们就是受了惩罚,最近三年受了大惩罚。

在两年半左右的时间里,如此密集地阅读推荐两本书,在毛泽东的阅读史上还未曾有过。正是在他的倡导下,刘少奇、周恩来等中央领导人纷纷组织读书小组研究《政治经济学教科书》,阅读过程中的谈话或笔记,都有留存。

资料来源:陈晋.毛泽东阅读史略(三)[J].中共党史研究,2013(8):5-17.

## 四、中国特色社会主义政治经济学的形成

党的十一届三中全会以来,我们党把马克思主义政治经济学基本原理同改革开放实践结合起来,在发展中国特色社会主义经济的实践中不断丰富和发展马克思主义政治经济学。1984 年 10 月《中共中央关于经济体制改革的决定》通过后,邓小平评价说:"写出了一个政治经济学的初稿,是马克思主义基本原理和中国社会主义实践相结合的政治经济学"①。这个初稿,实际上就是中国特色社会主义政治经济学的初稿,随着改革开放不断深入,这个初稿不断得到丰富发展,形成了许多重要理论成果,包括:

我国处于社会主义初级阶段,必须坚持以经济建设为中心不动摇,紧紧抓住发展这个执政兴国的第一要务,大力发展生产力。

---

① 邓小平.在中央顾问委员会第三次全体会议上的讲话[M]//邓小平文选:第 3 卷.北京:人民出版社,1993:83.

改革是社会主义的自我完善和发展,是经济和社会发展的强大动力。改革的根本目的,就是要在各方面都形成与社会主义初级阶段基本国情相适应的比较成熟、比较定型的制度。

社会主义的本质,是解放生产力,发展生产力,消灭剥削,消除两极分化,最终达到共同富裕。

全面建设惠及十几亿人口的更高水平的小康社会,使经济更加发展、民主更加健全、科教更加进步、文化更加繁荣、社会更加和谐、人民生活更加殷实。

公有制为主体、多种所有制经济共同发展,是我国社会主义初级阶段的一项基本经济制度。毫不动摇巩固和发展公有制经济,毫不动摇鼓励、支持、引导非公有制经济发展。

我国经济体制改革的目标是建立社会主义市场经济体制,社会主义市场经济体制是同社会主义基本制度有机结合的市场经济,使市场在社会主义国家宏观调控下对资源配置起基础性作用。

坚持按劳分配为主、多种分配方式并存,坚持多劳多得,努力提高居民收入在国民收入分配中的比重,提高劳动报酬在初次分配中的比重。既要反对平均主义,又要防止收入差距悬殊。

坚持以信息化带动工业化,以工业化促进信息化,走出一条科技含量高、经济效益好、资源消耗低、环境污染少、人力资源优势得到充分发挥的新型工业化路子。

坚持对外开放的基本国策,积极参与经济全球化进程,充分利用国际国内两个市场、两种资源,同时坚持独立自主、自力更生的方针,把立足点放在依靠自身力量的基础上。

深入实施科教兴国战略、人才强国战略、创新驱动发展战略,开辟发展新领域新赛道,不断塑造发展新动能新优势,努力实现速度和结构、质量、效益相统一,走既有较高速度又有较好效益的经济发展路子。

农业、农村和农民问题,始终是我国革命、建设和改革的根本问题。长期稳定并不断完善以家庭承包经营为基础、统分结合的双层经营体制。走中国特色的城镇化道路。

着力保障和改善民生,扩大公共服务,完善社会管理,促进社会公平正义,努力使全体人民共享改革发展成果,推动建设和谐社会。

把提高效率同促进社会公平结合起来,在经济发展的基础上,更加注重社会公平,着力提高低收入者收入水平,逐步扩大中等收入者比重,有效调节过高收入,坚决取缔非法收入,促进共同富裕。

建设创新型国家,核心就是把增强自主创新能力作为发展科学技术的战略基点,走出中国特色自主创新道路,坚持自主创新、重点跨越、支撑发展、引领未来的指导方针。

坚持生产发展、生活富裕、生态良好的文明发展道路,建设资源节约型、环境友好型社会,实现速度和结构、质量、效益相统一、经济发展与人口、资源、环境相协调,使人民在良好生态环境中生产、生活,实现经济社会永续发展。

加快转变经济发展方式,促进经济增长由主要依靠投资、出口拉动向依靠消费、投资、出口协调拉动转变,由主要依靠第二产业带动向依靠第一、第二、第三产业协同带动转变,由主要依靠增加物质资源消耗向主要依靠科技进步、劳动者素质提高、管理创新转变,等等。

这些理论成果,涵盖了中国特色社会主义经济的生产、分配、交换等主要环节以及基本经济制度、分配制度、经济体制、经济发展和对外开放等主要方面,以全新的视野深化了社会主义经济发展规律的认识,初步形成了比较完整的经济理论体系。这是一种不同于传统社会主义政治经济学的新的社会主义政治经济学理论体系,即中国特色社会主义政治经济学,这一理论体系作为中国特色社会主义理论体系的重要组成部分,在推进改革开放和社会主义现代化建设中,不仅有力指导了我国经济发展实践,而且开拓了马克思主义政治经济学新境界。

## 第三节　中国特色社会主义政治经济学的最新成果:习近平经济思想

### 一、新时代我国经济发展的新课题

党的十八大以后,中国特色社会主义进入新时代,中国经济发展也进入了新时代,从高速度增长阶段转向实现高质量发展阶段,站在了新的起点上,产生了新的特点和趋势,具有了新的目标和任务。如何在新的条件下推动我国经济的持续健康发展,续写中国经济新的奇迹,给我们提出了许多新的课题,需要在理论上进行深入探索和研究。比如:

从发展目标看,中国发展正处于从总体达到小康水平转向全面建成小康社会进而全面建成社会主义现代化强国的关键时期,如何推动新型工业化、信息化、城镇化、农业现代化同步发展,建设现代化经济体系。

从生活需要看,人民生活显著改善,对美好生活需要日益广泛、呈现多样化多层次多方面的特点,如何在更高的水平上更好推动人的全面发展、社会全面进步,朝着共同富裕方向稳步前进。

从生产发展看,我国社会生产力水平总体上显著提高,但更加突出的问题是自主创新能力不强、关键核心技术短板,如何坚持创新引领发展,提高我国的自主创新能力,推进生产力的整体跃升。

从经济运行特点看,社会总供给和总需求的波动趋于平稳,持续保持在合理范围,经济运行面临的问题有周期性,但更多是结构性、体制性的,如何着力推进供给侧结构性改革,优化经济结构。

从体制机制看,我国的经济体制改革已经取得巨大成就,社会主义市场经济体制初步确立,但是还不够完善,存在诸多缺点,如何进一步完善社会主义市场经济体制,使经济制度更加成熟、更加定型。

从国际环境看,中国经济实力不断增强,在世界经济体系中的地位不断上升、影响不断增大,同时当今世界正经历百年未有之大变局,保护主义、单边主义上升,世界经济低迷,如何推动更高水平的开放,引导经济全球化朝着正确的方向发展,造福于中国人民和世界人民,等等。

归结起来,就是必须从理论和实践结合上系统回答新时代如何坚持和发展中国特色社会主义经济,不断解放和发展生产力,实现更高质量、更有效率、更加公平、更可持续、更为安全的发展,为全面建成社会主义现代化强国、实现中华民族伟大复兴奠定坚实基础。

围绕这一系列新问题新课题,以习近平同志为核心的党中央深刻把握中国与世界发展大势,在"实践——认识——再实践——再认识"的不断升华中,总结经验、探索规律、创新理论、推动发展,提出了一系列指导我国经济发展的新思想新理念新战略,创立了习近平经济思想,为推动新时代我国经济的持续健康发展提供了科学指南。

## 二、 指导新时代经济发展实践的系统化理论成果

习近平经济思想立足新时代新阶段经济发展的实践,运用马克思主义政治经济的理论和方法,系统回答了新时代我国经济发展的一系列重大理论和实践问题,对新时代经济发展实践作出了系统化、创造性的理论概括,这主要包括:

明确加强党对经济工作的全面领导是我国经济发展的根本保证,要切实把党领导经济工作的制度优势转化为治理效能,不断提高党领导经济工作科学化、法治化水平,增强党领导经济工作专业化能力。

明确坚持以人民为中心的发展思想是我国经济发展的根本立场,要把人民放在心中最高的位置,坚持在发展中保障和改善民生,坚定不移走共同富裕的道路。

明确进入新发展阶段是我国经济发展的历史方位,要统筹中华民族伟大复兴战略全局和世界百年未有之大变局,增强机遇意识和风险意识,善于在危机中育先机、于变局中开新局。

明确坚持新发展理念是我国经济发展的指导原则,要完整、准确、全面贯彻新发展理念,把新发展理念贯彻到经济社会发展全过程和各领域,真正做到崇尚创新、注重协调、倡导绿色、厚植开放、推进共享。

　　明确构建新发展格局是我国经济发展的路径选择,要坚持扩大内需这个战略基点,使生产、分配、流通、消费各环节更多依托国内市场,形成国民经济良性循环,并努力实现国内国际双循环,进而不断提升国内大循环效率和水平。

　　明确推动高质量发展是我国经济发展的鲜明主题,要坚持质量第一、效益优先,推动质量变革、效率变革、动力变革,加快建设现代化经济体系,努力实现更高质量、更有效率、更加公平、更可持续、更为安全的发展。

　　明确坚持和完善社会主义基本经济制度是我国经济发展的制度基础,要毫不动摇巩固和发展公有制经济,毫不动摇鼓励、支持、引导非公有制经济发展,坚持按劳分配为主体、多种分配方式并存,充分发挥市场在资源配置中的决定性作用,更好发挥政府作用,加快完善社会主义市场经济体制。

　　明确坚持问题导向部署实施国家重大发展战略是我国经济发展的战略举措,要全面推进乡村振兴,坚持实施区域重大战略、区域协调发展战略,深入实施以人为核心的新型城镇化战略。

　　明确坚持创新驱动发展是我国经济发展的第一动力,要坚持创新在我国现代化建设全局中的核心地位,推进高水平科技自立自强,加快建设世界重要人才中心和创新高地。

　　明确大力发展制造业和实体经济是我国经济发展的主要着力点,要坚定不移建设制造强国、质量强国、网络强国、数字中国,推进产业基础高级化、产业链现代化,加快建设现代化基础设施体系。

　　明确坚定不移全面扩大开放是我国经济发展的重要法宝,要坚定实施对外开放基本国策,建设更高水平开放型经济新体制,推进共建“一带一路”高质量发展,推动经济全球化朝着更加开放、包容、普惠、平衡、共赢的方向发展。

　　明确统筹发展和安全是我国经济发展的重要保障,要增强忧患意识,着力防范化解重大风险,扛稳粮食安全重任,保障国家能源安全,确保产业链供应链稳定安全,实现高质量发展和高水平安全良性互动。

　　明确坚持正确工作策略和方法是做好经济工作的方法论,要坚持稳中求进工作总基调,坚持系统观念,坚持目标导向和问题导向相结合,坚持集中精力办好自己的事,坚持以钉钉子精神抓落实。

　　总的来看,习近平经济思想立足中国特色社会主义进入新时代的历史方位,坚持把人民利益作为党领导经济工作的根本出发点和落脚点,坚持以辩证唯物主义和历史唯物主义科学世界观方法论认识世界、改造世界,坚持与时俱进的理论品质,深刻回答了马克思主义经典作家没有讲过、我们的前人从未遇到过、西方经济理论始终无法解决的许多重大理论和现实问题,是指导新时代我国经济发展实践形成的系统化理论成果,推动我国经济发展取得历史性成就、发生历史性变革,书写了新时代中国特色社会主义经济发展的崭新篇章。

## 三、 为丰富发展马克思主义政治经济学做出重要原创性贡献

习近平经济思想坚持把马克思主义政治经济学基本原理同中国实际和时代特征相结合,在指导新时代我国经济发展实践中,不断推进马克思主义政治经济学中国化时代化,为丰富发展马克思主义政治经济学做出重要原创性贡献。比如:

创造性地提出加强党对经济工作的全面领导的重大理论观点,丰富发展了马克思主义政治经济学关于经济和政治关系的理论。

创造性地提出坚持以人民为中心的发展思想,丰富发展了马克思主义政治经济学关于社会主义经济本质的理论。

创造性地提出树立和坚持新发展理念,丰富发展了马克思主义政治经济学关于经济发展原则的理论。

创造性地提出我国经济发展已由高速增长阶段转向高质量发展阶段的重大论断,丰富发展了马克思主义政治经济学关于经济发展阶段的理论。

创造性地提出推进完善社会主义市场经济体制的重要思想,丰富发展了马克思主义政治经济学关于市场经济的理论。

创造性地提出供给侧结构性改革的重大方针,丰富发展了马克思主义政治经济学关于生产和需要关系的理论。

创造性地提出构建新发展格局的重大战略,丰富发展了马克思主义政治经济学关于社会再生产的理论。

创造性地提出推动构建人类命运共同体、促进经济全球化健康发展的重要思想,丰富发展了马克思主义政治经济学关于世界经济的理论。

创造性地提出了推进城乡发展一体化、加快农业农村现代化重大战略,深化和发展了对社会主义城乡关系发展规律的认识,丰富和发展了马克思主义政治经济学关于城乡关系的理论。

创造性地提出了统筹好发展和安全、认识和把握防范化解重大风险的重要思想,深化和发展了对社会主义安全发展规律的认识,丰富和发展了马克思政治经济学关于国家经济安全的理论,等等。

我国经济发展进程波澜壮阔、成就举世瞩目,蕴藏着理论创造的巨大动力、活力、潜力,是理论和政策研究的"富矿"。置身于这一历史性巨变之中的中国共产党人,更有资格、更有能力揭示其中所蕴含的历史经验和发展规律,为发展马克思主义做出中国的原创性贡献。习近平经济思想,正是在当今世界百年未有之大变局和实现中华民族伟大复兴的战略全局的历史交汇、在我国进入新的发展阶段的历史巨变中产生的具有鲜明主体性原创性的理论,为发展马克思主义政治经济学做出了中国的原创性贡献。

专栏 0-2　习近平论学好用好政治经济学

　　党的十八大以来,习近平高度重视马克思主义政治经济学,多次就坚持和发展马克思主义政治经济学做出重要论述。2014 年 7 月 8 日,在主持召开经济形势专家座谈会上强调,各级党委和政府要学好用好政治经济学,自觉认识和更好遵循经济发展规律,不断提高推进改革开放、领导经济社会发展、提高经济社会发展质量和效益的能力和水平。2015 年 11 月 23 日,在主持中央政治局第二十八次集体学习时强调,要立足我国国情和我国发展实践,揭示新特点、新规律,提炼和总结我国经济发展实践规律性成果,把实践经验上升为系统化的经济学说,不断开拓当代马克思主义政治经济学新境界。在 2015 年年底召开的中央经济工作会议上,强调,要坚持中国特色社会主义政治经济学的重大原则。2016 年 5 月 17 日,在哲学社会科学工作座谈会上的讲话中他强调,有人说,马克思主义政治经济学过时了,《资本论》过时了。这个说法是武断的。在 2016 年 7 月 8 日主持召开的经济形势专家座谈会上强调,坚持和发展中国特色社会主义政治经济学,要以马克思主义政治经济学为指导,总结和提炼我国改革开放和社会主义现代化建设的伟大实践经验,同时借鉴西方经济学的有益成分。中国特色社会主义政治经济学只能在实践中丰富和发展,又要经受实践的检验,进而指导实践。2020 年 8 月 24 日,在经济社会领域专家座谈会上的讲话中强调,从国情出发,从中国实践中来、到中国实践中去,把论文写在祖国大地上,使理论和政策创新符合中国实际、具有中国特色,不断发展中国特色社会主义政治经济学。

## 四、 新时代做好经济工作的根本遵循和行动指南

　　理论源于实践,又进一步指导实践。党的十八大以来,在"实践——认识——再实践——再认识"的不断升华中,我们党坚持以习近平经济思想为科学指南,正确分析形势、把握方向、谋划大局、制定政策、部署工作、促进改革,克服和战胜了一个又一个困难挑战,推动我国经济持续健康发展,保持了经济稳中向好、持续向好的大势。

　　2012 年以来,我国经济增速达年均 6.5%,连续多年在世界主要经济体中位居前列,成为世界经济增长的主要贡献国;经济总量从 2012 年的 53.9 万亿元提升到 2021 年的 114.4 万亿元,占世界经济的比重从 11.4% 提升到 18% 以上,作为世界第二大经济体、第二大消费市场、制造业第一大国、货物贸易第一大国、外汇储备第一大国的地位进一步巩固和提升;人均国内生产总值从 6 300 美元提升至 12 551 美元,高于全球平均水平,接近高收入国家门槛。[①] 国际收支保持基本平衡,进出口贸易规模从 3.8 万亿美元增长到超过 6 万亿美

---

① 资料来源:中国经济高质量发展成色更足[N].人民日报,2022-08-23.

元①,外汇储备规模稳定保持在 3 万亿美元以上②。历史性解决绝对贫困问题,现行标准下 9 899 万农村贫困人口全部脱贫,基本建成世界上规模最大的社会保障体系,在中华大地上全面建成小康社会,国家经济实力、科技实力、综合国力跃上新台阶,我国经济发展平衡性、协调性、可持续性明显增强,迈上更高质量、更有效率、更加公平、更可持续、更为安全发展之路。中华民族迎来从站起来、富起来到强起来的伟大飞跃,实现中华民族伟大复兴进入了不可逆转的历史进程。

实践证明,习近平经济思想是"从客观实际抽出来又在客观实际中得到了证明的理论"③,凝结了新时代中国共产党人探索思考和推动社会主义经济健康发展的集体智慧,是引领中国经济航船驶向胜利彼岸的科学指南,必须长期坚持、不断丰富发展。在全面建设社会主义现代化国家、实现第二个百年奋斗目标的新征程上,必须坚定不移用习近平经济思想武装头脑、指导实践、推动工作,贯彻落实到新时代经济发展实践全过程各领域,自觉把握运用这一思想所揭示的经济发展的客观规律,充分发挥历史主动性和创造性,推动我国经济发展沿着正确的方向和道路奋勇前进。

## 第四节　中国特色社会主义政治经济学的基本特征

### 一、科学性与人民性相统一

马克思主义是人民的理论,发展为了人民是马克思主义政治经济学的根本立场。马克思主义第一次站在人民的立场探求人类自由解放的道路,以科学的理论为最终建立一个没有压迫、没有剥削、人人平等、人人自由的理想社会指明了方向。马克思主义之所以具有跨越国度、跨越时代的影响力,就是因为它植根人民之中,指明了依靠人民推动历史前进的人间正道。在当代中国,坚持马克思主义的人民立场,就是要坚持以人民为中心的发展思想,把增进人民福祉、促进人的全面发展、朝着共同富裕方向稳步前进作为经济发展的出发点和落脚点。习近平强调,以人民为中心的发展思想,不是一个抽象的、玄奥的概念,不能只停留在口头上、止步于思想环节,而要体现在经济社会发展各个环节,这深刻阐明了中国特色社会主义政治经济学鲜明的人民性。

在马克思主义政治经济学中,科学性和人民性是高度统一的。马克思认为,社会经济形态的发展是一个自然历史过程,经济学的任务在于揭示这一自然过程的内在规律,为社

---

① 资料来源:二〇二一年进出口规模首次突破六万亿美元——"十四"五外贸开局良好[EB/OL].中华人民共和国海关总署网站,http://nanchang.customs.gov.cn/customs/xwfb34/mtjj35/4129596/index.html.

② 数据来源:国家外汇管理局历年《官方储备资产》统计表.

③ 毛泽东.整顿党的作风[M]//毛泽东选集:第3卷.北京:人民出版社,1991:817.

会的改造提供正确的理论指导。在马克思提出科学社会主义之前,空想社会主义者早已存在,他们怀着悲天悯人的情感,对理想社会有很多美好的设想,但由于没有揭示社会发展规律,没有找到实现理想的有效途径,因而也就难以真正对社会发展发生科学指导作用。马克思创建了唯物史观和剩余价值学说,揭示了人类社会发展的一般规律,揭示了资本主义发展的特殊规律,为人类指明了从必然王国向自由王国飞跃的途径,为人民指明了实现自由和解放的道路。在当代中国,坚持马克思主义的科学理论,就是要立足我国国情和发展实践,从实践出发,提炼和总结我国经济发展实践的规律性成果,把实践经验上升为系统化的科学理论,为实现广大人民群众的根本利益提供科学理论指导,使科学性和人民性更好统一起来。

## 二、经济与政治相统一

马克思主义认为,经济和政治是紧密联系的,经济是政治的基础,政治是经济的集中表现,因此,没有离开经济的政治,也不会有离开政治的经济。列宁精辟地指出:一个阶级如果不从政治上正确地处理问题,就不能维持它的统治,因而也就不能解决它的生产任务。因此,政治经济学虽然主要研究生产关系的发展规律,但是,对生产关系的研究又不可能脱离开上层建筑特别是政治过程,而必须把经济和政治紧密联系起来。

如果我们把目光转到社会主义社会,就会发现,在这里,经济和政治的关系具有了特殊的内涵和更加重要的意义。社会主义制度的建立与发展,与以往一切社会中的情况不同,不是自发的,而是在科学社会主义理论的指导下,在党的领导下,有计划、有目的、有步骤地进行的,革命是如此,建设是如此,改革也是如此。由于这个原因,在社会主义条件下,政治对经济的影响就比以往一切社会要大得多、深刻得多。

在社会主义社会中,由于生产资料公有制居于主体地位,因此,国家不仅作为一种上层建筑从外部对经济生活产生间接影响,而且要作为公有经济的所有者总代表,作为经济基础的组成部分,从内部对经济生活产生直接影响,目的在于解放和发展生产力,满足人民日益增长的美好生活的需要。因此,经济和政治在这里具有了水乳交融般的密切关系。正因为如此,毛泽东指出,政治工作是一切经济工作的生命线,政治和经济的统一,政治和技术的统一,这是毫无疑义的。邓小平强调"社会主义市场经济优越性在哪里? 就在四个坚持。四个坚持集中表现在党的领导。""党的领导是个优越性"①。习近平强调,"能不能驾驭好世界第二大经济体,能不能保持经济社会持续健康发展,从根本上讲取决于党在经济社会发展中的领导核心作用发挥得好不好"②。

---

① 中共中央文献研究室编.1993 年[M]//邓小平年谱(一九七五——一九九七)(下卷).北京:中央文献出版社,2004:1363.

② 习近平.以新的发展理念引领发展,夺取全面建成小康社会决胜阶段的伟大胜利[M]//十八大以来重要文献选编(中).北京:中央文献出版社,2016:834.

有一种看法认为,经济与政治是两个独立的互不相干的领域,经济运动具有自身的规律,不应当受政治因素的干预,否则,就会违反经济规律,阻碍经济发展。这种观点割裂了经济和政治之间的辩证联系,是不正确的。事实上,经济与政治的统一,是一个客观规律,既适用于社会主义社会也适用于资本主义社会。区别只在于,这种统一的基础是什么?是以人民为中心还是以资本为中心,社会主义政治是为人民服务的,资本主义政治是为资本服务的,这是二者的根本区别。发展中国特色社会主义经济,必须深刻把握经济与政治的辩证关系,自觉遵循经济和政治有机统一这一客观规律,使社会主义制度这一优势充分发挥出来。

## 三、社会主义制度与市场经济相统一

中国特色社会主义经济不同于传统高度集中的计划经济,最鲜明的特色就是把社会主义制度与市场经济相结合,在社会主义条件下发展市场经济。社会主义市场经济既体现了市场经济的一般原则,又体现了社会主义制度的基本特征,使社会主义制度的优越性和市场经济的长处都得到了更好发挥,从而赋予社会主义经济以新的内涵和活力。

社会主义制度与市场经济的结合,体现在中国特色社会主义经济的各个方面,比如:在所有制结构上,既坚持公有制的主体地位和国有经济的主导作用,又坚持多种所有制经济共同发展;在国有企业改革上,既坚持保障全体人民的共同利益,又坚持建立市场化的体制机制;在收入分配改革上,既坚持以按劳分配为主体、促进社会公平,又坚持鼓励生产要素参与分配、注重提高效率;在对外经济关系上,既坚持独立自主、自力更生,又坚持对外开放的基本国策、积极参与经济全球化;在政府和市场关系上,既坚持党对经济的集中统一领导、更好发挥政府作用,又坚持发挥市场在资源配置中的决定性作用、增强市场活力,等等。这样,就从理论和实践上超越了以私有制为基础的资本主义市场经济的流俗教条和深刻弊端,创造了市场经济的新形态,为社会主义经济的发展和人类文明的进步开辟了前所未有的广阔道路。

## 四、民族性与世界性相统一

**理论发展:**
中国特色社会主义政治经济学急需解决的问题

中国特色社会主义政治经济学具有鲜明的民族性,主要体现在:第一,对象的民族性,即改革开放以来形成的中国特色社会主义经济。第二,立场的民族性,即立足中国实际,服务中国发展,指导中国实践。第三,方法的民族性,即体现中国文化、中国精神、中国价值和中国思维。第四,理论的民族性,即提出一系列具有主体性、原创性的理论观点。第五,话语的民族性,即用中国的语言形态和话语风格表达思想理论。总之,中国特色社会主义政治经济学的民族性体现的就是中国特色、中国风格和中国气派。

　　强调中国特色并不排斥普遍价值,中国特色中也包含着普遍的因素。社会主义经济制度建立和发展历史还不长,实践经验还不够丰富,特别是20世纪90年代苏联解体、东欧剧变以后,社会主义事业遭到了巨大挫折,中国成了世界社会主义事业发展的中流砥柱。在这样的历史阶段,社会主义政治经济学的主要任务是研究社会主义经济的具体特殊形态,然后在此基础上,通过科学抽象,去粗取精,去伪存真,由此及彼,由表及里,逐步确立社会主义经济的一般规律。在当今世界,这个具体特殊的形态的最典型样本,无疑就是中国特色社会主义经济。

　　中国是一个处于发展和转型中的社会主义大国,面临工业化、信息化、市场化、全球化和社会主义制度的改革等重大的历史变革在同一个时代的交织和叠加,正在经历着我国历史上最为广泛而深刻的社会变革,也正在进行着人类历史上最为宏大而独特的实践创新。这种前无古人的伟大实践,为经济学的发展提供了无比丰富、不可多得的鲜活素材。正如习近平指出的那样:越是民族的越是世界的。解决好民族性问题,就有更强能力去解决世界性问题;把中国实践总结好,就有更强能力为解决世界性问题提供思路和办法。这是由特殊性到普遍性的发展规律。因此,总结中国经济发展的实践经验,并从中提炼出反映规律的理论成果,对于发展社会主义政治经济学具有十分重要的意义。

　　例如,中国特色社会主义政治经济学关于坚持以人民为中心、满足人民日益增长的美好生活需要、实现人的全面发展和社会共同富裕的理论,揭示了经济发展的根本目的;关于社会主义基本制度与市场经济有机结合的理论,为市场经济的发展开辟了崭新道路;关于坚持创新、协调、绿色、开放、共享的新发展理念,丰富和发展了对经济发展规律的认识;关于坚持正确改革方法论、以渐进方式推进经济转型的理论,为有效推进制度创新提供了有益的经验;关于促进新型工业化、信息化、城镇化、农业现代化同步发展和推动城乡一体化发展的理论,创新了经济现代化的理论;关于促进经济全球化健康发展和构建人类命运共同体的理论,指明了经济全球化的正确道路。

　　总之,中国特色社会主义政治经济学所探索和研究的问题,不仅是关系中国自身发展的特殊问题,也是关系世界各国发展的普遍问题,中国特色社会主义政治经济学的创新发展,不仅对发展马克思主义和科学社会主义理论做出了重大贡献,而且拓展了发展中国家走向现代化的途径,给世界上那些既希望加快发展又希望保持自身独立性的国家和民族提供了理论借鉴,为人类对更好经济制度和发展道路的探索贡献了中国智慧。我们必须树立国际视野,从中国和世界的联系互动中探讨人类面临的共同课题,为构建人类命运共同体贡献中国智慧、中国方案。

---

**专栏 0-3　政治经济学是一门历史科学**

　　人们在生产和交换时所处的条件,各个国家各不相同,而在每一个国家里,各个世代又各不相同。因此,政治经济学不可能对一切国家和一切历史时代都是一样的。从弓和箭,从石刀和仅仅是例外地出现的野蛮人的交换往来,到上千马力的蒸汽机,到机械织机、铁路和英格兰银行,有一段很大的距离。火地岛的居民没有达到进行大规模生产和世界贸易的程度,也没有达到出现票据投机或交易所破产的程度。谁要想把火地岛的政治经济学和现代英国的政治经济学置于同一规律之下,那么,除了最陈腐的老生常谈以外,他显然不能揭示出任何东西。因此,政治经济学本质上是一门历史的科学。它所涉及的是历史性的即经常变化的材料;它首先研究生产和交换的每个个别发展阶段的特殊规律,而且只有在完成这种研究以后,它才能确立为数不多的、适用于生产一般和交换一般的、完全普遍的规律。同时,不言而喻,适用于一定的生产方式和交换形式的规律,对于具有这种生产方式和交换形式的一切历史时期也是适用的。

　　资料来源:恩格斯.反杜林论[M]//马克思恩格斯选集:第3卷.北京:人民出版社,2012:525-526.

---

## 第五节　发展中国特色社会主义政治经济学的原则

### 一、以马克思主义为指导

　　以马克思主义为指导思想,是中国特色社会主义政治经济学的根本属性,主要体现在以下方面:

　　1. 科学的世界观和方法论。马克思主义政治经济学以辩证唯物主义和历史唯物主义为世界观方法论,在此基础上形成了分析经济现象的一系列重要原则,包括:生产力决定生产关系、经济基础决定上层建筑的原理,在历史形成的社会经济结构的整体制约中分析个体经济行为的原理,以生产资料所有制为基础确定整个社会经济制度的性质的原理,依据经济关系来理解和说明政治法律制度和伦理规范及通过社会实践实现社会经济发展规律与目的的统一的原理等。

　　2. 以人民为中心的根本立场。为什么人的问题是根本性问题。马克思主义政治经济学坚持人民立场,代表了最广大人民的利益,科学地证明了社会主义代替资本主义的历史必然性,并在此基础上提出了消灭阶级剥削,消除两极分化,实现人的自由全面发展和社会成员共同富裕的美好社会理想。

　　3. 科学社会主义的基本原理。马克思主义政治经济学坚持科学社会主义的基本原理,这些原理包括:社会主义代替资本主义是人类社会发展的必然趋势;在阶级社会中,始终存在阶级矛盾和阶级斗争,这种矛盾和斗争必然导致无产阶级专政,最终消灭阶级;在向社会主义和共产主义过渡的历史阶段,必须坚持共产党的领导;共产主义社会是生产资料社会占有、个人自由全面发展的社会;等等。

4. 完整的理论分析范式。马克思主义政治经济学提供了独立完整的分析范式。它创立了科学的劳动价值理论、剩余价值理论、资本积累理论、利润平均化理论、资本再生产和国民收入的理论等基本原理,全面阐述了社会经济发展规律,深刻阐明了国际分工、国际贸易、国际价值、国际货币、国际剥削、世界体系、帝国主义等分析世界经济的理论范畴。

## 二、 立足中国国情和实践

实践是理论的源泉,新时代改革开放和社会主义现代化建设的丰富实践是理论和政策研究的"富矿"。习近平指出,"当代中国的伟大社会变革,不是简单延续我国历史文化的母版,不是简单套用马克思主义经典作家设想的模板,不是其他国家社会主义实践的再版,也不是国外现代化发展的翻版,不可能找到现成的教科书"①。发展中国特色社会主义政治经济学既不能简单套用马克思主义经典作家关于未来社会主义经济的设想,更不能照搬照抄西方国家的经济理论和经验,而须立足中国的国情和实践,坚持从我国经济改革发展的丰富实践中挖掘新材料、发现新问题、提出新观点、构建新理论,在实践中认识真理、检验真理、发展真理,提出具有主体性、原创性的经济理论观点,构建具有自身特质的经济学学科体系、学术体系、话语体系。如果脱离了中国的国情和实践,中国特色社会主义政治经济学的发展就成了无本之木、无源之水,不可能取得有科学价值和实践意义的理论成果。

## 三、 正确借鉴西方经济学

首先应当看到,西方经济学中包含着合理性和有用性的成分,主要表现在:西方经济学的知识,如关于价格、货币、市场、竞争、贸易、汇率、产业、企业、增长和宏观经济等方面的知识,在一定程度上反映了社会化大生产和市场经济一般规律;西方经济学的分析方法,如计量方法、实验方法、博弈论等,在一定程度上反映了自然科学和社会科学的成就;西方经济学的流派,如古典经济学、新古典经济学、凯恩斯主义、制度经济学、演化经济学、发展经济学等,在一定程度上体现了不同时代的人们对当时经济生活的认识和思考。因此,对于西方经济学我们不能采取否定和排斥的态度,而必须认真学习和科学借鉴。但是,不能照抄照搬、盲目崇拜,这主要是因为:

---

① 习近平.加快构建中国特色哲学社会科学[M]//十八大以来重要文献选编(下).北京:中央文献出版社,2018:327.

一是意识形态问题。西方经济学具有双重性,既包含不少科学知识,但也具有强烈的意识形态色彩,特别是它的基本理论,如自发秩序论、私有制高效论、自由至上论等,旗帜鲜明地为资本主义制度辩护,赤裸裸地宣扬个人主义世界观,由此形成了西方经济学的基本价值取向和政策主张:崇尚私有制而否定公有制,崇尚个人自由而否定集体利益,崇尚资本主权而否定人民主权。这样的价值取向和政策主张与中国特色社会主义是格格不入的。

二是理论范式问题。西方经济学的主要特点是:重逻辑轻历史,重形式轻内容,否认不同社会制度和历史条件下人们行为的差异,忽视技术、制度、政治、文化等因素对经济生活的影响,把追求自身利益最大化的经济人假设当作考虑所有问题的出发点,把资本主义市场经济当作人类永恒不变的经济形式,把抽象的数理逻辑当作判断经济学是否科学的主要标准。这样一种理论范式,形式上似乎很完美,但与现实相去甚远。

三是理论适用性问题。西方经济学中一些被认为是比较正确的理论,也往往是以一定的假设条件以及时空条件为前提的,并不是像自然科学一样的普遍真理。瑞典经济学家冈纳·缪尔达尔(Karl Gunnar Myrdal)曾指出:"这些(西方)经济学术语是从西方世界的生活方式、生活水平、态度、制度和文化中抽象出来的,它们用于分析西方世界可能有意义,并可以得出正确的结论;但是在欠发达国家这样做显然不会得出正确的结论。"[1]

## 四、吸收中华优秀传统文化

坚持和发展马克思主义,必须同中华优秀传统文化相结合。只有植根本国、本民族历史文化沃土,马克思主义真理之树才能根深叶茂。中华优秀传统文化中的经济思想,是中国特色社会主义政治经济学发展十分宝贵、不可多得的资源。

中华文化是中华文明的智慧结晶,也是中国特色社会主义思想的重要源泉。五千年的中华文化代代相传、生生不息,蕴含着讲仁爱、重民本、守诚信、崇正义、尚和合、求大同的丰富内涵;中华民族在漫长的历史进程中,积累了丰富的治国理政经验,其中既有升平之世社会发展进步的成功经验,也有衰乱之世社会动荡不安的深刻教训。发展中国特色社会主义政治经济学,必须坚持古为今用,推陈出新,挖掘和阐发中华民族最基本的文化基因,从中华优秀文化传统中汲取智慧和营养,给政治经济学的发展植入中国元素和文化底色,使中华民族最基本的文化基因与当代文化相适应、与现代社会相协调,把跨越时空、超越国界、富有永恒魅力、具有当代价值的文化精神弘扬起来。例如,关于"大道之行,天下为公"思想,在当代中国,体现为为共产主义远大理想奋斗的思想;关于以民为本、安民富民乐民的思想,在当代中国,体现为以人民为中心的发展思想。又如,关于苟日新日日新又日新、革故鼎新的思想,在当代中国,体现为坚持改革开放、与时俱进的思想;等等。中华优秀传统

---

① ［瑞典］冈纳·缪尔达尔.亚洲的戏剧:南亚国家贫困问题研究［M］.方福前,译.北京:首都经济贸易大学出版社,2001:9.

文化中的这些思想虽然与中国特色社会主义理论的内涵和意义有所不同,但其中的一些文化基因经过创造性转化和创新性发展,是可以发扬光大的。

## 本章小结

1. 中国特色社会主义政治经济学是当代中国的马克思主义政治经济学,是对中国特色社会主义经济实践的理论概括,是中国特色社会主义理论体系的重要组成部分,是社会主义政治经济学在当代中国的最新发展。

2. 社会主义政治经济学是不断发展的。马克思和恩格斯是社会主义政治经济学的奠基者。苏联传统社会主义政治经济学是社会主义政治经济学的第一个理论体系。新中国成立后,以毛泽东为代表的中国共产党人努力探索适合中国国情的社会主义经济建设道路,提出了发展社会主义经济的一系列独创性理论观点。党的十一届三中全会以来,中国共产党把马克思主义基本理论与改革开放新的实践相结合,创立了中国特色社会主义政治经济学。党的十八大以来,以习近平同志为核心的党中央围绕新的形势下发展中国特色社会主义经济,提出了一系列新的重大战略思想和重要理论观点,创立了习近平经济思想,开辟了中国特色社会主义政治经济学发展的新境界。

3. 中国特色社会主义政治经济学以中国特色社会主义经济为研究对象,既要研究中国特色社会主义生产关系又要研究中国特色社会主义生产力的发展,主要任务在于揭示中国特色社会主义经济的运动规律,并从中提炼和总结规律性成果,把实践经验上升为系统化的经济学说,实现从特殊到一般的飞跃,为马克思主义政治经济学的发展贡献中国智慧,为推动我国经济的健康发展提供理论指导。

4. 发展中国特色社会主义政治经济学是一个长期的任务,需要在坚持马克思主义政治经济学理论和方法的基础上,正确借鉴西方经济学的成果,吸收传统文化的精华,系统总结中国的实践和理论发展的经验,经过长期的探索和研究逐步走向完善和成熟。

## 复习思考题

1. 经济学和政治经济学是什么关系? 在经济学前面加上"政治"二字有什么意义?

2. 中国特色社会主义政治经济学与西方经济学有什么不同? 为什么不能照搬照抄西方经济学?

3. 中国特色社会主义政治经济学的特色体现在哪些方面? 有什么普遍意义?

4. 学习中国特色社会主义政治经济学有什么重要的理论和现实意义?

5. 习近平经济思想为丰富和发展马克思主义政治经济学做出了哪些原创性贡献?

# 第一篇
# 社会主义基本经济制度

生产关系是政治经济学研究的主要对象。在现实经济生活中,生产关系表现为一系列具体的经济制度,决定了一个社会生产、分配、交换的规则和人与人之间的利益关系,支配着人们的经济活动,推动着经济运行和发展。基本经济制度是经济制度体系中具有长期性和稳定性的部分,对经济制度属性和经济发展方式具有决定性影响。改革开放以来,中国共产党立足我国基本国情,围绕完善社会主义基本经济制度进行了不懈探索,确立了公有制为主体、多种所有制经济共同发展的社会主义初级阶段的基本经济制度。党的十九届四中全会在此基础上,把按劳分配为主体、多种分配方式并存和社会主义市场经济体制上升为基本经济制度。这三项制度,都是社会主义基本经济制度,三者相互联系、相互支撑、相互促进。其中,以公有制为主体、多种所有制经济共同发展的所有制居于基础和核心地位。社会主义基本经济制度是中国特色社会主义经济的制度前提,中国特色社会主义经济的运行、发展和开放都是在这一前提下展开的。

# 第一章　社会主义基本经济制度的形成和发展

　　十月革命开创了人类历史的新纪元,社会主义从理论变为现实。新中国成立之后,中国实现了从新民主主义向社会主义的过渡,建立了社会主义经济制度。改革开放以后,在建设中国特色社会主义的实践中,包括社会主义所有制制度、社会主义分配制度和社会主义市场经济在内的社会主义基本经济制度逐步确立,并在实践中日益完善,趋于成熟定型。

## 第一节　社会主义经济制度的建立

### 一、社会主义经济制度产生

　　人们对于社会主义的认识,经历了从空想到科学的发展过程。马克思恩格斯作为科学社会主义的创始人,与历史上空想社会主义者根本不同,他们不是从人类公平、正义等理性原则出发来批判资本主义,并在此基础上构想未来的理性王国,而是依据历史唯物主义的科学方法,通过对资本主义生产方式内在矛盾和运动规律的深刻分析,从中发现否定资本主义经济关系的种种物质因素,从正在瓦解的经济运动形式内部发现未来的、能够消除这些弊病的、新的生产组织和交换组织的因素,发现未来社会主义经济关系的最基本的特征。因此,在马克思恩格斯的理论中,社会主义已不是人们头脑的主观想象了,而是资本主义生产方式矛盾运动本身提出的、用以解决这种矛盾的必然的方式。私有制下生产的盲目性和无政府状态与社会化大生产的矛盾,只能由社会占有生产资料的有计划的生产来代替;公有制的建立也就必然使一切阶级剥削和压迫被为全体劳动者的共同利益而进行的生产和分配所代替,等等。因此,这种基于对资本主义经济关系内在矛盾运动规律和发展趋势的深刻分析而得出的关于未来社会经济关系基本特征的理论,具有巨大的科学价值和理论意义。这些理论揭示了社会主义经济制度最基本的特征或原则,指明了社会历史发展的基本趋势,成为社会主义革命和社会主义建设的重要指南。

　　马克思恩格斯曾经设想,资本主义被社会主义和共产主义所代替,是人类社会发展的必然趋势,这一趋势将在资本主义基本矛盾发展比较充分的发达资本主义国家显著表现出来。社会主义革命将在资本主义发达的国家同时发生。但历史事实却是,发达资本主义国家迄今没有建立社会主义制度,相反,原来经济发展比较落后的一些国家率先建立了社会主义制度。

19 世纪末,马克思恩格斯以及俄国思想界的一些进步人士,就思考过这样一个问题:类似俄国这样的经济和文化比较落后的国家,是按照自然进程、为资本主义方式所取代,还是能够跨越资本主义"卡夫丁"峡谷、直接向社会主义发展? 马克思恩格斯经过认真思考,认为在具备一定的、有利的国际国内条件下,落后国家可以利用资本主义发展阶段的文明成果,跨越"卡夫丁"峡谷,减少资本主义发展的灾难性后果,走向社会主义和共产主义。

19 世纪末 20 世纪初,资本主义进入了帝国主义的阶段,列宁创造性提出了一国可以取得社会主义革命胜利的观点。列宁根据对帝国主义经济、政治特征和历史地位的分析,揭示了帝国主义时代资本主义经济和政治发展不平衡规律,并得出结论:社会主义首先可能在少数甚至在单独一个资本主义国家内获得胜利。十月革命的胜利证明了列宁这个论断的正确性。

进入 20 世纪 20 年代,资本主义世界进入相对稳定和发展时期,欧洲其他国家并没有成功进行社会主义革命,而十月革命胜利后苏联则面临全面开展经济建设、实现国家工业化的艰巨任务。斯大林从当时的实际情况出发,提出了一国可以建成社会主义的思想。他强调,只要有一定数量的大工业,有一定数量的无产阶级,有领导无产阶级的政党,就可以通过工农联盟从经济上战胜本国的资产阶级,单在苏联一国就能够实现消灭剥削的目标,建成社会主义。

进入 30 年代,苏联全面展开了社会主义改造运动和工业化运动。一方面,利用社会主义国家的力量,有计划地集中和使用社会的各种资源,充分调动广大劳动者的积极性,实行重工业优先的发展战略,在很短的时期内迅速建立了先进的、完整的工业体系,使苏联由一个农业国变成了一个工业国。另一方面,采取多方面措施,限制、排挤以及最终消灭资本主义经济成分,在农村实行集体化,在城市实行国有化,社会主义经济成分在苏联国民经济的一切部门都占据了统治地位。1936 年,社会主义经济成分在生产资料总额中的比例达到了 98.7%,其中工业达到 99.95%,农业达到 96.3%。从 1923—1936 年,社会主义经济形式的比重在工业总产值中从 76.3% 提高到 99.8%,在农业(包括庄园个人的副业)总产值中从 1.5% 提高到 97.7%,在商业企业的零售总额中从 43% 提高到 100%;在国民收入中从 1924 年的 35% 提高到 1936 年的 99.1%①。到 1936 年 12 月,斯大林宣布苏联已经建成社会主义。

在建立社会主义制度的同时,苏联确立了社会主义经济制度的最初模式,即高度集中

---

① 苏联科学院经济研究所. 政治经济学教科书[M]. 北京:人民出版社,1955:395.

的计划经济体制。这种体制的主要特点是:经济决策权高度集中,所有的重要决策都集中于中央一级;国家和企业之间的关系是行政隶属关系,企业缺乏独立性和自主权;经济运行主要依靠采用自上而下的行政命令或指令性计划来组织推动,并按实物量单位进行经济计算和编制计划;市场机制对生产过程不起调节作用。20世纪六七十年代,苏联对高度集中的计划经济体制进行了一定程度改革,企业自主权有所扩大,市场作用有所增强,但并没有从根本上改变高度集中的计划经济体制。

苏联的社会主义经济制度,坚持了科学社会主义基本原则,适应了在经济文化相对落后的社会主义国家求生存、求发展的迫切需要,较快地发展了苏联的经济、文化和社会事业。在社会主义时期,苏联在经济、教育、卫生等许多领域取得突飞猛进的发展,极大地缩小了其与发达资本主义国家的差距。1928—1940年苏联社会主义工业化期间,工业总产值以每年17%的递增速度发展,短短12年时间就实现了工业化,跃居欧洲第一,成为世界上仅次于美国的第二大工业强国。[①] 这显示了社会主义制度的优越性和社会主义的强大生命力,为苏联和世界社会主义事业做出了重要贡献。

但是,苏联模式存在严重弊端,主要是:政治上存在权力高度集中、官僚主义严重、民主监督机制缺乏等问题;经济结构长期不合理,发展不平衡,经济发展片面注重重工业,忽视轻工业和农业,国民经济的重大比例关系严重失调;集中过多,统得过死,市场机制作用受到严重压抑,企业缺乏活力;利用工农业产品"剪刀差"以补贴工业发展,导致农业长期滞后。这严重影响了人民生活的改善。

## 二、 社会主义经济制度在中国的建立

走社会主义道路,是中国近代社会发展的必然结果,是运用马克思主义理论分析中国社会发展规律和历史趋势得出的必然结论。

在过去两千多年的社会中,中国一直实行的是封建制度,但自从1840年鸦片战争以后,由于外国资本主义的侵入,中国一步一步地变成了一个半殖民地半封建社会。帝国主义列强侵略中国,一方面促使中国封建社会解体,促使中国产生了资本主义因素,把一个封建社会变成了一个半封建的社会;另一方面它们又残酷地统治了中国,把一个独立的中国变成了一个半殖民地甚至殖民地的中国。帝国主义和中华民族的矛盾,封建主义和人民大众的矛盾,是近代中国社会的主要矛盾。反对帝国主义和封建主义成为近代中国革命的主要任务。这样一种革命就其性质来说是资产阶级民主主义的革命,而不是无产阶级社会主义的革命。革命的结果是建立资本主义制度而不是社会主义制度。但在中国,由于特殊的国际国内环境,民主革命的性质和方向发生了根本性变化,走社会主义道路成为了历史选

① 《社会主义发展简史》编写组.社会主义发展简史[M].北京:人民出版社,2021:109.

择。为什么会有这样的结果？重要的原因在于：

1. 从世界资本主义体系的格局来看,半殖民地半封建的旧中国不可能走向独立发展资本主义的道路。众所周知,资本主义生产方式自诞生以来,极大地推动了生产力的发展和世界市场的形成,使一切国家的生产和消费都变成世界性的了。在世界资本主义体系中,发达资本主义国家和落后国家的地位是不同的。发达资本主义国家在世界资本主义体系中处于"中心""核心"的位置,资本主义制度的成长主要是在内部因素的推动下逐步建立起来的;而落后国家则在世界资本主义体系中处于依附和被支配地位,资本主义制度是由中心国家通过殖民征服的方式强制建立的。进入 19 世纪末 20 世纪初,资本主义由自由竞争阶段发展到垄断阶段,帝国主义把其统治的触角延伸到世界各地,通过自身的努力建立资本主义现代化强国的路已经被堵死了,帝国主义入侵中国的目的不是为了把中国变成独立的、强大的资本主义国家与之竞争,而是为了把它纳入世界资本主义体系,变成自己的附庸。因此在近代中国,一切选择资本主义道路的历史尝试,都以失败而告终。

2. 从国内社会阶级结构看,中国的民族资产阶级由于经济上政治上的软弱性,不可能担负起领导反对帝国主义、封建主义的历史重任。在英国、法国、德国等早期的资本主义国家中,民族资产阶级随着资本主义经济关系的逐步发展而壮大,与封建统治阶级的矛盾日益尖锐,最终导致了资产阶级革命,建立资产阶级的政治统治和资本主义制度。而旧中国是一个经济、文化十分落后的半殖民地半封建国家,以帝国主义和封建主义为基础的腐朽的生产关系严重阻碍了生产力的发展,在这种历史条件下成长起来的民族资本主义不仅力量弱小,而且本身具有两面性:一方面,民族资产阶级受帝国主义的压迫,又受封建主义的束缚,所以,他们同帝国主义和封建主义有矛盾。从这一方面说来,他们是革命的力量之一。另一方面,由于他们在经济上和政治上的软弱性,他们同帝国主义和封建主义并未完全断绝经济上的联系,所以,他们又没有彻底的反帝、反封建的勇气。民族资产阶级没有能力进行彻底地反对帝国主义、封建主义的斗争并最终取得胜利。因此中国不可能像某些国家那样通过自下而上的资产阶级革命,建立资产阶级共和国,把中国引上资本主义道路。

3. 从近代中国社会生产力发展的要求看,资本主义制度不利于迅速实现国家的工业化和强国富民的目标。实现工业化,把落后的农业国转变成为先进的工业国,是人类社会发展的必由之路。在西方资本主义国家中,工业的实现虽然是以资本主义私有制和市场经济为基础的;但是,国家在其中也发挥了重要的作用,通过殖民掠夺、垄断贸易、税收和公债等强制性手段,资产阶级获得了大量的原始资本,完成了资本的原始积累。在后发国家中,实现国家的工业化和完成资本的原始积累,需更大程度发挥国家的作用。从国际环境看,它们不仅缺乏外部资本积累的来源,而且本身就是被征服和剥削的对象;从国内环境看,民族资本力量弱小,积累能力非常有限。在这样的历史条件下,如果实行资本主义制度,通过私人资本和市场机制来进行资本积累实现国家的工业化,是很难达到目的的。只有建立社会主义经济制度,对主要生产资料实行社会占有,对有限的社会资源集中进行有计划的配置,才有可能迅速建立国家的工业体系,摆脱贫困、落后和被帝国主义所奴役的局面,为国家的独立、民族的解放和人民的幸福开辟正确的道路。

由于以上原因,中国通过资本主义实现国强民富的道路被堵死了,走社会主义道路成了历史发展的必然选择。因此,中国的资产阶级革命已经不是旧式的一般的资产阶级民主革命,而是新式的、特殊的资产阶级革命,即新民主主义革命。

以毛泽东为主要代表的中国共产党人,把马列主义的基本原理与中国革命的具体实践相结合,创立了新民主主义革命的理论。在这一理论的指导下,中国共产党领导全国各族人民,经过长期的反对帝国主义、封建主义、官僚资本主义的革命斗争,取得了新民主主义革命的胜利,建立了人民民主专政的中华人民共和国,并在此基础上迅速实现了从新民主主义向社会主义的过渡,建立了社会主义制度。

社会主义经济制度的建立有共同的规律,也有不同的特点。共同的规律是:社会主义制度是在经济发展比较落后的一些国家建立的,为了在较短时期内缩短与资本主义的差距,摆脱落后挨打的被动局面,必须依靠国家的力量,集中国内有限资源,实行重工业优先的发展战略,进行大规模的工业化建设,为此,在资源配置上必须实行高度集中的计划经济体制,在所有制结构上必须建立起公有制经济的绝对优势地位。不同的特点是:苏联对城乡资本主义的社会主义改造,比较多地使用了暴力强制的办法,而中国对城乡资本主义的社会主义改造,则是以和平转变为主,成功地实现了马克思、恩格斯和列宁曾经设想的对资本主义进行和平赎买的社会主义革命道路,这是一个史无前例的创造。

具体来说,在我国,过渡时期存在两种性质不同的私有制:一是资本主义的私有制,二是农业、手工业中个体私有制。由于这两种私有制性质不同,因而在社会主义改造中采取的方式也不同。对资本主义私有制的改造又根据具体情况采取不同方式。对于官僚资本采取了无偿没收的剥夺方式,对于民族资本则采取了和平赎买的方式。旧中国的官僚资本,垄断着旧中国的经济命脉,代表着反动腐朽的资本主义生产关系。它一方面与国家政权结合在一起,具有国家垄断资本主义的性质;另一方面与封建主义、外国帝国主义结合在一起,具有封建性、买办性。没收官僚资本,消灭其封建性、买办性,具有民主革命的性质;没收官僚资本,消灭垄断资本,并在此基础上建立国家所有制,又具有社会主义革命的性质。与官僚资本不同,我国的民族资本,既有剥削工人阶级、与工人阶级利益相矛盾的一面,也有有利于国计民生的积极一面,对其实行和平赎买,利用其有利于国计民生的积极作用,限制其不利于国计民生的消极作用,有利于国民经济的恢复和发展,同时可以避免和减少由于所有制急剧变革引起的混乱和损失,顺利实现所有制的变革。因此,对资本主义工商业,采取了加工订货、统购包销、经销代销、公私合营等国家资本主义的形式,使资本主义私有制度逐步向社会主义过渡。对个体私有制的改造,农村和城镇的方式也不相同。在农村,通过从互助组、初级社到高级社这样三个相互衔接、逐步推进的具体形式和步骤,实现了对农民个体经济的改造,建立起农村集体所有制经济。在城镇,通过合作化的道路实现了手工业的社会主义改造,建立起城镇集体所有制经济。1956 年,我国基本上完成了对生产资料私有制的社会主义改造,基本上实现了生产资料公有制和按劳分配。剥削制度消灭了,剥削阶级作为阶级已经不再存在,社会主义经济制度在全国范围确立起来。

在生产资料公有制的基础上,中国逐步形成了高度集中的计划经济体制。为了保证重点建设项目的顺利进行,国家实行了大中型建设项目集中统一管理的体制,对人、财、物的调度和设计施工进行统一集中管理。为了解决粮食购销严重不平衡问题,平衡市场物价,对粮食实行统购统销制度,随后对棉花、纱布、粮油等几种人民生活必需的农产品和轻工业产品也实行了统购统销。在商业方面,建立了多种经济成分、多条流通渠道,统一领导、分级管理的体制。在劳动工资方面,把繁杂分散管理改为全国集中统一管理,实行统包统配的劳动体制和等级工资体制。在计划管理方面,对企业实行直接计划,下达指令性指标。高度集中的计划经济体制适应了当时社会主义工业化的要求,对于巩固新生的社会主义政权和社会主义制度发挥了重要的历史作用。同时也暴露出了一些明显的弊端,虽然党中央已经觉察到这个问题,并提出了某些改进措施,其间多次实行权力下放,但都只限于调整中央和地方、条条和块块的管理权限,没有触及赋予企业自主权这个要害问题,也就不能跳出原有计划经济的框框。

## 三、社会主义经济制度优越性的初步体现

**比较分析:**
中国社会主义制度与苏联社会主义制度的比较分析

从新中国成立到改革开放前夕,党领导人民完成社会主义革命,消灭一切剥削制度,实现了中华民族有史以来最为广泛而深刻的社会变革,实现了一穷二白、人口众多的东方大国大步迈进社会主义社会的伟大飞跃。

在中国共产党领导下,在不长的时间里,我国经济社会就发生了天翻地覆的变化,建立起独立的比较完整的工业体系和国民经济体系,积累起在中国这样一个社会生产力水平十分落后的东方大国进行社会主义经济建设的重要经验。社会主义经济制度初步体现出来了优越性。

1. 极大地解放和发展了生产力。旧中国的经济,在帝国主义、封建主义和官僚资本主义三座大山的压迫下,步履维艰。国民党留下了一个烂摊子,中国经济在全球的地位下降到了历史最低点。1949 年中国经济总量占世界的比重不足 5%;国民总收入按当年汇率折合 239 亿美元,按 5.4 亿人口计算,人均 44.26 美元,是美国人均国民收入的 1/20、英国的 1/11、法国的 1/6。直到 1950 年,中国人均国民收入比长期是殖民地的印度还低 20%。①

---

① 巨力.从三个历史节点看中国经济发展奇迹[J].求是,2019(20):34-41.

新中国的成立和社会主义制度的建立,彻底推翻了压在中国人民头上的帝国主义、封建主义和官僚资本主义三座大山,广大人民从被剥削、被掠夺的奴役中解放出来,成为生产资料的主人。他们以主人翁的身份,意气风发投身于热气腾腾的社会主义建设,主要依靠自己的力量,发挥社会主义制度集中力量办大事的优势,独立自主地推进工业化,发展国民经济,促进了社会生产力的迅速发展。1952—1978 年,我国工农业总产值年均增长率为8.2%,其中工业总产值年均增长率为 11.4%。从国内生产总值核算的角度来看,1978 年我国国内生产总值达到 3 678.7 亿元,为 1952 年国内生产总值的 5.4 倍。新中国经济建设的伟大成就,不仅在中国历史上是翻天覆地的飞跃,在人类经济发展的历史上也是一个奇迹。[1]

2. 建立起独立的比较完整的工业体系和国民经济体系。新中国成立初期,毛泽东曾感慨地说:"现在我们能造什么?能造桌子椅子,能造茶碗茶壶,能种粮食,还能磨成面粉,还能造纸,但是,一辆汽车、一架飞机、一辆坦克、一辆拖拉机都不能造。"[2]经过 1953—1958 年的第一个五年计划,我国进行了大规模的经济建设,重点建设了 156 个大型工业项目,涉及钢铁、煤炭、冶金、机械等国民经济基础工业主要领域。到"文化大革命"前,我国已基本实现了初级工业化,建立起了独立的比较完整的国民经济体系,主要表现在:基础工业有较大发展;钢铁产量大幅度提高;甩掉了贫油帽子,基本实现了原油自给;铁路、公路、航空、水运等交通设施及水利、电力、邮电等基础设施等方面的建设,基本上能满足当时工业和整个国民经济发展的需要;在一些关键领域如"两弹一星"的研制走在了世界的前列。1952 年,工业产值占国民生产总值的 30%,农业产值占 64%;而到 1975 年,这个比例颠倒过来了,工业占国民经济生产总值的 72%,农业产值仅占 28% 了。[3] 表 1-1 为1952—1978 年我国主要工业产品产量及其增长率。

表 1-1 1952—1978 年我国主要工业产品产量及其增长率

| 种类 | 单位 | 1952 年 | 1957 年 | 1965 年 | 1978 年 | 1952—1978 年年均增长率(%) |
|---|---|---|---|---|---|---|
| 布 | 亿米 | 38.3 | 50.5 | 62.8 | 110.3 | 4.15 |
| 机制纸及纸板 | 万吨 | 37 | 91 | 173 | 439 | 9.98 |
| 糖 | 万吨 | 45 | 86 | 146 | 227 | 6.42 |
| 自行车 | 万辆 | 8.0 | 80.6 | 183.8 | 854.0 | 19.68 |
| 缝纫机 | 万架 | 6.6 | 27.8 | 123.8 | 486.5 | 17.99 |
| 手表 | 万只 | — | 0.04 | 100.80 | 1 351.10 | 64.30 |

---

[1] 数据来源:国家统计局网站年度数据库。
[2] 毛泽东.关于中华人民共和国宪法草案[M]//毛泽东文集:第 6 卷. 北京:人民出版社,1999:329.
[3] 数据来源:国家统计局网站年度数据库。

续表

| 种类 | 单位 | 1952 年 | 1957 年 | 1965 年 | 1978 年 | 1952—1978 年年均增长率(%) |
|------|------|---------|---------|---------|---------|---------------------------|
| 电视机 | 万部 | — | — | 0.44 | 51.73 | 44.30 |
| 原煤 | 亿吨 | 0.66 | 1.31 | 2.32 | 6.18 | 8.98 |
| 原油 | 万吨 | 44 | 146 | 1 131 | 10 405 | 23.40 |
| 发电量 | 亿度 | 73 | 193 | 676 | 2 566 | 14.67 |
| 钢 | 万吨 | 135 | 535 | 1 223 | 3 178 | 12.92 |
| 水泥 | 万吨 | 286 | 686 | 1 634 | 6 524 | 12.78 |
| 木材 | 万立方米 | 1 233 | 2 787 | 3 978 | 5 162 | 5.66 |
| 汽车 | 万辆 | — | 0.79 | 4.05 | 14.91 | 15.02 |
| 金属切削机床 | 万台 | 1.37 | 2.80 | 3.96 | 18.32 | 10.49 |

数据来源:国家统计局工业交通物资统计司. 中国工业经济统计资料[M]. 中国统计出版社,1985:13.

3. 消灭了阶级剥削和压迫,实现了社会的公平。新中国成立前,人民生活十分困顿,民不聊生是真实写照。1949 年,中国人均社会商品零售额只有 25.94 元,人均粮食产量只有 208.9 千克,人均布匹只有 3.49 米,人均棉花只有 0.82 千克。① 吃不饱、穿不暖是那时中国人生活的常态。社会财富集中在少数大资本家、大地主手里,广大工人、城市贫民和农民都处于贫困状态。社会主义经济制度的建立,根除了几千年私有制下的阶级剥削,实现了高度的公平,中国共产党牢牢把握为人民服务的社会主义经济发展的根本目的,不断解放发展生产力,在当时全国人民节衣缩食、做出巨大牺牲支援国家工业化建设的情况下,人民物质生活和文化生活的水平得到逐步提高,初步满足了占世界 1/4 人口的基本生活需求,教育事业得到长足发展,学龄儿童入学率达到 90%以上,劳动者的整体素质得到了很大的提高。医疗卫生体系广泛普及,中国的人均寿命增加了近 1 倍,从 1949 年前的 35 岁增加到 20 世纪 70 年代中期的 65 岁。②

新中国社会主义经济建设的伟大实践充分证明,只有社会主义能够救中国,只有社会主义能够发展中国。同时,我们也应当看到,社会主义制度是人类历史上一种崭新的社会制度,对于建设这样一种新的社会制度以及在这样一种新的社会制度下发展经济,人们既缺乏实践经验,又缺乏理论准备,同时还面临着帝国主义的长期封锁、包围和颠覆的严重威胁,在这种条件下形成的社会主义经济制度,难免会存在这样那样的局限和缺点,制约生产力的发展。因此,在社会主义制度建立之后,必须坚持解放思想,实事求是,坚持真理,修正错误,通过不断改革逐步发展和完善具有中国特色的、充满生机和活力的社会主义经济制

---

① 数据来源:《中国经济年鉴—1981》1949 年国民经济主要数据。
② 郑新立. 波澜壮阔、彪炳史册的 70 年[J]. 红旗文稿,2019(15):4-8.

度,促进社会生产力的发展。

## 第二节　中国特色社会主义经济及其阶段性特征

### 一、社会主义初级阶段

党的十一届三中全会以后,中国共产党做出进行改革开放的历史性决策,开创和发展了中国特色社会主义。在新中国成立以来社会主义经济建设取得的成就的基础上,我国进入了改革开放和社会主义现代化建设新时期,创造了社会主义经济的新形态即中国特色社会主义经济形态。

确认我国处于并将长期处于社会主义初级阶段,是中国特色社会主义经济的出发点,改革开放后,中国共产党从实际出发,提出了我国社会主义社会还处在初级阶段的论断,明确了社会主义初级阶段的主要矛盾、根本任务、基本纲领、基本制度和发展战略等一系列重大问题,为中国特色社会主义经济发展提供了科学依据。我国处于社会主义初级阶段这一论断包含两层含义:一是我国已经进入社会主义社会;二是我国的社会主义社会还处在不发达阶段。要全面地把握社会主义初级阶段的这两层含义,既要明确我国社会的性质,坚持而不能离开社会主义,又要正视而不能超越初级阶段。

立足社会主义初级阶段这一基本国情,中国共产党在改革开放40多年的探索实践中,成功实现了从高度集中的计划经济体制向充满活力的社会主义市场经济体制的历史转变,创造性地提出坚持公有制为主体、多种所有制经济共同发展和按劳分配为主体、多种分配方式并存,把社会主义制度与市场经济有机结合起来,不断解放和发展社会生产力,满足人民日益增长的美好生活需要,我国经济实力、科技实力、国防实力、综合国力进入世界前列,国际地位实现前所未有的提升,中国特色社会主义经济生机勃勃,前景无限光明。

社会主义初级阶段是中国特色社会主义的总依据,坚持完善中国特色社会主义经济制度、发展中国特色社会主义经济,必须始终立足社会主义初级阶段这一基本国情、这一最大实际,既要看到社会主义初级阶段基本国情没有变,这是我们认识当下、规划未来、制定政策、推进事业的客观基点,不能脱离这个基点;也要看到我国经济社会发展每个阶段呈现出来的新特点,面临的新任务、新问题、新挑战,从实际出发,得出新的判断,提出新的理论,做出新的选择,奋力开拓中国特色社会主义经济更为广阔的发展前景。

### 二、中国特色社会主义新时代

经过长期努力,中国特色社会主义进入了新时代,这是我国发展新的历史方位。

什么是新时代?党的十九大报告做了明确概括:这个新时代,是承前启后、继往开来、在新的历史条件下继续夺取中国特色社会主义伟大胜利的时代,是决胜全面建成小康社会、进而全面建设社会主义现代化强国的时代,是全国各族人民团结奋斗、不断创造美好生活、逐步实现全体人民共同富裕的时代,是全体中华儿女勠力同心、奋力实现中华民族伟大复兴中国梦的时代,是我国日益走近世界舞台中央、不断为人类做出更大贡献的时代。

中国特色社会主义进入新时代,我国社会主要矛盾已经转化为人民日益增长的美好生活需要和不平衡不充分的发展之间的矛盾。这个重大判断,揭示了制约我国发展的症结所在,指明了解决当代中国发展问题的根本着力点,为新时代谋划发展、推动发展指明了正确方向,具有重大的理论意义和实践意义。

生产力和生产关系、经济基础和上层建筑之间的矛盾作为人类社会的基本矛盾是永恒存在的,这一基本矛盾在社会形态发展演进的不同阶段有不同表现形式和特点,并以社会主要矛盾的形式呈现出来。在社会主义社会中,基本矛盾仍然是社会发展的根本动力,但性质和特点与旧社会相比根本不同。毛泽东指出:"所谓社会主义生产关系比较旧时代生产关系更能够适合生产力发展的性质,就是指能够容许生产力以旧社会所没有的速度迅速发展,因而生产不断扩大,因而使人民不断增长的需要能够逐步得到满足的这样一种情况。"①

我国是在生产力落后、商品经济不发达条件下进入社会主义社会的,长期处于社会主义初级阶段,社会生产的发展远远不能满足人民日益增长的需要,落后的生产与人民不断增长的需要之间的矛盾十分突出,严重制约了社会主义制度优越性的发挥。对此,党的八大报告已经有了明确的认识,强调指出,社会主义制度建立之后,"我们国内的主要矛盾,已经是人民对于建立先进的工业国的要求同落后的农业国的现实之间的矛盾,已经是人民对于经济文化迅速发展的需要同当前经济文化不能满足人民需要的状况之间的矛盾"②。党的十一届三中全会以后,我们党科学分析了我国社会主义初级阶段主要矛盾,对党的八大的提法做了进一步提炼,明确提出,在社会主义改造基本完成以后,我国所要解决的主要矛盾,是人民日益增长的物质文化需要同落后的社会生产之间的矛盾,党和国家工作的重点必须转移到以经济建设为中心的社会主义现代化建设上来,大力发展社会生产力,并在这个基础上逐步改善人民的物质文化生活。这一重要论断,为改革开放的顺利推进,为中国特色社会主义事业的成功实践提供了科学的指引。

---

① 毛泽东．关于正确处理人民内部矛盾的问题[M]//毛泽东文集:第 7 卷．北京:人民出版社,1999:214.
② 中国共产党第八次全国代表大会关于政治报告的决议[M]//建国以来重要文献选编:第 9 册．北京:中央文献出版社,1994:341.

社会主要矛盾不是固定不变的。时代发展到今天,我国社会生产力和生产关系、经济基础和上层建筑都发生了深刻变化,主要矛盾的两个方面即人民需要和社会生产也都发生了深刻变化。一方面,我国稳定解决了十几亿人的温饱问题,在中华大地上全面建成小康社会,人民美好生活需要日益广泛,不仅对物质文化生活提出了更高要求,而且在民主、法治、公平、正义、安全、环境等方面的要求日益增长。另一方面,我国社会生产力水平总体上显著提高,社会生产能力在很多方面进入世界前列,更加突出的问题是发展不平衡不充分,这已经成为满足人民日益增长的美好生活需要的主要制约因素。发展不平衡,主要指各区域各方面发展不够平衡,制约了全国发展水平提升。发展不充分,主要指一些地方、一些领域、一些方面还有发展不足的问题,发展的任务仍然很重。现阶段我国发展不平衡不充分表现在很多方面,比如:发展质量和效益还不高,创新能力不够强,实体经济水平有待提高,生态环境保护任重道远;民生领域还有不少短板,城乡区域发展和收入分配差距依然较大,群众在就业、教育、医疗、居住、养老等方面面临不少难题;社会文明水平尚需提高;等等。在这些问题中,不平衡的问题更加明显,突出表现在区域、城乡、经济和社会、物质文明和精神文明、经济建设和国防建设等关系上。这些发展不平衡不充分问题相互掣肘,是现阶段各种社会矛盾的主要根源,必须将其作为下一步工作的着力点,下功夫加以认识并解决。

我国社会主要矛盾的变化是关系全局的历史性变化,对党和国家工作提出了许多新要求。我们要在继续推动发展的基础上,着力解决好发展不平衡不充分问题,大力提升发展质量和效益,更好满足人民在经济、政治、文化、社会、生态等方面日益增长的需要,更好推动人的全面发展、社会全面进步。

## 三、 我国进入新发展阶段

党的十九届五中全会提出,全面建成小康社会、实现第一个百年奋斗目标之后,我们要乘势而上开启全面建设社会主义现代化国家新征程、向第二个百年奋斗目标进军,这标志着我国进入了一个新发展阶段。做出这样的战略判断,有着深刻的依据。

就理论依据而言,马克思主义是远大理想和现实目标相结合、历史必然性和发展阶段性相统一的统一论者,坚信人类社会必然走向共产主义,但实现这一崇高目标必然经历若干历史阶段。我们党在运用马克思主义基本原理解决中国实际问题的实践中逐步认识到,发展社会主义不仅是一个长期历史过程,而且是需要划分为不同历史阶段的过程。社会主义本身是共产主义的初级阶段,而我们中国又处在社会主义的初级阶段。新发展阶段,就是社会主义初级阶段中的一个阶段,同时是其中经过几十年积累、站到了新的起点上的一个阶段。

从历史依据来看,新发展阶段是我们党带领人民迎来从站起来、富起来到强起来历史性跨越的新阶段。我们党成立后,团结带领人民经过28年浴血奋战和顽强奋斗,建立了中华人民共和国,实现了从新民主主义革命到社会主义革命的历史性跨越。新中国成立后,我们党团结带领人民创造性完成社会主义改造,确立社会主义基本制度,大规模开展社会主义经济文化建设,实现了从社会主义革命到社会主义建设的历史性跨越。进入历史新时期,我们党带领人民进行改革开放新的伟大革命,极大激发广大人民群众的积极性、主动性、创造性,成功开辟了中国特色社会主义道路,使中国大踏步赶上时代,实现了社会主义现代化进程中新的历史性跨越,迎来了中华民族伟大复兴的光明前景。今天,我们正在此前发展的基础上续写全面建设社会主义现代化国家新的历史。

就现实依据来讲,我们已经拥有开启新征程、实现新的更高目标的雄厚物质基础。经过新中国成立以来特别是改革开放40多年的不懈奋斗,到"十三五"规划收官之时,我国经济实力、科技实力、综合国力和人民生活水平跃上了新的大台阶。特别是全面建成小康社会取得伟大历史成果,解决困扰中华民族几千年的绝对贫困问题取得历史性成就。这在我国社会主义现代化建设进程中具有里程碑意义,为我国进入新发展阶段、朝着第二个百年奋斗目标进军奠定了坚实基础。

新发展阶段是我国社会主义发展进程中的一个重要阶段。社会主义初级阶段不是一个静态、一成不变、停滞不前的阶段,也不是一个自发、被动、不用费多大气力自然而然就可以跨过的阶段,而是一个动态、积极有为、始终洋溢着蓬勃生机活力的过程,是一个阶梯式递进、不断发展进步、日益接近质的飞跃的量的积累和发展变化的过程。全面建设社会主义现代化国家、基本实现社会主义现代化,既是社会主义初级阶段我国发展的要求,也是我国社会主义从初级阶段向更高阶段迈进的要求。

基本实现社会主义现代化,是实现第二个百年奋斗目标的第一步。党的十九届五中全会通过的《中共中央关于制定国民经济和社会发展第十四个五年规划和二〇三五年远景目标的建议》,勾勒了基本实现社会主义现代化远景的目标的宏伟蓝图,这就是:我国经济实力、科技实力、综合国力将大幅跃升,经济总量和城乡居民人均收入将再迈上新的大台阶,关键核心技术实现重大突破,进入创新型国家前列;基本实现新型工业化、信息化、城镇化、农业现代化,建成现代化经济体系;基本实现国家治理体系和治理能力现代化,人民平等参与、平等发展权利得到充分保障,基本建成法治国家、法治政府、法治社会;建成文化强国、教育强国、人才强国、体育强国、健康中国,国民素质和社会文明程度达到新高度,国家文化软实力显著增强;广泛形成绿色生产生活方式,碳排放达峰后稳中有降,生态环境根本好转,美丽中国建设目标基本实现;形成对外开放新格局,参与国际经济合作和竞争新优势明显增强;人均国内生产总值达到中等发达国家水平,中等收入群体显著扩大,基本公共服务实现均等化,城乡区域发展差距和居民生活水平差距显著缩小;平安中国建设达到更高水平,基本实现国防和军队现代化;人民生活更加美好,人的全面发展、全体人民共同富裕取得更为明显的实质性进展。

## 四、以中国式现代化全面推进中华民族伟大复兴

在党的二十大报告中，习近平明确提出新时代新征程党的使命任务："从现在起，中国共产党的中心任务就是团结带领全国各族人民全面建成社会主义现代化强国、实现第二个百年奋斗目标，以中国式现代化全面推进中华民族伟大复兴。"[①]

中国式现代化道路是我们党团结带领全国各族人民开创和形成的。鸦片战争之后，中国人民和无数仁人志士不屈不挠，苦苦寻求中国现代化之路。但在半殖民地半封建社会的条件下，中国现代化没有也不可能取得成功。新中国成立后，我们党孜孜以求，对社会主义现代化建设进行了艰辛探索。早在1957年，毛泽东就指出，"必须实现国家的社会主义工业化""我们一定会建设一个具有现代工业、现代农业和现代科学文化的社会主义国家"[②]。1964年12月，周恩来在第三届全国人民代表大会上所作的政府工作报告中明确提出："从第三个五年计划开始，我国的国民经济发展，可以按两步来考虑：第一步，建立一个独立的比较完整的工业体系和国民经济体系；第二步，全面实现农业、工业、国防和科学技术的现代化，使我国经济走在世界的前列。"[③]在党的坚强领导下，中国人民发愤图强、艰苦奋斗，在旧中国"一穷二白"的基础上建立起了独立的比较完整的工业体系和国民经济体系，迈出了社会主义现代化建设的坚实步伐。改革开放和社会主义现代化建设新时期，我们党提出"中国式的现代化"论断，制定了到21世纪中叶分三步走、基本实现社会主义现代化的发展战略。1979年，邓小平指出，"过去搞民主革命，要适合中国情况，走毛泽东同志开辟的农村包围城市的道路。现在搞建设，也要适合中国情况，走出一条中国式的现代化道路。"[④]进入21世纪，在人民生活总体上达到小康水平之后，我们党又提出，到建党100年时全面建成惠及十几亿人口的更高水平的小康社会，然后再奋斗30年，到新中国成立100年时，基本实现现代化，把我国建成社会主义现代化国家。党的十八大以来，中国特色社会主义进入新时代。党的十九大站在新的更高的历史起点上，对实现第二个百年奋斗目标作出分两个阶段推进的战略安排，提出到2035年基本实现社会主义现代化，到本世纪中叶把我国建成富强民主文明和谐美丽的社会主义现代化强国。在新中国成立特别是改革开放以来长期探索和实践基础上，经过党的十八大以来在理论和实践上的创新突破，我们党成功推进和拓展了中国式现代化。我们在认识上不断深化，创立了习近平新时代中国特色社会主义思想，实现了马克思主义中国化时代化新的飞跃，为

① 习近平．高举中国特色社会主义伟大旗帜　为全面建设社会主义现代化国家而团结奋斗——在中国共产党第二十次全国代表大会上的报告[M]．北京：人民出版社，2022：21．
② 毛泽东．在中国共产党全国宣传工作会议上的讲话[M]//毛泽东文集：第7卷．北京：人民出版社，1999：268．
③ 周恩来．政府工作报告[M]//建国以来重要文献选编：第19册．北京：中央文献出版社，1998：483．
④ 邓小平．坚持四项基本原则[M]//改革开放三十年重要文献选编（上）．北京：中央文献出版社，2008：32．

中国式现代化提供了根本遵循。我们进一步深化对中国式现代化的内涵和本质的认识,概括形成中国式现代化的中国特色、本质要求和重大原则,初步构建中国式现代化的理论体系,使中国式现代化更加清晰、更加科学、更加可感可行。我们在战略上不断完善,深入实施科教兴国战略、人才强国战略、乡村振兴战略等一系列重大战略,为中国式现代化提供坚实战略支撑。我们在实践上不断丰富,推进一系列变革性实践、实现一系列突破性进展、取得一系列标志性成果,推动党和国家事业取得历史性成就、发生历史性变革,特别是消除了绝对贫困问题,全面建成小康社会,为中国式现代化提供了更为完善的制度保证、更为坚实的物质基础、更为主动的精神力量。

🔲 创新理论:
中国式现代化的基本特质

　　什么是中国式现代化?"中国式现代化,是中国共产党领导的社会主义现代化,既有各国现代化的共同特征,更有基于自己国情的中国特色"①。中国式现代化是人口规模巨大的现代化,是全体人民共同富裕的现代化,是物质文明和精神文明相协调的现代化,是人与自然和谐共生的现代化,是走和平发展道路的现代化。这五个方面的中国特色,深刻揭示了中国式现代化的科学内涵。这既是理论概括,也是实践要求,为全面建成社会主义现代化强国、实现中华民族伟大复兴指明了一条康庄大道。新中国成立特别是改革开放以来,我们用几十年时间走完西方发达国家几百年走过的工业化历程,创造了经济快速发展和社会长期稳定的奇迹,为中华民族伟大复兴开辟了广阔前景。实践证明,中国式现代化走得通、行得稳,是强国建设、民族复兴的唯一正确道路。

　　中国式现代化,深深植根于中华优秀传统文化,体现科学社会主义的先进本质,借鉴吸收一切人类优秀文明成果,代表人类文明进步的发展方向,展现了不同于西方现代化模式的新图景,是一种全新的人类文明形态。中国式现代化,打破了"现代化=西方化"的迷思,展现了现代化的另一幅图景,拓展了发展中国家走向现代化的路径选择,为人类对更好社会制度的探索提供了中国方案。中国式现代化蕴含的独特世界观、价值观、历史观、文明观、民主观、生态观等及其伟大实践,是对世界现代化理论和实践的重大创新。中国式现代化为广大发展中国家独立自主迈向现代化树立了典范,为其提供了全新选择。

　　中国式现代化道路怎么走? 党的二十大报告提出明确要求,这就是:坚持中国共产党领导,坚持中国特色社会主义,实现高质量发展,发展全过程人民民主,丰富人民精神世界,实现全体人民共同富裕,促进人与自然和谐共生,推动构建人类命运共同体,创造人类文明新形态。这些要求,核心是坚持党的领导和中国特色社会主义制度,涵盖了富强、民主、文明、和谐、美丽的奋斗目标。这些要求,是党深刻总结我国和世界其他国家现代化建设的历史经验,对我国这样一个东方大国如何加快实现现代化在认识上不断深入、战略上不断完善、实践上不断丰富而形成的思想理论结晶。

---

① 习近平. 高举中国特色社会主义伟大旗帜 为全面建设社会主义现代化国家而团结奋斗——在中国共产党第二十次全国代表大会上的报告[M]. 北京:人民出版社,2022:22.

全面建设社会主义现代化国家,是一项伟大而艰巨的事业,前途光明,任重道远。必须增强忧患意识,坚持底线思维,做到居安思危、未雨绸缪,准备经受风高浪急甚至惊涛骇浪的重大考验。党的二十大报告提出了前进道路上必须牢牢把握的五条重大原则,即坚持和加强党的全面领导,坚持中国特色社会主义道路,坚持以人民为中心的发展思想,坚持深化改革开放,坚持发扬斗争精神。这些要求,是以中国式现代化全面推进中华民族伟大复兴的基本遵循。

---

**专栏 1-1　党的二十大报告关于中国式现代化的论述**

中国式现代化,是中国共产党领导的社会主义现代化,既有各国现代化的共同特征,更有基于自己国情的中国特色。

——中国式现代化是人口规模巨大的现代化。我国十四多亿人口整体迈进现代化社会,规模超过现有发达国家人口的总和,艰巨性和复杂性前所未有,发展途径和推进方式也必然具有自己的特点。我们始终从国情出发想问题、作决策、办事情,既不好高骛远,也不因循守旧,保持历史耐心,坚持稳中求进、循序渐进、持续推进。

——中国式现代化是全体人民共同富裕的现代化。共同富裕是中国特色社会主义的本质要求,也是一个长期的历史过程。我们坚持把实现人民对美好生活的向往作为现代化建设的出发点和落脚点,着力维护和促进社会公平正义,着力促进全体人民共同富裕,坚决防止两极分化。

——中国式现代化是物质文明和精神文明相协调的现代化。物质富足、精神富有是社会主义现代化的根本要求。物质贫困不是社会主义,精神贫乏也不是社会主义。我们不断厚植现代化的物质基础,不断夯实人民幸福生活的物质条件,同时大力发展社会主义先进文化,加强理想信念教育,传承中华文明,促进物的全面丰富和人的全面发展。

——中国式现代化是人与自然和谐共生的现代化。人与自然是生命共同体,无止境地向自然索取甚至破坏自然必然会遭到大自然的报复。我们坚持可持续发展,坚持节约优先、保护优先、自然恢复为主的方针,像保护眼睛一样保护自然和生态环境,坚定不移走生产发展、生活富裕、生态良好的文明发展道路,实现中华民族永续发展。

——中国式现代化是走和平发展道路的现代化。我国不走一些国家通过战争、殖民、掠夺等方式实现现代化的老路,那种损人利己、充满血腥罪恶的老路给广大发展中国家人民带来深重苦难。我们坚定站在历史正确的一边、站在人类文明进步的一边,高举和平、发展、合作、共赢旗帜,在坚定维护世界和平与发展中谋求自身发展,又以自身发展更好维护世界和平与发展。

资料来源:习近平. 高举中国特色社会主义伟大旗帜 为全面建设社会主义现代化国家而团结奋斗——在中国共产党第二十次全国代表大会上的报告[M]. 北京:人民出版社,2022:22-23.

## 第三节　社会主义基本经济制度的确立及其显著优势

### 一、社会主义基本经济制度的确立和发展

马克思主义经典作家根据人类社会发展的规律和趋势,科学地阐明了社会主义代替资本主义的历史必然性,揭示了未来社会主义经济制度的基本特征,包括生产资料社会占有、有计划调节社会生产、按劳分配和按需分配、消除城乡和脑体对立、个人自由全面发展等。同时,他们强调,"所谓'社会主义社会'不是一种一成不变的东西,而应当和任何其他社会制度一样,把它看成是经常变化和改革的社会。"[①]新中国成立以后,中国共产党坚持把马克思主义基本理论与中国具体实践相结合,建立了以公有制和按劳分配为基础的社会主义经济制度,为当代中国发展进步奠定了根本政治前提和制度基础。

改革开放以来,我们党立足我国社会主义初级阶段的基本国情,总结社会主义建设正反两方面的经验,逐步确立了公有制为主体、多种所有制经济共同发展的社会主义初级阶段的基本经济制度,按劳分配为主体、多种分配方式并存的社会主义分配制度,实现了从高度集中的计划经济体制向充满活力的社会主义市场经济体制的历史转变,推动我国社会主义基本经济制度的不断发展完善。

基本经济制度是经济制度体系中具有长期性和稳定性的部分,具有基础性决定性地位,这种决定性地位,作为全体人民的共同意志,在我国《宪法》中得到了明晰表达和有效确认。《宪法》第六条指出"中华人民共和国的社会主义经济制度的基础是生产资料的社会主义公有制,即全民所有制和劳动群众集体所有制"。社会主义公有制消灭人剥削人的制度,实行各尽所能、按劳分配的原则。国家在社会主义初级阶段,坚持公有制为主体、多种所有制经济共同发展的基本经济制度,坚持按劳分配为主体、多种分配方式并存的分配制度。《宪法》第十五条指出,"国家实行社会主义市场经济"。《宪法》关于我国经济制度的规定是社会主义基本经济制度日趋成熟定型的有力保障和可靠证明。

党的十八大以来,以习近平同志为核心的党中央,立足于国际国内形势的深刻变化,围绕新时代如何坚持完善中国特色社会主义基本经济制度、推动高质量发展这一时代课题,在理论和实践的结合中进行了深入地探索,取得了一系列新的重要理论和实践成果。党的十九届四中全会着眼于新的实践和发展需要,明确将公有制为主体、多种所有制经济共同发展,按劳分配为主体、多种分配方式并存,社会主义市场经济体制三项制度并列,都作为

---

① 马克思恩格斯.马克思恩格斯书信选编[M]//马克思恩格斯选集:第4卷.北京:人民出版社,2012:601.

社会主义基本经济制度,这是对基本经济制度认识的重大创新,对于更好发挥社会主义制度优越性、不断解放和发展社会生产力、推动经济持续健康发展意义重大。

## 二、社会主义基本经济制度的科学内涵

1. 公有制为主体、多种所有制经济共同发展。生产资料所有制是生产关系的核心,决定着社会的基本性质和发展方向。公有制为主体、多种所有制经济共同发展的基本经济制度,是中国特色社会主义的支柱,社会主义市场经济的根基。公有制经济和非公有制经济都是社会主义市场经济的重要组成部分,都是我国经济社会发展的重要基础。毫不动摇巩固和发展公有制经济,发挥国有经济的主导作用,做强做优做大国有资本和国有企业,建设中国特色国有企业制度,巩固完善农村基本经营制度,发展壮大集体经济;毫不动摇鼓励、支持、引导非公有制经济发展,民营经济是我国经济制度的内在要素,建立新型政商关系。把公有制经济巩固好、发展好,同鼓励、支持、引导非公有制经济发展是有机统一的。

2. 按劳分配为主体、多种分配方式并存的分配制度。分配决定于生产,又反作用于生产,"而最能促进生产的是能使一切社会成员尽可能全面地发展、保持和施展自己能力的那种分配方式"。① 按劳分配是社会主义的基本分配原则,要求以劳动者的数量和质量为依据分配个人收入,多劳多得。按生产要素分配是生产要素所有权在经济上的实现,要求劳动、资本、土地、知识、技术、管理、数据等生产要素由市场评价贡献、按贡献决定报酬。健全以税收、社会保障、转移支付等为主要手段的再分配调节机制,重视发挥第三次分配作用,发展慈善等社会公益事业,促进效率和公平的有机统一。

3. 社会主义市场经济体制。市场经济是市场决定资源配置的经济,体现了以等价交换为基础的商品关系。社会主义市场经济是在中国共产党领导和社会主义制度的前提下发展的市场经济,既体现了不同经济主体之间的独立平等经济关系,也体现了社会主义条件下人们之间根本利益的一致性。政府和市场关系是市场经济体制的核心,使市场在资源配置中起决定性作用,更好发挥政府作用。着力构建市场机制有效、微观主体有活力、宏观调控有度的经济体制,实现产权有效激励、要素自由流动、价格反应灵活、竞争公平有序、企业优胜劣汰,努力形成市场作用和政府作用有机统一、相互补充、相互协调、相互促进的格局。

马克思主义政治经济学基本原理告诉我们,生产、分配、交换等各个环节是紧密联系的统一体,生产环节在其中起着支配作用,这是人类社会一般的经济规律。"分配的结构完全取决于生产的结构,分配本身就是生产的产物",生产和分配在本质上是同一的。生产决定交换,交换反作用于生产,生产和交换是经济曲线的横坐标和纵坐标,缺一不可。在中国特

---

① 恩格斯. 反杜林论[M]//马克思恩格斯选集:第3卷. 北京:人民出版社.2012:581.

色社会主义经济中,生产、分配、交换之间的辩证统一关系集中体现为,公有制为主体、多种所有制经济共同发展的所有制决定了以按劳分配为主体、多种分配方式并存的分配制度和社会主义市场经济体制。按劳分配为主体、多种分配方式并存的分配制度和社会主义市场经济体制是公有制为主体、多种所有制经济共同发展的所有制在分配和交换环节的具体表现。由此可见,把按劳分配为主体、多种分配方式并存,社会主义市场经济体制上升为基本经济制度,将三项基本制度相列,这一新的概括,符合社会主义生产关系的内在规律,具有科学的理论基础,必将对坚持和完善中国特色社会主义制度、推动国家治理体系和治理能力现代化产生深远影响,确保党和国家事业蓬勃发展、长治久安。

### 三、 社会主义基本经济制度的显著优势

社会主义基本经济制度具有多方面的显著优势,主要是:

既有利于发挥公有制经济在保障人民共同利益、增进民生福祉,以及在关系国家安全、国民经济命脉和国计民生的重要行业和关键领域的重要作用;又有利于发挥非公有制经济在稳定增长、促进创新、增加就业、改善民生等方面的重要作用。推动各种所有制取长补短、相互促进、共同发展,形成推动高质量发展的强大合力。

既有利于调动广大劳动者的积极性和创造性,消除两极分化,使全体人民共享改革与发展的成果,实现共同富裕;又有利于调动各经济主体的积极性,让一切劳动、知识、技术、管理和资本的活力竞相迸发,让一切创造社会财富的源泉充分涌流,使各种资源都得到充分有效的利用。

既有利于发挥市场在资源配置中的决定性作用,发挥市场机制信息灵敏、效率较高、激励有效、调节灵活的优势,增强经济发展的活力和效率;又有利于发挥政府在健全宏观调控、加强市场监管、优化公共服务、保障公平正义、保护生态环境、维护国家安全、促进共同富裕方面的主导作用,实现有效市场和有为政府的有机统一。

归结起来就是,它既体现了市场经济的普遍原则,又体现了社会主义制度的基本特征,兼顾了长远和当前、集体和个人、效率和公平,使社会主义制度的优越性和市场经济的长处都得到了更好发挥,有效克服防范资本主义市场经济的弊端,为生产力的发展和社会的进步开辟了广阔道路。

社会主义经济是为人民服务的经济。"邓小平同志讲:'社会主义的优越性归根到底要体现在它的生产力比资本主义发展得更快一些、更高一些,并且在生产力发展的基础上不断改善人民的物质文化生活。'这就点明了中国特色社会主义政治经济学的核心"。① 在革命、建设特别是改革开放伟大实践中形成和确立的社会主义基本经济制度的坚实基础

---

① 中共中央文献研究室编. 发展是解决我国一切问题的基础和关键[M]//习近平关于社会主义经济建设论述摘编. 北京:中央文献出版社,2017:10.

上,中国共产党领导中国人民实现生产力快速发展的伟大飞跃、人民生活翻天覆地的伟大飞跃,创造了世所罕见的经济快速发展奇迹和社会长期稳定奇迹,从而用铁一样的事实证明了社会主义制度的巨大优越性,推动中国特色社会主义经济在高质量发展的道路上稳步前进。

## 第四节　社会主义经济制度的本质

### 一、社会主义经济制度的本质规定

社会主义经济制度的本质是指社会主义经济制度不同于其他社会经济制度特别是不同于资本主义经济制度的规定性,可以从以下三个方面来认识。

1. 社会主义基本经济制度。首先是生产资料所有制制度以及分配制度。社会主义社会不同于资本主义和其他一切剥削制度的根本特征,就在于它是以生产资料公有制和按劳分配为基础的。

2. 社会主义的目的。首先是生产目的,即运用什么手段达到什么目的的问题。社会主义生产目的体现社会主义制度的根本性质和根本要求,是社会主义制度不同于资本主义制度的重要标志。

3. 社会主义的本质要求。社会主义的本质要求是社会主义基本制度在生产、分配、交换和消费以及经济、政治和文化等各个领域和各种活动中的具体体现,反映了社会主义制度的实现形式。

上述三个方面从不同角度概括和反映了社会主义的本质,准确把握它们三者之间的关系,是科学认识社会主义本质问题的关键。社会主义制度是社会主义的目的和要求得以产生的客观基础,离开社会主义制度,社会主义的目的就成为无源之水、无本之木;社会主义的目的体现了社会主义制度的价值追求,离开社会主义的目的,社会主义制度的建立和完善就失去了方向和动力;社会主义的本质要求则是社会主义制度的实现形式,离开了社会主义的本质要求,社会主义的目的的实现和社会主义制度的要求就无法落到实处。因此,社会主义的目的、制度和本质要求这三个方面是一个内在联系的不可分割的有机整体。只有在上述三个方面的有机联系中,我们才能完整准确地说明社会主义的本质特征。

### 二、社会主义生产目的

社会生产目的反映了一个社会生产的实质,体现了生产资料所有制的性质,表明了社会生产发展的动力。社会主义生产目的是社会主义公有制本质特征的重要表现。

资本主义生产目的是最大限度追求剩余价值,在这一目的的支配下,生产力获得巨大发展,科技日新月异。同时导致财富占有的两极分化,一极是财富在少数人手中的不断积累和增大,另一极则是大多数人生活得相对贫困,造成了阶级对立、经济危机和生产的无政府状态等深刻弊病。在社会主义社会,随着生产资料公有制的建立和阶级对立的消失,全体成员成了生产资料的共同主人,生产力的发展不再是少数人剥削大多数人的手段,而是满足社会成员需要的物质条件,生产的目的是满足人民群众日益增长的美好生活需要、实现人的全面发展及社会成员的共同富裕。

满足人民日益增长的美好生活需要、促进人的全面发展和实现社会成员的共同富裕作为一个有机统一的整体,构成了社会主义生产目的的完整内容。

1. 人民日益增长的美好生活需要。这概括起来包括两个方面:一方面是个人的需要,包含维持劳动者及其家庭生存的需要,提高劳动者物质文化生活水平的需要,全面发展劳动者的体力和智力所需的发展的需要等。人民的需要是不断增长的。随着生存需要得到满足,对发展和享受方面需要就会增长;随着物质生活水平的提高,对教育文化方面的需要日益增长。总的来看,经过改革开放 40 多年的发展,我国社会生产力、综合国力、人民生活水平实现了历史性跨越,人民对美好生活的向往更加强烈,期盼有更好的教育、更稳定的工作、更满意的收入、更可靠的社会保障、更高水平的医疗卫生服务、更舒适的居住条件、更优美的环境、更丰富的精神文化生活。另一方面是社会的公共需要,包括发展科学、教育、文化、艺术、卫生、公用事业以及社会福利设施等方面的需要。随着社会生产的发展,这种公共消费的需要将会日益增加。在社会主义条件下,人民群众日益增长的需要中有一部分属于社会的基本需要,即与人民群众最基本的生存权和发展权直接相关的需要,包括基本的教育、卫生、就业、医疗、住房、公共服务、环境保护、养老等,这些领域关系人民群众最关心、最直接、最现实的利益,需要由社会来提供和满足,也具有公共需要的性质。

2. 人的全面发展。马克思认为,生产力的发展与人的发展是一致的。"整个所谓世界历史不外是人通过人的劳动而诞生的过程"。[1] 正因为如此,马克思把共产主义社会概括为人的自由全面发展的社会,即"建立在个人全面发展和他们共同的、社会的生产能力成为从属于他们的社会财富这一基础上的自由个性"。[2] 人的全面发展的主要含义是:① 人类认识和改造自然的能力不断增强,在德、智、体、美、劳等各方面的素质得到充分发展;② 人类创造出的超出谋生需要的"自由时间"不断增多,为人的全面发展提供日益广阔的空间;③ 满足人类生存和发展的基本需求得到充分保障,从而使享受和发展的需要日益成为人类生产的主要目的;④ 迫使个人奴隶般地服从分工以及脑力劳动和体力劳动的对立逐步

---

① 马克思.1844 年经济学哲学手稿[M]//马克思恩格斯文集:第 1 卷.北京:人民出版社,2009:196.

② 马克思.《政治经济学批判(1857—1858 年手稿)》摘选[M]//马克思恩格斯文集:第 8 卷.北京:人民出版社,2009:52.

消失,人们的劳动具有了更多的选择。

3. 社会成员的共同富裕。实现社会成员的共同富裕是社会主义的一个根本原则,科学社会主义的创始人马克思和恩格斯一再强调,在未来的共产主义社会中,"社会生产力的发展将如此迅速,以致尽管生产将以所有的人富裕为目的"①。大家"共同享受大家创造出来的福利"②。共同富裕的主要内涵是:① 人们各尽所能,在共同劳动的基础上促进生产力的不断发展和财富的不断增加;② 人们在生产资料的占有上实现了平等,消灭了阶级剥削,人们共享社会创造的财富;③ 消灭财富分配上存在的资本和劳动之间的两极分化,实行按需分配和按劳分配等有利于广大劳动者利益的公平分配方式;④ 共同富裕不是平均主义,承认人们在富裕程度上有先有后、有多有少,但这种差别不是基于资本积累和阶级剥削,而是基于劳动的能力和贡献。

社会主义生产的目的体现了社会主义生产关系的根本特征,是社会主义经济的一般规律。但在不同的历史阶段和经济体制下,这一规律具有不同的实现形式。在马克思的设想中,社会主义生产目的是通过有计划地组织生产直接满足人们的需要来实现的,是以消灭私有制和商品生产为前提的。社会主义市场经济则是以多种所有制共同发展和价值规律的调节作用为前提的,从微观经济的角度看,无论是私有企业还是公有企业,都要追求利润最大化,而不以满足人民群众的物质和文化生活需要为直接目的。那么,这是否意味着社会主义市场经济中社会主义生产的目的就不发挥作用了? 不是的。我国的市场经济是建立在公有制和按劳分配的主体地位基础上的社会主义市场经济,企业的微观逐利行为和价值规律的调节作用要受社会主义国家调控的引导和制约,从全社会的层面看,社会主义市场经济中生产发展的目的已经不是利润的最大化,而是最大限度地满足人民群众的物质和文化生活需要,实现人的全面发展和社会成员的共同富裕。

## 三、以人民为中心发展

新中国成立以来,我们党领导人民努力探索社会主义建设的正确道路,不断深化对社会主义本质和发展规律的认识。毛泽东指出,"社会主义经济是为人民服务的经济。"③邓小平指出,"社会主义的本质,是解放生产力,发展生产力,消灭剥削,消除两极分化,最终达到共同富裕"④。进入新时代,站在新的历史起点上,面对人民群众的新期待,我们党鲜明

① 马克思.《政治经济学批判(1857—1858 年手稿》摘选[M]//马克思恩格斯文集:第 8 卷.北京:人民出版社,2009:200.
② 恩格斯.共产主义原理[M]//马克思恩格斯选集:第 1 卷.北京:人民出版社,2012:308.
③ 中共中央文献研究室编.1960 年[M]//毛泽东年谱(一九四九—一九七六):第 4 卷.北京:中央文献出版社,2013:323.
④ 邓小平.在武汉、深圳、珠海、上海等地的谈话要点[M]//邓小平文选:第 3 卷.北京:人民出版社,1993:373.

地提出了以人民为中心的发展思想,习近平强调"人民对美好生活的向往,就是我们的奋斗目标""坚持以人民为中心的发展思想,把增进人民福祉、促进人的全面发展、朝着共同富裕方向稳步前进作为经济发展的出发点和落脚点"①。这些重要论述,从生产目的角度深化和升华了对社会主义本质的认识。

社会主义经济的发展,是以人民为中心的发展,其主要内涵是:维护人民根本利益,增进民生福祉,不断实现发展为了人民、发展依靠人民、发展成果由人民共享,让现代化建设成果更多更公平惠及全体人民。坚持以人民为中心的发展思想,关键在于实现共享发展的理念,体现逐步实现共同富裕的要求,表现在以下方面:第一,共享是全民共享,共享发展是人人享有、各得其所,不是少数人共享、一部分人共享;第二,共享是全面共享,共享发展就要共享国家经济、政治、文化、社会、生态各方面建设成果,全面保障人民在各个方面的合法权益;第三,共享是共建共享,要充分发扬民主,广泛汇聚民智,最大激发民力,形成人人参与、人人尽力、人人都有成就感的生动局面;第四,共享是渐进共享,共享发展必将是一个从低级到高级、从不均衡到均衡的过程,即使达到很高的水平也会有差别。

以人民为中心的发展思想,不是一个抽象的、玄奥的概念,不能只停留在口头上、止步于思想环节,而要体现在经济社会发展各个环节,包括:在继续推动经济发展的基础上,着力解决好发展不平衡不充分问题,大力提升发展质量和效益,更好满足人民在经济、政治、文化、社会、生态等方面日益增长的需要;发展人民民主,保障人民平等参与、平等发展的权利,特别是发扬经济民主,将人民当家作主的原则贯彻到国家经济管理的各个领域和各个方面;毫不动摇地巩固和发展公有制经济,毫不动摇地鼓励、支持、引导非公有制经济发展;完善社会主义基本分配制度,调整收入分配格局,完善以税收、社会保障、转移支付等为主要手段的再分配调节机制,缩小收入差距,实现共同富裕;在发展中补齐民生短板、促进社会公平正义,在幼有所育、学有所教、劳有所得、病有所医、老有所养、住有所居、弱有所扶上不断取得新进展;普遍提高群众的生活水平,实施脱贫攻坚工程,形成以工促农、以城带乡、工农互惠、城乡一体的新型工农城乡关系,让广大农民平等参与现代化进程、共享现代化成果。

## 四、共同富裕是社会主义的本质要求

大道之行,天下为公。孔子说:"不患寡而患不均,不患贫而患不安。"孟子说:"老吾老以及人之老,幼吾幼以及人之幼。"然而,在阶级社会中,这个理想终究是可望而不可即。共同富裕作为一种制度现象,是社会主义本质要求,是社会主义制度优于其他制度的最显著特征。

① 习近平.不断开拓当代中国马克思主义政治经济学新境界[M]//十八大以来重要文献选编(下).北京:中央文献出版社,2018:4.

在原始社会中,虽然实行生产资料的公有制,平均分配,但生产力水平的低下导致了社会成员的共同贫穷。在奴隶社会和封建社会中,生产资料甚至劳动力都变成了奴隶主和封建地主的私有财产,生产发展的结果只是奴隶主和封建地主生活水平的提高,无产者仍然过着水深火热的生活,人与人之间存在极大的不平等,共同富裕更是无从谈起。资本主义制度虽然极大地促进了人类的生产能力,并且宣称以"自由、平等、博爱"为准则,但其从诞生之日起就带有不公平的基因,发展的成果更多地为有产者带来了福利,无产者的生活依然相对困苦,生产的发展无法带来社会公平程度的提高,反而拉大了贫富差距,造成了两极分化。

社会主义制度的诞生正是为了消灭一切人剥削人的制度,使所有社会成员都能得到全面自由的发展,并过上美好富足的生活。中国共产党自成立之日起,就矢志不渝为实现共同富裕而奋斗,让人民群众过上更加幸福的好日子。党团结带领人民进行新民主主义革命,建立新中国,创造性完成社会主义改造,确立社会主义基本制度,推进社会主义建设,为摆脱贫困、改善人民生活创造了根本政治条件、打下了坚实基础。

中华人民共和国成立后,毛泽东把建立"人人平等、大家富裕"的社会主义社会放在了极其重要的地位。在1955年写的《关于农业合作化问题》中,他明确提出了"共同富裕"的概念,同年10月,他再次强调,"要巩固工农联盟,我们就得领导农民走社会主义道路,使农民群众共同富裕起来"。[①] 不久,他又在资本主义工商业社会主义改造问题座谈会上讲共同富裕。他说:"现在我们实行这么一种制度,这么一种计划,是可以一年一年走向更富更强的,一年一年可以看到更富更强些。而这个富,是共同的富,这个强,是共同的强,大家都有份,也包括地主阶级。"[②]

改革开放后,我们党深刻总结正反两方面历史经验,认识到贫穷不是社会主义,打破传统体制束缚,允许一部分人、一部分地区先富起来,推动解放和发展社会生产力。邓小平一再强调,我国的社会主义市场经济建设要始终坚持两条,"一条是公有制经济始终占主体地位,一条是发展经济要走共同富裕的道路,始终避免两极分化"。[③] 并且他还多次强调,"社会主义最大的优越性就是共同富裕,这是体现社会主义本质的一个东西"。[④]

进入新时代,习近平反复强调,"消除贫困、改善民生、逐步实现共同富裕,是社会主义

①　毛泽东.关于农业合作化和资本主义工商业改造的关系问题[M]//建国以来重要文献选编:第7册.北京:中央文献出版社,1993:308.
②　毛泽东.在资本主义工商业社会主义改造问题座谈会上的讲话[M]//毛泽东文集:第6卷.北京:人民出版社,1999:495.
③　邓小平.社会主义和市场经济不存在根本矛盾[M]//邓小平文选:第3卷.北京:人民出版社,1993:149.
④　邓小平.善于利用时机解决发展问题[M]//邓小平文选:第3卷.北京:人民出版社,1993:364.

的本质要求"。① "我们推动经济社会发展,归根结底是要实现全体人民共同富裕"。② "共同富裕是社会主义的本质要求,是中国式现代化的重要特征"。③ 党的十八大以来,党团结带领全国人民朝着实现共同富裕的目标不懈努力,打赢脱贫攻坚战,全面建成了小康社会:人均国民总收入超过 1 万美元,处于中等偏上收入经济体行列,正在向高收入国家迈进;城乡居民生活水平差距持续缩小,形成了超过 4 亿人的世界上规模最大的中等收入群体;建成世界上规模最大的社会保障体系,基本医疗保险覆盖超过 13 亿人,基本养老保险覆盖超过 10 亿人④;区域协调发展战略、区域重大战略深入实施,区域协调发展呈现新格局。这些伟大成就,为新发展阶段促进共同富裕创造了良好条件,奠定了坚实基础。

　　如何把握共同富裕的内涵? 应当明确,共同富裕是社会主义本质要求,具有鲜明的制度属性。也就是说,不能把共同富裕仅仅看作是一个收入分配问题,或者仅仅看作是一个收入政策问题,或者仅仅看作是人民生活水平的高低问题。我们说的共同富裕是与资本主义两极分化相对立的,以社会主义经济制度为基础的,以大多数人的富裕为目的而不是少数人的富裕为目的一个范畴,是社会主义制度下生产力与生产关系矛盾运动的必然结果,贯穿于社会主义经济发展的全过程和各个环节。

　　实现共同富裕,离不开生产力的发展,随着生产力的不断发展,社会物质财富和精神财富的不断增加,实现共同富裕的物质基础日益丰厚,共同富裕的标准也会不断提高。只有到了共产主义社会,随着生产力的高度发展,物质财富和精神财富的极大丰富,并像源泉一样涌流出来,实现共同富裕才有了充分保障。

　　实现共同富裕,离不开生产力的发展,更离不开生产关系的保障。一方面要通过全国人民共同奋斗把"蛋糕"做大做好,另一方面要通过合理的制度安排正确处理增长和分配关系,把"蛋糕"切好分好。这是一个长期的历史过程,我们要创造条件、完善制度,稳步朝着这个目标迈进。

　　共同富裕反映了社会主义的生产目的,社会主义的生产不是为了少数人的利益,不是为了资本家最大限度追求剩余价值,而是为了满足人民群众日益增长的物质文化需要,实现人的全面发展。

　　共同富裕也反映了生产资料公有制的根本特征。生产资料公有制的建立,使劳动者成为生产资料的共同主人,生产资料由剥削劳动者的条件变成劳动者实现自身利益的手段,

①　习近平. 坚持精准扶贫、精准脱贫,坚决打赢脱贫攻坚战[M]//习近平谈治国理政:第 2 卷. 北京:外文出版社,2017:83.
②　习近平. 关于《中共中央关于制定国民经济和社会发展第十四个五年规划和二〇三五年远景目标的建议》需要说明的几个重点问题[M]//习近平谈治国理政:第 4 卷. 北京:外文出版社,2022:116.
③　习近平. 扎实推动共同富裕. [M]//习近平谈治国理政:第 4 卷. 北京:外文出版社,2022:142.
④　中共中央宣传部. 中国共产党的历史使命与行动价值[M]. 北京:人民出版社,2021:19-20.

从而为消灭阶级对立创造了条件。

共同富裕还反映了按劳分配的客观后果。按劳分配只承认劳动贡献的差别对收入分配的影响,排除了生产资料占有和资本积累的差别对收入分配的影响,这样就不会产生贫富差距过大的问题。

我们说的共同富裕是全体人民共同富裕,是人民群众物质生活和精神生活都富裕,不是少数人的富裕,也不是整齐划一的平均主义。

共同富裕是一个长远目标,需要一个过程,不可能一蹴而就,对其长期性、艰巨性、复杂性要有充分估计。同时还需要认识到,全体人民共同富裕是一个总体概念,是对全社会而言的。我们要实现 14 亿人共同富裕,不是所有人都同时富裕,也不是所有地区同时达到一个富裕水准,不同人群不仅实现富裕的程度有高有低,时间上也会有先有后,不同地区富裕程度还会存在一定差异,不可能齐头并进。这是一个在动态中向前发展的过程,要持续推动,不断取得成效。

经过长期的积累和发展,我国已经进入了全面建设社会主义现代化国家的新发展阶段,实现共同富裕有了更加坚实的基础。适应我国社会主要矛盾的变化,更好满足人民日益增长的美好生活需要,必须把促进全体人民共同富裕作为为人民谋幸福的着力点,必须更加注重共同富裕问题,在实现全体人民共同富裕方面取得更为明显的实质性进展。党中央立足新发展阶段我国的实际,提出了分阶段促进共同富裕的战略目标:到"十四五"末,全体人民共同富裕迈出坚实步伐,居民收入和实际消费水平差距逐步缩小。到 2035 年,全体人民共同富裕取得更为明显的实质性进展,基本公共服务实现均等化。到本世纪中叶,全体人民共同富裕基本实现,居民收入和实际消费水平差距缩小到合理区间。

---

**专栏 1-2　实现共同富裕总的思路**

坚持以人民为中心的发展思想,在高质量发展中促进共同富裕,正确处理效率和公平的关系,构建初次分配、再分配、三次分配协调配套的基础性制度安排,加大税收、社保、转移支付等调节力度并提高精准性,扩大中等收入群体比重,增加低收入群体收入,合理调节高收入,取缔非法收入,形成中间大、两头小的橄榄型分配结构,促进社会公平正义,促进人的全面发展,使全体人民朝着共同富裕目标扎实迈进。

资料来源:习近平.扎实推动共同富裕[M]//习近平著作选读:第 2 卷.北京:人民出版社.2023:503.

---

## 五、 坚持党对经济工作的全面领导

经济与政治的高度统一是社会主义制度的一个突出特点。这种统一的基础是以人民为中心的发展,在社会主义条件下,无论是经济建设还是政治建设,最终目的都是发展社会生产、满足人民的需要、实现人民的利益。这种统一的核心则是党对经济工作的领导。中国共产党领导是中国特色社会主义最本质的特征,是中国特色社会主义制度的最大优势,党是最高政治领导力量。经济工作是党的中心工作,党的领导必然要在这一中心工作中得到充分体现。社会主义经济制度的本质规定性,包括社会主义基本经济制度、社会主义生产目的和社会主义的本质要求,都是以坚持党的领导为前提的。党对经济工作的全面领导,从总体上体现了中国特色社会主义经济的本质特征。

党对经济工作的全面领导主要体现在哪些方面呢? 主要是把握方向,谋划全局,提出战略,制定政策,推动立法,营造良好环境。

把握方向,就是要坚持走中国特色社会主义道路,坚持经济改革和经济发展的正确方向,避免犯颠覆性错误,主要包括坚持党在社会主义初级阶段的基本路线、以人民为中心的发展思想、社会主义基本经济制度、社会主义市场经济的改革方向、对外开放的基本国策、两个一百年的奋斗目标等。

谋划全局,就是要制定经济社会发展的长远目标和战略规划,把握国民经济和社会发展中的重大比例关系,统筹协调各方面的利益和行动,对国民经济和社会发展中的全局性、战略性、前瞻性的重大问题做出研判,并提出解决思路,做出总体安排。

提出战略。战略是党制定的解决全局性、根本性和长远性问题的规划和部署,包括国民经济和社会发展的总体战略,如"三步走"发展战略、"四个全面"战略布局等,以及解决重点领域、关键环节、突出问题的重大战略,如科教兴国战略、人才强国战略、创新驱动发展战略,可持续发展战略、区域发展战略、乡村振兴战略等。

制定政策。政策是一定时期为实现党的基本路线和总体战略而制定的具体工作规范,包括国民经济和社会发展的总体政策,如中央经济工作会议精神、工作部署等,以及解决某些领域和环节问题的具体政策,如农业政策、工业政策、科技政策、区域政策、文化政策等。

推动立法,就是要按照依法治国的基本方略,着眼于确立制度、规范权责、保障权益、推动立法,将党的路线、方针、政策上升为国家法律,形成体现国家意志并具有普遍约束力的行为规范,把党的领导和依法治国有机统一起来,推动经济的法治化。

营造良好环境,就是要科学总结实践经验,站在促进社会生产力发展的高度,不断推进理论创新、制度创新、科技创新,营造鼓励人们干事业、支持人们干成事业的体制环境和社会氛围,让一切创造社会财富的源泉充分涌流,推动国家的繁荣和民族的昌盛。

改革开放 40 多年来,我国经济社会发展之所以能够取得世所罕见的巨大成就,我国人民生活水平之所以能够大幅度提升,都同我们坚定不移坚持党的领导、充分发挥各级党组织和全体党员作用是分不开的。在我国,党的坚强有力领导是政府发挥作用的根本保证。在全面深化改革过程中,我们要坚持和发展我们的政治优势,以我们的政治优势来引领和推进改革,调动各方面积极性,推动社会主义市场经济体制不断完善、社会主义市场经济更好发展。

坚持党对经济工作的全面领导,要处理好党与政府的关系。在党委和政府的职能划分及工作布局上,涉及经济社会发展规划、重大方针政策、工作总体部署以及关系国计民生的重要问题,由党委集体讨论决定;经常性工作则由政府及其部门按照职责权限进行决策和管理,各级党委要支持政府依法充分履行职责。

坚持党对经济工作的全面领导,要坚持和完善党领导经济工作的体制机制。党的十八大以来,党领导经济工作的制度化建设不断加强,对推动经济发展起到重要指导作用。中央政治局常委会、中央政治局定期研究分析经济社会形势、决定重大事项,中央财经委员会及时研究经济社会发展重大问题,中央全面深化改革委员会及时研究经济社会领域重大改革,其他中央决策议事协调机构对涉及经济社会发展的相关重大工作进行顶层设计、总体布局、统筹协调、整体推进、督促落实。同时,按照党中央要求,各地区加强党委领导经济社会发展的体制机制建设,党委集体讨论决定经济社会发展规划、重大政策措施、工作总体部署以及关系国计民生的重要事项,党领导经济社会发展的制度化规范化水平不断提高。

坚持党对经济工作的全面领导,要提高党领导经济工作的能力和水平。要善于用政治眼光观察和分析经济问题,善于洞察经济活动的政治后果,善于从讲政治的高度思考和推进经济社会发展工作,把党中央决策部署贯彻到经济工作各方面。努力提高领导经济工作的科学化、法治化水平和专业化能力。各级领导干部要更加注重对国内外经济形势的分析研判,完善决策机制;就要加强对专业化、专门化领域的学习钻研,努力成为精通该领域工作的行家里手;就要更加自觉运用法治思维和法治方式深化改革、推动发展、化解矛盾、维护稳定,掌握科学的经济分析方法。切实提高抓落实的能力,把谋发展与抓部署、抓落实、抓督查结合起来,以钉钉子精神做实做细做好各项经济工作。

## 本章小结

1. 社会主义经济制度代替资本主义经济制度是人类社会发展的必然趋势。但在不同的国家和不同的历史条件下,这一趋势得以实现的具体方式各不相同。苏联十月革命后建立的高度集中的计划经济体制,是社会主义经济的最初模式。中国的社会主义革命和建设,是在资本主义没有充分发展的半殖民地半封建的条件下展开的,经历了一个曲折的发展过程,取得了巨大的成就,初步体现了社会主义制度的优越性。

2. 改革开放以来,中国共产党把社会主义基本制度与市场经济相结合,创造了社会主义经济的新形态,即中国特色的社会主义经济形态。确认我国处于并将长期处于社会主义初级阶段,是中国特色社会主义经济的出发点和立足点。经过长期努力,中国特色社会主义进入了新时代,这是我国发展新的历史方位。在全面建成小康社会的基础上,我国开启全面建设社会主义现代化国家新征程,进入新发展阶段,以中国式现代化全面推进中华民族伟大复兴。

3. 基本经济制度是经济制度体系中具有长期性和稳定性的部分,具有基础性决定性地位。改革开放以后,我国从实际出发确立了公有制为主体、多种所有制经济共同发展的社会主义初级阶段的基本经济制度。党的十九届四中全会在此基础上,把按劳分配为主体、多种分配方式并存,社会主义市场经济体制与社会主义所有制结构并列,上升为社会主义基本经济制度。这一重大创新,标志着我国社会主义经济制度更加成熟、更加定型,对于更好发挥社会主义制度优越性,解放和发展社会生产力,推动经济高质量发展具有重要意义。

4. 社会主义制度、社会主义的目的和社会主义的本质要求,这三个方面从不同角度概括和反映了社会主义的本质。社会主义制度是社会主义的目的和本质要求得以产生的客观基础,社会主义的目的体现了社会主义制度的价值追求,社会主义的本质要求则是社会主义制度的实现形式。以人民为中心的发展,集中体现了社会主义经济制度的本质,是对社会主义本质认识的丰富和发展。共同富裕是社会主义的本质要求,是中国式现代化的重要特征。坚持党对经济工作的全面领导,是中国特色社会主义经济的根本政治保证。

## 复习思考题

1. 中国建立社会主义经济制度的根本依据是什么?

2. 如何认识中国特色社会主义经济的阶段性特征,如何认识我国进入了新发展阶段?

3. 党的十九届四中全会把按劳分配为主体,多种分配方式并存,社会主义市场经济体制上升为基本经济制度的重大意义是什么?

4. 如何认识社会主义经济的本质特征?

## 即测即评

请扫描二维码进行即测即评。

# 第二章　社会主义所有制制度

生产资料所有制是社会生产关系的核心,中华人民共和国成立后,我国经过社会主义改造,建立了以公有制为基础的社会主义经济制度。改革开放以来,我国建立了公有制为主体、多种所有制共同发展的所有制制度,这是中国特色社会主义的重要支柱和社会主义市场经济的根基。坚持和完善以社会主义所有制制度为核心的基本经济制度,对于坚持和发展中国特色社会主义,发挥社会主义制度的优越性,具有十分重大的意义。

## 第一节　社会主义所有制制度的确立和发展

### 一、生产资料所有制的重要地位

马克思主义理论认为,经济基础决定上层建筑,而在经济基础中,生产资料所有制又处于核心地位。生产资料是一个社会最基本的经济资源,谁控制了生产资料,谁就控制了包括生产、分配、交换以至消费等社会经济的各个环节,并由此而成为这个社会政治上的统治者和意识形态上的主导者。因此,生产资料的所有制构成一个社会经济制度的核心,同时也成为决定社会基本性质和发展方向的根本因素。

那么,生产资料所有制为什么会有如此重要的地位呢? 在《资本论》第 2 卷中,马克思简要指出:"不论生产的社会的形式如何,劳动者和生产资料始终是生产因素。但是,二者在彼此分离的情况下只在可能性上是生产因素。凡要进行生产,它们就必须结合起来。实行这种结合的特殊方式和方法,使社会结构区分为各个不同的经济时期。"[1]这种结合的特殊方式和方法,就是生产资料所有制。

从历史上看,社会的不同形态,如原始社会到奴隶社会、封建社会和资本主义社会形态的更替,都是以生产资料所有制的变革为基础的。同一社会形态,如自由资本主义到垄断资本主义和国家垄断资本主义的演变,也是以生产资料所有制的具体形式和内部结构的变

---

① 马克思.《资本论》第二卷[M]//马克思恩格斯文集:第 2 卷.北京:人民出版社,2009:44.

化为基础的。社会主义制度取代资本主义制度,是人类历史上社会制度变迁中的一次空前深刻的革命,这一革命的核心内容就是用生产资料的社会主义公有制取代生产资料的资本主义私有制。在《共产党宣言》中,马克思和恩格斯特别强调,所有制问题是运动的基本问题。

中华人民共和国成立后,中国逐步完成了对农业、手工业和资本主义工商业的社会主义改造,建立了以公有制为基础的社会主义经济制度,消灭了剥削制度,各族人民真正成了国家的主人。这一根本变革,为当代中国一切发展进步奠定了根本政治前提和制度基础。但是由于受极左思想的影响,有一段时间我们脱离开了生产力发展的状况,以为越公越好、越纯越好,急于建立单一的公有制经济,从而形成了过分单一的所有制结构和僵化的经济体制,严重束缚了生产力的发展。

改革开放以来,中国共产党立足中国基本国情,围绕完善社会主义初级阶段的所有制结构进行了不懈探索。党的十五大明确提出,公有制为主体、多种所有制经济共同发展,是我国社会主义初级阶段的一项基本经济制度。党的十六大提出,毫不动摇地巩固和发展公有制经济,毫不动摇地鼓励、支持和引导非公有制经济发展。党的十七大、十八大继续强调"两个毫不动摇"并作了进一步的丰富和发展。党的十八大以后,我国社会主义所有制的改革与发展深入推进,在理论和实践上取得了许多新的进展:

一是对所有制制度的重要地位做了新的阐述,提出公有制为主体、多种所有制经济共同发展的基本经济制度,是中国特色社会主义制度的重要支柱,也是社会主义市场经济体制的根基,进一步明确和突出了所有制制度的重要地位。

二是对非公有制经济的重要作用做了新的概括,在坚持公有制为主体的前提下,强调公有制经济和非公有制经济都是社会主义市场经济的重要组成部分,都是我国经济社会发展的重要基础,进一步明确和强调了非公有制经济的重要作用。

三是对积极发展混合所有制经济做了新的要求,提出要积极发展混合所有制经济,强调国有资本、集体资本、非公有资本等交叉持股、相互融合的混合所有制经济,是基本经济制度的重要实现形式,有利于国有资本放大功能、保值增值、提高竞争力。

四是对改革发展国有企业做出了新的部署,强调坚持有利于国有资产保值增值、有利于提高国有经济竞争力、有利于放大国有资本功能的方针,推动国有企业深化改革,提高经营管理水平,加强国有资产监管,坚定不移把国有企业和国有资本做强做优做大。

五是对完善农村土地制度做了新的探索。在坚持农村土地集体所有的前提下,顺应农民保留土地承包权、流转土地经营权的意愿,将土地承包经营权分为承包权和经营权,实行所有权、承包权、经营权三权分置并行,着力推进农业现代化。

## 二、社会主义所有制制度的内涵

在中国特色社会主义基本经济制度体系中,公有制为主体、多种所有制经济共同发展的所有制制度居于核心地位。这一制度的主要内涵是：

1. 必须毫不动摇地巩固和发展公有制经济。《宪法》第六条明确指出："中华人民共和国的社会主义经济制度的基础是生产资料的社会主义公有制。"第七条明确指出："国有经济，即社会主义全民所有制经济，是国民经济中的主导力量。"发展和壮大国有经济，国有经济控制国民经济命脉，对于发挥社会主义制度的优越性，增强我国的经济实力、国防实力和民族凝聚力，具有关键性作用。集体经济是公有制经济的重要组成部分，可以体现共同致富原则，可以广泛吸收社会分散资金，缓解就业压力，增加公共积累和国家税收。

2. 必须毫不动摇地鼓励、支持、引导非公有制经济发展。包括个体、私营和外资等在内的非公有制经济，是社会主义市场经济的重要组成部分，是我国经济社会发展的重要基础，有利于繁荣城乡经济、增加财政收入，有利于扩大社会就业、改善人民生活，有利于优化经济结构、促进经济发展，对全面建设小康社会和加快社会主义现代化进程具有重大的战略意义。

3. 把坚持公有制为主体，促进非公有制经济发展统一于社会主义现代化建设的进程中。公有制经济、非公有制经济应该相辅相成、相得益彰，而不是相互排斥、相互抵消。要划清社会主义基本经济制度同私有化与单一公有制的界限，既不会因为坚持公有制的主体地位而影响非公有制经济的发展，也不会因为发展非公有制经济而影响公有制的主体地位。

有人提出这样的问题，既然不同所有制之间的关系是一种平等竞争的关系，为什么还要强调公有制的主体地位，为什么还要在不同所有制之间区分主次关系？其实，公有制的主体地位与不同所有制之间的平等竞争是不同层次的问题，两者并不矛盾。在市场经济中，不同所有制的企业都要接受价值规律的调节、服从等价交换的原则，从这个角度看，它们之间的关系是平等竞争的关系。同时，任何社会的经济成分都不是单一的，都存在多种经济成分，而且不同经济成分的地位和作用是不一样的。"在一切社会形式中都有一种一定的生产决定其他一切生产的地位和影响，因而它的关系也决定其他一切关系的地位和影响。这是一种普照的光，它掩盖了一切其他色彩，改变着它们的特点。这是一种特殊的以太，它决定着它里面显露出来的一切存在的比重。"①例如，在资本主义社会中，既存在资本主义私有制，也存在大量的个体经济，还有一定的国有经济，某个时期甚至还有奴隶主经济。那么，我们为什么把它称为资本主义社会？关键在于资本主义私有制在整个社会的生产关系体系中占据主体地位，它就是普照的光，决定着、制约着其他经济成分的存在和发展。在社会主义初级阶段，客观上既有公有制经济，又有非公有制经济。但是，我国之所以是社会主义社会，从经济上说，就是因为公有制经济占主体地位，如果没有占主体地位的公

---

① 马克思.《政治经济学批判》导言[M]//马克思恩格斯选集：第 2 卷．北京：人民出版社，2012:707.

有制经济,没有占主导地位的国有经济,如果让私有制占据主体地位,社会的性质就会发生变化,社会主义社会就会改变颜色。

## 三、 社会主义所有制制度的实现形式

一种生产资料所有制建立之后,其生产关系通过什么样的具体形式体现出来并发挥作用,如何推动和组织实际的生产、分配和交换活动,这就是所有制的实现形式问题。所有制与所有制的实现形式既相互联系,又有所不同。一方面,所有制的内容决定着所有制的实现形式,例如,资本主义所有制必然要求自由经营的企业组织形式,社会主义所有制必然要求社会对企业的监督管理。另一方面,同一种所有制可以有不同的实现形式。例如,同样的资本主义私有制,就存在独资经营的业主制、私人股份所有制、法人股份所有制等多种形式。同样的社会主义公有制,也存在国有国营、承包制、现代企业制度等多种形式。

党的十八届三中全会提出,混合所有制是基本经济制度的重要实现形式,这一论断反映了社会主义市场经济中我国所有制结构变动的趋势。一方面,以公有制为主体、多种所有制经济共同发展,要求各种形式的所有制取长补短、相互促进、有机结合,这表现在企业组织形式上,就是混合所有制。另一方面,社会主义市场经济的发展,要求各类商品和生产要素自由流动、交易、组合,这必然会打破各种所有制之间的相互分割,促进国有资本、集体资本、非公有资本等不同所有制资本之间的自由流动、交叉持股、相互融合。

作为基本经济制度的重要实现形式,混合所有制是随着社会主义基本经济制度的发展而发展的。党的十五大报告明确指出,股份制是公有制的主要实现形式,公有制经济不仅包括国有经济和集体经济,还包括混合所有制经济中的国有成分和集体成分。党的十六大报告提出,除极少数必须由国家独资经营的企业外,积极推行股份制,发展混合所有制经济。党的十七大报告进一步指出,"以现代产权制度为基础,发展混合所有制经济"。十八届三中全会进一步把混合所有制经济提高到基本经济制度重要实现形式的新高度。

混合所有制并不是一种独立的所有制形式,而是由不同的所有制混合而成的企业组织形式,它可以建立在私有制的基础上,也可以建立在公有制的基础上。国家和集体控股具有明显的公有性,而私人控股则具有明显的私有性。因此,作为基本经济制度的重要实现形式,混合所有制经济的发展要把"两个毫不动摇"统一于中国社会主义现代化建设过程中。一方面,必须坚持以公有制为主体,在关系国家安全和国民经济命脉的重要行业和领域采取国有独资和绝对控股;在其他重要行业和关键领域,国有资本要控制引导,无论绝对控股或是相对控股,吸收私人资本参股,都会增大资本总量,放大国有资本的功能,增强国有经济的控制力、引导力。另一方面,要坚持促进非公有制经济健康发展,使公有制经济和非公有制经济在更大范围和领域实现"我中有你,你中有我"的新局面,在二者的相互融合中优势互补,相互促进,共同发展。

# 第二节　公有制经济的主体地位

## 一、 为什么坚持公有制为主体

社会主义初级阶段的所有制之所以必须坚持公有制为主体,主要原因在于:

1. 公有制为主体是社会主义经济制度的根本特征。如前所述,生产资料所有制是一个社会经济制度的核心,它决定着一个社会的基本性质和发展方向,决定着人们在生产过程中的地位和相互关系以及分配和交换的性质。社会主义制度与资本主义制度最根本的区别就在于生产资料公有制,没有公有制就不会有社会主义经济,也就不会建立起社会主义经济制度。因此,公有制对社会主义来说,不是可有可无、可要可不要的事情,而是科学社会主义一条根本原则。正如恩格斯所说,社会主义与现存的资本主义制度"具有决定意义的差别当然在于,在实行全部生产资料公有制(先是单个国家实行)的基础上组织生产"。① 只有在生产资料公有制的基础上,才能建立起社会主义经济制度,进而建立社会主义的政治制度、文化制度等上层建筑,没有生产资料公有制为基础,社会主义就无从谈起。

2. 公有制为主体是解放和发展生产力的根本要求。生产力的发展是社会发展的根本动力,但是,生产力的发展不是孤立进行的,而是与一定的生产关系结合在一起的,合理的生产关系能够促进生产力的发展,不合理的生产关系则阻碍生产力的发展。社会主义代替资本主义,公有制代替私有制,从根本上来说,是为了更快更好地发展生产力。资本主义生产方式虽然在历史上起过革命性的作用,极大地促进了生产力的发展,但是,存在不可克服的内在矛盾,即生产的社会化与生产资料资本主义私人占有制之间的矛盾,这一矛盾的存在,是导致资本主义经济贫富两极分化、经济危机、阶级对立等一切弊病的总根源,因此,马克思得出结论:"资本的垄断成了与这种垄断一起并在这种垄断之下繁盛起来的生产方式的桎梏。生产资料的集中和劳动的社会化,达到了同它们的资本主义外壳不能相容的地步。这个外壳就要炸毁了。资本主义私有制的丧钟就要响了。剥夺者就要被剥夺了。"② 只有消灭资本主义私有制,建立生产资料公有制,并在此基础上对整个社会生产和经济发展进行有计划的合理调控,才能消除生产社会化与生产资料资本主义占有制之间的矛盾,为社会化大生产的发展开辟广阔的空间。

3. 公有制为主体是实现共同富裕的根本保障。在《共产主义信条草案》中回答"共产

---

① 马克思,恩格斯. 马克思恩格斯书信选编[M]//马克思恩格斯选集:第4卷. 北京:人民出版社,2012:601.

② 马克思.《资本论》第一卷[M]//马克思恩格斯文集:第5卷. 北京:人民出版社,2009:874.

主义者的目的是什么"时,恩格斯写道"把社会组织成这样:使社会的每一个成员都能完全自由地发展和发挥他的全部才能和力量,并且不会因此而危及这个社会的基本条件",①并以废除私有制来实现这一点。共同富裕是社会主义的本质要求,这个要求在资本主义私有制的基础上是不可能实现的,资本主义私有制必然导致贫富两极分化,而不可能导致共同富裕。生产决定分配,只有在生产资料社会占有的基础上,才能形成有利于广大劳动者的比较公平合理的分配关系,对收入分配的源头即生产条件的占有环节进行有效调节,防止财富分配的两极分化,实现社会的共同富裕。

4. 公有制为主体是构建和谐社会的重要条件。生产资料私有制必然造成了人与人之间和人与自然之间的矛盾和对立,破坏社会和谐的基础。只有用生产资料公有制代替私有制,才能从根本上消除人与人和人与自然之间的矛盾和对立,维护社会的公平正义,实现社会整体利益与局部利益、长远利益与当前利益、公共利益与个人利益的有机结合,为构建社会主义和谐社会创造有利条件。在《1844年经济学哲学手稿》中,马克思深刻地阐述了共产主义社会这一制度优势,他指出:"这种共产主义,作为完成了的自然主义,等于人道主义,而作为完成了的人道主义,等于自然主义,它是人和自然界之间、人和人之间的矛盾的真正解决,是存在和本质、对象化和自我确证、自由和必然、个体和类之间的斗争的真正解决。"②

5. 公有制为主体是社会主义政治制度的经济基础。社会主义民主是全过程人民民主,而这样一种民主制度只有在生产资料占有相对公平的基础上才能实现。在资本主义社会中,资本的多少和财产的多寡在政治生活中起着决定性的作用。资产阶级凭借其在经济上的支配地位,将所谓"民主"变成了以金钱为基础的"富人的游戏""钱袋的民主"。而无产阶级和广大劳动人民由于不占有生产资料,缺少资金支持,根本左右不了政治和选举的运作过程与结果,不得不沦为"民主政治"的看客或棋子,很难享有实质的民主权利。在生产资料公有制占主体的社会,公有制的主体地位保证了每个公民在生产资料占有上的平等地位和全体公民在根本利益上的一致性,从而保证了每个公民的基本经济和社会权利的平等性,为实现最广泛和实质上的民主开辟了道路。

## 二、公有制的具体形式

生产资料公有制的一般特征是:劳动者共同占有生产资料,任何个人或集团都不可能凭借对生产资料的占有获得特殊的利益。生产的目的是满足劳动者的共同需要,实现人的全面发展和共同富裕。在生产资料共同占有的基础上,产品的分配实行按劳分配或按需分配,人们共享社会创造的财富。

---

① 恩格斯.共产主义信条草案[M]//马克思恩格斯全集:第42卷.北京:人民出版社,1979:373.
② 马克思.1844年经济学哲学手稿[M]//马克思恩格斯文集:第1卷.北京:人民出版社,2009:185.

根据存在的范围和发展水平的不同,生产资料公有制又存在以下三种具体形式:

1. 全民所有制。全民所有制是社会全体成员共同占有生产资料的一种公有制形式,具体表现为国家所有制,即国有经济。社会主义公有制是以社会化大生产为基础、与高度发达的社会化生产相适应的。生产的高度社会化要求全体劳动者在全社会范围内联合起来按照共同的利益对所属的生产资料进行统一的、有计划的调节和支配。为了使这种全社会的联合和占有不至于流于形式,不至于被局部的利益冲突所瓦解,不至于成为一种理论上的虚构,就需要体现为客观有形的经济组织和明确的集体理性。在国家存在的条件下,国家就是整个社会的正式代表,公共的所有权只能由国家来代表,国家作为全民的代表对国有的生产资料拥有最终所有权,并按照社会的共同利益对生产资料进行统一调节和支配。

2. 集体经济。集体经济是由部分劳动者共同占有生产资料的公有制经济,它最初是通过对农业、手工业社会主义改造和走合作化的道路建立起来的;后来通过集体经济自身的扩张和新的集体经济的创建而发展起来,包括农村集体经济和城镇集体经济两种主要形式。农村集体经济组织实行以家庭承包经营为基础、统分结合的双层经营体制。农村中的生产、供销、信用、消费等各种形式的合作经济,是社会主义劳动群众集体所有制经济。城镇中的手工业、工业、建筑业、运输业、商业、服务业等行业的各种形式的合作经济,也都是社会主义劳动群众集体所有制经济。集体所有制的特点是:在劳动者集体内部实行生产资料的共同占有和按劳分配,劳动者之间在生产资料占有上处于平等地位;而在不同劳动者集体之间则以不同的所有者相对待。

3. 混合所有制。混合所有制并不是一种独立的所有制形式,而是由不同的所有制混合而成的企业组织形式,其中既有公有制经济的成分,又有非公有制经济的成分;既有国有经济的成分,也有集体和个体经济的成分。国家和集体控股,具有明显的公有性,私人控股则具有明显的私有性。

## 三、 公有制为主体的含义

正确认识以公有制经济为主体需要弄清以下问题:

第一,公有制经济的范围。公有制经济不仅包括国有经济和集体经济,还包括混合所有制经济中的国有成分和集体成分;不仅包括生产领域的国有经济,还包括流通、金融、文化等领域的公有制经济;不仅包括属于中央管理的公有制经济,还包括各级政府所有的公有制经济。此外,还包括许多新型的公有制形式,如各种新型的农村合作制等。

第二,以公有制为主体的具体表现。公有制的主体地位主要体现在三个方面:一是公有资产在社会总资产中占优势;二是国有经济控制国民经济命脉,对经济发展起主导作用。三是公有制生产关系在生产关系体系中起支配作用。

1. 关于公有资产在社会总资产中占优势。在市场经济中,生产资料有两种具体形态——物质形态和价值形态。物质形态表现为矿藏、土地、厂房、机器设备、原材料等物质要素,价值形态则表现为以货币形式存在的各种资产。由于物质形态的生产资料在不同的企业和部门千差万别,难以加总计算,因而,在实际生活中,公有制为主体通常是用公有资产在社会总资产中占优势来表示的。要想了解公有制在所有制结构中的实际状况,就必须对公有资产的数量和质量状况有比较清楚的了解。

所谓的"资产",通常指所有者能对其行使所有权,并在持有或使用期间可以从中获得经济利益的资源。公有资产有狭义和广义之分,狭义的公有资产指以保值、增值为主要目的而投资于各种行业的资产,包括国有经营性资产、集体经营性资产以及混合所有制经营性资产中的国有成分和集体成分;广义的公有资产,除包括公有经营性资产外,还包括投资于行政、国防、公益事业等形成的公有非经营性资产,以及具有开发和使用价值的能带来收益的公有资源性资产。

那么,"公有资产在社会总资产中占优势"中所指的"公有资产"是广义的还是狭义的?应当说,虽然广义的公有资产和狭义的公有资产都很重要,但是,从社会主义生产关系的本质来看,狭义的公有资产,即经营性资产更为重要。因为只有进入经营过程的生产资料或资产,才能纳入社会的再生产过程,形成一定的经济关系,对社会经济的运动过程产生影响;而非经营性资产和资源性资产不具有这样的经济作用。另外,还有一些公有制生产资料,如农村集体所有制的土地,虽然没有进入经营过程,转化为经营性资产,但却进入了直接的生产过程,并构成了农村社会主义生产关系的重要基础。因此,在实际的生活中如何准确估算公有资产的数量和质量,是一个比较复杂的问题。

2. 关于国有经济控制国民经济命脉,对经济发展起主导作用。国有经济对经济发展的主导作用是生产资料公有制的必然要求,是社会主义生产关系的客观规律。这是因为,建立公有制的目的就是要克服生产社会化与生产资料资本主义私人占有制之间的基本矛盾,由社会按照社会的需要计划组织生产,满足社会成员的共同利益。在社会主义初级阶段,由于存在多种所有制经济特别是众多的非公有制经济,公有制经济存在的范围是比较有限的。在这种条件下,只有国有经济控制国民经济命脉,对经济发展起主导作用,发挥国有经济的控制力、影响力和带动力,才能保证经济制度的社会主义性质,保证经济发展的社会主义方向,支撑、引导和带动社会经济的发展,实现经济的持续健康发展。

3. 关于公有制生产关系在生产关系体系中起支配作用。通常人们对所有制的分析,主要是从所有权法律归属的角度来进行,这种分析是必要的,然而是不全面的。按照马克思主义政治经济学的观点,生产资料所有制在本质上是一种经济关系、经济过程和行为规范,脱离开这些关系、过程和行为规范的抽象的所有权,只不过是一种"形而上学"或"法学的幻想"。"在每个历史时代中所有权是以各种不同的方式、在完全不同的社会关系下面发展起来的。因此,给资产阶级的所有权下定义不外是把资产阶级生产的全部社会关系描述一番。""要想把所有权作为一种独立的关系、一种特殊的范畴、一种抽象的和永恒的观念来下定义,这只能是形而上学或法学的幻想。"①

从这个角度来看,生产资料公有制并不简单是一种抽象的法律规定,而是以全体人民共同占有、共同管理和共同享用为核心的生产关系和经济过程。因此,坚持以公有制为主体,不仅要保证公有资产在社会总资产中占优势,还要求公有制生产关系在社会生产关系体系中发挥"普照之光"的作用,在落实人民在经济生活中的主体地位,贯彻各尽所能、按劳分配、共建共享的社会主义分配原则,保障和改善民生中发挥引领作用,将以人民为中心的发展体现到经济社会发展的各个环节和全部过程。坚持以公有制为主体,从实质上讲,就是要坚持以人民为中心发展,不断满足人民日益增长的美好生活需要、实现人的全面发展和社会成员的共同富裕。

第三,公有制为主体的时空特点。从时间上看,公有制为主体是从长期趋势上看的,在不同的历史阶段,依据生产力发展的不同情况以及经济结构的变化、国家发展战略的调整等因素,公有资产量的比例也应有所变化,有时多一些、有时少一些。因此,不能脱离长期的历史趋势和具体的生产关系机械地看待公有制的比例。比如,今年公有资产占社会总资产的比例是51%,就断定是社会主义;明年公有资产占社会总资产的比例下降到了49%,就断定是资本主义。这样认识基本经济制度,显然是不科学的。从空间上看,公有资产占优势是就全国而言,有的地方、有的产业可以有所差别。国有经济需要控制的行业和领域主要包括:涉及国家安全的行业、自然垄断的行业、提供重要公共产品和服务的行业以及支柱产业和高新技术产业中的重要骨干企业等。其他行业和领域可以通过资产重组和结构调整,集中力量,加强重点,提高国有经济的整体素质。国有资本投资运营要服务于国家战略目标,更多投向关系国家安全、国民经济命脉的重要行业和关键领域,重点提供公共服务、发展重要前瞻性战略性产业、保护生态环境、支持科技进步、保障国家安全。

第四,公有制主体地位的保障实施。虽然社会主义初级阶段基本经济制度已被写入《宪法》,成了指导我国经济改革发展的根本准则和最高依据,但是在市场经济条件下,所有制结构的变动在很大程度上取决于市场机制的作用,受到市场竞争、全球化、资本流动等多种因素的影响,必然会处于动态变化中。在这样的条件下,如果缺乏有效的体制机制和政策法律措施的保障而单纯依靠市场的自发作用,基本经济制度的实现就有可能落空。必须坚持党对经济工作的全面领导,完善国家经济治理体系,更好发挥政府作用,使公有制主体地位得以不断巩固和发展。

第五,公有资产的数量和质量的关系。公有制经济特别是国有经济应保持必要的数量

① 马克思.哲学的贫困[M]//马克思恩格斯选集:第1卷.北京:人民出版社,2012:258.

和比重。一方面,国有经济的数量和比重并非越多越好,而应当与其所处的地位和所承担的任务相适应;另一方面,国有经济的数量和比重也不是无足轻重,更不是越少越好。没有必要数量和比重的国有企业作为"顶梁柱"和"主力军",国有经济的主导作用难以实现,其影响力、控制力、带动力就会削弱,也就难以引导其他所有制经济沿着社会主义道路向前发展。

## 四、 社会主义公有制生产关系的特征

如前所述,正确认识和实现公有制的本质特征不能仅仅停留在所有权的归属上,而必须弄清公有制生产关系的内涵,实现公有制生产关系的要求。

从历史上看,生产资料公有制并不是社会主义社会独有的现象,它在原始社会曾经是占统治地位的所有制形式,并将在共产主义社会的高级阶段获得更加充分的发展。但是,社会主义生产资料公有制既不同于原始公有制,也不同于共产主义公有制。在原始社会,由于生产力水平极其低下,没有多少剩余产品,因此,人们只能集体劳动、平均分配,这就是原始的公有制。与原始公有制不同,社会主义公有制是生产社会化高度发展的产物。社会主义公有制和共产主义高级阶段的公有制又有什么区别? 社会主义的公有制与共产主义高级阶段的公有制最主要的区别在于:前者是以存在分工、劳动是谋生的手段为基础的,后者则是以消灭分工、个人实现自由全面发展为基础的。由于存在分工,社会主义社会的劳动者就不能像在消灭了分工的共产主义社会那样,单纯以生产资料的共有者的身份与生产资料发生实际联系,还必须把劳动作为自己的谋生手段,以劳动者的身份实现与公共生产资料的结合,以获得与自己付出的劳动相应的报酬。

具体说,社会主义公有制生产关系的特征有:

1. 社会调节。由全社会成员按照集体意志有计划地支配和调节社会所属的生产资料既是公有制的历史起点,又是公有制的必然结果。正像自发的秩序是资本主义经济运行的典型状态一样,社会主义公有制必然要以有计划地满足社会的共同利益作为自己存在的历史根据。在社会主义市场经济条件下,尽管国有企业是相对独立的商品生产者,也要追求自身的利益,按照市场的需求进行生产,但是,国有企业的独立性是相对的,企业在追求自身利益的同时必须满足社会的共同利益,承担一定的社会责任,接受全体人民的代表即国有资产监管部门的监督管理。否则,国有经济就会成为单纯追求个人利益和小集团利益的工具,退化成为事实上的私有制,公有制就会被瓦解。

2. 经济民主。生产资料公有制使劳动者在生产资料占有上形成了平等的关系,在全社会范围内结成了利益共同体,这就需要发扬社会主义民主,使人民群众能够对公有制经济有效行使民主管理的权利,以保障共同利益的实现。没有民主就没有社会主义,就会滋生各种官僚主义和腐败现象,公有制关系的要求就无法得到实现,公共利益就无法得到保

证，社会主义制度就无法得到巩固和发展。正如毛泽东强调的那样，"劳动者管理国家、管理军队、管理各种企业、管理文化教育的权利，实际上，这是社会主义制度下劳动者最大的权利"。[①]

3. 按劳分配。按劳分配是社会主义公有制本质要求，是生产资料公有制在分配环节的实现。在市场经济条件下，由于劳动不能直接计算，因而现实中的按劳分配只能是按经营收入的分配，而经营收入的大小又受供求、竞争和价格波动多种因素的影响，因此，按劳分配的实现与理想中的状态有很大的不同。但是，就国有经济来说，按劳分配的原则的基本精神是必须坚持的，这就是：既反对剥削，又反对平均主义，只承认能力和贡献上的差别及其对收入分配的影响，而不承认生产资料占有上的差别及其对收入分配的影响。

4. 剩余共享。私有制度与公有制的一个根本区别就在于，在私有制中经济剩余归私人所有者占有，而在公有制经济中经济剩余归社会成员共同占有。在公有制经济中，企业上缴国家的收入包括了两个部分：一部分是一般的税收，这是公有企业和私有企业都必须缴纳的，所有企业一视同仁；另一部分是公有资本收益，这是国家以所有者身份从企业获得的收益，是公有所有权在经济上的实现。这部分收入要用于满足社会的共同利益，如改善公共福利、保障和改善民生等。

## 五、 国有经济的主导作用

国有经济的主导作用，是社会主义基本经济制度的核心内容，是坚持公有制为主体的关键所在。那么，国有经济主导作用的含义是什么？ 表现在哪些方面？ 认识这一问题，需要从生产关系和生产力两个方面加以考察。

1. 从生产关系看，国有经济的主导作用体现为国有经济在多种所有制结构中的支配地位，保证各种所有制经济沿着社会主义道路前进。

在当今世界，无论是资本主义国家还是社会主义国家，所有制结构都是多元化的混合形态，既有私有制也有国有制，不存在纯而又纯的单一的所有制形态。区别在于，在资本主义国家，私有制在多种所有制中处于主体地位，国有经济只是私人资本的一种补充形式，主要生产私人资本不愿意或无法生产的产品，为私人资本拾遗补缺，提供资本增值的一般条件，可有可无，可多可少。建立在私有制基础上的资本主义的经济规律如资本积累规律、剩余价值规律、贫富两极分化规律等在经济生活中起着支配作用。与此不同的是，在社会主义国家，公有制处于主体地位，发挥着支配作用，建立在公有经济基础上的社会主义经济特征或规律如有计划发展、共同富裕、按劳分配和满足人民群众日益增长的物质和文化生活需要，是支配我国生产关系发展变化的主要力量。

① 毛泽东. 读苏联《政治经济学教科书》的谈话(节选)[M]//毛泽东文集：第8卷. 北京：人民出版社，1999：129.

2. 从生产力看,国有经济的主导作用体现为其在整个国民经济中的控制力,保证国民经济的持续健康发展。

第一,在工业化和现代化过程中,经济发展对能源、交通、电信等基础设施存在巨大需求,但基础设施的投资由于规模巨大且周期较长,私人资本往往不愿或无力投资,需要国家从长远和全局的利益出发来加以建设,以保障社会再生产的条件。

第二,实现国民经济全面、协调、可持续发展需要国家有计划调控国民经济的发展方向、速度、结构和重大比例关系,国家的这些有计划的宏观调控,依靠以私人利益最大化为目标的私有企业难以完成,必须以有相当规模的国有经济为依托才能实现。

第三,提高保障和改善民生水平,增进民生福祉,在幼有所育、学有所教、劳有所得、病有所医、老有所养、住有所居、弱有所扶上不断取得新进展,需要国有经济提供更多的公共产品和公共服务,在关系国计民生的重要行业和关键领域发挥重要作用。

第四,在经济全球化不断加深、国际竞争日趋激烈的条件下大力发展国有经济,有利于加速国内资本的集中,加强对战略性资源的开发和利用,在构建社会主义市场经济条件下关键核心技术攻关新型举国体制中发挥重要作用,增强国家的竞争力。表 2-1 为近年来美日及中国企业入围"世界 500 强"情况统计。

第五,建设强大的社会主义现代化国家,必须建立强大的现代化国防工业体系以维护国家安全,而这一点离开了国有经济是不可能实现的。大力发展国有经济还有利于维护国家的主权和经济安全,防范和化解重大风险,保持经济持续健康发展和社会大局稳定。

表 2-1　1996—2021 年美日及中国企业入围"世界 500 强"情况统计

单位:家

| 年份 | 美国 | 日本 | 中国 | 内地企业<br>(含香港) | 国有企业<br>(含央企) | 其中:央企<br>(不含中央金融企业) |
|---|---|---|---|---|---|---|
| 1996 | 153 | 142 | 4 | 3 | 2 | 1 |
| 1997 | 162 | 126 | 6 | 5 | 3 | 2 |
| 1998 | 173 | 114 | 5 | 3 | 3 | 2 |
| 1999 | 184 | 101 | 8 | 7 | 6 | 3 |
| 2000 | 178 | 107 | 11 | 9 | 9 | 5 |
| 2001 | 184 | 104 | 12 | 11 | 11 | 7 |
| 2002 | 198 | 88 | 13 | 11 | 11 | 7 |
| 2003 | 192 | 88 | 12 | 11 | 11 | 6 |
| 2004 | 190 | 82 | 16 | 15 | 14 | 8 |
| 2005 | 176 | 81 | 18 | 16 | 15 | 9 |
| 2006 | 170 | 70 | 23 | 20 | 19 | 14 |

续表

| 年份 | 美国 | 日本 | 中国 | 内地企业<br>（含香港） | 国有企业<br>（含央企） | 其中：央企<br>（不含中央金融企业） |
|------|------|------|------|------|------|------|
| 2007 | 162 | 67 | 30 | 24 | 22 | 17 |
| 2008 | 153 | 64 | 35 | 29 | 25 | 20 |
| 2009 | 140 | 68 | 43 | 37 | 33 | 24 |
| 2010 | 140 | 71 | 54 | 46 | 40 | 30 |
| 2011 | 132 | 68 | 69 | 61 | 54 | 38 |
| 2012 | 132 | 68 | 79 | 73 | 65 | 43 |
| 2013 | 132 | 62 | 95 | 89 | 79 | 44 |
| 2014 | 128 | 57 | 100 | 95 | 82 | 47 |
| 2015 | 128 | 54 | 106 | 98 | 83 | 47 |
| 2016 | 134 | 52 | 110 | 103 | 82 | 50 |
| 2017 | 132 | 51 | 115 | 109 | 81 | 48 |
| 2018 | 126 | 52 | 120 | 111 | 83 | 48 |
| 2019 | 121 | 52 | 129 | 119 | 88 | 48 |
| 2020 | 121 | 53 | 133 | 124 | 92 | 48 |
| 2021 | 122 | 53 | 143 | 135 | 95 | 49 |

资料来源：根据相关年份"世界500强"官方数据库整理得到。

## 六、做强做优做大国有资本和国有企业

国有经济的主导作用是通过国有企业和国有资本实现的。在社会主义公有制中，虽然生产资料是社会成员共同所有的，他们通过在全社会范围的联合并在此基础上统一调节生产资料来实现对生产资料的共同占有。但是，由于旧分工的存在，属于社会共同所有的生产资料又是通过企业这种组织形式来分别使用的，国有企业是社会主义经济中劳动者与生产资料相结合的具体形式，是社会主义生产经营的微观主体，是国民经济的支柱。没有国有企业，国有经济的存在和发展就失去了现实的载体，就成了"空中楼阁"。发挥国有经济的主导作用，必须做强做优做大国有企业，使国有企业成为党和国家最可信赖的依靠力量，成为坚决贯彻执行党中央决策部署的重要力量，成为贯彻新发展理念、全面深化改革的重要力量，成为实施"走出去"战略、"一带一路"倡议等重大战略的重要力量，成为壮大综合国力、促进经济社会发展、保障和改善民生的重要力量，成为我们党赢得具有许多新的历史特点的伟大斗争胜利的重要力量。

在市场经济条件下，国有企业是独立的商品生产经营者，国有企业的资产从价值增值

的角度看表现为国有资本,国家对国有资产的所有权表现为资本所有权。像所有的资本一样,国有资本也要追求利润,必须在生产经营中实现保值增值,在竞争中不断发展壮大。同时国有资本又有着不同于一般资本的特殊属性,承担着保障全民利益的重要责任、发挥国有经济的主导作用。做强做优做大国有企业和做强做优做大国有资本在本质上是一致的。但二者的侧重点有所不同。企业是生产经营单位,做强做优做大国有企业侧重于提高国有企业资源配置的微观效率,完善企业的治理结构和经营制度,增强国有企业的活力和竞争力。资本是用于增值的资金,做强做优做大国有资本则侧重于提高国有资本资源配置的宏观效率,优化国有资本的布局结构,增强国有资本的控制力和引导力。

国有资产属于全民所有,具有不同于非公有制经济的产权结构,具体来说,包括以下三个层次的内容:

一是国有资产监督管理。国有企业和国有资本归国家所有,但是,这只是一个本质性的规定,在现实的经济过程中,国家的所有权不能是抽象的,而必须是具体的,必须有具体的人格化的体现者来履行国家的所有权职能。这个人格化的体现者就是国家的国有资产监督管理机构,其主要职责是根据国家的授权履行出资人职责,指导推进国有企业改革和重组,对国资委监管企业国有资产的保值增值进行监督,加强国有资产的管理工作,推进国有企业的现代企业制度建设,完善公司治理结构,推动国有经济结构和布局的战略性调整,防止国有资产流失等。

二是国有资本授权经营。国有资产监督管理机构是履行国有资产所有权职能的主体,是一种特殊的行政组织而不是企业组织,并不直接从事国有资产的经营活动并对国有资产的保值和增值负直接的责任。同时,由于国有企业数量众多分布面广,而国有资产监督管理机构受动力和信息因素的制约,其对国有企业的监管的效率也很难加以保证。为了解决国有资产集中统一监管与企业经营的分散化这一矛盾,我国从实际出发,建立了国有资本授权经营体制,将国有资产授予一些特殊的国有资产经营主体,由其代表国有资产监督管理机构行使国有企业的出资人职责。这些特殊的经营主体包括:国有企业的集团公司、国有资本运营公司、国有资本投资公司等。实行这一制度,有利于政资分离、政企分离,有利于实现国有资本与市场机制的结合,充分提高国有资本的配置效率。

三是国有企业治理结构。国有企业是国有资产的经营主体,国有企业是否有活力,国有资本是否有效率,取决于国有企业的治理结构是否有效。所谓企业的治理结构,是指企业内部权力、责任和利益分配的各项制度。完善国有企业的治理结构,要建立健全公司所有者、经营者和劳动者之间责任、权利和义务相一致的各项制度,其中,核心内容是激励约束问题。一方面,要建立合理的激励机制,保障经营者和劳动者的报酬符合他们的贡献,充分调动各方面的积极性、主动性、创造性。另一方面,必须建立合理的约束机制,使经营者和劳动者的行为符合企业利益并不损害国家利益,使国家利益、企业集体利益和劳动者个人利益三者有机统一起来。

## 七、农村集体所有制

农村土地集体所有制是社会主义公有制的重要组成部分,是农村社会主义生产关系的基础。中华人民共和国成立后,党领导人民在全国范围内进行了轰轰烈烈的土地改革,废除地主所有的封建土地所有制,实行了"耕者有其田"的政策。但土地改革后也出现了一些新的情况和问题:一是农村中出现了新的分化,一些刚刚获得土地的农民,由于生产上、生活上的困难等原因,不得不典当甚至变卖土地,面临重新失去土地的危险;另外一些经济条件比较好的农民则

📱 历史演进:<br/>农村土地制度历史演进

上升为新的富农。二是个体分散和落后的农业生产,不能向城市和国家的工业化提供更多的粮食和其他农产品,这与城市大规模的工业化建设和整个国民经济有计划发展的需要产生了很大矛盾。形势的发展要求加快农村社会主义改造进程,引导农民尽快走向集体化,走向社会主义。因此,从中华人民共和国成立之初,我国就十分重视土地改革完成后农村出现的各种形式的互助合作。1951年党中央明确提出了发展农业互助合作的基本方针、政策和指导原则;1953年后,农村社会主义改造全面展开;1955年,党的七届六中全会对农村合作化的发展做了全面规划;到1956年年底,农村合作化任务基本完成;1958年,党中央决定建立人民公社;从1959年开始,在人民公社制度下实行"三级所有,队为基础"的土地集体所有制,直至1978年农村改革前。农村集体土地所有制的建立,标志着我国基本上完成了对个体农业的社会主义改造,使亿万农民彻底摆脱了个体私有制的束缚,进入了建设社会主义新农村的历史时期,为我国的工业化和农村经济社会的发展创造了条件。但实践证明,以生产队为基本核算单位的生产体制不利于调动农民的生产积极性,不适应农村生产力发展的要求,需要进行改革。

为了探索与现有农业生产力水平相适应的农业经营方式,党的十一届三中全会后,改革开放在全国各个领域展开,其中起步最早的是农村。农村改革的突破口,则是在农村基本经营制度上推行家庭承包责任制。在确保农村土地归集体所有的前提下,农民以家庭为单位向集体承包土地等生产资料,实行集体与农户统分结合的双层管理体制。具体而言,集体与农户签订承包合同,按照农户的家庭规模和劳动力数量,把土地和其他生产资料承包给农户,农户则根据承包合同规定的权限独立进行经营决策;在完成国家税收、定购和集体提留之后,农户可以享受剩余经营成果。家庭承包责任制在保证土地归集体所有的前提下,实行宜统则统、宜分则分的双层管理体制,充分发挥了集体的优越性和农户的积极性。家庭承包责任制结束了极端平均主义,使农民获得了农业生产自主权,从而极大提高了广大农民从事农业生产的积极性,推动农业的快速发展,农民的生活水平也得到显著提高。

以家庭承包经营为基础、统分结合的双层经营体制,极大地推进了农村经济的全面发

展,构成了我国农村的基本经营制度,是农村土地集体所有制新的实现形式。首先,家庭承包责任制的实行,实现了生产资料所有权与经营权的分离,农户作为独立经营者的地位得到肯定,使农户的利益直接与其生产经营活动紧密联系起来,刺激了农户的生产积极性,解放了农业生产力。其次,家庭土地承包制缓解了我国土地资源稀缺和人口膨胀的矛盾。我国是世界上人均耕地最少的国家之一,却是世界上人口最多的国家。实行土地承包,土地经营规模小型化,有限的土地资源可以吸收更多的劳动力,较充分地利用土地资源。最后,家庭承包责任制使部分农民从土地的束缚中解放出来,支持了工业经济的发展。家庭土地承包使单个家庭内部能自由而充分地分配劳动力,为部分劳动力从土地束缚中解放出来创造了条件,促进了农村剩余劳动力的转移和工业化与城镇化的发展。

农村基本经营制度是改革开放以来农村经济改革的经验总结和理论概括,必须不断坚持并加以丰富和发展。在新时代坚持完善农村基本经营制度的方向是:

1. 坚持农村土地农民集体所有,这是农村基本经营制度的"魂",是农村改革的一条底线。农村集体所有制是我国农村社会主义生产关系的基础,是广大农民实现共同富裕的重要保障,有利于巩固和完善社会主义基本经济制度,提高服务于农民群众的物质基础,增强农村基层组织的凝聚力,有利于推动农村公共事业发展。

2. 稳定现有土地承包关系并保持长久不变,这是维护农民土地承包经营权的关键;把农民土地承包经营权分为承包权和经营权,实行所有权、承包权、经营权"三权分置";既维护集体土地所有者权益,保护农户的承包权益,又放活土地经营权。

3. 在坚持和完善最严格的耕地保护制度前提下,赋予农民对承包地占有、使用、收益、流转及承包经营权的抵押、担保权能,在依法、自愿、有偿原则下积极引导土地有序流转,发展适度规模经营,促进土地资源的合理配置,提高农业生产的效率。

4. 发展农村新型合作组织。新型农村合作经济组织是在农民平等、自愿、互利的基础上,按照现代市场经济规律的内在要求,在农产品的种植、技术加工、运输、购销、信息等环节开展的互助式合作联盟,有利于克服"小生产"与"大市场"之间的矛盾,推进农村农业的现代化。

5. 稳步推进农村集体产权制度改革。适应健全社会主义市场经济体制新要求,不断深化农村集体产权制度改革,探索农村集体所有制有效实现形式,盘活农村集体资产,构建集体经济治理体系,形成既体现集体优越性又调动个人积极性的农村集体经济运行新机制。

发展壮大农村集体经济,是当前巩固完善农村基本经营制度的重要内容,有利于壮大服务于农民群众的物质基础,有利于增强农村基层组织的凝聚力和战斗力,有利于推动农村公共事业发展和社会主义新农村建设,实现共同富裕,是推进中国特色农业现代化、推进新型城镇化和美丽乡村建设的重要举措,不仅关系到农民切身利益,而且关系到农村改革发展和大局的稳定。

专栏 2-1　农村基本经营制度的具体形式

我国的农村基本经营制度在不同的地区具有不同的特点,主要有四种类型——集体经营型、合作经营型、统一服务型和承包经营型。

集体经营型具有高度集体化的特征,土地等生产资料均归村级集体经济组织成员共同所有,不实行承包经营,没有分田到户,实行"集体所有、集体经营、强统一服务";代表类型有河南省新乡县刘庄村、江苏省江阴市华西村等。

合作经营型是在土地集体所有、家庭承包的基础上,由各类基本经营组织在农业生产经营环节采取合作制、股份制、社区股份合作制和土地股份合作制等方式的合作与联合,实行"土地共有、合作经营、强统一服务";代表类型有浙江省宁波市湾底村、四川省崇州市等。

统一服务型仍以家庭分散经营为主体,同时通过村集体、龙头企业和农业合作社等经营主体加强和完善社会化统一服务,实行"土地承包、分散经营、强统一服务";代表类型有天津蓟州区毛家峪、山西省昔阳县大寨村等。

承包经营型是以家庭承包经营为主的实行形式,主要是以分为主的统分结合或有分无统的类型,实行"土地承包、分散经营、弱统一服务";这是改革开放以来在我国农村地区比较普遍的一种形式。

## 八、新型农村集体经济

新型农村集体经济是我国社会主义市场经济体制下发展起来的新的农村集体经济,是农民通过股份制等多种形式进行财产合作和劳动合作,实行共同经营、民主管理、利益共享的经济组织。党的二十大报告明确提出,"发展新型农村集体经济"。

改革开放以来,农村实行以家庭承包经营为基础、统分结合的双层经营体制,极大解放和发展了农村社会生产力。适应健全社会主义市场经济体制新要求,巩固提升农村集体产权制度改革成果,发展新型农村集体经济,建设包括乡镇级集体经济组织、村级集体经济组织等在内的新型农村集体经济组织,具有深远历史意义。一是有利于巩固社会主义公有制、巩固和完善社会主义基本经济制度和完善农村基本经营制度。建设新型农村集体经济组织,充分发挥好农村集体经济组织在管理集体财产、开发集体资源、发展集体经济、服务集体成员等方面的功能作用,能够为进一步巩固农村土地集体所有制、巩固和完善农村基本经营制度提供重要组织保障。二是有利于维护广大农民集体成员财产权益、实现共同富裕。建设新型农村集体经济组织,推动构建归属清晰、权能完整、流转顺畅、保护严格的农村集体产权制度,让广大农民分享改革发展成果,促进农村农民共同富裕。三是有利于健全农村治理体系、巩固党在农村的执政基础。建设新型农村集体经济组织,妥善处理各种利益关系和社会矛盾,为推进城乡协调发展,健全乡村治理体系,巩固党在农村的执政基础提供重要支撑和保障。

新型农村集体经济组织和新型农村集体经济的"新型",主要体现在三个方面:一是在深化改革中发展。农村集体经济组织通过深化农村土地制度改革、产权制度改革等,发展壮大新型农村集体经济,盘活农村闲置集体资产资源,推动"资源变资产、资金变股金、农民变股东",赋予农民更加充分的财产权益,不断拓宽农民的增收致富渠道。二是运行机制有效。壮大新型农村集体经济组织,构建产权关系明晰、治理架构科学、经营方式稳健、收益分配合理的运行机制,充分调动成员参与度和集体凝聚力,增强农村集体经济内生动力和发展活力。三是发展路径多元。农村集体经济组织立足资源禀赋、区位优势,发展新型农业经营主体和社会化服务,发展农业适度规模经营,探索资源发包、物业出租、居间服务、资产参股等多样化途径发展新型农村集体经济。

## 第三节 促进非公有制经济健康发展

### 一、非公有制经济的内涵

"非公有制经济"是同公有制经济相对应的一个概念,属于私有制的范畴,包括个体经济、私营经济、外资经济和混合所有制经济中的非公有成分。

个体经济是劳动者个人或家庭占有生产资料、从事个体劳动和经营的所有制形式,生产资料所有者个人直接参与劳动,不存在雇佣关系。按照国家市场监督管理总局的登记管理办法,个体经济包括个人所有、个人经营的工商户,家庭所有、家庭经营的工商户,若干自然人合伙经营的工商户,基本不雇工或雇工很少。与个体经济不同,私营经济是建立在雇佣劳动基础上的。区分个体经济和私营经济的关键是,是否存在雇佣劳动关系。

外资经济是我国发展对外经济关系、吸引外资建立形成的所有制形式,是外国投资者和我国港澳台地区的投资者依照中华人民共和国有关涉外经济的法律、法规,以合资、合作或独资等形式在我国大陆境内开办企业而形成的一种经济类型,通常被称为"三资"企业。按照国家市场监督管理总局的登记管理办法,外资企业分为外商独资企业、中外合资企业、中外合作企业和中外股份公司等企业类型。

我国的非公有制经济是一种新型的非公有制经济,其特殊性表现在两个方面:一是从外部环境看,我国的非公有制经济是在中国共产党的领导下,在公有制为主体、国有经济为主导的前提下产生发展起来的,而资本主义经济中的私有制则是资本主义经济的基础,居于支配地位。二是从内部特点看,我国的非公有制经济要接受政府的引导,维护和谐的劳动关系,遵守社会主义国家的法律,承担相应的社会责任,与公有制经济相互影响、相互促进、共同发展。因此,我国现阶段的非公有制经济,不同于资本主义国家的私有制经济,它是社会主义基本制度的重要组成部分,是中国特色社会主义事业的重要建设力量。通常,人们把外资以外的非公有制经济称作民营经济,民营经济在社会主义市场经济中发挥着十分重要的作用。

---

**专栏 2-2 民营经济的作用**

基本经济制度是我们必须长期坚持的制度。民营经济是我国经济制度的内在要素,民营企业和民营企业家是我们自己人。民营经济是社会主义市场经济发展的重要成果,是推动社会主义市场经济发展的重要力量,是推进供给侧结构性改革、推动高质量发展、建设现代化经济体系的重要主体,也是我们党长期执政、团结带领全国人民实现"两个一百年"奋斗目标和中华民族伟大复兴中国梦的重要力量。在全面建成小康社会、进而全面建设社会主义现代化国家的新征程中,我国民营经济只能壮大、不能弱化,不仅不能"离场",而且要走向更加广阔的舞台。

资料来源:习近平. 在民营企业家座谈会上的讲话[EB/OL]. 新华网,2018-11-1.

---

## 二、非公有制经济的地位和作用

在改革开放以前,受极左思想的影响,私有制经济一度被作为"资本主义尾巴"而加以扫除。党的十一届三中全会以后,非公有制经济蓬勃发展起来,逐步成为社会主义基本经济制度的重要组成部分,对非公有制经济地位和作用的认识不断深化。

党的十二大报告提出:"在农村和城市,都要鼓励劳动者个体经济在国家规定的范围内和工商行政管理下适当发展,作为公有制经济的必要的、有益的补充。"[①]党的十三大报告提出:"对于城乡合作经济、个体经济和私营经济,都要继续鼓励它们发展。""在不同的经济领域,不同的地区,各种所有制经济所占的比重应当允许有所不同。"[②]党的十四大报告指出:"在所有制结构上,以公有制包括全民所有制和集体所有制经济为主体,个体经济、私营经济、外资经济为补充,多种经济成分长期共同发展,不同经济成分还可以自愿实行多种

---

① 胡耀邦. 全面开创社会主义现代化建设的新局面——在中国共产党第十二次全国代表大会上的报告[M]//改革开放三十年重要文献选编(上). 北京:中央文献出版社,2008:270.

② 赵紫阳. 沿着有中国特色的社会主义道路前进[M]//十三大以来重要文献选编(上). 北京:人民出版社,1991:31-32.

形式的联合经营。"①在以上认识的基础上,党的十五大报告确立了社会主义初级阶段的基本经济制度,并对非公有制经济进行了这样的定位:"非公有制经济是我国社会主义市场经济的重要组成部分。对个体、私营等非公有制经济要继续鼓励、引导,使之健康发展。这对满足人们多样化的需要,增加就业,促进国民经济的发展有重要作用。"②《宪法》第十一条确认:"在法律规定范围内的个体经济、私营经济等非公有制经济,是社会主义市场经济的重要组成部分。国家保护个体经济、私营经济等非公有制经济的合法的权利和利益。国家鼓励、支持和引导非公有制经济的发展,并对非公有制经济依法实行监督和管理。"

党的十八届三中全会通过的《中共中央关于全面深化改革若干重大问题的决定》,从多个层面提出鼓励、支持、引导非公有制经济发展及激发非公有制经济活力和创造力的改革举措。在功能定位上,明确公有制经济和非公有制经济都是社会主义市场经济的重要组成部分,都是我国经济社会发展的重要基础;在产权保护上,明确提出公有制经济财产权不可侵犯,非公有制经济财产权同样不可侵犯;在政策待遇上,强调坚持权利平等、机会平等、规则平等,实行统一的市场准入制度;鼓励非公有制企业参与国有企业改革,鼓励发展非公有资本控股的混合所有制企业,鼓励有条件的私营企业建立现代企业制度。这将推动非公有制经济健康发展。

从以上政策演变过程可以看出:

1. 毫不动摇地巩固和发展公有制经济,毫不动摇地鼓励、支持、引导非公有制经济发展,这两个方面是相互联系的有机整体,不能割裂开,不能对立起来。一方面,公有制经济和非公有制经济都是社会主义市场经济的重要组成部分,都是我国经济社会发展的重要基础;另一方面,公有制主体地位不能动摇,国有经济主导作用不能动摇。

2. 毫不动摇地鼓励、支持、引导非公有制经济发展不是权宜之计,而是一个必须长期坚持的战略方针。我们国家这么大、人口这么多,又处于并将长期处于社会主义初级阶段,生产力的结构复杂多样,客观上要求有多种所有制形式与之相适应,这样才能调动各方面的积极性,有效地利用各方面的资源,取长补短,发挥各种所有制的优势,促进生产力的发展。

3. 我国非公有制经济从小到大、由弱变强,是在我们党和国家方针政策指引下实现的,是中国特色社会主义事业蓬勃发展的历史成果。非公有制经济在支撑增长、促进创新、扩大就业、增加税收等方面具有重要作用,是稳定经济的重要基础,是国家税收的重要来源,是技术创新的重要主体,是金融发展的重要依托,是经济持续健康发展的重要力量。

---

① 江泽民. 加快改革开放和现代化建设步伐,夺取有中国特色社会主义事业的更大胜利[M]//十四大以来重要文献选编(上). 北京:人民出版社,1996:19.

② 江泽民. 高举邓小平理论伟大旗帜,把建设有中国特色社会主义事业全面推向二十一世纪[M]//十五大以来重要文献选编(上)[M]. 北京:人民出版社,2000:22.

4. 非公有制经济的发展有利于形成各种所有制优势互补、相互促进的新格局。公有制经济的发展有利于发挥社会主义制度集中优势,保障广大人民群众的共同利益;非公有经济的发展则有利于形成各种所有制之间独立自主的市场竞争关系,发挥市场机制的调节作用,调动各个经济主体的积极性和创造性,保证市场经济的活力和效率。

## 三、　促进非公有制经济健康发展和非公有制人士健康成长

改革开放以来,我国非公有制经济获得巨大发展,也面临一些问题,导致这些问题既有外部因素,也有内部因素。

外部因素看,主要有:

（1）不公平待遇。根据国家法律法规,凡没有禁止非公有制经济进入的,非公有制经济均可进入。但是在实际生活中,非公有制经济在市场准入方面受到了不少限制。

历史演进:
基本经济制度实现
形式中混合所有制
的历史演进

（2）融资困难。中小企业特别是小企业的融资渠道狭窄。与中小企业配套的中小金融机构还待完善。融资难的问题制约了非公有制经济的发展。

（3）权益受侵。存在非公有制企业合法权益遭受侵犯的情况,甚至一些企业家的名誉权和人身安全受到侵害。一些地方政府对私营企业的收费项目多,存在重复收费、搭车收费、超标准收费等问题。

从内部因素看,主要有:

（1）企业经营方式问题。多数私营企业规模较小,经营比较粗放,带来了能源、资源浪费和环境污染等问题;一些企业缺乏诚信、账目不实、偷漏税款、逃废债务、制假售假和搞不正当竞争;一些企业热衷于"官商勾结"以获取不正当利益。

（2）企业治理结构问题。多数私营企业是在个体工商户的基础上发展而来,主要采取家庭式治理模式,内部管理不规范,缺乏科学性,不利于吸引优秀的人才,不利于生产和资本社会化发展的要求,不利于建立完善的内部结构和运行机制。

（3）劳资关系不协调。这主要表现为:一些企业劳动合同签订率低,流于形式多;劳动时间长、强度大;劳动条件差,工伤事故多;劳动工资低,增长幅度慢;劳动保障水平较低,福利待遇较差;工会组织设置率不高,职能未充分履行。

促进非公有制健康发展,需要从改善外部环境和加强自身素质两个方面齐头并进、共同努力。

从外部环境看,要重点解决好以下问题:一是要着力解决中小企业融资难问题,健全完善金融体系,为中小企业融资提供可靠、高效、便捷的服务;二是要着力放开市场准入,凡是法律、法规未明确禁入的行业和领域都应该鼓励民间资本进入;三是要着力加快公共服务体系建设,支持建立面向非公企业的共性技术服务平台,积极发展技术市场,为非公企业自

主创新提供技术支持和专业化服务;四是要着力引导非公企业利用产权市场融合民间资本,开展跨地区、跨行业兼并重组,培育一批特色突出、市场竞争力强的大企业集团;五是要进一步清理、精简涉及民间投资管理的行政审批事项和涉企收费,规范中间环节、中介组织行为,减轻企业负担,降低企业成本。

从内部因素看,要重点解决好以下问题:一是非公有制企业要适应生产社会化要求,建立多元、开放、社会化的产权结构,发展现代企业制度,完善企业内部的治理结构,建立和谐的劳动关系。同时要加快转变发展方式,促进科技创新,提升产业层次,努力摆脱家庭作坊式的"低、小、散"状态,促进企业的转型升级。二是促进非公有制经济人士健康成长。非公有制经济人士要加强自我学习、自我教育、自我提升,十分珍视和维护好自身社会形象,提升自身综合素质,做爱国敬业、守法经营、创业创新、回报社会的典范。要致富思源,义利兼顾,自觉履行社会责任。要自觉维护企业员工的合法权益,努力构建和谐的劳资关系。三是要建立亲清新型政商关系。领导干部同非公有制经济人士的交往应该为君子之交,要亲商、安商、富商,但不能搞成封建官僚和"红顶商人"之间的那种关系,也不能搞成西方国家大财团和政界之间的那种关系,更不能搞成吃吃喝喝、酒肉朋友的那种关系。各级党委和政府要把构建亲清新型政商关系的要求落到实处,把支持民营企业发展作为一项重要任务,花更多时间和精力关心民营企业发展、民营企业家成长。

---

**专栏2-3　党的二十大关于坚持和完善社会主义基本经济制度的论述**

坚持和完善社会主义基本经济制度,毫不动摇巩固和发展公有制经济,毫不动摇鼓励、支持、引导非公有制经济发展,充分发挥市场在资源配置中的决定性作用,更好发挥政府作用。深化国资国企改革,加快国有经济布局优化和结构调整,推动国有资本和国有企业做强做优做大,提升企业核心竞争力。优化民营企业发展环境,依法保护民营企业产权和企业家权益,促进民营经济发展壮大。完善中国特色现代企业制度,弘扬企业家精神,加快建设世界一流企业。支持中小微企业发展。

资料来源:习近平. 高举中国特色社会主义伟大旗帜为全面建设社会主义现代化国家而团结奋斗——在中国共产党第二十次全国代表大会上的报告[M]. 人民出版社,2022:29.

---

## 本章小结

1. 社会主义所有制制度是我国基本经济制度的核心。必须毫不动摇巩固和发展公有制经济,坚持公有制主体地位,发挥国有经济主导作用,不断增强国有经济活力、控制力、影响力。必须毫不动摇地鼓励、支持、引导非公有制经济发展,激发非公有制经济的活力和创造力。混合所有制是社会主义基本经济制度的重要实现形式。

2. 生产资料公有制是社会主义生产关系的基础。社会主义生产资料公有制具有社会调节、经济民主、按劳分配和剩余共享基本特点。在公有制基础上形成的社会主义生产目的,是满足人民群众日益增长的物质和文化生活需要,实现人的全面发展、社会成员的共同富裕。在社会主义初级阶段的所有制结构中,生产资料公有制居于主体地位。农村集体经济是社会主义公有制的重要组成部分,必须坚持完善农村基本经营制度,发展新型农村集体经济。

3. 非公有制经济是社会主义市场经济的重要组成部分,是我国经济社会发展的重要基础。民营经济是我国经济制度的内在要素,必须毫不动摇鼓励、支持、引导非公有制经济发展,促进民营经济发展壮大。

4. 公有制经济和非公有制经济都是社会主义市场经济的重要组成部分,都是我国经济社会发展的重要基础。毫不动摇地鼓励、支持、引导非公有制经济发展不是权宜之计,而是一个必须长期坚持的战略方针。促进非公有制经济的健康发展,需要从改善外部环境和加强自身素质两个方面齐头并进、共同努力。要坚持团结、服务、引导、教育的方针,推动广大非公有制经济人士做合格的中国特色社会主义事业建设者。

## 复习思考题

1. 有一种流行的观点认为,公有制和私有制都是手段,只有发展生产力才是目的,因此,是否以公有制为主体并不重要,可有可无。应当如何认识这一观点?

2. 社会主义国家的国有经济与资本主义国家的国有经济有什么不同? 如何认识社会主义条件下国有经济的主导作用?

3. 有人认为,从总体上看,非公有制经济属于私有制的范畴,因此,大力发展非公有制经济可能会导致资本主义,请你谈谈对这一观点的看法。

4. 混合所有制是不是一种独立的所有制形式,它的性质是如何确定的? 为什么说混合所有制是基本经济制度的重要实现形式?

## 即测即评

请扫描二维码进行即测即评。

# 第三章　社会主义市场经济制度

在社会主义条件下发展市场经济,是一个伟大创举。社会主义市场经济体制是社会主义基本经济制度的重要组成部分。社会主义市场经济既发挥了市场经济的长处,又发挥了社会主义制度的优势,赋予社会主义经济新的活力和内涵,超越了资本主义市场经济的局限,为人类社会探索新的、更加合理的社会制度和发展道路做出了贡献。

## 第一节　社会主义与市场经济的结合

### 一、对社会主义市场经济认识的发展

社会主义制度建立以后,选择什么样的经济体制,是一个重大的理论和实践问题。问题的核心在于如何看待社会主义条件下市场机制的地位和作用。

马克思恩格斯认为,社会一旦占有生产资料,商品生产就将消除,社会将对全部的生产进行有计划的调节。新中国成立之后,根据这一理论并结合中国实际,我国逐步建立了高度集中的计划经济体制,在较短的时期内形成了独立的比较完整的工业体系和国民经济体系,奠定了当代中国发展的政治经济基础。但高度集中的计划经济体制存在政企职责不分、忽视商品生产和市场作用等弊端,严重束缚了生产力的发展。

在中国,对于社会主义经济中市场作用的探索从社会主义制度建立起就开始了,并在1956—1957年和1958—1959年有过两次大的讨论。在讨论中,毛泽东曾提出一个著名的论断,"价值法则是一个伟大的学校"。改革开放以后,对于这一问题的研究取得了突破性进展,理论不断发展,认识不断深化。党的十一届三中全会提出,按经济规律办事,重视价值规律的作用;党的十二大提出"计划经济为主,市场调节为辅";党的十二届三中全会提出"社会主义经济是公有制基础上的有计划的商品经济";党的十三大提出"有计划商品经济的体制,应该是计划与市场内在统一的体制"。1992年年初,邓小平在南方谈话时指出:"计划多一点还是市场多一点,不是社会主义与资本主义的本质区别……计划和市场都是

经济手段。"①1992 年 6 月,江泽民根据邓小平南方谈话精神,提出了"社会主义市场经济体制"的概念。同年 10 月,党的十四大报告明确指出,"我国经济体制改革的目标是建立社会主义市场经济体制""使市场在社会主义国家宏观调控下对资源配置起基础性作用",标志着我们党在经济体制改革的认识与实践上取得重大突破。

社会主义市场经济体制改革目标的确立,彻底消除了改革开放以来在理论和实践中的困惑,正确解决了事关社会主义现代化建设全局和方向的重大问题,实现了改革开放的历史性突破。在此基础上,党的十四届三中全会做出了《中共中央关于建立社会主义市场经济体制若干问题的决定》,推动了社会主义市场经济体制的全面建立;党的十六届三中全会做出了《中共中央关于完善社会主义市场经济体制若干问题的决定》,推动了社会主义市场经济体制的不断完善;党的十七大报告进一步强调,要完善社会主义市场经济体制,加快重点领域和关键环节改革步伐,着力构建充满活力、富有效率、更加开放、有利于科学发展的体制机制。党的十八大报告指出,必须以更大的政治勇气和智慧,不失时机深化重要领域改革,加快完善社会主义市场经济体制,构建系统完备、科学规范、运行有效的制度体系,使各方面制度更加成熟更加定型。党的十九大指出,加快完善社会主义市场经济体制。党的二十大报告进一步强调,构建高水平社会主义市场经济体制。

经过 40 多年的探索实践,中国成功实现了从高度集中的计划经济体制到充满活力的社会主义市场经济体制的历史转折,极大地促进了社会生产力、综合国力和人民生活水平的提高,打开了我国经济、政治、文化和社会发展的全新局面,为发展中国特色社会主义提供了强大动力和体制保障。总结改革开放成功的经验,最重要的一点,就是社会主义制度与市场经济相结合,在社会主义条件下发展市场经济,既发挥市场经济的长处,又发挥社会主义制度的优越性。

## 二、为什么要将社会主义市场经济体制上升为基本经济制度

为什么要将社会主义市场经济体制上升为基本经济制度,其主要依据和重大意义何在? 这一问题,可以从以下方面来理解。

1. 马克思主义经济学历来重视交换关系作用,认为生产和交换是构成社会经济关系的既相互独立又相互影响的两个基本环节,并把它们称作经济曲线的横坐标和纵坐标,交换关系是社会生产关系的重要内容。

2. 社会主义制度与市场经济的有机结合,体现了中国特色社会主义经济与资本主义经济制度的本质区别,也体现了它与高度集中计划经济体制的重要区别,构成了中国特色社会主义经济制度的重要标识。

---

① 邓小平.在武昌、深圳、珠海、上海等地的谈话要点[M]//邓小平文选:第 3 卷.北京:人民出版社,1993:373.

3. 在中国特色社会主义经济中,市场交换关系广泛存在于社会经济关系和经济生活的各个方面,市场机制在资源配置中起着基础性或决定性的调节作用,对社会主义经济制度的产生发展具有十分重要的作用。

总之,社会主义市场经济既是一种经济体制,也是一种经济制度。说它是经济体制,主要是从资源配置的角度看的;说它是经济制度,主要是从生产关系的角度看的,二者在本质上是一致的。建立和完善社会主义市场经济体制,是中国经济体制改革的基本目标,贯穿于中国经济体制改革的全过程,并被写入我国宪法中,成为重要的宪法规定。其在我国社会主义经济制度发展中的重要地位和作用,已经被理论和实践的发展所证明,发展中国特色社会主义经济,最重要的就是发展社会主义市场经济;完善中国特色社会主义经济制度,最重要的就是完善社会主义市场经济体制。

## 三、 社会主义制度与市场经济相结合的依据

社会主义制度与市场经济相结合的依据主要有两个方面:一是多种所有制经济的共同发展,二是公有经济内部企业之间的独立自主性。

马克思认为,商品交换实质上是不同所有权的交换,"使用物品成为商品,只是因为它们是彼此独立进行的私人劳动的产品"[1]"他们必须彼此承认对方是私有者"。[2] 正因为商品交换是以彼此独立的私人所有权为基础的,因而,社会一旦占有生产资料,商品生产就将消除。

马克思关于社会主义不存在商品生产和市场经济的论述是有条件的,这个条件就是社会占有全部生产资料,彻底消灭生产资料私有制。但是,在现实生活中,特别是在我国社会主义初级阶段,生产资料的所有制结构是公有制为主体、多种所有制经济共同发展,除公有制经济外,还存在个体经济、私营经济和外资经济以及混合所有制等多种所有制经济形式。既然商品交换产生于不同所有者之间,那么,多种所有制经济的共存,必然要求发展商品关系,发展市场经济。

进一步深入思考就会发现,社会主义与市场经济相结合的论断不仅适用于社会主义初级阶段,而且适用于整个社会主义经济制度。前面在说明社会主义所有制的本质特征时我们曾经指出,社会主义公有制具有自己特殊的规定性,这就是,在社会主义公有制中,虽然生产资料是社会成员共同所有并由国家代表社会行使所有权,但属于社会共同所有的生产资料只能通过每一具体劳动者的联合即企业来分别使用,不同企业在生产资料的使用上具有各自的经济利益,具有独立的经营权,因此,它们之间的交换关系也必须采取商品等价交换的形式。

---

① 马克思.《资本论》第一卷[M]//马克思恩格斯文集:第 5 卷.北京:人民出版社,2009:90.
② 马克思.《资本论》第一卷[M]//马克思恩格斯文集:第 5 卷. 北京:人民出版社,2009:103.

需注意的是,社会主义制度与市场经济相结合的两个依据的地位是不同的。从多种所有制出发论证商品关系的存在,只能说明市场经济的一般,对各种社会形态下的市场经济都是适应的,而不能说明市场经济的特殊即社会主义市场经济。理论逻辑和实践经验都证明,公有制与市场经济的结合是发展社会主义市场经济的关键。这是因为,生产资料公有制是社会主义经济制度的基础,因此,离开了公有制与市场经济的结合,就不可能建立和发展社会主义市场经济。作为基本经济制度主体的公有制与市场经济能否结合以及如何结合,在很大程度上决定着社会主义市场经济的性质、特点及其发展方向。

## 四、社会主义市场经济的社会属性

市场经济有没有社会属性? 对此问题,存在不同观点。有的学者认为,市场经济作为资源配置的方式是没有社会属性的,现代市场经济只有先进与落后之分,没有姓"社"与姓"资"之分;有的学者认为,社会主义意味着社会公平,而市场经济意味着高的效率,社会主义市场经济就是社会公平加市场效率;还有的学者认为,建立市场经济就必须与国际接轨,完全照搬发达资本主义国家的市场经济模式。上述认识的要害,在于否认市场经济的社会属性,只看到市场经济的一般性而没有看到市场经济的特殊性,有意无意地把市场经济与社会主义割裂开来。

正确认识这一问题,需要把握市场经济的共性与个性的辩证关系。市场是一个存在于许多社会形态中的、共有的经济现象,具有某些共同的特点和属性,从这一点来看,市场是中性的。同时,市场又不可能脱离开特定的社会历史环境而孤立存在,而总是与某种特殊的社会制度结合在一起的。在不同的历史发展阶段和不同的社会制度下,市场具有不同的规定性,市场的性质、地位和作用也不相同。从这一点来看,市场又不完全是中性的,具有自己特殊的社会属性,市场是共性与个性的辩证统一。从共性的角度看,它是中性的;从个性的角度看,它是非中性的。

社会主义市场经济是与社会主义基本制度相结合的市场经济,或者说,是社会主义性质的市场经济。党的十四大报告第一次明确提出了社会主义市场经济的改革目标,并强调,"社会主义市场经济是同社会主义基本制度结合在一起的"。邓小平指出,"社会主义市场经济优越性在哪里? 就在四个坚持"[1],即四项基本原则。江泽民指出,"我们搞的市场经济,是同社会主义的基本制度紧密结合在一起的。如果离开了社会主义基本制度就会走向资本主义。""'社会主义'这几个字是不能没有的,这并非多余,并非'画蛇添足',而恰恰相反,这是'画龙点睛'。所谓'点睛',就是点明我们市场经济的性质。"[2]

[1]　中共中央文献研究室.1993 年[M]//邓小平年谱(一九七五—一九九七)(下卷).北京:中央文献出版社,2004:1363.

[2]　江泽民.论社会主义市场经济[M].北京:中央文献出版社,2006:203.

党的十七大报告"把坚持社会主义基本制度同发展市场经济结合起来"当作了中国改革开放获得成功的一个重要的历史经验。习近平强调,要坚持社会主义市场经济改革方向,坚持辩证法、两点论,继续在社会主义基本制度与市场经济的结合上下功夫,把两方面优势都发挥好。

由此可见,社会主义市场经济中的社会主义,鲜明地体现了我国市场经济的社会属性,有着深刻的制度内涵和明确的实践要求。它绝不是可有可无的修饰词,绝不可以去掉,否则,就必然会背离社会主义方向,出现颠覆性错误。

---

专栏3-1　习近平论社会主义市场经济

在社会主义条件下发展市场经济,是我们党的一个伟大创举。我国经济发展获得巨大成功的一个关键因素,就是我们既发挥了市场经济的长处,又发挥了社会主义制度的优越性。我们是在中国共产党领导和社会主义制度的大前提下发展市场经济,什么时候都不能忘了"社会主义"这个定语。之所以说是社会主义市场经济,就是要坚持我们的制度优越性,有效防范资本主义市场经济的弊端。我们要坚持辩证法、两点论,继续在社会主义基本制度与市场经济的结合上下功夫,把两方面优势都发挥好,既要"有效的市场",也要"有为的政府",努力在实践中破解这道经济学上的世界性难题。

资料来源:中共中央文献研究室.习近平关于社会主义经济建设论述摘编[M].北京:中央文献出版社,2017:64.

---

## 第二节　社会主义市场经济对资本主义市场经济的超越

在当今世界,资本主义的矛盾日益深化,资本主义市场经济的弊端丛生,不断坚持和发展社会主义市场经济,不仅有利于推动中国经济的持续健康发展,而且具有重要的世界意义。

### 一、资本主义市场经济的弊端

商品经济已有几千年的历史,但在资本主义产生前,市场的规模范围比较小,属于小商品生产或简单商品经济。资本主义与市场经济的结合,赋予了市场经济前所未有的巨大活力和创造力,也带来了前所未有的弊端和破坏力。马克思形容说:"这个曾经仿佛用法术创造了如此庞大的生产资料和交换手段的现代资产阶级社会,现在像一个魔法师一样不能再支配自己用法术呼唤出来的魔鬼了。"①资本主义市场经济的深刻弊端和破坏力主要表现在哪些方面?

其一,劳动力和资本对立。资本主义生产以雇佣劳动为基础,以追求最大限度的剩余价值为目的,因此造成了劳动力和资本、工资和利润的对立与冲突。

其二,相对人口过剩或失业。随着生产力的发展和资本有机构成的提高,资本对劳动力的需要相对在减少,劳动者相对资本的地位恶化,失业问题严重。

其三,贫富两极分化。随着资本的不断积累,财富日益集中于少数大的垄断资本家手中,劳动者阶级与资产阶级之间在财富占有和收入分配上产生贫富两极分化的趋势。

其四,生产过剩危机。资本主义生产无限扩大的趋势和劳动人民有支付能力的需求相对狭小之间的矛盾发展到一定程度,必然会导致生产过剩的经济危机的发生。

其五,发展的盲目性。资本主义经济发展总体上是无计划、无组织的,社会生产和需要的平衡只能通过经济的不断波动甚至生产力的巨大浪费和破坏来自发、强制地实现。

其六,经济的虚拟化。资本主义发展的必然趋势是金融资本相对于其他一切形式的资本获得统治地位,虚拟资本和金融部门相对于实体经济急剧膨胀,金融危机频繁爆发,金融投机严重泛滥。

其七,生态危机突出。资本无止境地追求利润的冲动和社会生产的无组织性,必然引发全球性的人口、资源、环境和生态难题,日益威胁着环境和生态的平衡,破坏着社会再生产的正常条件。

其八,世界经济扭曲。资本主义主导的世界经济体系具有天生缺陷,例如,世界范围内的贫富两极分化,对于全球生态系统的过度开发与破坏,全球性的经济混乱和金融危机的频繁爆发,国际剥削、霸权主义和强权政治的盛行。

20世纪30年代资本主义大萧条特别是第二次世界大战后,面对资本主义市场经济的深刻弊端,作为资产阶级总代表的资本主义国家不得不出面对经济进行直接和间接干预,以保证资本主义经济的稳定和持续发展,维护资本的整体利益,在一定程度上适应了生产力发展的要求,缓和了资本主义市场经济的弊病,创造了20世纪五六十年代经济增长的所谓黄金时期。但是,资本主义经济危机从来没有消失,进入21世纪以来,特别是2008年国际金融危机爆发以来,资本主义市场经济的弊病不断加剧,日益暴露。经济持续低迷,失业日趋严重,贫富分化加剧,霸权主义和军事干涉盛行,金融资本的寄生性和掠夺性日益加深,经济、金融危机频繁爆发,环境和生态危机不断恶化,财政赤字无节制膨胀,垄断资本对民主政治和社会舆论的操控加强。这些深刻的弊端的相互交织和集中爆发清楚地表明,资本主义市场经济陷入了日益深刻而尖锐的系统性制度危机中。

---

① 恩格斯.共产党宣言[M]//马克思恩格斯选集:第1卷.北京:人民出版社,2012:406.

## 二、社会主义市场经济的制度优势

比较分析:
社会主义市场经济改革方向与新自由主义市场经济的区别

社会主义市场经济是与社会主义基本制度相结合的市场经济,既体现了市场经济的普遍原则,又体现了社会主义制度的基本特征,使社会主义制度的优越性和市场经济的长处都得到了更好的发挥,具有超越资本主义市场经济的新特点和新优势。

1. 体现在发展目的上,社会主义市场经济是以满足人民日益增长的美好生活需要、实现人的全面发展和社会成员的共同富裕为目的的。在社会主义市场经济条件下,从微观经济角度看,无论私有企业还是公有企业,都要追求利润最大化,接受价值规律的调节;但从全社会层面看,由于公有制和按劳分配的主体地位,由于社会主义国家的宏观调控、生产发展或资源配置的目的已不是利润最大化,而是最大限度地满足人民群众的物质和文化生活需要,实现以人民为中心的发展。

2. 体现在所有制结构上,社会主义市场经济实行的是公有制为主体、多种所有制经济共同发展的基本制度。坚持公有制为主体,国有经济在国民经济中发挥主导作用,有利于实现国民经济有计划按比例发展,有利于防止两极分化,维护社会公平,促进社会和谐,推动自主创新,并为社会主义国家政权的巩固提供强大的经济基础;多种所有制经济共同发展,则有利于形成各种所有制之间独立自主的市场竞争关系,发挥市场机制的基础性调节作用,调动各个经济主体的积极性和创造性,保证市场经济的活力和效率。

3. 体现在分配制度上,社会主义市场经济实行按劳分配为主体、多种分配方式并存的基本分配制度。实行按劳分配为主体,有利于调动广大劳动者的积极性和创造性,消除两极分化,使全体人民实现共同富裕;坚持多种分配方式并存,允许生产要素参与分配,有利于调动各经济主体的积极性,让一切劳动、知识、技术、管理和资本的活力竞相迸发,让一切创造社会财富的源泉充分涌流,使各种资源都得到充分有效的利用。

4. 体现在调节经济的方式上,社会主义市场经济充分运用计划调控与市场两种手段,国家调控的主要依据不是弥补市场失灵,而是作为生产资料公有制和全体人民利益的总代表,在社会的范围内合理地配置社会资源,促进经济全面协调可持续发展。社会主义市场经济既要反映现代市场经济的一般特点,又要体现社会主义制度的独特优势,将当前与长远、总量与结构、供给与需求、有效市场与有为政府有机地结合起来。

5. 体现在对外开放的模式上,社会主义市场经济把积极参与经济全球化与独立自主相结合,致力于建立全方位、多层次、宽领域的开放格局,充分利用国内国际两个市场、两种资源,把"走出去"与"引进来"结合起来,发展更高层次的开放型经济。同时,反对现有国际经济秩序中不公正、不合理的现象,致力于建立公正合理的国际经济新秩序,弘扬共商、共建、共享的全球治理理念,构建人类命运共同体,促进国际经济秩序朝着平等公正、合作共赢的方向发展。

6.体现在民主制度上,社会主义市场经济是与社会主义民主相结合的市场经济。资本主义社会的民主是建立在私有制和阶级对立基础上的"金钱"民主;而在社会主义制度下,生产资料公有制使劳动者在生产资料占有上形成了平等的关系,成为社会的主人,具有了当家作主的权利,国家不再是阶级对立和阶级统治的工具,而成为管理和实现共同利益的公共机构。

总之,社会主义市场经济的发展,从理论和实践上超越了以私有制为基础的资本主义市场经济的流俗教条,克服了资本主义市场经济的深刻弊病,赋予了市场经济以新的内涵和活力,从而为市场经济的发展开辟了新的更加广阔的道路,为人类对更好社会制度的探索提供了中国方案,做出了中国贡献。

### 三、把社会主义制度与市场经济更好地结合起来

中国的社会主义市场经济虽然已经形成,并取得巨大成就,但还不够成熟、不够完善,需要全面深化经济体制改革,继续在社会主义制度与市场经济的结合上下功夫,把两方面优势都发挥好,建立更加成熟、更加定型的高水平社会主义市场经济体制。

实现社会主义制度与市场经济更好地结合的关键是,必须认识到社会主义制度与市场经济之间的结合不是无差别、无条件的结合,而是"对立统一"的有机结合。一方面,社会主义初级阶段存在多种所有制经济,同时,社会主义公有制内部存在不同的利益主体,使其天然具有了商品关系的属性,从这个方面看,社会主义公有制与市场经济之间存在内在的一致性。另一方面,建立公有制的目的就是要克服生产社会化与生产资料资本主义私人占有制之间的基本矛盾,由社会按照社会的需要计划、组织生产,满足社会成员的共同利益,实现人的全面发展和社会成员的共同富裕。从这一方面来看,社会主义公有制又具有超越市场经济的性质。社会主义公有制生产关系是商品关系和非商品关系的统一体。坚持社会主义制度要求实行公有制、按劳分配、计划调节、共同富裕、以人为本、互助合作、共享共建;发展市场经济要求多种所有制经济、多种分配方式,允许剥削现象的存在,扩大自发势力的作用,强化个人利益,鼓励自由竞争。

社会主义制度与市场经济之间既有内在的一致性,又存在一定的矛盾和冲突。既要发挥和利用市场经济的长处,又要克服市场经济的缺陷,超越市场经济的局限,发挥社会主义制度的优势,实现社会主义与市场经济的有机结合,推动有效市场和有为政府更好结合。社会主义制度与市场经济之间的这种对立统一的辩证关系,构成了社会主义市场经济的精髓。

实现社会主义制度与市场经济的更好结合,必须把坚持辩证法、两点论的思维贯彻到全面深化经济体制改革的各个方面、各个环节,包括:

坚持完善社会主义所有制制度,巩固和发展壮大包括国有经济和农村集体经济在内的

公有制经济,不断完善公有制经济的体制和机制,使其更好地与市场经济相结合,更好地满足全体人民的利益。同时,要促进非公有制经济健康发展。

坚持完善社会主义分配制度,兼顾各方面的利益,调动各方面的积极性;要认真贯彻落实按劳分配原则,鼓励劳动、鼓励创造,切实解决财富和收入差距过大的问题,实现全体社会成员共同富裕。

坚持完善社会主义市场经济体制,在更大程度、更广范围发挥市场在资源配置中的作用;同时,要坚持党的领导,更好地发挥政府的作用,完善国家的经济治理体系,提高驾驭社会主义市场经济的能力,努力克服市场经济的弊端。

坚持完善对外开放体制和政策,推进更高水平的对外开放,加快构建开放型经济新体制;同时,坚持独立自主,维护国家的主权和安全,积极参与全球经济治理,促进国际经济秩序朝着平等公正、合作共赢的方向发展。

归根结底,就是要把社会主义制度与市场经济更加紧密地结合起来,把二者的优势都发挥出来,最大限度地解放发展生产力,最大限度地实现人民日益增长的美好生活需要。

## 第三节　社会主义市场经济中的政府和市场关系

### 一、对政府和市场关系认识的发展

**观点争鸣:**
世界主要经济发展模式中的市场与政府关系

经济体制改革是全面深化改革的重点,核心问题是处理好政府和市场的关系。改革开放以来,随着实践的不断深入,中国共产党对于这一问题的认识也在不断丰富和发展。

党的十二大报告提出计划经济为主,市场调节为辅;党的十三大报告提出社会主义有计划商品经济的体制应该是计划与市场内在统一的体制;党的十三届四中全会后,提出建立适应有计划商品经济发展的计划经济与市场调节相结合的经济体制和运行机制。1992年,党的十四大提出了我国经济体制改革的目标是建立社会主义市场经济体制,提出要使市场在国家宏观调控下对资源配置起基础性作用。这一重大理论突破,对我国改革开放和经济社会发展发挥了极为重要的作用。

从党的十四大以来,对政府和市场关系,我们一直在根据实践拓展和认识深化寻找新的科学定位。党的十五大报告提出,"使市场在国家宏观调控下对资源配置起基础性作用";①

---

① 江泽民.高举邓小平理论伟大旗帜,把建设有中国特色社会主义事业全面推向二十一世纪[M]//十五大以来重要文献选编(上).北京:中央文献出版社,2000:18.

党的十六大报告提出,"在更大程度上发挥市场在资源配置中的基础性作用";①党的十七大报告提出,"从制度上更好发挥市场在资源配置中的基础性作用";②党的十八大报告提出,"更大程度更广范围发挥市场在资源配置中的基础性作用"。③

党的十八届三中全会根据我国社会主义市场经济理论和实践发展的新的形势与新的要求,提出了使市场在资源配置中起决定性作用和更好发挥政府作用的重大理论观点,在完善社会主义市场经济体制上迈出新的步伐。党的十九大报告进一步强调,"使市场在资源配置中起决定性作用,更好发挥政府作用"。④党的十九届五中全会进一步强调,全面深化改革、构建高水平社会主义市场经济体制,充分发挥市场在资源配置中的决定性作用,更好发挥政府作用,推动有效市场和有为政府更好结合。党的二十大报告进一步强调,"充分发挥市场在资源配置中的决定性作用,更好发挥政府作用"。⑤

习近平指出,将市场在资源配置中起基础性作用修改为起决定性作用,虽然只有两字之差,但对市场作用是一个全新的定位,"决定性作用"和"基础性作用"这两个定位是前后衔接、继承发展的。使市场在资源配置中起决定性作用和更好发挥政府作用,二者是有机统一的,不是相互否定的,不能把二者割裂开来、对立起来,既不能用市场在资源配置中的决定性作用取代甚至否定政府作用,也不能用更好发挥政府作用取代甚至否定使市场在资源配置中起决定性作用。使市场在资源配置中起决定性作用和更好发挥政府作用,二者是有机统一的,"看不见的手"和"看得见的手"都要用好,努力形成市场作用和政府作用有机统一、相互补充、相互协调、相互促进的格局。

## 二、市场在资源配置中起决定性作用

为什么要使市场在资源配置中起决定性作用? 这是因为,市场决定资源配置是市场经济的一般规律,市场经济本质上就是市场决定资源配置的经济,其基本的经济规律就是价值规律。价值规律通过价格、供求、竞争、生产要素的流动,调节社会生产,促使人们节约劳动时间,实现社会总劳动在各部门之间的按比例分配。这就是人们所说的资源配置过程。

① 江泽民.全面建设小康社会,开创中国特色社会主义事业新局面[M]//十六大以来重要文献选编(上).北京:中央文献出版社,2005:20.

② 胡锦涛.认真总结和研究社会主义市场经济规律[M]//十七大以来重要文献选编(下).北京:中央文献出版社,2013:28.

③ 习近平.深化改革开放,共创美好亚太[M]//十八大以来重要文献选编(上).北京:中央文献出版社,2014:438.

④ 习近平.长期坚持、不断丰富发展新时代中国特色社会主义经济思想[M]//十九大以来重要文献选编(上).北京:中央文献出版社,2019:135.

⑤ 习近平.高举中国特色社会主义伟大旗帜　为全面建设社会主义现代化国家而团结奋斗——在中国共产党第二十次全国代表大会上的报告[M].北京:人民出版社,2022:29.

发挥市场在资源配置中的决定性作用,最基本的要求是:

第一,企业是市场配置资源的主体,必须是自主经营、自负盈亏的独立商品生产者,生产什么、生产多少、怎样生产和为谁生产由企业根据市场需要自主决定。

第二,价格机制是市场配置资源的核心,是发挥市场在资源配置中的决定性作用的关键环节,要形成以市场竞争为主的价格形成机制,使价格充分反映资源的供求状况。

第三,市场体系是市场配置资源的基础,要建设统一开放、竞争有序的市场体系,加快形成企业自主经营、公平竞争,消费者自由选择、自主消费,商品和要素自由流动、平等交换的现代市场体系。

第四,完善的市场秩序是市场配置资源的保障,要建立公平、开放、透明的市场规则,实行统一的市场监管,反对地方保护,反对垄断和不正当竞争,建立健全社会征信体系,褒扬诚信,惩戒失信。

第五,经济全球化是市场配置资源的要求,要适应经济全球化新形势,促进国际国内要素有序自由流动、资源高效配置、市场深度融合,形成开放型经济新体制。

在现阶段,充分发挥市场在资源配置中决定性作用的关键,是要建设高标准市场体系,其基本要求和工作要点是:健全市场体系基础制度,坚持平等准入、公正监管、开放有序、诚信守法,形成高效规范、公平竞争的国内统一市场。实施高标准市场体系建设行动。健全产权执法司法保护制度。实施统一的市场准入负面清单制度。继续放宽准入限制。健全公平竞争审查机制,加强反垄断和反不正当竞争执法司法,提升市场综合监管能力。深化土地管理制度改革。推进土地、劳动力、资本、技术、数据等要素市场化改革。健全要素市场运行机制,完善要素交易规则和服务体系。

## 三、更好发挥政府作用

使市场在资源配置中起决定性作用和更好发挥政府作用,二者是有机统一的,不是相互否定的,不能把二者割裂开来、对立起来。科学的宏观调控,有效的政府治理,是发挥社会主义市场经济体制优势的内在要求。

社会主义市场经济中政府的作用有哪些呢? 与资本主义经济中的政府作用有什么不同? 弄清这一问题,必须从中国的实际出发,把握三个主要的维度:

一是市场经济的一般规律,核心是价值规律的作用,通过市场机制的供求、竞争和价格的波动,调节生产,配置资源。不过,即使在发达的市场经济中,政府的作用也是不可缺少的。一方面,市场机制的作用是有条件的,包括法律体系、竞争规则、宏观环境、社会保障等,这些条件的形成和完善离不开政府的作用;另一方面,市场经济存在局部失灵问题以及盲目性、自发性和滞后性的弊端,弥补市场失灵和克服市场缺陷也离不开政府的作用。

二是国情和发展阶段。现实的市场不是抽象的,而是具体的,总是存在于一定的时间和空间中,受技术、经济、法律、政治和历史文化等各种因素的影响。我国是一个发展中的大国,幅员辽阔,人口众多,区域发展不平衡,二元结构长期存在,经济体制长期处于从计划经济向市场经济转型的历史过程中,面临着实现国家的工业化和现代化的重大任务,这就需要国家从经济发展的全局和长远的利益出发,进行自觉的引导和调节,以推动经济的协调持续发展。

三是我国的基本制度。我国实行的是社会主义市场经济,以公有制为主体、多种所有制经济共同发展的社会主义初级阶段的基本经济制度是社会主义市场经济的根基。社会主义国家中发挥政府作用的主要依据不是所谓的市场失灵或缺陷,而是生产资料的公有制以及在此基础上产生的有计划按比例发展规律。无论存在不存在所谓的市场失灵,国家作为生产资料公共所有权和社会公共利益的总代表,都需要并且能够在社会的范围内按照社会的需要有计划地调节社会再生产过程,合理地配置社会资源,以满足人民日益增长的美好生活需要,实现社会主义的生产目的,从而成为推动经济发展的主导力量。

从上述三个维度出发考察问题,才能全面准确把握社会主义市场经济中政府和市场的关系。那么,政府在社会主义市场经济中到底应当发挥什么样的作用呢? 主要有:

1. 发展经济。社会主义的根本任务是发展生产力,是党执政兴国的第一要务,体现了社会主义制度的根本要求,体现了中国作为世界上最大发展中国家的基本国情。实现这一总任务,必须坚持以经济建设为中心,以科学发展为主题,全面推进经济建设、政治建设、文化建设、社会建设、生态文明建设,推动经济的全面协调可持续发展,必须贯彻落实创新、协调、绿色、开放、共享五大发展理念,实现以人民为中心的发展。但是,如果没有强有力的国家调控作保障,没有经济和社会发展的计划性,单纯依靠以私人利益为基础的、自发的市场经济,必然会导致贫富分化、阶级对立、经济危机和经济的无政府状态,使社会主义经济发展的目的落空。

2. 完善制度。国家是社会制度的主要建立者、维护者和创新者,在社会主义市场经济中,国家的一个重要职能,就是通过全面深化改革,坚持和发展中国特色社会主义制度,实现国家治理体系和能力的现代化。一方面,要坚持和巩固社会主义制度,牢牢把握改革正确方向,防止出现颠覆性错误。另一方面,要根据生产力发展的要求,改革生产关系和上层建筑中不适应生产力发展的一系列相互联系的环节和方面,建立起具有中国特色的、充满生机和活力的社会主义经济体制。在社会主义制度下,改革并不是完全自发进行的,而是在党和政府的领导下有计划、有步骤、有秩序地进行的,是社会主义制度的自我完善和发展。

3. 计划统筹。市场调节具有自发性、盲目性和滞后性内在缺陷,为了减少市场调节的这些缺陷,国家需要从全局和长远利益出发,对国民经济和社会发展进行有计划的调节和统筹兼顾。计划经济不是社会主义的本质,但是计划性却是社会主义制度的本质要求和突出优势。计划统筹是国家最基本的经济职能,目的是从宏观上对国民经济和社会发展的目标、结构、速度、效果等基本因素进行有计划调节,统筹城乡发展、区域发展、经济社会发展、人与自然和谐发展、国内发展和对外开放以及个人利益和集体利益、局部利益和整体利益、当前利益和长远利益。

4. 公共服务。公共服务是指为社会全体居民提供的基本的非营利性的产品和服务,以满足人民群众的基本需要和保障民生为目的,包括国防、治安、公共医疗、公共教育、社会保障、环境保护和基础设施建设等内容。公共服务具有较强的公益性或非营利属性,完全市场机制无法有效地加以满足,因此,必须由国家来提供。只有建立良好的公共服务,努力保障和改善民生,才能有效满足人民的基本需要,实现社会主义的生产目的。

5. 宏观调控。宏观经济的失衡是市场经济的一个固有缺陷。在市场经济条件下,生产与需求的平衡是通过价格机制自发调节的,这种自发的调节不能保证整个社会的总生产与总需求平衡,在一定条件下可能会造成严重失业和通货膨胀。这就要求政府进行总量关系的调节,促进宏观经济的平衡。例如,通过财政和货币政策调节总供给和总需求,促进国民经济总量平衡和物价稳定;通过对国际收支的宏观调节实现国际收支的平衡,促进国民经济的稳定健康发展等。

6. 市场监督。市场经济中会有"市场失灵"现象的出现,即由于垄断、外部性、信息不完全、公共产品等问题的存在,市场调节往往无法实现资源的有效配置。这就需要政府对微观经济主体进行必要的干预,以解决市场失灵问题,提高资源的配置效率。所谓市场监管,是政府有关部门对市场主体及其所从事的交易、竞争等市场行为进行的监督和管理活动的总和,其目的是防止各种对社会公共利益、市场秩序和其他市场主体合法权益构成损害的不正当行为的出现,维护正常的市场秩序,保证市场良性有序运行,为市场机制充分发挥作用创造良好环境。

7. 国有资产监管。在社会主义市场经济中,国有经济在国民经济的发展中起主导作用。国家作为国有经济的所有者需要承担起所有者的职能,代表全体人民对国有资产进行有效监管,保证国有资产的保值和增值。比如,通过国有资产管理机构和代理机构来管理国有经济的资产和股份,任命或提名国有控股公司的负责人,参与国有资产经营的重大战略决策,监督国有资产的营运等。

8. 共同富裕。社会主义制度是以生产资料公有制为基础的,实现共同富裕是社会主义的本质要求。但是,共同富裕不可能仅仅通过市场经济自发得以实现,自发的市场竞争必然导致两极分化。实现社会的共同富裕,必须加大收入再分配的调节力度,包括采取完善社会保障制度、增加公共支出、加大转移支付力度等措施,加快健全以税收、社会保障、转移支付为主要手段的再分配调节机制等。同时,社会主义经济中共同富裕的实现不仅有赖于国家对国民收入再分配,更要有社会主义的基本制度和分配制度为保障。

9. 保障环境。生态环境是人类生活和生产的必要条件。随着市场经济的发展,生态环境逐步被纳入了市场调节的范围,以私人利益最大化为导向的竞争原则导致人与自然的矛盾日益尖锐,生态危机不断加深。解决这一问题,不可能依靠自发的市场调节,要求政府承担起保障生态环境的责任,从全局和长远的观点出发,坚持节约资源和保护环境的基本国策,坚持可持续发展,坚定走生产发展、生活富裕、生态良好的文明发展道路,加快建设资源节约型、环境友好型社会,形成人与自然和谐发展现代化建设新格局,推进美丽中国建设,为全球生态安全做出新贡献。

10. 维护经济安全。经济安全是指国家经济发展和经济利益处于自主掌控状态,能够有效应对国内外各种经济风险和动荡的冲击,主要表现为国家的经济主权独立,经济发展所需的各种物质资源供给能得到及时有效保障,国家和人民的根本利益能得到切实维护。经济安全包括生产安全、食品安全、生态安全、能源安全、网络安全、金融安全、产业安全等内容。维护国家的经济安全,是政府的重要责任,是实现经济发展和保障人民利益的根本前提。

更好发挥政府作用,要切实转变政府职能,深化行政体制改革,创新行政管理方式,健全宏观调控体系,加强市场活动监管,加强和优化公共服务,促进社会公平正义和社会稳定,促进共同富裕。各级政府一定要严格依法行政,切实履行职责,该管的事一定要管好、管到位,该放的权一定要放足、放到位,坚决克服政府职能错位、越位、缺位现象。

## 四、 推动有效市场和有为政府更好结合

正确认识和处理政府和市场关系,必须自觉抵制新自由主义错误思想的干扰。新自由主义认为,市场是有效的,政府是无效的,因此,发挥市场机制的作用就必须弱化甚至取消政府的作用,政府管得越少越好,主张大市场、小政府、私有化。这种观点只看到了政府和市场相冲突的一面,而没有看到政府和市场是相辅相成的,尤其是没有看到我国是在中国共产党领导和社会主义制度的大前提下发展市场经济的,必须充分发挥市场在资源配置中的决定性作用和更好发挥政府作用,推动有效市场和有为政府更好结合。

我们知道,市场经济是以分工和私有制为基础产生的。分工和私有制一方面造成了不同生产者的相互分离,另一方面造成了他们之间全面的相互依赖,这样就产生了市场经济的基本矛盾即私人劳动与社会劳动的矛盾,在资本主义条件下,这一矛盾既为市场经济的发展提供了内在的动力,又内生出了否定市场经济的种种因素。比如,个别企业是有组织的,而整个社会生产却是无政府的,导致生产和消费的脱节以及各部门之间的比例失衡;生产具有无限扩大的趋势,市场需求却由于劳动与资本的对立而相对狭小,导致生产过剩的经济危机周期性爆发;自由竞争通行弱肉强食的丛林法则,必然导致优胜劣汰、两极分化,加剧社会的冲突和对抗,破坏社会的和谐稳定;商品关系的普遍发展使生命和健康、文化和

教育、自然和环境、安全和自由等人类的基本需要与基本价值被纳入了商品化的范围,成为资本的附属物和生产的要素,人们的共同利益受到了威胁;自由竞争必然导致生产的集中和垄断,这种集中和垄断发展到一定程度就会妨碍甚至消除竞争,瓦解市场经济的基础;等等。市场经济所包含的这些深刻的弊端是其自身所不能克服的,必须依靠政府和社会的调节。

因此,从微观个体的角度看,政府与市场似乎是对立的;但若从宏观和社会的角度看,就会发现,两者并不是对立的,而是相辅相成的。政府有为,市场才能有效。我们可以看到,许多发展中国家市场经济的落后不仅表现为市场作用比较弱、市场体系不全、市场秩序混乱、价格信号扭曲等,也表现为政府作用比较弱、能力不足、效率低下、缺乏权威等。因此,离开有效的政府调节,就不可能形成有效的市场调节;反过来,离开有效的市场调节,有效的政府调节也难以做到。

我国是社会主义国家,我国的市场经济是社会主义市场经济,在我国,社会主义制度与市场经济的有机结合是正确处理政府和市场关系的根本制度前提,从这一前提出发,就必然会得出这样的结论:既要有效市场,也要有为政府,必须把有效市场和有为政府有机结合起来。

有效市场,就是要充分发挥市场在资源配置中的决定性作用,充分发挥市场在信息传递、激励创新、调节供求等方面的优势,围绕更加尊重市场规律和增强市场活力推进相关领域的改革,进一步简政放权,大幅度减少政府对资源的直接配置,激发各类市场主体活力,建设高标准的市场体系。

有为政府,就是要更好发挥政府作用,坚持党对经济工作的集中统一领导,不断提高驾驭社会主义市场经济的能力和水平;坚持完善政府经济调节、市场监管、社会管理、公共服务、生态环境保护等职能,创新和完善宏观调控,进一步提高宏观经济治理能力,使市场经济更好地服务于全体人民的共同利益。

只有把有效市场和有为政府有机结合起来,才能有效防范资本主义市场经济的弊端,把市场经济的长处和社会主义制度的优势都发挥出来,促进市场经济的健康发展,更好解放和发展生产力,更好实现以人民为中心的发展。

## 第四节　促进资本健康发展

规范和引导资本健康发展,是新时代中国特色社会主义经济理论和实践发展的重大创新。习近平强调"在社会主义市场经济条件下规范和引导资本发展,既是一个重大经济问题、也是一个重大政治问题,既是一个重大实践问题、也是一个重大理论问题,关系坚持社会主义基本经济制度,关系改革开放基本国策,关系高质量发展和共同富裕,关系国家安全和社会稳定。"要深化社会主义市场经济条件下资本理论研究,用科学理论指导实践,促进各类资本良性发展、共同发展,发挥其发展生产力、创造社会财富、增进人民福祉的作用。

## 一、 对资本认识的发展

马克思主义政治经济学认为,资本是一个历史范畴,在资本主义之前的社会形态就存在了,"生息资本或高利贷资本(我们可以把古老形式的生息资本叫做高利贷资本),和它的孪生兄弟商人资本一样,是资本的洪水期前的形式,它在资本主义生产方式以前很早已经产生,并且出现在极不相同的经济社会形态中。"①但是,只有进入资本主义社会,资本才从流通领域进入生产领域,成为占统治地位的生产方式,支配着社会的生产、分配、交换、消费等各个环节,成为资本主义社会支配一切的经济权力。

在《资本论》等重要的经典文献中,马克思根据辩证唯物主义和历史唯物主义的世界观方法论,对资本问题进行了最为详尽、透彻、富有创造性的考察,科学揭示了资本的本质和运动规律,阐明了资本是带来剩余价值的价值,生产剩余价值是资本的本质。阐明了资本主义生产方式产生、发展和灭亡的历史趋势,使社会主义从空想转变为科学,为无产阶级革命提供了强大理论武器。

马克思的资本理论是以资本主义生产方式为研究对象的,马克思恩格斯没有设想社会主义条件下可以搞市场经济,更没有设想社会主义条件下可以存在资本、可以发挥资本的作用。他们认为,资本是资本家占有生产资料、并用来剥削雇佣工人、生产并占有剩余价值的一种特殊的生产关系,因此,一旦社会占有生产资料,商品生产和雇佣劳动就将消除,市场经济不存在了,资本也不存在了。在社会主义制度建立之初,实行高度集中的计划经济体制,在这种体制下,市场经济和资本被当作资本主义的东西受到排斥。

改革开放以后,我国在实践中逐步确立了公有制为主体、多种所有制经济共同发展,按劳分配为主体、多种分配方式并存的分配制度,实现了从高度集中的计划经济体制向充满活力的社会主义市场经济体制转变,各种形态资本大量涌现、大规模发展,成为社会主义市场经济的基本要素和推动社会经济繁荣发展的重要力量。在理论上我们逐步摆脱了把社会主义与市场经济相对立、社会主义与资本相对立的传统观念的束缚,认识到资本在社会主义市场经济中的重要作用,认识到社会主义国家也可以利用各类资本推动经济社会发展。这是我们党深入总结新中国成立以来特别是改革开放以来对待和处理资本的正反两方面经验得出的科学认识,是对发展马克思主义政治经济学的重大贡献。

## 二、 社会主义市场经济条件下资本的重要作用

在社会主义市场经济条件下,资本在促进经济和社会的发展中发挥着不可替代的重要

---

① 马克思.《资本论》第三卷[M]//马克思恩格斯文集:第7卷.北京:人民出版社,2009:671.

作用。

创新理论:
构建高水平社会主义市场经济体制

资本是市场经济的基本要素,只有在运动中才能创造价值、实现价值增殖。在其运动过程中,它首先表现为货币资本,货币资本是"发动整个过程的第一推动力",货币资本通过购买生产要素转化为生产资本,在生产经营活动中使劳动力与生产资料相结合,形成商品供给和市场需求,创造就业岗位,促进以商品生产和流通为基础的市场经济的发展。

资本是市场配置资源的工具,是发展经济的方式和手段,是带动各类生产要素集聚配置的重要纽带。通过价值规律的作用,资本可调节生产资料和劳动力在社会各生产部门之间的分配比例。对于劳动生产率高的生产部门,由于可以获得更多利润,资本将进行更多投资,进一步提高生产资料和劳动力等资源的利用效率。

资本推动社会生产力的发展和社会财富的创造。在市场经济条件下,资本为了在市场竞争中占据优势,获得更多利润,不断改进技术、提高劳动生产率、推动产品创新、加强经营管理,从而推动社会生产力的发展。资本还会不断开发市场、满足需求、加速流通,便利人民生活,促进生产和消费的平衡。

因此,在发展社会主义市场经济的过程中,必须注重激发各类资本活力,发挥其促进科技进步、繁荣市场经济、便利人民生活、参与国际竞争的积极作用,使之始终服从和服务于人民和国家利益,为全面建设社会主义现代化国家、实现中华民族伟大复兴贡献力量。

## 三、 社会主义市场经济条件下资本的特点

马克思指出,"资本不是物,而是一定的、社会的、属于一定历史社会形态的生产关系,后者体现在一个物上,并赋予这个物以独特的社会性质。"①资本作为一种生产关系,在不同历史条件和社会制度下具有不同的特点和规律。在资本主义制度下,资本体现了资本雇佣劳动和无偿占有劳动者剩余价值的对抗性生产关系,它在促进社会生产力发展的同时,也包含着深刻的矛盾和弊端,表现为:无产阶级和资产阶级的阶级对立、相对人口过剩或失业、贫富两极分化、生产过剩的经济危机、经济发展的盲目性、生产的集中和垄断、金融资本的统治、生态环境的破坏、商品拜物教普遍化、国际关系的不平等不平衡,等等。

社会主义市场经济条件下的资本是与社会主义生产关系相结合的,它一方面体现了社会化大生产和市场经济条件下资本的一般属性和一般规律,包括:资本是自我增殖的价值、资本是生产和流通过程的统一、资本在积累和扩大再生产中不断发展、资本追求具有趋于利润平均化的趋势、资本是竞争的、资本的具体形式多种多样等等。另一方面又克服了资本主义制度下资本的深刻矛盾和弊端,体现了社会主义生产关系的特殊属性和特殊规律,

具有新的特点和优势,主要有以下方面:

其一,社会主义市场经济条件下的资本发展坚持以公有制经济为主体。公有制为主体,将资本置于广大劳动者的控制之下,为实现全体人民共同富裕和社会主义现代化提供了物质基础。社会主义市场经济条件下的非公有资本的发展,也要服从和服务于人民和国家利益,为全面建设社会主义现代化国家、实现中华民族伟大复兴贡献力量。

其二,社会主义市场经济条件下的资本发展坚持有效市场和有为政府相统一。发挥市场在资源配置中的决定性作用,更好发挥政府的作用,既要“有效的市场”,也要“有为的政府”,努力形成市场作用和政府作用有机统一、相互补充、相互协调、相互促进的格局,使资本的发展始终沿着高质量发展的轨道稳步向前。

其三,社会主义市场经济条件下资本发展坚持效率和公平相统一。注重经济发展的普惠性和初次分配的公平性,既注重保障资本参与社会分配获得增值和发展,更注重维护按劳分配的主体地位,在“做大蛋糕”的同时“分好蛋糕”,将效率和公平原则贯穿于生产与收入分配各环节。

其四,社会主义条件下的资本服务于以人民为中心的发展。必须把以人民为中心的发展思想落实到经济社会发展各个环节,包括资本发展的各个环节。在社会主义市场经济条件下,资本不能背离人民的利益和社会主义制度的要求无序发展,而应当以增进人民的利益为目的、在社会主义制度的基础上有序发展。

总之,我们是在中国共产党领导和社会主义制度的大前提下发展市场经济、发挥资本作用的,什么时候都不能忘了‘社会主义’这个定语。在社会主义市场经济条件下促进资本发展、发挥资本的作用,必须始终坚持党的领导和社会主义制度,始终坚持社会主义方向,服务于人民利益。

## 四、　依法规范和引导我国资本健康发展

党的二十大报告提出,“依法规范和引导资本健康发展”,这是新时代新阶段构建高水平社会主义市场经济体制、推动高质量发展的一项重大战略任务。必须认识到,资本具有逐利本性,如不加以规范和约束,就会给经济社会发展带来不可估量的危害。要趋利避害、扬长避短,有效发挥资本的积极作用,同时有效控制资本的消极作用,自觉规范和引导资本健康发展。

首先,正确处理不同形态资本之间的关系。当前我国既存在国有资本、集体资本,也存在大量包括私人资本、外国资本在内的非公有资本,对这些资本在性质上要区分,在定位上要明确,毫不动摇巩固和发展公有制经济,毫不动摇鼓励、支持、引导非公有制经济发展,为各类资本发展释放出更大空间。促进各类资本良性发展、共同发展,发挥其发展生产力、创造社会财富、增进人民福祉的作用。

其次,要设立"红绿灯",健全资本发展的法律制度,形成框架完整、逻辑清晰、制度完备的规则体系。完善资本行为制度规则。加强反垄断和反不正当竞争监管执法,依法打击滥用市场支配地位等垄断和不正当竞争行为。培育文明健康、向上向善的诚信文化,教育引导资本主体践行社会主义核心价值观,讲信用信义、重社会责任,走人间正道。

再次,要全面提升资本治理效能,增强资本治理的针对性、科学性、有效性,健全事前引导、事中防范、事后监管相衔接的全链条资本治理体系。深化监管体制机制改革,坚持依法监管、公正监管、源头监管、精准监管、科学监管,全面落实监管责任,创新监管方式,弥补监管短板,提高资本监管能力和监管体系现代化水平。

最后,坚持党对规范和引导资本健康发展的领导,提升资本治理本领,加强资本领域反腐败,保持反腐败高压态势,坚决打击以权力为依托的资本逐利行为,着力查处资本无序扩张、平台垄断等背后的腐败行为。

# 第五节 社会主义经济体制改革

## 一、经济体制改革是社会主义基本经济制度的完善和发展

马克思和恩格斯曾明确指出:"所谓'社会主义社会'不是一种一成不变的东西,而应当和任何其他社会制度一样,把它看成是经常变化和改革的社会"。把社会主义制度当作一种不断发展和改革中的社会制度是运用唯物史观考察社会主义社会的必然结论。

经济体制是基本经济制度的具体实现形式,是在一定的基本经济制度的基础上资源配置的具体方式和具体规则,如经济决策权的分配规则、经济信息的传递规则、经济主体的行为规则、经济活动的协调规则等。改革开放是社会主义制度的自我完善,经济体制改革则是社会主义基本经济制度的自我完善。

马克思主义的创始人曾经预言,社会主义在消灭剥削制度的基础上,必然能够创造出更高的劳动生产率,使生产力以更高的速度向前发展。70多年以来中国社会主义经济建设的实践和取得的光辉成就已经证明社会主义制度的优越性。但是,理论和实践的发展也告诉我们,只有建立并不断完善符合社会主义制度要求的、能够促进生产力发展的合理的经济体制,社会主义制度的优越性才能得到充分发挥。

因此,在社会主义社会的各个历史阶段,都需要根据生产力发展的要求,深化经济体制改革,推动社会主义基本经济制度的自我完善和发展,使社会主义经济制度充满生机和活力,社会主义经济制度的优越性极大发挥,人民生活水平极大提高,最终战胜资本主义,实现共产主义。

## 二、经济体制改革的性质和目标

革命是解放生产力,改革也是解放生产力,革命和改革都是调整生产关系以适应生产力的发展,但是两者的性质有所不同。革命是要推翻旧的社会制度,从根本上改变社会制度和国家政权的性质,通过建立新的社会制度以适应生产力发展的要求;改革则是由统治阶级主动进行的,是在社会基本经济制度相对稳定的前提下,通过对基本经济制度的内涵和实现形式的调整,以适应生产力发展的要求,使社会制度充满生机和活力。改革是对社会制度的自我完善,而不是对社会制度的自我否定,就这一点来说,它与严格意义上的社会革命在性质上是不同的。

但是,在社会主义制度下,从解放和发展生产力的角度看,改革和革命的作用是一样的,革命是为了解放和发展生产力,改革也是为了解放和发展生产力。正是在这个意义上,邓小平指出,"改革是中国的第二次革命""改革的性质同过去的革命一样,也是为了扫除发展社会生产力的障碍,使中国摆脱贫穷落后的状态。从这个意义上说,改革也可以叫革命性的变革"。[①]

我国经济体制改革的目标是什么?从大的方向来说,就是建立和完善社会主义市场经济体制,但在不同的阶段具体目标任务又有所不同,从最初的计划经济为主、市场调节为辅,到社会主义有计划商品经济,再到建立社会主义市场经济体制、完善社会主义市场经济体制,具体的目标任务随着理论和实践的发展而不断发展的。党的十八大之后,在社会市场经济体制初步确立并不断完善的基础上,进一步明确,经济体制改革的目标是加快完善社会主义市场经济体制,核心问题是处理好政府和市场的关系,使市场在资源配置中起决定性作用和更好发挥政府作用,构建市场机制有效、微观主体有活力、宏观调控有度的经济体制,着力解决市场体系不完善、政府干预过多和监管不到位问题,不断增强我国经济创新力和竞争力,完善社会主义基本经济制度,更好发挥社会主义制度的优越性。

需要明确,现行的经济体制还存在不少矛盾和问题,深化经济体制改革的任务依然比较繁重。但是,从总体上看,经过 40 多年的探索实践,我国已经成功实现了从高度集中的计划经济体制到充满活力的社会主义市场经济体制的历史转变,确立了以社会主义初级阶段所有制制度、分配制度和社会主义市场经济体制为基本框架的中国特色社会主义基本经济制度,中国特色社会主义基本经济制度已经在实践中展示出极大的优越性和强大的活力。只有承认这一点,增强我们的制度自信,才能承前启后、继往开来,把中国的经济体制改革进一步向前推进。

---

① 邓小平.对中国改革的两种评价[M]//邓小平文选:第 3 卷.北京:人民出版社,1993:135.

### 三、中国的渐进式改革道路

比较分析:
华盛顿共识

20 世纪 80 年代末 90 年代初,从传统计划经济向市场经济的过渡形成了两条明显不同的道路——苏联和东欧的激进式改革和中国的渐进式改革。激进式改革包括稳定化、私有化、自由化和制度化四个部分,试图通过紧缩货币、放开价格,全面推进私有化,在短时期内实现计划经济向市场经济的过渡,推动经济的稳定增长。激进式改革的理论基础是"华盛顿共识",其核心内容是政府的角色最小化、快速的私有化和快速的自由化。

与苏联和东欧激进式改革不同,中国的经济体制改革被称作渐进式改革,主要特点是:

一是自上而下与自下而上相结合,在坚持统一领导的前提下,充分发挥地方和基层单位在制度创新中的积极性与创造性,尊重群众的首创精神。

二是双轨过渡,增量先行,在保留计划调节的前提下,通过在新增资源中逐步扩大市场调节比例的办法来逐步向市场经济过渡。

三是整体协调,重点突破,在坚持全国"一盘棋"的前提下,分部门、分企业、分地区各个突破,由点到面,实现经济体制的整体转换。

四是兼顾改革、发展与稳定,把改革的力度、发展的速度和社会可承受的程度统一起来。

五是一切从实际出发,循序渐进,大胆试验,摸着石头过河,先试验后推广,并根据实践的发展不断调整改革的思路。

六是坚持问题导向,坚持实践标准,总结国内成功做法,借鉴国外有益经验,勇于推进理论和实践创新。

为什么中国的经济体制改革采取了渐进式改革的方式,而苏联和东欧的经济体制改革采取了激进式改革的方式? 实行渐进式改革还是激进式改革,并不取决于人们的主观偏好,而是取决于经济体制改革的性质、目标和指导思想。中国之所以没有实行激进式改革而是走渐进式改革之路,主要是由以下一些原因决定的:

1. 中国的改革是社会主义制度的自我完善和发展,而不是对社会主义制度的根本否定,因而在制度变迁道路的选择上不搞推倒重来,反对历史虚无主义。在这里,新旧体制之间一开始就不是泾渭分明、截然对立的,而是具有明显的连续性和继承性。它们之间的转换要经历许多不同阶段,经过许多中间环节,采取许多中间形式。同时,把社会主义基本制度与市场经济相结合,在社会主义条件下发展市场经济,是一个前无古人的崭新的事业,必然要经历一个从建立到完善、再到成熟定型的长期复杂的历史过程,绝不可能一蹴而就。人们对于社会主义市场经济的认识也需要在实践中不断丰富和发展。这就从根本上决定了,中国的经济改革不可能选择苏联和东欧国家当年实行的那种激进式改革。也正因为如此,中国在经济改革的过程中保持了持续稳定的发展,避免了激进式改革的灾难性后果。

2. 建立市场经济体制固然需要科学的战略规划和具体的实施方案,并有计划地加以推进,但社会制度的变迁毕竟不同于修路、盖房子,必须事先有一个精确细致的施工图样,遵循固定的工艺流程。社会经济形态特别是市场经济形态,是一个复杂的有机系统,自发的价值规律调节经济生活,与此相适应,市场经济的形成和发展也在一定程度上具有自发演进的特点,并不完全取决于人们的主观意志和预先设计。之所以强调摸着石头过河,这是一个重要的原因。摸着石头过河就是摸规律,从实践中获得真知。在深化改革的过程中,就必须坚持尊重人民的首创精神,发挥基层单位的积极性、主动性、创造性,把摸着石头过河和加强顶层设计有机统一起来。

3. 改革是生产关系的调整,实质是利益关系的调整,目的是调动各方面的积极性,保障各方面的利益,推动生产力的发展。正是从这个意义上说,改革开放是亿万人民自己的事业。但是,在中国这样一个地域辽阔、情况复杂的大国里,各方面的利益是极其复杂、多种多样的,包括城乡之间、区域之间、国内和国外之间、中央和地方之间、个人和集体之间、局部和整体之间、当前和长远之间等各方面的利益。这就要求我们在改革中既要注重坚持原则,整体设计,统筹兼顾,系统推进;又要尊重各方面的利益和诉求,鼓励探索试验,包容多元多样,反映各方面的意见,调动各方面的积极性,避免整齐划一、搞"一刀切"。

4. 改革是为了更好地解放和发展生产力,增进人民福祉,促进人的全面发展,实现社会成员的共同富裕。对改革得失的判断,必须以此为标准,并由实践的效果加以检验。这种检验过程,同样需要一个长期的比较、反复的过程,这是辩证唯物主义和历史唯物主义的基本原理。如果没有一定的实践经验和过程作为基础,而只从抽象的理论和原则出发设计改革方案,并自上而下强行推行激进的改革措施,就很容易犯教条主义的错误。中国的渐进式改革坚持解放思想、实事求是、一切从实际出发,坚持以是否有利于发展社会主义社会的生产力、是否有利于增强社会主义国家的综合国力、是否有利于提高人民的生活水平作为检验改革成败的标准,这就在世界观和方法论层面上获得了制胜的法宝。

实践证明,中国的渐进式改革是一种成功的改革方式,它有效推动了经济的持续快速发展、人民生活水平的不断提高、综合国力的不断增强,有效推动了社会主义市场经济体制的形成和完善,避免了激进式改革导致的社会动荡、经济衰退、生产力破坏和人民生活水平的下降。但是,应当看到,改革的方式并不是一成不变的。党的十八大开启了全面深化改革、系统整体推进改革的新时代,经济体制改革的具体方式有了许多新的特点:一是人们对改革规律的认识在不断深入,这就需要在深化改革中更加注重整体设计,统筹安排;二是随着经济利益的多元化和社会矛盾的复杂化,这就需要在深化改革中更加注重统筹兼顾,广泛凝聚共识,形成改革合力;三是随着社会主义市场经济体制的逐步完善,增量与存量、新体制与旧体制长期并存的双轨制的空间越来越小,这就需要更加注重系统全面改革,形成统一的市场体系;四是随着经济体制改革主要任务的逐步落实,社会领域和民生领域改革的重要性上升,这就需要在深化改革中更加注意保障公平正义。

## 本章小结

1. 科学社会主义的创始人马克思和恩格斯认为,社会主义就是消灭商品生产和市场经济,对社会生产进行有计划的调节,以消除资本主义生产的盲目无政府状态。但是,在现实的社会主义经济中,由于存在多种所有制度,由于公有制与市场经济的内在联系,因而需要并可以实行市场经济。在社会主义条件下发展市场经济,是对马克思主义和科学社会主义的重大历史贡献,丰富和发展了对社会主义的认识,赋予了对社会主义制度新的内涵。

2. 社会主义市场经济是与社会主义基本制度相结合的市场经济,是共性与个性的统一,既体现了市场经济的一般特点,又体现了社会主义制度的特殊要求,既发挥了市场经济的长处,又发挥了社会主义制度的优势,实现了公有制为主体与多种所有制经济共同发展及国家调控与市场调节、效率和公平、自主和开放的有机结合。因而,超越了资本主义市场经济的传统教条和深刻缺陷,为市场经济的发展开辟了广阔道路。

3. 从计划经济向市场经济的过渡存在两种不同的方式和道路——苏联与东欧的激进式改革和中国的渐进式改革,激进与渐进的差别不仅是方式和方法上的差别,而在本质上是由改革的性质和目标决定的。中国的改革是社会主义制度的自我完善和发展,而不是对社会主义制度的根本否定,因而,在制度变迁道路的选择上必然强调改革的连续性、稳定性和兼容性,不搞推倒重来,反对历史虚无主义。

4. 规范和引导资本健康发展,是新时代中国特色社会主义经济理论和实践发展的重大创新。社会主义条件下的资本是与社会主义生产关系相结合,一方面体现了社会化大生产和市场经济条件下资本的一般属性和一般规律,另一方面体现了社会主义经济的特殊属性和特殊规律。要依法规范和引导资本健康发展,促进各类资本良性发展、共同发展,发挥其发展生产力、创造社会财富、增进人民福祉的作用。

5. 正确认识和界定社会主义市场经济中政府的作用,必须从中国的实际出发,把握三个主要的维度,即市场经济的一般规律、我国的国情和历史阶段、社会主义基本经济制度。在社会主义条件下,政府的职责和作用主要是发展经济、完善制度、计划统筹、公共服务、宏观调控、市场监督、国家资产监管、共同富裕、保障环境、维护经济安全等。政府有为、市场有效,是社会主义市场经济的内在要求,构建高水平社会主义市场经济体制。

## 复习思考题

1. 社会主义市场经济中的"社会主义"一词的含义是什么? 它与市场经济的关系是什么?

2.马克思主义政治经济学对市场缺陷的分析与西方经济学关于市场失灵的理论分析有什么不同？提出的解决方案有什么不同？

3.如何从社会主义国家的性质出发，具体说明政府和市场的关系？社会主义条件下政府和市场的关系与资本主义条件下政府和市场的关系有什么区别？

4.如何认识有效市场，如何认识有为政府，如何推动有效市场和有为政府更好结合？

5.渐进式改革和激进式改革有什么根本区别，哪种改革方式更为合理？

## 即测即评

请扫描二维码进行即测即评。

# 第四章　社会主义分配制度

　　分配制度是经济制度的一项重要内容,体现了生产资料所有制的性质和要求,决定了一个社会基本的经济利益关系。与我国社会主义初级阶段的所有制制度和市场经济制度相适应,我国社会主义初级阶段的分配制度是按劳分配为主、多种分配方式并存,这一分配制度是我国分配关系的基础。坚持和完善这一分配制度,对于完善社会主义基本经济制度、优化资源配置、促进生产力发展以及实现共同富裕具有重大意义。

## 第一节　社会主义分配制度概述

### 一、马克思主义视野中的分配

　　在介绍社会主义分配制度前,我们有必要首先回顾一下马克思主义政治经济学关于分配的基本观点。

　　马克思认为,生产和分配是一个事物的两个方面。"所谓的分配关系,是同生产过程的历史规定的特殊社会形式,以及人们在他们生活的再生产过程中相互所处的关系相适应的,并且是由这些形式和关系产生的。这些分配关系的历史性质就是生产关系的历史性质,分配关系不过表现生产关系的一个方面。"[①]在一个社会中,人们以一定的方式占有生产资料,就会凭借对生产资料的占有而占有产品。例如,在资本主义经济中,由于资本家是生产资料的所有者,工人没有生产资料,只能向资本家出卖劳动力,使用资本家的生产资料进行生产,所以工人生产的产品就归资本家所有。从价值上来讲,工人获得劳动力价值,资本家出售其占有的产品并在补偿不变资本和可变资本支出之后获得剩余价值。所以,产品的分配一定与生产资料的分配相适应。反过来讲,分配是否合理又制约着生产的发展,对生产起反作用。

　　当然,分配和生产作为再生产的两个环节,各自也具有独立性。但是,这种独立性是相

---

① 马克思.《资本论》第三卷[M]//马克思恩格斯文集:第7卷.北京:人民出版社,2009:999-1000.

对的。从根本上来说，分配不是孤立存在的，也不是外生给定或偶然形成的，而是内生于一定的生产方式，是一定历史过程的结果。生产和分配就像是一枚硬币的两面，两者是相互统一的。首先，从产品的分配来说，一个社会可供分配的产品都是生产的成果，生产限定了分配对象的范围，没有生产就没有可供分配的对象。这一点是显而易见的。其次，从人们参与分配的形式来说，人们如何参与生产决定了人们如何参与分配。人们在生产关系中的位置决定了在分配关系中的位置。举例来说，人们以雇佣工人的身份参与生产，那么就以工资的形式参与分配，以资本家的身份参与生产，那么就以利润的形式参与分配。

按照以上观点，资本主义的生产方式决定了其分配方式，社会主义的生产方式决定了社会主义分配方式，随着资本主义制度向社会主义制度的过渡，社会的分配制度必然也要发生深刻变化。

## 二、对社会主义分配制度的探索

在社会主义条件下应当采取什么样的分配制度？对这个问题，马克思在 1875 年所写的《哥达纲领批判》中，提出了明确的构想。马克思将共产主义社会划分为低级和高级两个阶段，在不同阶段，分配制度采取不同的形式。在共产主义的低级阶段，由于社会刚刚从资本主义社会中产生出来，在各方面还带着旧社会的痕迹，虽然生产资料由全社会共同占有，消灭了生产资料所有者凭借所有权参与分配的可能性，但社会产品在作了各项必要扣除之后，在分配上还要实行等量劳动相交换的原则。此时劳动者从社会领回的并不是"不折不扣"的全部劳动产品，而是在社会产品作了各项扣除后的消费资料，劳动者获得消费资料的量由他在生产中所付出的劳动量决定，实行按劳分配原则。正如马克思所言："他以一种形式给予社会的劳动量，又以另一种形式领回来。"[1]在共产主义的高级阶段，脑力劳动和体力劳动的对立已经消失，劳动已经不仅仅是谋生的手段，而且本身成了生活的第一需要，同时，随着个人的全面发展，生产力也增长起来，此时社会产品的分配实行"各尽所能，按需分配"的原则。

自新中国成立以来，我国就以马克思主义分配理论为依据，不断探索建立社会主义分配制度的途径，并逐步建立起了以生产资料公有制为基础的按劳分配制度。1956 年完成社会主义改造之后，我国开始实行八级工资制，按照劳动复杂程度和技术熟练程度将工资分为八个等级，较好地体现了多劳多得、少劳少得、不劳不得的按劳分配原则。但在实践中，这一工资制度也暴露出了不足，如虽然区分了复杂劳动和简单劳动，区分了不同工作岗位工作量的差别，却不能全面地反映不同劳动者劳动贡献的差异，导致了干多干少一个样，

---

① 马克思. 哥达纲领批判[M]//马克思恩格斯文集：第 3 卷. 北京：人民出版社，2009：434.

难以激发劳动积极性;束缚了企业调整工资水平的灵活性,滋长了平均主义、"大锅饭"现象,影响了生产的发展,没有充分发挥按劳分配的激励机制。

改革开放以后,我国致力于构建适合社会主义初级阶段生产资料所有制结构的分配制度。党的十四大提出了建立社会主义市场经济的改革目标,十四届三中全会通过的《中共中央关于建立社会主义市场经济体制若干问题决定》中提出"个人收入分配要坚持以按劳分配为主体、多种分配方式并存的制度"①。党的十五大报告明确了与"以公有制为主体、多种所有制经济共同发展"的基本经济制度相对应的"按劳分配为主体、多种分配方式并存的制度",并提出"把按劳分配和按生产要素分配结合起来"②。此后,我国不断探索完善这一分配制度的有效途径,并将"以按劳分配为主体、多种分配方式并存"的分配制度写入宪法。党的十六大确立了劳动、资本、技术和管理等生产要素按贡献参与分配的原则,使分配制度更加丰富和完善。党的十七大在进一步巩固和完善社会主义分配制度的基础上,提出初次分配和再分配都要处理好效率和公平的关系,再分配更加注重公平,使社会主义分配制度的价值追求更加凸显。

中国特色社会主义进入新时代,我国也十分重视巩固和完善社会主义分配制度。党的十九大提出,坚持按劳分配原则,坚持在经济增长的同时实现居民收入同步增长,在劳动生产率提高的同时实现劳动报酬同步提高。党的十九届四中全会通过的《中共中央关于坚持和完善中国特色社会主义制度、推进国家治理体系和治理能力现代化若干重大问题的决定》中将分配制度上升为基本经济制度的高度,更加强调了我国对巩固和完善社会主义分配制度的高度重视,并提出要"坚持多劳多得,着重保护劳动所得,增加劳动者特别是一线劳动者劳动报酬,提高劳动报酬在初次分配中的比重。"③党的十九届五中全会提出了我国"十四五"时期经济社会发展的主要目标,强调实现"居民收入增长和经济增长基本同步,分配结构明显改善"④,明确了我国完善社会主义分配制度的具体举措。党的二十大报告进一步强调坚持按劳分配为主体、多种分配方式并存,构建初次分配、再分配、第三次分配协调配套的制度体系,努力提高居民收入在国民收入分配中的比重,提高劳动报酬在初次分配中的比重。

---

① 中共中央文献研究室编.中共中央关于建立社会主义市场经济体制若干问题的决定[M]//十四大以来重要文献选编(上).北京:人民出版社,1956:534.

② 江泽民.高举邓小平理论伟大旗帜,把建设中国特色社会主义事业全面推向二十一世纪[M]//十五大以来重要文献选编(上).北京:人民出版社,2000:24.

③ 中共中央关于坚持和完善中国特色社会主义制度推进国家治理体系和治理能力现代化若干重大问题的决定[M]//十九大以来重要文献选编(中).北京:中央文献出版社,2021:281.

④ 中国共产党第十九届中央委员会第五次全体会议公报[EB/OL].新华网,2020-10-29.http://www.xin-huanet.com/politics/2020-10/29/C_1126674147.htm.

### 三、 按劳分配为主体、多种分配并存是一项基市经济制度

为什么将按劳分配为主体、多种分配方式并存作为一项基本经济制度?

第一,生产与分配是有机统一体。生产决定分配,分配是生产的体现。公有制为主体、多种所有制经济共同发展体现在分配制度上,就是按劳分配为主、多种分配方式并存,社会主义所有制和分配制度在本质上是一致的,是同一事物的两个方面。

第二,分配制度是重要的经济制度,直接决定着人们在社会总产品分配中所占的份额,调节着人们之间的经济利益关系,反映了一个社会经济制度的性质和特点,塑造了一个社会经济发展的动力。

第三,把公有制和按劳分配相并列体现了社会主义经济的基本特征。我国《宪法》明确指出:"国家在社会主义初级阶段,坚持公有制为主体、多种所有制经济共同发展的基本经济制度,坚持按劳分配为主体、多种分配方式并存的分配制度。"社会主义所有制和分配制度在这里是并列而提的,都反映了社会主义初级阶段我国经济制度的基本规定。

## 第二节　按劳分配原则

### 一、 按劳分配是社会主义的分配原则

马克思在《哥达纲领批判》中对共产主义低级阶段实行按劳分配的方式进行了较为详细的论述。马克思把未来社会的社会总产品划分为三个部分:一是为了满足社会再生产需要而进行的必要扣除,包括用来补偿生产资料的部分,用来扩大再生产的追加部分,用来应对不幸事故、自然灾害等的后备基金或保险基金;二是为满足社会的共同需要而进行的必要扣除,包括同生产没有直接关系的一般管理费用(如行政、会计等),用来满足共同需要的部分(如学校、医疗等),以及为丧失劳动能力的人而设立的基金。三是个人消费品的分配。社会总产品在进行了上述前两个部分必要的扣除后,在个人消费品的分配中,实行等量劳动获取等量报酬的按劳分配原则。

社会主义为什么要实行按劳分配? 社会主义实行按劳分配原则不是出于公平或伦理上的考虑,也不是出于人们道德觉悟的考虑,而主要是由社会主义公有制的基本性质决定的。在社会主义公有制的条件下,一方面,生产资料归社会占有,人们在生产资料的占有上处于平等地位,任何人都不能凭借对生产资料的垄断占有获得特殊的经济利益,劳动成了他们获得社会产品的唯一根据。在资本主义条件下凭借对生产资料的垄断占有而获得剩余价值的情况已经不复存在了,所以按劳分配意味着反对剥削;另一方面,由于社会主义社

会刚刚从资本主义社会中产生出来,在各方面还带着旧社会的痕迹,劳动还主要是谋生的手段,还不能实行"各尽所能,按需分配"的原则,而只能实行按劳分配的原则。应该看到,在按劳分配的原则下,脑力与体力、简单与复杂等不同劳动之间还存在质的差别,不同生产者的劳动能力还存在差别,劳动能力还是一种"天赋"的权利。如果一个人在体力或智力上胜过另一个人,在同一时间内提供较多的劳动,那么就能获得较多的消费资料,这种不平等在社会主义初级阶段还是不可避免的。

按劳分配原则是社会主义分配制度和利益关系的基础,它对于社会主义经济制度的形成与发展,对于提高社会主义经济的运行效率具有十分重要的意义。坚持公有制就必须切实实行按劳分配原则,反对剥削。但是,按劳分配的具体实现形式可以是多种多样的,应当根据实际情况不断进行调整。

## 二、市场经济条件下的按劳分配

观点争鸣:
关于按劳分配的
争鸣

马克思设想的公有制和按劳分配是以不存在商品、货币和市场及实行计划经济为前提的,一旦我们把按劳分配与市场经济联系在一起,它的内容和形式就必然会与马克思提出的经典理论产生重大差别。从表面上看,在市场经济中,劳动创造价值,按劳分配与按价值分配没有大的区别。其实不然,在市场经济中,社会必要劳动时间决定价值量的规律是作为一种盲目的趋势而存在的,价格与价值、价值与劳动的完全相符只是偶然的事情,个别劳动并不能直接转化为社会劳动。所以,在社会主义市场经济中,按劳分配会受供求、竞争和价格波动等多种因素的影响,这与马克思当年的设想是不同的。

正确认识这一问题应当把按劳分配的本质和按劳分配的实现形式区别开来。从本质上,按劳分配是反对剥削,承认劳动能力和劳动贡献的差别及其对分配的影响;从实现形式上,按劳分配涉及的只是这一原则如何具体实现的问题。从马克思非市场型的按劳分配发展成为市场型按劳分配不是对按劳分配本质的否定,而是在市场经济条件下更好地实现按劳分配原则。市场型的按劳分配,一方面消灭了剥削,消灭了靠生产资料的垄断占有而获得剩余价值的分配关系,实现了生产资料占有上的平等;另一方面找到了既符合市场经济要求又体现了按劳分配本质的劳动计量方式,使按劳分配与市场机制有机结合起来。市场型按劳分配不仅有利于按劳分配的实现,而且也有利于社会主义市场经济的形成和发展。

## 三、按劳分配的贯彻和完善

在实际生活中贯彻和完善这一原则,需要把按劳分配的基本原则与我国社会主义市场经济实践相结合,重点做到以下五个方面:

1. 不断巩固公有制经济的主体地位,这是按劳分配主体地位的前提。因此,要发展壮大国有经济和集体经济,使劳动成为人们获得经济利益的主要依据,使人民群众共享发展的成果。

2. 提高劳动报酬在国民收入中的比重。居民收入中劳动收入和财产性收入的共存是社会主义市场经济的现实,这是多种分配方式并存的客观结果,但是保证按劳分配的主体地位应更加关注劳动收入在分配中的重要性,使居民之间的收入差距更多地反映劳动能力、劳动付出的差别。

3. 促进劳动收入与劳动生产率同步增长。劳动生产率的增长意味着劳动者在同一时间内生产的产品增加了,劳动者有权通过劳动生产率的增长来实现劳动收入的增长。这也从纵向上体现了按劳分配原则中的"多劳多得",使劳动者能够分享社会进步的好处,有利于实现共同富裕。

4. 努力保障劳动者通过劳动参与分配的权利。按劳分配的实现要求劳动者有工作的机会,只要生产出社会所需要的产品,只要自己的劳动得到社会承认,那么就能够参与社会分配。所以,努力增加就业机会,避免劳动者由于非个人的原因失业,是实行按劳分配的一个重要条件。这就需要充分认识到就业是民生之本,推行就业优先政策,健全就业促进机制,促进高质量充分就业。

5. 要优化行业之间、岗位之间的劳动收入格局,适当保持劳动收入差距,鼓励创造创新型劳动者、高技能劳动者、管理型人才和生产一线工人。他们的劳动具有更高的复杂程度和劳动强度,劳动者需要接受更多的教育培训并积累大量经验,理应获得更高收入。提高他们的收入也有助于形成鼓励创新、鼓励工匠精神和尊重劳动付出的社会环境。

# 第三节 多种分配方式并存

## 一、多种分配方式的形成与三次分配制度体系的构建

在改革开放以前,我国实行单一的公有制经济,生产资料绝大部分掌握在国家或集体手中,人们不可能凭非劳动要素获得收入。但在实际中,由于实行高度集中的计划经济,劳动者的收入水平并没有真实反映其劳动贡献,收入分配中吃"大锅饭"的现象比较普遍,平均主义问题比较严重。

改革开放以来,随着公有制为主体、多种所有制经济共同发展的基本经济制度的确立,分配方式也呈现出了多元化趋势。在私有制经济中,并不实行按劳分配制度。企业主凭借自己所有的资本获得利润,这是一种合法的非劳动收入。在个体经济中,劳动者

凭借自己的劳动,使用归自己所有的生产资料,获得个体劳动收入。公有制经济即国有经济和集体经济继续实行按劳分配制度。此外,我国还存在社会保障等各种按需分配方式。

按生产要素分配是多种分配方式的重要表现。所谓生产要素,是指商品生产过程中不可或缺的各种因素的总和。社会生产过程中最基本的生产要素是劳动力、土地和生产资料三要素,但是,随着生产过程的不断发展和日益复杂化,生产要素的外延呈现出扩张的趋势。知识、技术、管理、数据等要素都被纳入生产要素的范畴中来。按生产要素分配指的是这样一种经济现象:在市场经济中,劳动力、土地、资本、知识、技术、管理、数据等生产要素的所有者都要根据对生产要素的占有参与收入分配,获得相应的报酬,表现为劳动者获得工资、土地所有者获得地租、资本所有者获得利润或利息等。在传统的计划经济体制中,生产要素的配置由国家计划直接调节,因此,不存在按生产要素分配的问题。改革开放以后,随着社会主义市场经济的发展,生产要素市场逐步发展起来,各种生产要素都逐步加入了商品化的进程,具有了各自的价格,获得了相应的回报,生产要素参与的分配原则得以确立。

按劳分配为主体、多种分配方式并存是我国的基本分配制度,以此为基础,我国提出构建初次分配、再分配和第三次分配协调配套的社会分配制度体系。初次分配、再分配和第三次分配是构成社会分配过程的三个层次,三者的主体不同,机制也不一样,但三者相互联系、相互交叉,共同决定了社会的分配结果。

初次分配是指在社会生产活动中,企业作为分配主体,将国民收入在国家、企业、个人之间进行分配,是最基本的分配关系。在市场经济条件下,初次分配关系主要是在市场机制中形成的。国家和作为要素所有者的企业和个人是初次分配的主体,国家获得税收以及部分要素收入,企业和个人获得各种要素收入。各生产要素市场价格的高低,决定了劳动者和其他要素所有者的收入水平,并同时调节着资源配置的过程。

再分配就是指在初次分配的结果的基础上,政府对要素收入进行再次调节的过程。这种调节主要通过税收、社会保障、社会福利、转移支付等手段和制度进行,目的在于调节城乡、区域、部门和劳动者之间的收入分配关系,保障低收入者的生活,促进机会公平,增强发展的平衡性,校正初次分配过程可能引起的收入差距过大的消极后果。政府是再分配的主体,再分配过程要根据政策目的依法依规进行。

第三次分配是指企业、社会组织和个人在自愿基础上向他人进行捐赠或无偿提供帮助,其具体形式包括募集、捐赠、帮扶、志愿活动等。初次分配主要是要素所有者在市场活动中完成的分配,再分配是政府出于调节收入差距目的进行的分配,而第三次分配是企业、社会组织和个人出于慈善和公益目的而自愿进行的分配。第三次分配是社会分配体系中不可或缺的环节,有利于疏通社会分配过程的“毛细血管”,弥补了初次分配和再分配的不足,解决部分困难群众的燃眉之急,弘扬了社会主义核心价值观。

初次分配是基础,再分配是保障,第三次分配是补充,三个层次相互配合,形成合力,才能扎实推进共同富裕。因此,必须针对不同层次的分配过程,完善分配制度,构建三次分配协调配套的制度体系。具体而言,在初次分配中,要坚持按劳分配为主体、多种分配方式并存的基本分配制度,坚持多劳多得,鼓励勤劳致富,促进机会公平,这是实现共同富裕的根基。初次分配主要由市场起决定性作用,因此要完善按要素分配政策制度,实行生产要素由市场评价贡献、按贡献决定报酬的机制,探索多种渠道增加中低收入群众要素收入,多渠道增加城乡居民财产性收入。在再分配中,为了更好解决发展不平衡不充分的问题,政府要加大税收、社会保障、转移支付等的调节力度。要更好发挥政府在推进共同富裕中的作用,完善税收调节机制,规范收入分配秩序,规范财富积累机制,保护合法收入,调节过高收入,取缔非法收入。在第三次分配中,要引导、支持有意愿有能力的企业、社会组织和个人积极参与公益慈善事业,探索有效的实现形式,完善相关政策法规体系,营造鼓励慈善活动的社会文化环境,推动公益慈善事业健康蓬勃发展。

## 二、按生产要素分配

在社会主义市场经济中,为什么实行按生产要素分配? 主要是由以下两方面的原因决定的:

1. 以公有制为主体、多种所有制经济共同发展的所有制结构,决定了以按劳分配为主、多种收入分配方式并存的分配结构。社会主义公有制经济实行的是按劳分配,这种分配方式消灭了私人对生产资料的占有,否定了任何个人和集团凭借其对所有权的垄断而占有社会产品的制度基础,因此,生产资料不再成为私人占有社会产品的根据。但是,在私有制经济中,由于生产资料是私人所有的,因此,产品的占有必然要体现私人所有者的利益。按生产要素的分配就是生产资料私人所有在经济上的实现。

2. 社会主义市场经济中不同经济主体在产权关系上的独立性,决定了各种生产条件或生产要素无论归谁所有,都要通过市场进行配置。公有制经济虽然不存在生产资料的私人垄断,任何人都只能通过劳动获得收入,但是由于资源的稀缺性和排他性,公有的资本、土地等资源也要有偿使用,从而形成资本的利息、土地的地租等收入形式。公有资源的这种有偿使用对于准确反映资源的稀缺状况、实现资源配置的合理化具有重要意义,并且会间接影响按劳分配的实现过程。

总之,按生产要素分配的依据是生产关系特别是所有制关系,而不是生产力,不是生产要素在使用价值形成中的作用。虽然生产要素对社会产品的创造来说是必不可少的,但生产要素本身并没有意志,也不会因为其对生产过程做出了贡献而“要求”获得报酬,真正要求获得报酬的是生产要素的所有者,他们凭借对生产要素的占有而要求参与分配。如果生产要素不是稀缺的并且不被个人所占有(如空气或阳光),那么,无论其在生产过程中有多大的作用,也不可能参与分配过程。生产要素参与分配的过程实际上是生产要素所有者凭借着其对生产要素的所有权参与分配的过程,生产要素的报酬不过是生产要素所有权的实现形式。虽然劳动之外的生产要素并不创造价值,但是,它们是生产过程中必不可少的物质条件,并且这些条件是被特定的人所独占的,因此,只要承认非劳动生产要素所有权的合法性,它就必然要求在经济上获得实现,就要参与分配。

在社会主义市场经济中,按生产要素分配主要有以下几种方式:

1. 工资。在公有制经济中,工资是按劳分配而不是按生产要素分配的结果,劳动者按照劳动付出的多少分得公有制企业消费基金的一部分。在非公有制经济中,工资是劳动力商品的价格,是作为劳动力所有者的劳动者取得报酬的形式。工资的高低以劳动力价值为基础,同时受到劳动力供求、劳动者议价能力、法律制度等因素的影响。劳动者取得一定技能需要接受教育或训练,因此具有不同技能的劳动者的劳动力价值不相同,从而工资也会有差别。《中华人民共和国劳动法》和《中华人民共和国劳动合同法》等法律明确保护劳动者的合法权益,通过制定最低工资、限制劳动时间、建立企业工资集体协商制度等方式保护劳动所得。

2. 利润。在国有经济中,利润相当于国家所有权的收益和企业积累之和。私营经济和外资经济以雇佣劳动为基础,企业所有者以雇主的身份出现,劳动者以被雇佣劳动者的身份出现,由此决定了私营经济和外资经济中的分配方式必然采取按资本的分配方式。企业所有者可以以资金入股,也可以以土地、技术、知识、数据等要素入股,并凭借股权获得利润。利润的高低不仅取决于企业的技术水平和市场情况,而且取决于企业的经营管理水平和相对于劳动者的议价能力。利润直接形成企业所有者的财产性收入,或者一部分以股息的方式形成股东的财产性收入,一部分以企业留存利润的方式形成股东的财产。企业留存利润是企业扩大再生产所需资本的内部来源。保持合理的利润水平有利于提高投资的积极性,促进就业增长和技术进步。

3. 利息。利息是指在资本借贷中贷方凭借资本所有权而获得的报酬。在私有制经济中,利息从本质上说是劳动者所创造的剩余价值的一部分。由于资本的稀缺性,公有资本参与资本借贷时也要收取或支付利息。劳动者通过银行储蓄也获得利息,同时也会通过信用卡、住房抵押贷款等方式向银行支付利息。利率的高低主要取决于借贷资本的供求、金融体系的制度、法律、中央银行政策等因素。合理的利率水平有利于优化资源配置,促使金融服务于实体经济,为企业扩大再生产提供所需资本的外部来源,为资本有机构成较高的高新技术产业提供资金支持。

4. 租金。租金是土地、矿山、机器设备、房地产等财产的所有者凭借其财产所有权向租用方收取的报酬。在私有制经济中,租金从本质上说是企业的超额利润转化而来的。由于土地等财产的稀缺性,公有制参与财产的租借也要支付或获得租金。劳动者可以作为住房所有者出租房屋收取租金,也可通过租房而向住房所有者支付租金。我国的城市土地由国家所有,因此,国家以土地使用权出让金的形式获得租金。租金的存在有利于优化土地等稀缺资源的配置,但租金过快上涨会提高企业成本和劳动者的生活成本,使企业提高产品价格以转嫁成本,造成通货膨胀压力。

5. 资本利得。资本利得是指在资产价格变化时,资产所有者利用买卖价差而获得的收入。这里的资产包括股票、债券等金融资产,也包括房地产、古董等财产。以股票为例,在股市中,股票价格主要取决于发行股票的企业的盈利能力。企业决策、宏观政策、国际市场等一系列因素都会影响企业的盈利能力和投资者的预期,进而造成股票价格的波动。投资者在股价波动中低买高卖获得的收入就是资本利得。金融市场或房地产市场上资产价格的正常波动是市场优化资源配置的过程,但是由于市场具有极大的不确定性,投资者预期具有自我加强的特征,因而容易形成资产泡沫,造成投资者以获得资本利得为目的进行投机,推升资产价格脱离实际情况过快增长,容易引发市场剧烈动荡。因此,国家应该不断完善对金融市场和房地产市场的监管,正确引导投资者预期,防止资产价格泡沫化。

6. 个体经营收入。个体经济的劳动者利用自己的生产资料进行劳动,生产产品并出售产品以取得收入。个体经济劳动者收入的高低受其劳动生产率的影响。劳动生产率高,且生产的产品适销对路,劳动者就会取得较高收入;反之只能取得较低收入。劳动生产率的高低一方面取决于劳动者的劳动技能和劳动熟练程度,另一方面取决于物质生产条件的好坏。个体经营收入可以被看成一种混合型收入:个体经济的劳动者既通过自己的劳动获得工资,又凭借生产资料的所有权获得利润,但是在实际中,个体经济中工资和利润是难以划分的。

### 三、 按基本需要分配

除了按劳分配和按生产要素分配外,我国还存在按照社会成员的基本需要进行分配的方式。在社会主义初级阶段,我们要根据社会发展水平努力保障社会成员基本的生存和发展机会,促进社会的长远发展。保障基本的生存和发展机会要求社会向其成员提供基本收入使其免于贫困,并在教育、医疗、养老等方面得到保障。这种按基本需要分配与共产主义社会的按需分配有所不同,不是建立在生产力极大丰富、劳动成为第一需要基础上的;但又有其相同之处,都体现了公有制条件下人民共享发展成果的制度属性,是中国特色社会主义本质特征的重要体现,具有十分重要的意义。

1. 按基本需要分配有利于实现共同富裕,避免两极分化。在多种分配方式并存的情况下,一方面由于按劳分配的比重较低,另一方面由于社会成员在生产要素的占有方面存在差别,因此,不可避免会出现一部分社会成员无法获得基本收入的情况,同时出现贫富差距的拉大的现象。向这些社会成员提供基本收入,涉及广大人民群众的基本生活,是全面建成小康社会、实现共同富裕、避免两极分化的重要途径。

2. 按基本需要分配有利于弥补市场经济的不足。市场经济一方面具有奖勤罚懒的好处,能够对生产者产生激励作用,优化资源配置。但另一方面又可以造成企业、行业的剧烈波动,使社会成员的收入也随之波动,造成基本生活缺乏保障。特别是在国企改革、淘汰落后产能、产业结构升级、遭受金融危机冲击等情况下,一些劳动者会面临下岗、失业、收入下降等问题。向这些社会成员提供基本收入有利于维持劳动力再生产,维护社会稳定,促进经济结构的平稳转型和长远经济发展。

按基本需要分配是通过国家参与分配过程来实现的。国家作为收入分配主体参与社会总产品的分配过程,通过税收、社会保障制度等方式从各经济主体那里取得收入,并在此基础上向社会成员提供基本收入。在此我们可以列举以下三种具体的分配方式:

1. 社会保障。社会保障是指国家和社会为社会成员特别是生活有特殊困难的个人或家庭提供基本生活保障的一种制度。这一制度由社会保险、社会救济、社会优抚和社会福利等制度组成。社会保险制度为劳动者在年老、疾病、生育、失业、工伤情况下提供帮助;社会救济制度为贫困居民提供基本生活保障;社会优抚制度为军属、烈属、复员转业军人、残疾军人提供优待抚恤;社会福利制度为残疾人、生活无保障人员提供生活保障。如图 4-1 所示,社会保险作为我国社会保障的重要内容在过去几十年中取得了引人瞩目的成就,各项保险参保人数持续增长。中国建成了世界上规模最大、覆盖人数最多的社会保障体系,基本养老保险覆盖 10.4 亿人,基本医疗保险参与率稳定在 95%。

2. 最低工资。最低工资制度是国家通过立法规定支付给劳动者的最低工资水平的制度。根据我国劳动和社会保障部[①]在 2004 年 3 月 1 日起施行的《最低工资规定》,各地在制定和调整最低工资标准时应考虑当地就业者及其赡养人口的最低生活费、价格水平、职工需要缴纳的社会保险、当地平均工资水平、经济发展水平、就业状况等因素。制定最低工资的目的就在于保障劳动者个人及其家庭成员的基本生活。

3. 扶贫。消除贫困、改善民生、实现共同富裕,是社会主义的本质要求。扶贫就是通过发展生产、财政补贴、民生投资、社会保障等方式提高贫困家庭收入,减少贫困人口数量,直至彻底消除绝对贫困现象,这也是满足共同需要的一种分配方式。到 2021 年,我国脱贫攻坚战取得了全面胜利,历史性地解决了绝对贫困问题。

---

① 现全名为中华人民共和国人力资源和社会保障部。

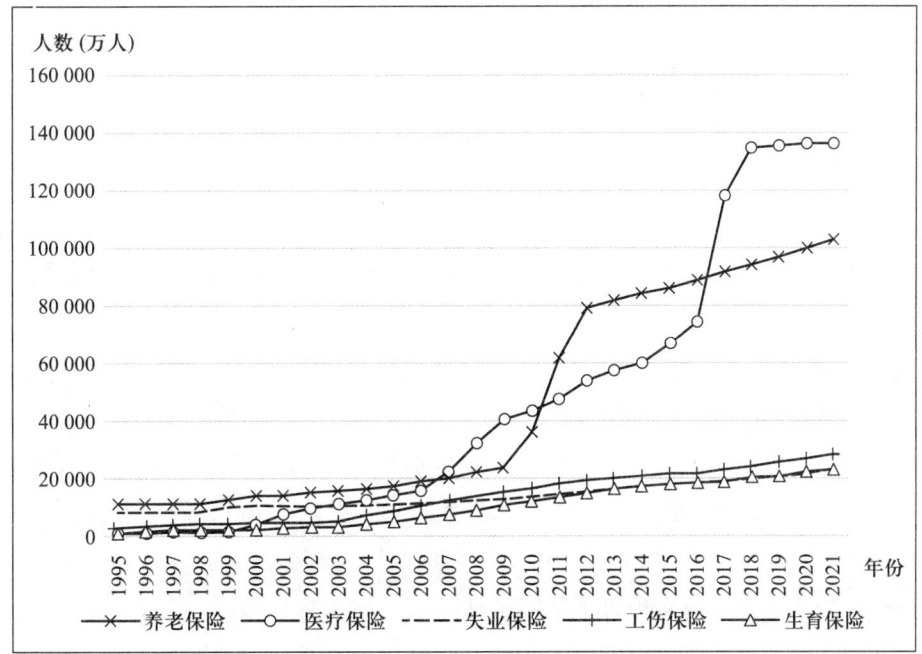

图 4-1　1995—2021 年中国参加各项社会保险人数

数据来源:《中国统计年鉴 2022》表 2:4-25.

# 第四节  共 享 发 展

## 一、坚持共享发展

共享是中国特色社会主义的本质要求,注重的是解决社会公平正义问题。共享发展理念的实质就是坚持以人民为中心的发展思想,体现的是逐步实现共同富裕的要求。共享发展和共同富裕在本质上是完全一致的,向我们指明了在新时代实现富裕的基本要求和主要途径,是对共同富裕思想的深化和发展。

共享发展,就是要让全体人民共享发展成果,促进人的全面发展。这一理念首先突出的是发展的目的是增进全体人民的福利,发展的成果要惠及全体人民,而不仅仅惠及少数人。这就要求我们在发展过程中保持合理的分配格局,让处于不同行业、不同社会阶层、不同区域、城镇与乡村的人民都能享受到发展成果。共享发展不是"均贫富",不是要求所有人以平均主义的方式分配发展成果。合理的收入差距仍然是必要的,但只有避免贫富分化,维护社会公平正义,才能让全体人民都有获得感。实现共享发展尤其要守住底线,保障和改善民生,减少和消灭贫困,让困难群众和低收入人群也能够切实获得发展成果。

共享的对象十分广泛，包括我国在经济、政治、文化、社会、生态等各方面的建设成果。发展不只是经济规模的扩大、收入水平的提高，而是一个多维度、整体性的提升过程。共享发展不仅要让全体人民在经济上有获得感，而且要保证人民在政治上当家作主，享受更加丰富的文化成果、更加稳定和谐的社会环境以及良好的生态环境。实现共享发展，不仅要努力"分好蛋糕"，而且还要加大对公共产品的投入，让人民享受到全方位的发展成果，促进人的全面发展。

共享的前提是共建。共建就是要充分发扬民主、广泛汇聚民智，最大激发民力，形成人人参与、人人尽力、人人都有成就感的生动局面。从根本上说，实现人的全面发展必须以社会产品的丰富为前提，必须以社会生产的发展为前提。"分好蛋糕"必须以"做好蛋糕"为基础，不能竭泽而渔，一味强调再分配。因此我们要完善激励制度，鼓励创造创新，鼓励提高技能水平，形成良好的制度环境，激发人民的创造力和经济的活力，让人民在共建的过程中各有所得，为共享发展的实现打下坚实基础。

最后，共享发展是一个渐进的过程。我国仍然处在社会主义初级阶段，各地发展情况仍不平衡。这就要求我们以渐进的方式推进共享发展，立足国情、立足经济社会发展水平来思考设计共享政策。既要拿出切实可行的政策改善民生，让人民有更多获得感，又要因地制宜、量力而行，防止好高骛远、寅吃卯粮、口惠而实不至。共享发展有一个从低级到高级的过程。减少和消灭贫困、加大对困难群众的帮扶力度就是共享发展首先要实现的基本目标。只有以此为基础，才能进一步探索如何实现更高级的共享发展。

落实共享发展理念，归结起来就是两个层面的事。一是充分调动人民群众的积极性、主动性、创造性，举全民之力推进中国特色社会主义事业，不断把"蛋糕"做大。二是把不断做大的"蛋糕"分好，让社会主义制度的优越性得到更充分体现，让人民群众有更多获得感。

## 二、缩小收入差距

历史演进：
共同富裕理论的
发展

改革开放以来，我国居民生活水平持续得到改善，2021 年全国居民人均可支配收入比 1978 年实际增长了 28.7 倍①，与此同时，不同社会阶层之间的收入差距和财产差距也越来越大。根据国家统计局数据，2003 年我国居民收入基尼系数为 0.479，在 2008 年达到 0.491，2008 年之后有所下降，2021 年为 0.466，但仍然明显高于国际公认的承受线。② 收入差距的扩大与财产差距扩大有很大关系。在收入差距扩大的同时，居民在财产占有上的差距也明显扩大，人们财产

---

① 数据来源：根据全国居民人均可支配收入及居民消费价格指数计算。全国居民人均可支配收入来自《中国统计年鉴—2022》表 6-1 及国家统计局网站。居民消费价格指数来自《中国统计年鉴—2022》表5-2。
② 数据来源：国家统计局网站年度数据中的"人民生活"部分。

占有的差距扩大反过来又成为推动收入差距扩大的重要因素。

改革开放以来,随着以按劳分配为主、多种分配方式并存的分配制度的实行,特别是随着资本、土地、技术等生产要素参与分配,人们之间的收入差距开始拉大,而收入差距的扩大会进而造成财产差距的扩大。市场经济是通过市场竞争来分配收入的,由于不同企业和个人之间的资源禀赋和劳动技能各不相同,必然导致收入上的差别,特别是价值规律所具有的激励创新、择优汰劣的作用,往往会把收入分配上的这种差别加以放大。同时,在经济转型和结构调整过程中,不同地区、不同行业、不同社会阶层和不同个人以及城乡之间面临着不同的发展机遇,有的地区、行业得到迅速发展,有的地区、行业则逐步衰落甚至被淘汰。

因此,在一定阶段上,分配差距的扩大有其必然性,有利于调动各方面的积极性,促进市场经济的发展。但是,我们也要看到,现阶段分配差距的扩大中包含着一些不合理的因素,是需要加以解决的。一方面,在经济转型中,体制、政策和法律不够完善,存在不少漏洞,如侵吞公有财产、偷税漏税、权钱交易、内幕交易等。另一方面,发展不平衡问题比较突出,特别是城乡之间发展水平差距较大,在就业、收入、医疗、教育、社会保障等方面存在明显差距。总之,分配不公问题比较突出,已经制约我国改革发展、影响社会和谐稳定、妨碍社会主义制度优越性发挥,必须采取切实有效措施,花大力气加以解决。

对于收入差距扩大的问题,党和政府高度重视。特别是进入 21 世纪以后,党中央反复强调,要更加注重社会公平,合理调整国民收入分配格局,切实采取有力措施解决地区之间和部分社会成员收入差距过大的问题,逐步实现全体人民共同富裕。

如何缩小收入差距? 关键在于完善分配制度。分配制度是促进共同富裕的基础性制度。一是坚持按劳分配为主体、多种分配方式并存,构建初次分配、再分配、第三次分配协调配套的制度体系。二是努力提高居民收入在国民收入分配中的比重,提高劳动报酬在初次分配中的比重。三是坚持多劳多得,鼓励勤劳致富,促进机会公平,增加低收入者收入,扩大中等收入群体。四是完善按要素分配政策制度,探索多种渠道增加中低收入群众要素收入,多渠道增加居民财产性收入。五是加大税收、社会保障、转移支付等的调节力度。六是完善个人所得税制度,规范收入分配秩序,规范财富积累机制,保护合法收入,调节过高收入,取缔非法收入。七是引导、支持有意愿有能力的企业、社会组织和个人积极参与公益慈善事业。[①]

从根本上来说,只有促进生产力的不断发展,创造更多的物质和精神财富,并在此基础上坚持完善社会主义基本经济制度,在生产资料的占有上实现社会公平,以劳动贡献为分配的主要依据,才能逐步缩小贫富差距,真正实现共同富裕的目标。

---

① 习近平.高举中国特色社会主义伟大旗帜,为全面建设社会主义现代化国家而团结奋斗——在中国共产党第二十次全国代表大会上的报告[M].北京:人民出版社,2022:47.

### 三、提高劳动报酬占比

在国民收入的初次分配中,国民收入分为劳动报酬、营业盈余、生产税净额和固定资产折旧四项。其中,劳动报酬是劳动者获得的工资性收入、务农收入和个体经营收入。在初次分配之后,国家要通过税收、转移支付等手段继续进行再分配。经过初次分配和再分配,形成了城乡居民家庭的可支配收入。由于居民收入的主要来源是劳动报酬,提高劳动报酬在初次分配中的比重在一般情况下也会提高居民收入在国民收入中的比重。

劳动报酬在初次分配中的比重是反映收入分配状况的一个重要指标。劳动报酬份额简单明了地反映了初次分配的宏观格局。法国经济学家托马斯·皮凯蒂(Thomas Piketty)用各国长期历史经验表明,劳动报酬份额能够在很大程度上反映收入分配的集中程度。劳动报酬份额越低,收入分配就越集中,贫富分化就越严重,基尼系数、最富人群收入占比等指标就越高。并且,各国长期历史经验表明,劳动报酬份额还与财产分配的集中程度相关。通常情况下,劳动报酬份额越低,财产分配就越集中。抓住了劳动报酬份额也就抓住了收入分配的要害。提高劳动报酬份额,收入分配的格局就能明显得到改善。

如图 4-2 所示,改革开放以来,我国劳动报酬占 GDP 的比重在 1978 年为 49.7%,1990 年为 53.4%,1990 年以后进入了一个长期下降的过程,一直到 2008 年下降到 43.7%,此后逐渐回升。劳动报酬份额在 2011 年为 44.9%,在 2020 年已提高到 48.7%。

图 4-2　1978—2020 年我国劳动报酬占 GDP 的比重

数据来源:相关年份《中国统计年鉴》和《国民收入统计资料汇编(1949—2004)》,数据根据统计标准的变化进行了调整以保持一致。2018—2020 年数据根据资金流量表中劳动报酬的增速估算。

导致我国劳动报酬份额在 1990 年到 2008 年之间发生下降的主要因素是：一些企业劳动者的合法权利得不到充分维护，工资增长较慢，超时劳动的现象严重；在全球化的大背景下，一些企业面临激烈国际竞争，工资增长受到抑制；在城镇化快速发展的过程中，大量农民工进城务工，增加了劳动力供给，制约劳动报酬提高。

2008 年以来，尤其是党的十八大以来，劳动报酬份额稳中有升。这一时期，党中央明确提出以人民为中心的发展思想，着力保障和改善民生，努力提高人民收入水平，实行就业优先战略，促进收入分配更加合理；我国经济增长对出口的依赖度下降，扩大内需的潜力不断释放；农民工数量增速放缓，部分地区甚至出现"民工荒"，推动工资水平显著增长。

劳动报酬份额的稳步提高有利于贫困人口摆脱贫困，有利于缩小收入差距，也有利于提高居民消费对经济增长的拉动作用，同时有利于经济结构的转变，应继续保持这一趋势，促使劳动报酬份额回归到更加合理区间。

## 第五节　把提高效率和促进公平结合起来

### 一、社会主义市场经济中的公平原则

公平历来是人们追求的一个社会目标。马克思主义认为，任何社会公平都不是抽象的、绝对的和永恒不变的，而是具体的、相对的和历史的，反映了现实存在的经济社会关系。在不同历史条件和社会制度下，公平的具体内容和现实要求是不完全相同的。在我国社会主义市场经济中，由于存在着多层次和多形式的经济社会关系，因此，反映这些关系的公平原则也包括了多方面含义：

1. 作为市场经济基本规范的等价交换的公平。市场经济的发展要求有自由的、自主的商品所有者，他们根据平等的权利进行等价交换、公平竞争。这种含义的公平是市场经济的内在要求，也是建立和完善社会主义市场经济体制的基本保证。

2. 与社会主义人权原则相适应的权利的公平。人权是社会每一个人应当享有的自由平等的权利，尊重和保障人权是我国宪法制度的一项基本内容。社会主义的人权观强调要将尊重和保障人权贯彻到社会生活各个方面，特别是要把保障每个人的生存权、发展权放在首位。

3. 与社会主义公有制和按劳分配相适应的劳动的公平。在社会主义公有制经济中，人们在生产资料的占有上处于平等地位，劳动者之间的关系是等量劳动相交换的关系。这种含义的公平既强调要消灭剥削和两极分化，又强调劳动者之间利益的差别。

创新理论：
构建初次分配、再分配、第三次分配协调配套的制度体系

4.分配结果的平等,即分配的均等化。这种含义的公平反映了不同社会阶层或不同社会成员之间在收入与财产上的差距,它也是目前人们讨论分配公平时使用的概念。

由于公平的含义是多方面的,因此,效率和公平的关系也是多方面的,应当依据实际情况作具体分析。

## 二、效率和公平的关系

在改革的过程中,如何处理效率和公平的关系是一个突出问题,引起了社会普遍的关注,并受到了党和政府的高度重视。1993年《中共中央关于建立社会主义市场经济体制若干问题的决定》提出:"个人收入分配要坚持按劳分配为主体、多种分配方式并存的制度,体现效率优先、兼顾公平的原则。"[1]1997年党的十五大报告中指出:"坚持效率优先、兼顾公平,有利于优化资源配置,促进经济发展,保持社会稳定。"[2]2002年党的十六大报告提出:"坚持效率优先、兼顾公平,既要反对平均主义,又要防止收入悬殊。初次分配注重效率,发挥市场的作用,再分配注重公平,加强政府对收入分配的调节职能。"[3]党的十七大报告提出,把提高效率同促进社会公平结合起来。党的十八大提出,"初次分配和再分配都要兼顾效率和公平,再分配更加注重公平"。[4] 党的十九大之后,党中央提出,要建设体现效率、促进公平的收入分配体系,实现收入分配合理、社会公平正义、全体人民共同富裕。对效率和公平关系的认识不断发展,日益完善。

一般来说,交换的公平、权利的公平、劳动的公平与效率的关系更多的是相互促进的正向关系,而不是相互排斥的对立关系。因此,公平的竞争秩序、平等的社会权利和按劳分配原则的实行,有利于发挥制度的激励和调节作用,从而能提高经济效益,推动生产力的发展。即使是分配的均等化与效率之间关系也不完全是对立的,过分的收入差距扩大到一定程度也会损害经济的持续增长。随着收入的增加,人们的消费倾向是递减的,因而收入分配的过分不平等和收入向高收入阶层的过分集中,会造成社会有效需求的不足,妨碍经济增长。收入分配的过分不平等会造成大量的贫困人口或弱势群体,使他们的生存和发展的权利得不到保障,住房、医疗、营养、教育等条件得不到改善,这些必然会制约劳动力素质的提高。收入分配的严重不公平,会导致贫富的两极分化,并进而损害政治民主和社会公正,

---

[1] 中共中央关于建立社会主义市场经济体制若干问题的决定[M]//十四大以来重要文献选编(上).北京:人民出版社,1996:534.

[2] 江泽民.高举邓小平理论伟大旗帜,把建设有中国特色社会主义事业全面推向二十一世纪[M]//十五大以来重要文献选编(上).北京:人民出版社,2000:24.

[3] 江泽民.全面建设小康社会,开创中国特色社会主义事业新局面[M]//十六大以来重要文献选编(上).北京:中央文献出版社,2005:21.

[4] 胡锦涛.坚定不移沿着中国特色社会主义道路前进,为全面建成小康社会而奋斗[M]//十八大以来重要文献选编(上).北京:中央文献出版社,2014:28.

加剧社会矛盾,危害社会的和谐与稳定。公平与效率的这种相互促进的作用目前已经越来越为人们所认识,实现公平的经济增长,使社会的大多数成员都能分享到经济增长的成果,正日益成为人们的共识。

---

专栏4-1 经济发展与不平等:库兹涅茨曲线的对与错

经济发展与不平等之间有什么关系?这是许多经济学家所关心的问题。诺贝尔经济学奖获得者美国经济学家库兹涅茨在他1955年发表的一篇文章中提出,经济发展与不平等之间存在一种"倒U形"的关系,即在经济发展初期,不平等程度加重,而当经济发展达到一定水平后,不平等程度会减轻。经济发展与不平等之间的这种"倒U形"关系被称为库兹涅茨曲线。

可是,许多国家的历史经验并没有证明库兹涅茨曲线的存在。美国等发达资本主义国家在第二次世界大战后的最初30年的确出现了不平等程度的下降,仿佛是经济发展达到一定程度后这些国家进入到不平等程度下降的阶段。但是,20世纪80年代后,这些国家的不平等程度重新上升。不少人认为,只要经济发展了,分配差距扩大的问题就会自然得到解决,其实不然。实际情况也证明,如果分配差距不断扩大,任其发展而不加以调节,必然会导致贫富两极分化,不可能自动实现共同富裕。

共同富裕和共享发展是我国追求的目标。我国一直保持着对分配差距的强有力的调节,能够通过分配制度改革不断优化分配结构,控制分配差距,处理好效率和公平之间的关系,让全体人民共享发展的成果。这一国家的目标和能力正是库兹涅茨的理论所没有考虑到的,因此库兹涅茨曲线不适合分析我国的情况。

---

## 三、初次分配和再分配都要处理好效率和公平关系

初次分配过程需要处理好效率和公平的关系。一般认为,初次分配主要是通过市场进行的,因此,应以提高效率为主,但是同时也要注重促进社会公平。这是因为,在初次分配中如果不重视公平,必然会在市场竞争机制和价值规律作用下出现贫富分化,很难通过再分配实现公平。同时,初次分配的结果在有些情况下可能不利于提高效率,也不利于兼顾社会的整体和长远的利益。众所周知,在资本主义市场经济中,由于生产资料的私人占有,导致了收入分配的两极分化和生产过剩的经济危机,阻碍了生产力的发展。正是由于基于对资本主义这一基本矛盾的认识,马克思主义经典作家提出了生产资料社会占有的设想,并把生产资料的公有制当作促进社会生产力发展和实现社会成员共同富裕的基本条件,也就是说,生产资料的社会占有是实现效率和公平统一的重要保障。此外,作为初次分配的前提,劳动者的教育程度、生产资源的价格体系和占有状况、市场体系的完善与否,也在很

大程度上既影响着初次分配的公平,也影响着生产过程的效率。当前我国居民收入差距扩大和贫富分化的出现,在许多方面正是初次分配不公平的结果。对广大低收入的困难群体来说,通过再分配所得到的弥补也比较有限,难以从根本上解决问题。因此,初次分配就应重视公平,以公平促进效率,以效率带动公平。在初次分配中,效率与公平也需要统一起来。

再分配过程需要处理好效率和公平关系。一般认为,再分配主要是通过国家进行的,因此,应以促进公平为主,但也要注重提高效率。这是因为,社会主义的根本任务是发展生产力,并在此基础上更好地满足人民群众的物质文化需要,实现人的全面发展。因此,无论是初次分配还是再分配都要把效率和公平统一起来。社会的再分配是以国家为主体的、以社会的整体和长远利益为导向的,并且承担着弥补市场缺陷的功能,再分配要处理好初次分配中没有完全解决的公平问题,因此,要比较多地强调社会的公平,在政策措施上要使"再分配更加注重公平",但是这并不意味着再分配可以不讲效率只讲公平。因为国家对收入再分配的调节如果完全脱离了效率标准,损害了市场机制功能,会导致资源配置的低效率,阻碍社会生产力的发展,其结果最终也必然会影响社会福利的提高,损害社会的公平。

总之,初次分配和再分配都要处理好效率和公平的关系,体现了社会主义经济的本质要求,有利于生产力发展。

## 本章小结

1. 生产决定分配。我国在社会主义初级阶段实行以公有制为主体、多种所有制共存的所有制制度,它决定了必须实行以按劳分配为主体、多种分配方式并存的基本分配制度。按劳分配是社会主义公有制经济中个人消费品的分配原则,在社会主义市场经济条件下,按劳分配原则必须通过市场机制才能得以实现。同时还有赖国家对收入分配过程的有效调节。

2. 在我国社会主义初级阶段,除了按劳分配之外,还存在多种分配方式,包括各种按生产要素分配和按需分配的方式。按生产要素分配包括了工资、利润、利息、租金、资本利得等多种形式。按生产要素分配的依据是因为生产要素特别是生产资料的所有者凭借其所有权而要求分得社会产品。按需分配在我国具体的实现形式是各种社会保障和民生保障。构建初次分配、再分配和三次分配协调配套的制度体系,有利于扎实推进共同富裕。

3. 共同富裕和共享发展是社会主义的本质要求。当前我国居民收入差距扩大的原因是多方面的,与财产占有差距的扩大又有着密切的关系,同时也受劳动报酬在初次分配中比重的影响。收入差距和财产差距的持续扩大不利于实现社会的共同富裕,必须采取有效措施加以解决。

4. 在社会主义市场经济中,效率和公平都存在着多种含义,因此二者的关系是复杂的。从收入分配的角度看,效率和公平之间的关系也不是对立的,而是相互促进的,必须正确处理二者的关系,把促进效率和公平有机统一起来,在不断发展生产力的基础上使人们共享发展的成果。

## 复习思考题

1. 马克思在《哥达纲领批判》中设想的社会主义分配制度是什么样的,它与共产主义高级阶段有什么区别?

2. 社会主义市场经济条件下,按劳分配的劳动是如何计算的,能不能完全通过市场机制来实现?

3. 多种分配方式并存的理论依据是什么,为什么不能用与西方经济学中的边际生产力理论来说明按生产要素分配的原则?

4. 在社会主义市场经济中,公平的含义是什么,效率和公平是什么关系?

5. 什么是共享发展? 共享发展和共同富裕的关系是什么?

## 即测即评

请扫描二维码进行即测即评。

# 第二篇
# 中国特色社会主义经济运行

　　经济运行是各经济主体在一定经济制度的基础上从事的经济活动,通过这些活动,经济制度的要求得以实现,社会生产、分配、交换、消费和资源配置过程得以完成。在中国特色社会主义经济中,经济运行过程分为三个层次的内容,即微观经济运行、中观经济运行和宏观经济运行。其中,微观经济运行是市场配置资源的基础,并通过企业、农户、居民的经济活动得以实现;中观经济运行是微观经济运行和宏观经济运动的结合部,在中国的经济运行过程中具有特殊地位和作用;宏观经济运行是社会产品的总供给与总需求的平衡及其波动,体现了经济运动的总体过程。中国特色社会主义经济的运行既反映了社会化生产和市场经济的一般规律,又体现了中国特色社会主义经济制度的特殊要求。

# 第五章  微观经济运行

微观经济运行是市场经济运行的基础,是市场配置资源的实现过程。社会主义市场经济条件下的微观经济运行,在反映现代市场经济微观经济运行的一般规律的同时,又体现出中国特色社会主义市场经济的特殊性,并集中在企业、农户、居民的经济活动以及政府的微观监管等方面表现出来。

## 第一节  微观经济运行过程

### 一、微观经济与宏观经济的区分

微观经济运行是指作为国民经济细胞或基本单位的经济主体,在市场上进行经济活动的过程,它考察的是这些微观主体的功能,涉及的是经济运行的"个量";宏观经济运行是指建立在微观经济主体活动基础上的国民经济总体的运动过程,它考察的是国民经济作为一个整体的功能,涉及的是具有"总量"特征的经济运动过程。

国民经济运行中的微观经济和宏观经济两个运行层次,共同构成了整个国民经济运行的有机统一体。微观经济运行是宏观经济运行的基础,经济总量变动的原因存在于个量变化中;宏观经济运行则在总体上制约微观经济运行,是微观经济有效运行的重要保证。尽管如此,微观经济活动和宏观经济活动,各自有着独特的运行方式及规律,因而有必要也有可能把它们分开作为分析的对象。马克思在《资本论》中,首先分析了个别资本的运动,进而分析了相互联系、相互制约的单个资本运动构成的社会总资本运动。从某种意义上讲,也可以视为一种最早的从微观到宏观的分析逻辑。通过这种由微观层次到宏观层次循序渐进的研究,《资本论》完整地揭示了资本主义经济的运行规律,说明了资本主义发展的必然趋势。当然,马克思《资本论》的逻辑与西方经济学的微观宏观二分法有本质的区别。在马克思经济学中,微观经济与宏观经济是内在联系的而不是相互分割的。无论是个别资本还是总资本,都是受剩余价值规律支配的,是资本运动的不同表现形式。我们对社会主义微观经济和宏观经济的分析也要借鉴和运用马克思的方法。

按照从微观到宏观的顺序来分析社会主义经济的运行,也符合社会主义市场经济体制的实际。在社会主义市场经济体制条件下,市场是资源配置的基础,各种微观经济单位是进行自主经营决策的主体,市场交换关系将这些主体的经济活动联结成国民经济运行整体。显然,只有在首先把握住微观经济运行规律的前提下,才有可能进一步分析国民经济整体运行。同时要看到,像中国这样的社会主义大国,除了微观经济运行与宏观经济运行外,还存在中观经济运行问题。作为同类企业集合物的产业以及产业集聚空间的区域经济运行的规模、效率、质量等,在大国经济模型中具有特殊重要的意义。

## 二、微观经济运行的主体

在我国现阶段,微观经济主体主要包括企业、农户和居民。

企业是重要的微观经济主体。企业是产品及劳务的生产经营单位,是从事生产经营活动的最基本的经济组织。一个生产和经营组织要真正成为企业,必须满足三个基本条件:其一,它必须是该组织内各当事人经济权利的集合,即所有者权利、经营者权利和劳动者权利的集合;其二,这种经济权利的集合是在一定的制度安排下实现的,并在内部分工的基础上形成职权划分和协作关系;其三,它必须是自主经营、自负盈亏,具有法人资格,能独立承担财产责任和民事责任的经济实体。

企业可以划分为不同的类型。按所有制形式,我国现阶段企业可划分为国有企业、集体企业、混合所有制企业、私营企业、中外合资企业、外商独资企业等;按资本组织形式,可分为有限责任企业、股份有限企业、合伙企业、合作企业、股份合作企业、业主制企业等;按技术装备水平,可分为现代化企业和非现代化企业;按规模和综合生产能力,企业可分为大型、中型和小型企业;按生产经营品种,可分为工业企业、农业企业、交通运输企业、商业企业、金融企业、信息企业等;按生产要素构成比例,可分为劳动密集型企业、资本密集型企业和技术密集型企业;等等。

农户是微观经济的主体之一。我国在农村实行土地承包责任制以后,农户具有充分的生产经营自主权,成为独立进行商品生产和经营的农业经济实体,自主进行投资与经营决策,自主进行生产与消费选择。一方面,农户生产农产品满足社会需要,同时供给劳动力、资金等生产要素;另一方面,购买农业生产所需要的各种生产要素和农户家庭生活需要的各种商品,从而与市场紧密地联系在一起。

居民也是微观经济主体之一。居民的经济行为同企业和农户经济行为相互联系、相互作用,共同形成并影响着市场经济的运行过程。随着就业和分配体制等方面的改革,我国居民在收入和消费选择方面有了更大的自主权。在社会主义市场经济条件下,居民作为微观经济主体,既是消费者,又是劳动力和资金等生产要素的所有者。居民作为消费者从自身需要出发并在家庭预算约束下,自主决定消费和储蓄的比例,对不同消费品的购置进行选择;居民作为某些生产要素的所有者,对所拥有的生产要素如何使用进行选择。

## 三、微观经济活动的内容

微观经济活动主要有三个方面的内容。

1. 生产经营者的经济活动。生产经营者的经济活动,是生产经营者为实现自身的经营目标,在一定的生产经营约束条件下发生的各种经济行为的总和,包括经营模式的选择、投资、生产管理、资金周转、技术创新、分配等方面的活动。

2. 居民的经济活动。包括居民获取个人收入、决定收入分为储蓄和消费的比例等方面的经济活动。居民围绕收入、消费、储蓄及投资所作的自主决策和选择,不仅影响居民自身的物质和文化需要的满足状况,而且关系生产经营者的经济活动能否顺利进行。

3. 市场运行过程。不同的生产经营者之间的经济联系,以及生产经营者和居民之间的经济联系,都是通过市场交换实现的。由供求机制、竞争机制、价格机制作用所决定的市场运行过程,既是微观经济活动发生的前提,也是这些活动的结果。

微观经济运行三个方面的内容是相互联系和相互作用的,共同构成了完整的微观经济活动。生产经营者与居民的经济活动影响着市场供求、价格、利率等市场信号的变动,而这些市场信号又调节着生产经营者与居民的经济活动。生产经营者与居民的经济活动有赖于市场体系及市场组织的完善,而市场体系及市场组织的完善又有赖于生产经营者与居民经济活动的行为规范。微观经济活动实际上就是生产经营者和居民等微观经济主体,为了实现各自的经济利益,通过市场进行的经济活动并相互联系、相互作用的过程。

## 四、微观经济运行机理

在社会主义市场经济条件下,企业内部的经济关系具有双重性:一是由生产技术基础决定的企业内部成员在物质转换过程中的分工协作关系;二是由企业经济性质决定的、反映企业内部成员之间责权关系的经济关系。在社会主义公有制企业中,企业内部成员在生产资料公有制的基础上为自己和社会的利益进行劳动。这是一种自主的联合劳动,互助互利,具有根本一致的利益。但是,由于企业成员的劳动能力不同、劳动岗位不同、劳动数量与质量有所差异,企业成员之间的劳动存在差别,并且引起劳动成果和个人经济利益的差别。大量非公有制企业的存在也是我国微观经济活动的一大特征。我国现阶段的非公有制企业,如私营企业和外资企业,其内部还存在着资本雇佣劳动关系。与此相应,企业所有者和经营者与劳动者的关系、企业的劳动管理和分配关系等,都留下了资本雇佣劳动关系的明显印记。同时,社会主义市场经济条件下的非公有制企业又具有社会主义基本经济制度的属性,必然受到社会主义基本经济制度的深刻影响而呈现出不同于一般市场经济条件下私有制企业的某些特殊性。如果对非公有制企业加以引导,可以培育、生长出十分积极的、有利于社会主义经济发展的因素。

从农户内部的经济关系看,农村土地承包制使农户成为微观经济活动主体,集体和农户及农户之间形成了明确的经济利益。由于实行承包制,农户收入的多寡,由其所获得的实际产量决定,而产量不仅受到农户在生产经营中所投入劳动的制约,还受到所投入物质生产要素的数量和质量的影响,农户会根据实际情况适当投入各种生产要素,进行具有一定效益的生产经营活动。我国农村实行土地集体所有制,农户使用的土地的最终所有权属于集体经济组织,农户的微观经济活动不可避免地要受到社会主义农村土地集体所有制的约束,进而深刻影响农户的生产经营理念和行为。另外,我国农户的内部经济关系与现阶段的各种所有制形式的企业内部经济关系相比,也存在很大区别。在企业内部,众多的企业成员按照社会化生产的要求实行复杂的分工协作,他们之间的关系是独立的经济主体的关系。而在农户内部,为数不多的家庭成员只进行简单的自然分工。家庭成员之间的经济关系主要是父母和子女之间的抚养与赡养关系。家庭成员之间作为夫妻、父母子女的天然联系。

从居民的角度来看,居民作为微观经济活动主体,首先要在经济活动中取得收入,在取得收入后,要确定收入的使用方向,即进行储蓄与消费的决策。在传统计划经济体制下,居民储蓄选择主要是延期消费与当前消费的选择,储蓄资金从本质上说只具有消费基金的属性;而在社会主义市场经济体制下,储蓄也不仅是消费基金,同时也是获取利息、进行个人投资的重要手段。随着居民个人收入水平的提高,居民储蓄会不断增长,将日益成为财产性收入的一个重要来源。

作为微观经济主体,企业、农户和居民相互联系的纽带是市场,他们都必须通过市场建立经济联系,从事微观经济活动。企业、农户和居民既是价格的制定者,又是价格的接受者;既决定着市场运行,又接受市场调节。企业、农户和居民之间的经济联系表现为商品交换关系,因而受价值规律的调节。价值规律支配着企业、农户和居民的生产、储蓄和消费决策,使之符合市场配置资源的要求。

## 第二节　国有企业的经济活动

### 一、国有企业的双重属性

国有企业,是使用一定数量的国有资金进行生产和经营,并以营利为主要目的的基本经济单位,是公有制经济的重要载体,也是社会主义市场经济中重要的微观主体。

在社会主义市场经济条件下,国有企业具有双重属性:一方面,国有企业作为市场经济的经营主体,是独立的商品生产者,具有企业属性,必须适应市场经济的规律,与其他市场主体平等参与市场竞争,并在竞争中实现企业利润目标和企业资产的保值增值目标,在市场竞争中发展壮大。这是国有企业作为企业的一般属性。另一方面,国有企业属于全民所有,必须体现其作为社会主义公有制的所有制属性。国有企业生产资料的公有性质,要求国家按照全体人民的意志对国有企业进行有效的管理和监督,并根据国民经济和社会发展的总体要求,对国有企业的生产经营活动进行适当调节,使其服务于国家整体目标,真正体现全体人民的共同利益。这是国有企业作为公有制重要载体的特殊属性。

历史演进:
关于国有企业改革的理论发展

把握国有企业的双重属性,是理解国有企业功能目标、行为特征、运行机制以及效率评价的基础和前提,也是深化国有企业改革,完善中国特色现代企业制度的出发点。从国有企业的双重属性出发,深化国有企业改革必须既充分尊重市场经济的规律,又充分体现社会主义制度的要求,把社会主义优越性与市场经济的长处有机结合起来。只有这样,才能超越和扬弃私有制的逻辑,发挥出国有经济的优势。

从尊重市场经济的规律看,深化国有企业改革必须继续坚持市场化的方向,使企业成为自主经营的独立的商品生产者,健全协调运转、有效制衡的公司法人治理结构和有效的激励约束机制,规范经营决策,促进资产保值增值,保障公平参与竞争,提高企业效率,增强企业活力。

从体现社会主义制度的要求看,深化国有企业改革必须更好地体现国有企业全民所有、为民服务的性质和要求,企业的经营必须服务于国家战略目标,企业的收益由全体人民共享,企业的监督管理体现全体人民的意志,企业必须有效履行社会责任,更好地为全体人民服务。

## 二、国有企业经济活动的目标

国有企业的双重属性决定了其经济活动目标也具有双重性:企业的一般属性决定了国有企业的经营活动具有企业效率目标;公有制实现形式的特殊属性决定了国有企业的经济活动还具有特殊社会目标。

作为市场经济中的主体,国有企业只有具备一定的生产经营效率,才能在竞争中不断获取利润保证再生产的进行,以最少的资源消耗为社会提供最大化的产品和服务,不断发展壮大自身,实现国有资产的保值增值;否则,或将在市场竞争中遭到淘汰,或将依赖政府的补贴才能生存,这样的国有企业将无法真正成为市场经济的主体。具体来讲,国有企业效率又分为两个方面:一是国有企业为其所有者实现最大化的利润,二是用尽可能少的资源为社会提供尽可能多的产品或劳务。前者是企业微观功能的财务层面,表现为企业的财务效率;后者则是企业微观功能的技术层面,表现为企业的技术效率。

作为公有制实现形式,国有企业的经济活动还具有特殊社会目标,主要体现在以下四个方面:

1. 保障宏观调控。在社会主义市场经济中,资源配置主要是通过市场来完成的。但市场也存在局限性,其局限性不仅在于微观市场失灵,更重要的是它无法保证国民经济长期的动态平衡,因此需要国家自觉地、有计划地统筹和调节国民经济的发展方向、速度、结构和重大比例关系,进行有效的宏观调控。国有企业,特别是大型国有企业,由于其具有的特殊的社会属性和经营目标,因而不仅是国家宏观调控的对象,还是国家宏观调控的重要工具,能够在一定程度上保障国家宏观调控目标的实现。

2. 推动经济高质量发展。国有企业是国民经济的重要支柱和主导力量,承担推动经济高质量发展的使命和任务。国有企业可以作为战略产业的先行投资者,引导战略性新兴产业发展;可以集中可使用资源,投入到关系国计民生和国民经济命脉的关键部门,体现国家的发展战略;可以承担更大的研发风险,更好地实现技术外溢效应,推动技术升级和产业进步;可以进行大规模的基础设施的投资,为社会再生产顺利进行提供必要条件;可以有效防范、抵御经济危机和金融风险,保障经济的平稳运行,着力推进城乡融合和区域协调发展,推动绿色发展,以实现经济质的有效提升和量的合理增长。

3. 维护国家安全。在经济全球化的背景下,全球范围内资本的集中和垄断趋势进一步加剧,国际竞争日趋激烈,要想维护国家的经济安全,实现自主发展,就必须依托社会主义国家的强大力量和有效的调控,充分利用国有企业的制度优势,保持对关键行业和领域的控制力,培育一批具有国际竞争力的大企业集团(大公司),维护国家经济安全和经济利益。为此,国有企业要大力支持实体经济特别是制造业发展,着力提升产业链供应链韧性和安全水平,提升自主创新能力,推动我国实现高水平科技自立自强。

4. 实现社会和谐进步。国有企业的发展,消灭了劳动和资本的对立,有利于建立较为和谐的劳动关系;国有企业承担着供水、供电、能源供应、通信服务以及医疗卫生、文化教育、新闻出版等重要的公益性职能,还承担着稳定价格、保证供给、改进技术、环境保护等社会职能,在保障和改善民生、促进全体人民共同富裕、实现物质文明和精神文明协调发展中发挥着关键性作用;国有企业上缴的利润,可以补充财政资金,更好服务社会,增进民生福祉,提高人民生活品质。

## 三、 国有企业的分类

国有企业在不同领域和行业具有不同特点,其功能定位和监管方式也有所区别。2015年9月中共中央、国务院印发的《关于深化国有企业改革的指导意见》及2015年12月国资委、财政部、国家发改委印发的《关于国有企业功能界定与分类的指导意见》,明确将中央企业分为商业类和公益类,其中商业类又分为商业一类和商业二类。

商业类国有企业按照市场化要求实行商业化运作,以增强国有经济活力、放大国有资本功能、实现国有资产保值增值为主要目标,依法独立自主开展生产经营活动,实现优胜劣汰、有序进退。商业类国有企业具体又分两种情况:

一是主业处于充分竞争行业和领域的商业类国有企业。这类企业原则上都要实行公司制股份制改革,根据发展需要引入其他国有资本或各类非国有资本实现股权多元化,国有资本可以绝对控股、相对控股,也可以参股,完善中国特色现代企业制度,建立现代公司治理结构,推进市场化经营机制、职业经理人制度等,弘扬企业家精神,提升企业核心竞争力,不断做强做优做大国有企业和国有资本。对这些国有企业,重点考核经营业绩指标、国有资产保值增值和市场竞争能力。

二是主业处于关系国家安全、国民经济命脉的重要行业和关键领域,主要承担重大专项任务的商业类国有企业。这类企业要保持国有资本控股地位,支持非国有资本参股。对自然垄断行业,实行以政企分开、政资分开、特许经营、政府监管为主要内容的改革,根据不同行业特点实行网运分开、放开竞争性业务,促进公共资源配置市场化;对需要实行国有全资的企业,也要积极引入其他国有资本实行股权多元化;对特殊业务和竞争性业务实行业务板块有效分离,独立运作、独立核算。对这些国有企业,在考核经营业绩指标和国有资产保值增值情况的同时,加强对服务国家战略、保障国家安全和国民经济运行、发展前瞻性战略性产业以及完成特殊任务的考核。

公益类国有企业以保障民生、服务社会、提供公共产品和服务为主要目标。这类企业可以采取国有独资形式,具备条件的也可以推行投资主体多元化,还可以通过购买服务、特许经营、委托代理等方式,鼓励非国有企业参与经营。对公益类国有企业,重点考核成本控制、产品服务质量、营运效率和保障能力,根据企业不同特点有区别地考核。

## 四、国有企业的效率

效率是决定企业竞争力的主要因素,发展壮大国有经济必须不断提高国有企业的效率。但是,国有企业效率不同于私有企业效率,衡量国有企业效率不仅要看微观效率,还需要看宏观效率。

社会上有观点认为,国有企业产权不清,无人负责,效率低下。然而,这种论断既缺乏理论的证明,也缺乏经验的支持。从理论上说,一方面,国有企业的产权是清楚的、明确的,可以通过改革得到更加有效的落实;另一方面,影响企业效率的因素有很多,如管理水平、技术水平、体制机制、宏观环境、竞争程度等,与企业的所有制形式并不存在简单的对应关系。例如,很多学者认为,在相同的条件下,竞争程度的高低对企业效率的影响比所有制因素更为重要。因为竞争会迫使企业改善治理机制,提高经营水平。对国有企业来说,完善体制机制,加强内部管理,激发内在活力,可以极大地提高企业效率,这一点已经为实践所证明。

在我国,随着国有企业改革的不断深化,我国国有企业的效率得到了明显的提高,并涌现了一批新型国有企业。其中不少国有企业在生产规模、科技创新、全员工效、安全指标以及发展速度等主要技术指标上不仅在国内一流,而且在国际上也处于领先地位,逐步成为具有全球竞争力的世界一流企业。国有企业自主创新能力不断增强,在关键技术、重大工程攻关中发挥了龙头作用,为载人航天、探月工程、青藏铁路、三峡工程、西气东输、南水北调、奥运工程、世博保障等一大批国家重点工程建设做出了重大贡献。同时要看到,评价国有企业的效率不能仅局限于微观的财务指标,还必须看到国有企业在保持社会稳定、加强宏观调控、维护国家安全、实现国家战略、推动自主创新以及实现科学发展和促进社会和谐、全体人民共同富裕、物质文明和精神文明相协调、人与自然和谐共生等方面的重要作用。这样才能更加真实地反映出国有企业的效率,体现国有企业在促进国民经济的持续、稳定和协调发展中的关键作用。以保障宏观调控目标为例,在我国,石油、电力等重要产品的供应主要由国有企业承担,这些国有企业在保持能源价格的稳定进而实现稳定物价的宏观调控目标中发挥了重要的作用。又如,为增强社保基金可持续性,夯实养老社会保障制度基础,国家决定将中央和地方国有及国有控股大中型企业和金融机构的 10% 国有股权,划转至社保基金会和地方相关承接主体,并作为财务投资者,依照规定享有收益权等权利。截至 2020 年末,符合条件的中央企业和中央金融机构划转工作全面完成,共划转 93 家中央企业和中央金融机构国有资本总额 1.68 万亿元,有效缓解养老金不足问题,为促进建立更加公平、更可持续的养老保险制度提供了有力保障。①

---

**专栏 5-1　弘扬企业家精神**

改革开放以来,一大批有胆识、勇创新的企业家茁壮成长,形成了具有鲜明时代特征、民族特色、世界水准的中国企业家队伍。企业家要带领企业战胜当前的困难,走向更辉煌的未来,就要在爱国、创新、诚信、社会责任和国际视野等方面不断提升自己,努力成为新时代构建新发展格局、建设现代化经济体系、推动高质量发展的生力军。这里,我提几点希望。

第一,希望大家增强爱国情怀。企业营销无国界,企业家有祖国。优秀企业家必须对国家、对民族怀有崇高使命感和强烈责任感,把企业发展同国家繁荣、民族兴盛、人民幸福紧密结合在一起,主动为国担当、为国分忧,正所谓"利于国者爱之,害于国者恶之"。爱国是近代以来我国优秀企业家的光荣传统。从清末民初的张謇,到抗战时期的

---

① 数据来源:中央层面划转部分国资充实社保基金完成　共划转国有资本总额 1.68 万亿元[EB/OL].中国政府网,2021-01-13.http://www.gov.cn/xinwen/2021-01/13/content_5579333.htm.

卢作孚、陈嘉庚，再到新中国成立后的荣毅仁、王光英，等等，都是爱国企业家的典范。改革开放以来，我国也涌现出一大批爱国企业家。企业家爱国有多种实现形式，但首先是办好一流企业，带领企业奋力拼搏、力争一流，实现质量更好、效益更高、竞争力更强、影响力更大的发展。

第二，希望大家勇于创新。创新是引领发展的第一动力。"富有之谓大业，日新之谓盛德。"企业家创新活动是推动企业创新发展的关键。美国的爱迪生、福特，德国的西门子，日本的松下幸之助等著名企业家都既是管理大师，又是创新大师。改革开放以来，我国经济发展取得举世瞩目的成就，同广大企业家大力弘扬创新精神是分不开的。创新就要敢于承担风险。敢为天下先是战胜风险挑战、实现高质量发展特别需要弘扬的品质。大疫当前，百业艰难，但危中有机，唯创新者胜。企业家要做创新发展的探索者、组织者、引领者，勇于推动生产组织创新、技术创新、市场创新，重视技术研发和人力资本投入，有效调动员工创造力，努力把企业打造成为强大的创新主体，在困境中实现凤凰涅槃、浴火重生。

第三，希望大家诚信守法。"诚者，天之道也；思诚者，人之道也。"人无信不立，企业和企业家更是如此。社会主义市场经济是信用经济、法治经济。企业家要同方方面面打交道，调动人、财、物等各种资源，没有诚信寸步难行。由于种种原因，一些企业在经营活动中还存在不少不讲诚信甚至违规违法的现象。法治意识、契约精神、守约观念是现代经济活动的重要意识规范，也是信用经济、法治经济的重要要求。企业家要作诚信守法的表率，带动全社会道德素质和文明程度提升。

第四，希望大家承担社会责任。我说过，企业既有经济责任、法律责任，也有社会责任、道德责任。任何企业存在于社会之中，都是社会的企业。社会是企业家施展才华的舞台。只有真诚回报社会、切实履行社会责任的企业家，才能真正得到社会认可，才是符合时代要求的企业家。这些年来，越来越多企业家投身各类公益事业。在防控新冠肺炎疫情斗争中，广大企业家积极捐款捐物，提供志愿服务，作出了重要贡献，值得充分肯定。当前，就业压力加大，部分劳动者面临失业风险。关爱员工是企业家履行社会责任的一个重要方面，要努力稳定就业岗位，关心员工健康，同员工携手渡过难关。

第五，希望大家拓展国际视野。有多大的视野，就有多大的胸怀。改革开放以来，我国企业家在国际市场上锻炼成长，利用国际国内两个市场、两种资源的能力不断提升。过去10年，我国企业走出去步伐明显加快，更广更深参与国际市场开拓，产生出越来越多世界级企业。近几年，经济全球化遭遇逆流，经贸摩擦加剧。一些企业基于要素成本和贸易环境等方面的考虑，调整了产业布局和全球资源配置。这是正常的生产经营调整。同时，我们应该看到，中国是全球最有潜力的大市场，具有最完备的产业配套条件。企业家要立足中国,放眼世界,提高把握国际市场动向和需求特点的能力,提高把握国际规则能力,提高国际市场开拓能力,提高防范国际市场风险能力,带动企业在更高水平的对外开放中实现更好发展,促进国内国际双循环。

资料来源:习近平在企业家座谈会上的讲话(全文)[N].人民日报,2020-07-21.

### 五、国有企业职业经理人和企业家

随着国企改革进程的加快,职业经理人制度已成为国企改革重点突破的方面。党的十八届三中全会明确提出"国企要建立职业经理人制度,更好发挥企业家的作用。合理增加市场化选聘比例"。近年来,在全面深化国有企业改革、加强国有企业党建、建立并推行职业经理人制度的大背景下,一些中央企业试点单位在推进完善公司治理、市场化选聘高级管理人员,以及激发经营管理层积极性等方面开展了行之有效的实践,并取得初步成效。

企业家是企业的经营者、管理者与组织者,在带领企业创新发展,参与市场经济角逐中扮演着重要的角色,发挥着重要的作用。在市场经济条件下,国有企业的领导人也具有双重属性。一方面,国有企业领导人是企业家,要有经营管理好企业的才能,要努力成为优秀的职业经理人,体现出市场经济条件下企业家的一般规定性,包括勇于创新、诚信守法等;另一方面,国有企业领导人是受托经营国有企业的人民利益的代表,必须要有坚定的人民立场、高度的社会责任感、强烈的历史使命感,要有勇于担当的精神。

国有企业职业经理人制度的实行具有重大意义。第一,是完善中国特色现代企业制度、完善企业法人治理结构的重要举措,可以充分发挥董事会的决策作用、监事会的监督作用、经理层的经营管理作用、党组织的政治核心作用,实现规范的现代公司治理;第二,是国有企业在人事管理制度上的重大变革,可以突破现有的国资监管、考核、聘用、薪酬、激励等众多瓶颈;第三,是深化国有企业改革的抓手之一,可以激发企业内在活力,弘扬企业家精神;第四,有利于促进公平与效率兼顾、风险与收益对称、激励约束相结合、责权利相统一,提升国有企业的活力、释放经营管理层的积极性。

## 第三节 非公有制企业的经济活动

### 一、私营企业的经济活动

在社会主义市场经济条件下,私营企业具有双重性:一方面,就其本身性质来说,私营企业是建立在私有制基础上的,私营企业主与工人是雇佣与被雇佣关系;另一方面,我国的私营企业的性质、地位和作用及经济活动都与资本主义制度下的私营企业有重要区别,已经纳入社会主义初级阶段基本经济制度内。

私营企业性质的双重性,决定了其经济活动的特征:一方面,私营企业的经济活动在提供就业、缴纳税收、增加产品、满足人民需要以及促进市场竞争、增强市场活力等方面都发挥了重大积极作用;另一方面,由于私营企业生产的目的是追逐利润,在一定条件下可能导致贫富分化、劳资冲突、生产盲目性和生态环境的破坏。因此,需要引导和规范,促进其健康发展。

## 二、外资企业的经济活动

外资企业在资金融通、研究开发、品牌管理、市场营销、经营管理、战略运营等方面具有优势。我国通过大力发展外资企业,成功引进国外的资金、技术和先进的管理经验,推进了我国经济的发展。同时,外资企业以实现利润最大化为目的,一些企业存在着垄断产品和服务价格、进行商业贿赂等不正当竞争的现象,需要引导和调节,发挥积极作用,减少消极影响。

## 三、个体企业的经济活动

个体企业具有规模小、工具简单、操作方便、经营灵活等特点。

个体企业一般规模较小,内部管理机构简单,但由于建立在分散的、小规模的生产条件基础上,本身具有不稳定性。个体企业在发展过程中,容易受到市场波动的影响而导致企业运行出现问题,需要政府对其进行生产经营指导,提供信息服务,组织经验交流,帮助解决个体经营者生产经营中的问题。

# 第四节 农户的经济活动

## 一、农户的地位

农户即农民家庭,是农村中以血缘和婚姻关系为基础组成的农村基层社会单位,具有重要地位。

1. 农户是重要的生产者与消费者。农业生产是整个国民经济的基础,农户在其中以生产者角色出现,其作用主要体现在三个方面:一是农业生产是整个人类生存和发展的历史前提;二是农业生产是国民经济其他部门独立化的基础;三是农业生产是国民经济其他部门进一步发展的基础。

作为消费者,首先,农户的消费对于经济增长具有推动作用,表现在两个方面:一是直接推动,消费是国民生产总值(GNP)(或国内生产总值(GDP))的组成部分,农户消费的增长直接反映经济的增长;二是间接推动,如消费拉动投资,推动经济增长。其次,农户的消费对产业结构的调整发挥着导向作用。我国农户数量庞大,具有很大的消费潜能,但消费长期处于相对不旺盛状态,数量与结构都与城镇居民有一定差距。重视农户作为消费者的重要地位,对我国经济发展将产生较大影响。

2. 农户是农业经营主体。由于农村土地资源稀缺、人均土地面积较少,我国农业生产较长时间以农户为主要生产单位,农户是中国农业的主要经营主体。随着工业化和城镇化水平的不断提高,越来越多的农村居民向城市转移,农业生产呈现出"兼业化"特征。农村土地产权从"两权分离"到"三权分置"的转变,也进一步促进了农村土地经营权的有序流转,并逐步形成专业大户、家庭农场等各类新型农业经营主体。但农户将长期存在是我国农业发展的客观趋势,农户也将一直是主要的农业经营主体。

3. 中国农村人口数量庞大。作为一个农业大国,中国的农村人口数量众多,但呈现出下降的趋势。2001 年和 2021 年的中国农村人口分别为 79563 万人和 49835 万人,占总人口比重分别为 62.3% 和 35.3%,农村人口下降了 37.36%[①]。农村劳动力数量的持续减少来自新型城镇化的影响,这意味着我国"人多地少"的要素禀赋格局将得到一定程度的缓解。

## 二、 农户的生产活动

### (一)分散的家庭经营中农户的生产活动

在家庭经营中,一方面,农户获得长期而稳定的土地经营权,并对于自身的生产活动有高度自主权,农户具有努力工作的内在动力,组织内部监督、协调等内部生产成本较低;另一方面,每一户分散的农户都要直接面对市场,承担市场风险带来的冲击,农户所面临的外部生产成本较高。

在家庭经营中,农户生产活动表现为以下特征:

1. 分散经营的农户是追求自身经济利益的小农,并能够根据已有信息准确评估自身行为的成本和收益,在家庭内部有效分配生产资料,形成一种平衡状态。

2. 在市场经营中,农户是信息不完全的经营主体。信息的不完全体现在两方面,一方面单个农户无法掌握全面的市场信息,只能依靠经验和观察决定其生产行为,其生产依据往往是滞后的市场信息;另一方面农户之间缺乏有效的交流和协调,相互之间缺乏有效的合作。

---

① 数据来源:《中华人民共和国 2021 年国民经济和社会发展统计公报》和《中华人民共和国 2001 年国民经济和社会发展统计公报》。

3. 在农产品市场中，每一个农户都是无数生产者之一，需求方对单个农户的身份辨识度低，农户生产活动对其长期收益的影响较小，因此，信用对农户的约束力较弱。

### （二）适度规模经营中农户的生产活动

适度规模经营指农村土地经营权向家庭农场、专业大户、农民合作社、农业产业化龙头企业规模经营主体流转，农户与新型农业经营主体相互联结进行的农业生产经营行为。当前的适度规模经营可分为土地规模经营和服务规模经营两种形式。土地规模经营主要是指农户将土地经营权流转给各类新型农业经营主体集中，服务规模经营主要是指在家庭劳动力不足以及成本考量基础上，农户通过购买产前、产中和产后的一系列农业社会化服务。农户与新型农业经营主体的联结或松散或紧密，这使得农户的生产活动有很大不同。

在农户与新型农业经营主体联结松散的情况下，二者之间往往只存在较为松散的生产—销售契约关系，农户的经营目标主要是经营性收入。松散的"新型农业经营主体+农户"的组织形式通过契约把农业生产和销售过程结合在一起。其基本运行方式为：新型农业经营主体与某一地区的农户分别签订产品供销契约，契约中载明产品的质量标准、对应的收购价格以及双方的权责关系。这一组织形式在一定程度上解决了我国农业市场化改革后分散农户与农产品市场对接的问题，也使市场获得稳定的农产品供给渠道，降低了市场搜寻和谈判费用。

在农户与新型农业经营主体联结紧密的情况下，二者除生产—销售的契约关系外，往往还存在土地租赁、土地入股、资本入股、劳动雇用等关系，农户的经营目标除了经营性收入外，往往还有土地流转带来的财产性收入和为新型主体工作的工资性收入。

---

专栏5-2　新型农业经营主体的内涵

新型农业经营主体可以定义为，建立在家庭承包经营基础上，适应市场经济和农业生产力发展要求，从事专业化、集约化生产经营，组织化、社会化程度较高的现代农业生产经营组织形式。与传统承包经营农户"小而全"、兼业化的经营方式不同，新型农业经营主体以市场为导向，从事专业化生产、集约化经营和社会化服务，规模经营水平和组织化程度较高，代表了现代农业的发展方向。一般把新型农业经营主体分为专业大户、家庭农场、农民合作社、农业产业化龙头企业。

专业大户统指那些种植或养殖生产规模明显大于当地传统农户的专业化农户。他们原则上应具备三个条件：一是以户为单位，属于家庭经营性质；二是专业突出，其产值应占家庭经营总量的一定比例；三是要有相当的规模，户均经济容量要超过当地平均水平。

家庭农场是指以家庭经营为基础,融合现代生产因素和现代经营理念,实行专业化生产、社会化协作和规模化经营的新型微观经济组织。家庭农场应具有以下特征:一是家庭经营。家庭农场主要依靠家庭成员从事生产经营活动,即使有雇工也只发挥辅助作用。二是专业务农。家庭农场专门从事农业,经营者大都经营管理水平较高,示范带动能力较强,具有较强的商品、农产品生产能力。三是规模适度。家庭农场有较大的种养规模,能够使经营者获得与当地城镇居民相当、比较体面的收入。

农民合作社是指农民在家庭承包经营基础上按照自愿联合、民主管理原则组织起来的一种互助性生产经营组织。与其他经济组织比较,发展合作社的好处在于,可以在保持土地承包经营权不变、维护农户家庭经营主体地位的基础上实现规模化经营。同时也是引领专业大户、家庭农场参与国内外市场竞争的重要力量,是连接各类农业经营主体的桥梁,具有较大的发展空间。

农业产业化龙头企业是通过订单合同、合作等方式带动农户进入市场,实行产加销、贸工农一体化的农产品加工或流通企业。和其他新型农业经营主体相比,龙头企业具有雄厚的经济实力、先进的生产技术和现代化的经营管理人才,能够与现代化大市场直接对接。

## 三、 农户的消费活动

农户的消费是农户经济活动的最终目标,是农户微观经济活动的另一个方面。

### (一) 农户的消费状况

改革开放以来,中国农村居民的收入水平保持了稳定的增长。农村居民人均消费从1978年开始逐年递增,由1978年的116.6元[①]增长到2021年的15 916元[②]。虽然农村居民的消费总量不断提高,但平均消费倾向与实际消费率偏低。

与此同时,农户消费结构也在发生变化:食品烟酒支出比重由1978年的67.7%下降到2021年的29.8%,恩格尔系数降低;衣着消费支出比重有所波动,由1978年的12.7%下降到1995年的6.9%,最终稳定在6%左右,2021年该项指标为5.9%;住房、交通通信和医疗保健支出比重呈逐年上升趋势,改革开放40多年来,住房支出占比由3.2%上升至23.4%,交通通信支出占比由2.6%上升到13.09%,医疗保健支出由3.2%上升至8.8%;生活用品及服务支出比重相对波动,由1978年的6.6%上升至1990年的11.9%,回落到2005年的

---

① 数据来源:《中国农村统计年鉴—1985》第198页。
② 数据来源:中华人民共和国2021年国民经济和社会发展统计公报[EB/OL].中国政府网,2022-02-28. http://www.gov.cn/xinwen/2022-02/28/content_5676015.htm.

4.4%,近年来稳定在 6% 左右;教育文化娱乐支出比重先上升至 2005 年的 11.6% 后下降至 2010 年的 8.4%,近 5 年稳定在 10% 左右①。

### (二) 农户的消费特点

改革开放以来,农户整体消费水平呈上升趋势。特别是 20 世纪 80 年代中期以前,农户消费水平经历了高速增长,80 年代后期速度放缓。但到了 90 年代中期又出现了年均 6.1% 的较高速度增长。2000 年以来,农户消费支出呈逐年快速增长态势,农村居民人均消费由 2000 年的 1 714 元上升到 2021 年的 15 916 元②。

消费结构有所优化。2021 年我国农村居民恩格尔系数为 32.7%,比 1954 年下降了 35.9 个百分点③。除此以外,住房支出逐年增加,住房对于农户既是生存消费又是享受消费,还是财产储蓄,在一定时间内将成为农村的消费热点。同样的,生活用品及服务和教育文化娱乐支出也具有生存消费和享受消费的双重属性,随着生活水平的提高将持续性提高。值得注意的是,医疗保健与教育在一定程度上是被动消费,医疗保健和教育支出的上涨在一定程度上体现了农村居民就医和就学成本的上涨。

农户消费不平衡问题仍然存在。一方面是城乡居民消费的不平衡。2021 年为例,农村居民的人均消费仅为城镇居民的 52.5%,农村居民人均用于食品烟酒的支出是城镇居民的 59.9%,用于衣着的支出是城镇居民的 46.7%,用于医疗保健的支出是城镇居民的 62.71%,用于教育文化娱乐的支出是城镇居民的 49.5%④。由此可见,农村居民和城镇居民的消费水平还有一定差距,尽管近年来农村居民消费水平有所提升,但农户消费仍处于相对较低水平。另一方面是不同地区农户消费的不平衡。同样以 2021 年为例,北京市的农村居民人均消费支出达到 23 574 元,而西藏自治区仅为 10 577 元。同样是食品烟酒支出占消费支出的比例, 在 2021 年西藏自治区比北京市高出 14.3 个百分点,而在食品烟酒支出的绝对量上西藏自治区仅为北京市的 58.7%⑤,可见不同地区农户的消费活动还存在较大差距。

### (三) 农户消费特征形成的原因

农户的收入情况是影响农户消费活动的首要因素。农村居民人均可支配收入从 1978

---

① 数据来源:1978 年数据均来自《中国农村统计年鉴—1985》第 198 页,2021 年数据均来自国家统计局网站"农村居民人均支出情况"。
② 数据来源:国家统计局网站"农村居民人均支出情况"。
③ 数据来源:国家统计局网站"居民恩格尔系数"。
④ 数据来源:国家统计局网站"农村居民人均支出情况和城镇居民人均支出情况"。
⑤ 数据来源:《2021 年北京市国民经济和社会发展统计公报》和《2021 年西藏自治区国民经济和社会发展统计公报》。

年的 134 元①增长到 2021 年的 18 931 元,且消费与收入基本呈现出相同的变化趋势。近年来,经营性收入和工资性收入持续稳定增长, 是中国农村居民收入水平不断提升的主要动力,农村居民收入水平的提高极大地促进了农村居民的消费。

创新理论:
建设宜居宜业和美乡村

经济社会发展的不平衡导致了消费的不平衡。目前是区域发展不平衡、城乡发展不平衡、居民收入差距不断扩大的问题对于农户的消费活动有较大影响。一方面,经济的发展程度关系居民的收入水平,直接影响消费活动;另一方面,区域、城乡发展的不平衡造成不同地区、城乡二元分化,从消费倾向、市场环境等方面影响了农户的消费活动。

社会保障体系有待健全。我国农村合作医疗和农村最低生活保障体系虽已建立,但还有待全面提高。社会保障覆盖范围较窄、保障水平和待遇水平较低、风险分散作用较小等问题还存在。农户仍然要对教育、医疗、养老等支付相当费用,在一定程度上制约了农村居民的消费需求。

## 第五节　居民的经济活动

居民的经济活动是微观经济运行的重要组成部分;居民的经济活动主要表现在居民收入行为、居民消费行为、居民储蓄及投资行为方面。

### 一、居民收入行为

居民收入指社会成员在一定时期内(通常是一年),通过不同途径或来源获得的收入的总和。居民获取收入的途径或来源受社会经济制度及经济体制的制约。在社会主义社会,个人收入分配形式以按劳分配为主,大多数居民的收入是通过自己劳动获得的。在社会主义市场经济条件下,所有制结构和分配结构呈现出多元化,居民的收入除了通过按劳分配获得外,还有了其他收入来源,主要包括:① 劳动收入,包括工资、奖金、承包收入等;② 福利性收入,包括政府或企事业单位提供的各种补贴、救济金和其他福利性收入;③ 利息收入,因持有债券、银行存款和以其他形式贷出货币获得的收入;④ 投资收入,包括股票投资的股息、红利和股票价格上涨等获得的收入;⑤ 租金收入,向他人出租私有的房屋或其他资产获得的收入;⑥ 经营收入,因从事个体或私营经济活动获得的收入;⑦ 其他收入,如保险公司赔款、馈赠、遗产继承等收入。

从居民个人收入中扣去各种形式的税金支出后,余下的就是居民个人可支配的收入。

---

① 数据来源:《中国农村统计年鉴—1985》第 197 页。

## 二、居民消费行为

居民消费是居民经济行为的最终目标。无论是居民的收入行为还是储蓄投资行为,最终都是为了消费。居民消费同市场供求内在地联系在一起,影响着市场调节过程,也受市场机制的调节,是微观经济活动的重要组成部分。

居民消费行为受消费动机支配。居民的消费动机可归纳为三类:一是满足自身生存的需要;二是满足自身发展的需要;三是满足自身享受的需要。

居民为了满足自身需要所进行的消费活动,要受到收入、价格、商品和社会等诸多因素的制约。

1. 从收入因素看,居民要用货币收入来购买自己所需的消费品,因而居民可支配收入的数量,是制约其消费行为的首要因素。在可支配收入的数量已定的情况下,居民将收入分为储蓄和消费的比例,也是影响消费的重要因素。此外,居民对未来收入的预期,也会影响其当前消费。例如,某个居民尽管当前收入不多,但如果预期未来可以获得较稳定的收入,就可能以消费信贷的形式动用预期的收入进行当前消费。

2. 从价格因素看,在居民的收入和消费倾向一定的情况下,商品和服务的价格成为影响消费者行为的决定性因素。一般说来,居民对某种商品的购买量是与该种商品的价格高低呈反方向变动的。价格上升,居民的购买量减少;价格下降,则购买量增加。但是,商品价格水平一定的变动程度,究竟会引致多大程度的购买量的变化,要依商品的种类及性质、居民收入水平而定。用于满足居民生存需要的消费品或生活必需品,其购买量对价格变动的反应程度,一般小于用来满足居民发展和享受需要的消费品或非生活必需品的购买量对价格变动的反应程度。

3. 从商品因素看,商品本身的性能、质量、外观、包装等,是影响居民购买的重要因素。消费者在购买商品时,首先要看所购买的商品是否具有满足自身特定需要的功能,然后要比较同类商品的质量。商品的外观和包装会增强居民的购买欲望。此外,商品广告不仅能传递市场信息,而且可以刺激居民的消费欲望和引导居民的消费方向。商品的保养、维修和售后服务也是影响居民消费的重要因素。

4. 从社会因素看,居民消费是一种社会行为。个人的消费支出不仅受到收入、价格和商品因素的影响,也受到周围人们消费行为的影响。例如,某人购买了某种效用较好、价格合理的商品,在他的影响下其邻居也会去购买该种商品,这叫作示范效应。此外,文化传统和生活习惯也会影响人们的消费行为。

近年来,随着宏观经济的转向和居民生活水平的提高以及消费文化的改变,我国居民消费呈现出一些新特点。

1. 消费能力显著提升。2021年,我国居民可支配收入为35128元,其中,城镇居民家庭人均可支配收入已经达到 47412 元,农村居民家庭人均可支配收入达到 18931 元,均达到了历史最高水平。① 城乡居民主要耐用消费品拥有量不断增多,汽车、空调、移动电话等在居民家庭中日渐普及。2021 年,城乡居民平均每百户家用汽车拥有量为 50.1 辆和 30.2 辆,分别比 2012 年提高 132.7% 和 358.3%;平均每百户空调拥有量为 161.7 台和 89.0 台,分别比 2012 年提高 27.5% 和 250.8%;平均每百户移动电话拥有量为 253.6 部和 266.6 部,分别比 2012 年提高 19.3% 和 34.8%。②

2. 消费结构不断升级。交通出行、子女教育、医疗服务等消费迅速增长,服务性消费支出占比逐步提高。2021 年全国居民人均交通通信支出 3156 元,比 2012 年增长 117.5%,年均增长 9.0%,快于全国居民人均消费支出年均增速 1.0 个百分点。2021 年全国居民人均教育文化娱乐支出 2599 元,比 2012 年增长 106.0%,年均增长 8.4%,快于全国居民人均消费支出年均增速 0.4 个百分点。2021 年全国居民人均医疗保健支出 2115 元,比 2012 年增长 152.3%,年均增长 10.8%,快于全国居民人均消费支出年均增速 2.8 个百分点。2021 年全国居民人均服务性消费支出占人均消费支出的比重为 44.2%,比 2013 年提高 4.5 个百分点。③

3. 消费需求日趋多样化、个性化。长期以来,我国居民消费具有明显的模仿型排浪式特征。目前,模仿型排浪式消费阶段基本结束,多样化、个性化消费渐成主流。与以前物质文化生活简单划一、物质短缺相比,当代居民的消费选择空间大大增加,不同阶层由于个性特征、经济实力和收入水平不同,产生多样化的消费需求,人们对衣、食、住、行、用、文娱、医疗、教育等诸多领域都有了更加丰富的要求。在消费过程中,人们不仅关注消费品的使用价值,更关注其符号价值和象征意义;还要求商品具有艺术气息、消费环境的美化与舒适,希望提升消费场所的和谐氛围与艺术性。除了自然消费环境的优化之外,社会消费环境的健康与文明也成为当代消费文化的一个新的追求目标。保证产品质量安全、通过创新供给激活需求的重要性显著上升,必须采取正确的消费政策,释放消费潜力,使消费继续在推动经济发展中发挥基础作用。

## 三、 居民储蓄及投资行为

改革开放以来,伴随着我国经济的高速增长,我国居民储蓄率始终保持在较高水平。从储蓄的部门构成看,居民储蓄构成了中国国内储蓄的最主要来源,几乎占据了国内总储

---

① 数据来源:根据《中国统计年鉴—2022》6-1 全国居民人均收支情况整理得出。
② 数据来源:根据《中国统计年鉴—2022》6-5 全国居民平均每百户年末主要耐用消费品拥有量整理得出。
③ 数据来源:《国家统计局:消费结构不断优化升级》,国家发展和改革委员会[EB/OL].2022-10-03. http://www.ndrc.gov.cn/fggz/jyysr/jysrsbxf/202210/t2022/03/_1340497_ext.html.

蓄的半壁江山。

图 5-1 显示,近 30 年我国居民储蓄率基本在 30%~50% 之间浮动,到 2010 年,中国的国民储蓄率达到峰值 51.77%,随后逐渐回落。居民储蓄率总体同国民储蓄率相似,也呈现波动上升的态势,2010 年,居民储蓄率达到峰值 42.1%,随后开始下滑,近年来稳定在 31% 左右,但仍处于较高水平[①]。根据中国人民银行数据显示,2022 年全年人民币存款增加 26.26 万亿元,同比多增 6.59 万亿元,其中住户存款增加 17.84 万亿元,创下历史新高[②]。

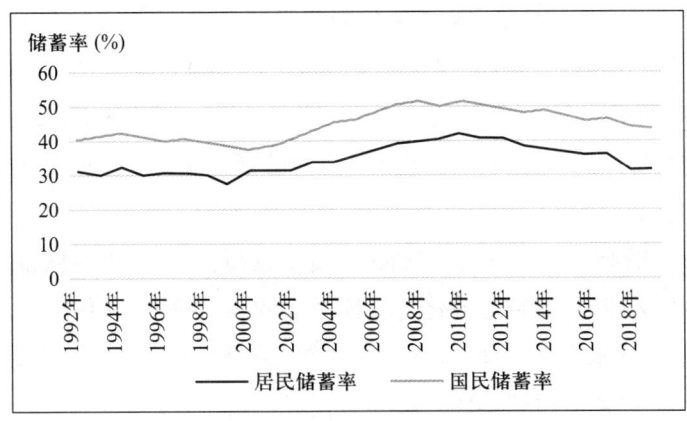

图 5-1　1992—2019 年中国居民储蓄率的变化

我国居民的高储蓄率的成因复杂。首先,高储蓄率是经济持续增长、居民收入不断增加的结果。储蓄来源于收入,收入增加是增加储蓄的前提。其次,我国长期受惠于人口红利,中国式的家庭结构有利于不断增加储蓄量。再次,转轨过程中社会保障制度不健全,住房、教育、医疗支出不断攀升,直接刺激了我国居民强烈的通过提高储蓄率自我保障的意愿。最后,未雨绸缪、崇尚节俭的传统是我国居民高储蓄率的文化基因。随着我国人口老龄化程度加深、社会保障制度的日益健全、保障民生底线和共享经济社会发展成果的理念日益成为社会共识,我国居民储蓄率可能有所变动,但总体将保持稳定。

居民储蓄行为与居民投资行为关系密切。居民储蓄是投资的前提和基础,投资带来的收入增加,则可以进一步提高消费和储蓄能力。所谓居民投资是指居民购买可以获得收入的资产,包括购买从事生产经营活动的实物资产和金融资产,如股票、债券等。储蓄转化为投资,从根本上说是为了规避储蓄的低收益而获得更高的收入,满足个人及家庭更高水平的物质和文化需求。

居民投资的渠道可分为直接投资渠道和间接投资渠道两种。居民参加社会集资是居

---

① 数据来源:根据《中国统计年鉴》中资金流量表(非金融交易,2020 年)计算整理得出。
② 数据来源:中国人民银行发布《2022 年金融统计数据报告》[EB/OL].中国政府网,2023-01-14.http://www.gov.cn/xinwen/2023-01/14/content_5736876.htm.

民的间接投资渠道。在间接投资活动中,居民依据自己参加社会集资的份额而获得利息、股息等收入。居民购买生产资料,投入劳动(包括管理劳动)进行生产经营,获取利润,是直接投资渠道。具体说来,居民作为投资者进行投资时,可供其选择的投资形式包括证券投资、经营资产投资、房地产投资、保值商品投资等。

我国居民投资的特点。一是以住房投资为主。2018 年,我国居民住房资产在家庭总资产中占比 77.7%,远高于美国的 34.6%,而金融资产在家庭总资产中占比仅为 11.8%,在美国这一比例为 42.6%。二是金融投资更偏向短周期、低风险的金融产品。在投资理财产品时,选择 3 个月内、3~6 个月、6~12 个月的家庭占比分别为 35.8%、37.2% 和 33.7%,有 54.6% 的家庭不希望本金有任何损失,同时又期望较高的理财收益,刚性兑付要求较强。三是家庭投资品种类单一,缺乏多样性。我国 67.7% 的家庭仅拥有一种投资品,拥有 3 种或 3 种以上投资品的家庭仅占 10.6%。调查发现,仅有不到 15% 的家庭成员拥有商业保险,且家庭更愿意为未成年子女投保。[①] 我国居民储蓄率较高,具有把更多储蓄转化为投资的有利条件。储蓄转化为投资,特别是转化为实体经济领域的投资,不仅可以增加居民个人家庭收入,不断提高生活水平;而且可以通过资金的汇聚有效配置各种资源,增强全社会的财富创造能力。但是,现阶段由于实体经济领域投资回报率较低,我国居民的投资大量进入股票、债券、房地产等虚拟经济领域。与实体经济投资相比较,虚拟经济投资更容易受到经济波动的影响,投资风险较大。为了推进居民储蓄转化为投资,必须通过有效的体制、机制和制度安排,保障投资者的合法权益,提高居民的投资收益,稳定居民投资预期。特别是要构建让各种财富源泉充分涌流的制度安排,不断改善实体经济投资环境,降低实体经济的投资成本,提高实体经济投资收益。同时,应高度重视居民在虚拟经济领域投资权益的保障,降低投资风险、增强投资收益、稳定投资信心。

## 第六节　微观监管

市场配置资源过程存在市场失灵的各种情形。国家作为社会公共利益的代表,承担着校正市场失灵的任务,并以政府微观监管的形式集中表现出来。在社会主义市场经济条件下,微观监管在反映市场经济一般规律的同时,也具有自己的特殊性。

### 一、微观监管的依据

监管,或称规制、管制,是指国家为了克服市场失灵、保障公共利益,依法采取的用以规

---

① 数据来源:中国报告网发布的《2019 年中国财富管理行业分析报告》。

范、制约微观经济主体行为的一系列机制、体制及制度的总称。

微观监管一般可以分为经济性监管和社会性监管两大类型。

经济性监管主要发生在自然垄断和银行、保险、证券等存在明显信息不对称的领域。为了防止发生资源配置低效率和确保利用者的公平利用,监管机构利用法律权限,通过许可和认可等手段,对企业的进入与退出、价格、服务的数量和质量、投资、财务会计等有关行为加以规范与制约。一般包括价格监管、进入和退出监管、投资监管、质量监管等。经济性监管以特定产业为监管对象,具有纵向制约的特征。

社会性监管是以保障国民身体健康、生命安全、福祉改善及社会可持续发展为目的,对产品和服务的质量以及相应的活动制定一定的标准,禁止、限定特定行为,激励、支持有益行为的监督与管理。社会性监管主要包括食品药品监管、产品质量监管、医疗卫生监管、环境监管、信息发布监管、职业资格监管、教育科技文化及社会保障监管等。与经济性监管不同,社会性监管不以特定产业为监管对象,而是围绕如何达到一定的社会目标,实行跨产业、全方位的监管,内容涉及社会生产生活的主要方面,具有横向制约的特性。

监管具有普遍性,在现代市场经济中广泛存在,是现代市场经济不可或缺的制度安排。一般认为,市场经济条件下的微观监管的合理性在于:

1. 有效提供公共产品的需要。公共产品是指那些为社会公共生活所需要,私人不愿意生产或者无法生产而由政府提供的产品和劳务。它们是所有社会成员都可以享受的、不适用排他性原则的产品。

广义的公共产品既包括教育、文化、环境保护、国防安全等基础条件,也包括交通、邮政、通信、电力、自来水供应、航海灯塔等公共基础设施。其特点是:发挥作用的时间长,甚至是永久性的;所需要的投资大,沉淀成本高;一般具有非差别的、普遍服务的性质。由国家提供公共产品并不意味着必须由国家来生产公共产品。一般而言,国家提供公共产品的方式可以多种多样,通常可分为三种:一是国家通过直接建立国有企业或者让私人企业参股来生产、提供公共产品;二是国家通过向私人企业大量订货,使其按国家要求生产,国家购买其所生产的产品和服务;三是国家不直接经营公共部门或某些企业,而是通过立法、补贴或行政限制,规范或制约这些领域的经济活动,即通过微观监管的形式来保障公共产品的有效供给。在交通、邮政、通信、电力、自来水等城市公用事业行业领域,其主营业务领域一般具有自然垄断的特征,也进一步凸显了微观监管的必要性。

2. 对微观经济活动进行公共引导的需要。市场具有不完全、不完善、信息不对称的问题。市场的不完全性是指由于垄断因素的存在,市场中的各种资源无法通过自由流动来有效地运行合理配置;市场的不完善是指由于市场的价格信号呆滞,交易不规范、不公正,造成了资源的逆向流动和配置,以致引起了市场的无效与失败;信息不对称是指市场没有提供完备的信息,也缺乏有效配置信息的机制,当一些人所拥有的信息比其他人多些时,或无法获得完备的信息时,市场就处于不对称信息状态或不完全信息状态。在这种情况下,无论生产者、消费者和交易者要想获得完整的知识相对困难,或者要付出相对高的成本。市场的不完全、不完善和信息不对称会造成市场经济的无序和混乱,导致资源配置的低效和无效。这些问题不可能通过市场自身来解决。需要国家对微观经济主体的活动进行有效的公共引导,以弥补市场失灵,克服市场配置资源的缺陷,提高资源配置的有效性。

3. 解决外部效应问题的需要。所谓外部效应,是指在有相互联系、相互作用的经济主体之间,一个主体的经济活动对其他经济主体产生影响,而该经济主体又没有根据这种影响从其他经济主体处获得报酬或向其他经济主体支付赔偿。外部效应有积极的影响和消极的影响。积极的影响被称为外部经济或正的外部性,消极的影响被称为外部不经济或负的外部性。外部效应不可能由市场自身得到解决,不论是对正外部性的激励,还是对负外部性纠偏,都需要外在的有效监管来加以解决。

## 二、社会主义市场经济中微观监管的特点

微观监管的萌芽在我国很早就出现了。如《礼记·王制第五》记载了我国周代对食品交易的规定为:"五谷不时,果实未熟,不粥于市";"禽兽鱼鳖不中杀,不粥于市。"前者就是为了防止未成熟果实导致人体疾病或食物中毒而制定的食品安全监管政策,后者则通过禁止买卖非狩猎季节及非狩猎范围的飞禽、野兽、鱼和鳖,来保护野生动物的正常繁衍生息,避免竭泽而渔。唐代《唐律疏议》规定,"诸造器用之物及绢布之属,有行滥、短狭而卖者,各杖六十",对于质量差及缺斤短两等商品予以处罚。以上是对普通物品的市场监管。对于具有垄断性质的商品,特别是盐和铁,则实行了国家专营、特许经营监管等制度。如春秋时期的齐国及汉武帝时期实行盐铁国家专营制度,宋朝以后食盐买卖则以特许经营监管为主。

历史演进:
关于市场监督体系的理论发展

近代以来,我国自然经济逐步分解,商品经济不断发展,微观监管范围不断扩大,内容更加丰富。中华人民共和国成立以来,为了尽快恢复国民经济,我国建立了高度集中的计划经济体制,主要通过政企合一的形式对国民经济各行业进行管理,微观监管完全融于计划管理之中。但随着经济社会的不断发展,客观上要求对传统计划管理方式进行变革,以适应生产力和生产关系发展新要求。

改革开放以来,特别是党的十八大以来,按照建立健全完善社会主义市场经济的改革目标,我国调节微观经济运行的理念、方式、方法发生了一系列变革,并集中表现在政府微观监管领域。我国微观监管在反映现代市场经济一般规律的同时,日益彰显出社会主义国家调节微观经济运行的独特性,体现了新时代中国特色社会主义市场经济的内在规定性。

1. 微观监管对象具有特殊性。以公有制为主体、多种所有制经济共同发展是社会主义初级阶段的基本经济制度。我国微观监管的对象,不仅有非公有制企业,而且包括大量居

于主体地位的公有制企业,特别是国有企业。国有企业不仅广泛存在于自然垄断的公用事业领域,也大量存在于能源、资源等关系国计民生的关键领域,还大量存在于为人们生产生活服务的一般竞争性领域。国有企业不仅要接受微观监管,服务于国家经济社会发展的需要,而且在很多情况下需要直接扮演国家微观监管工具的角色,或者充当微观监管的某种替代手段。

2. 微观监管目的具有特殊性。社会主义国家是社会利益总代表,微观监管的目的,不仅要校正市场失灵,规范市场秩序,解决市场经济条件下政府监管面临的一般课题,而且更为重要的是要代表全社会的总体利益自觉地调节、引导公有制经济与非公有制经济的多种复杂的经济利益活动,以保证在一部分人、一部分地区先富起来的基础上,逐步实现共同富裕的目标,这是社会主义经济的本质要求。没有强大的国家功能,单纯依靠市场竞争与价格机制的作用,是不可能自动实现这些目标的。为了实现这些目标,不管市场失灵存在与否,微观监管都不可或缺。

随着中国特色社会主义发展进入新时代,社会主义市场经济条件下的微观监管目的,其内涵更为丰富,也具有更明显的新时代特质。

第一,微观监管要坚持以人民为中心的发展理念,在发展中保障和改善民生。为了更好地保障和改善民生,多谋民生之利、多解民生之忧,在发展中补齐民生短板、促进社会公平正义,在幼有所育、学有所教、劳有所得、病有所医、老有所养、住有所居、弱有所扶上不断取得新进展,就需要在教育、就业、社会保障、扶贫攻坚、医疗卫生、社会治理等社会监管领域不断创新监管体制、机制,以保证这一根本目的的实现。

第二,微观监管要服务于加快生态文明体制改革、建设美丽中国的客观需要。为了推进绿色发展,必须加快建立绿色生产和消费的法律制度和政策导向,建立健全绿色低碳循环发展的经济体系、技术创新体系、能源体系;要着力解决突出环境问题,打赢蓝天保卫战,解决水污染、土壤污染、农业面源污染等环境问题,必须构建政府为主导、企业为主体、社会组织和公众共同参与的环境治理体系;加大生态系统保护力度,必须健全耕地草原森林河流湖泊休养生息制度,建立市场化、多元化生态补偿机制;等等。从根本上说,绿色发展和美丽中国,加强对生态文明建设的总体设计和组织领导,需要通过有效的生态环境监管体制、机制和制度安排来落实。

第三,微观监管应该服务于我国进入高质量的需要。实现高质量发展,必须深化供给侧结构性改革,其主攻方向是提高供给体系质量,为此,要构建符合高质量发展的高质量监管体系,全面实施市场准入负面清单制度,清理废除妨碍统一市场和公平竞争的各种规定和做法,破除歧视性限制和各种隐性障碍,加快构建亲清新型政商关系,支持民营企业发展,激发各类市场主体活力。深化商事制度改革,打破行政性垄断,防止市场垄断,加快要素价格市场化改革,放宽服务业准入限制,完善市场监管体制。健全金融监管体系,守住不发生系统性金融风险的底线。推动形成全面开放新格局,从微观监管有效性的角度观察,需要实行高水平的贸易和投资自由化便利化政策,全面实行准入前国民待遇加负面清单管理制度,大幅度放宽市场准入,扩大服务业对外开放,保护外商投资合法权益。

3. 微观监管功能作用具有特殊性。在市场经济条件下,微观监管的主要功能是规范、制约微观主体行为,兼有助力改革、服务发展的功能。但是,在我国社会主义市场经济条件下,微观监管往往具有明显改革发展指向。具体表现在:一是通过微观监管改革培育市场、完善市场,创造一个有利于企业发展的良好经济环境;二是微观监管政策调整,注重利用世界经济环境中的有利因素,积极引进先进技术,并以此为基础发展国内经济;三是为了改善投资环境和条件,以促进私人投资和引进投资,同时也为了向社会成员提供良好的公共产品和服务,致力于通过微观监管改革,促进基础设施建设,改善社会的福利状况;四是微观监管高度关注提高人口素质,为全民提供受教育的机会,改善卫生和健康条件;五是微观监管高度重视防治污染、保护生态平衡,引导经济社会环境的协调及可持续发展。

## 三、完善微观监管体系

现阶段我国经济社会正在发生深刻变革,原有的监管体制与新时代市场经济发展有许多不相适应的地方,存在职能交叉、协调不畅、监管空白、资源难以共享等突出问题。这需要进一步改革市场监管体制,推进国家治理体系与治理能力现代化。改革微观监管体系是完善社会主义市场经济体制的一个重要方面,其主要内容有以下方面:

从自然垄断行业监管来看,我国对自然垄断行业的监管主要围绕使市场在资源配置中起决定性作用和更好地发挥政府作用展开,着力解决市场体系不完善、政府干预过多和监管不到位问题;坚持放、管并重,实行宽进严管,激发市场主体活力,平等保护各类市场主体合法权益,维护公平竞争的市场秩序,促进经济社会持续健康发展。监管的目的在于,促进企业自主经营、公平竞争,消费者自由选择、自主消费,商品和要素自由流动、平等交换;建设统一开放、竞争有序、诚信守法、监管有力的现代市场体系,加快形成权责明确、公平公正、透明高效、法治保障的市场监管格局,建立体制成熟、制度定型的市场监管体系。在监管过程中,放开竞争性环节价格,改革自然垄断行业监管办法,强化垄断环节监管。对国有资本继续控股经营的自然垄断行业,推动以政企分开、政资分开、特许经营、政府监管为主要内容的改革,提高自然垄断行业基础设施供给质量,严格监管自然垄断环节,加快实现竞争性环节市场化,切实打破行政性垄断,防止市场垄断,根据不同行业特点实行网运分开、放开竞争性业务。现阶段,要注意强化反垄断和防止资本无序扩张。国家支持平台企业创新发展,增强国际竞争力,同时要依法规范发展,健全数字规则。要完善平台企业垄断认定、数据收集使用管理、消费者权益保护等方面的法律规范。

从食品、药品等商品安全质量监管来看,主要按照确保食品药品安全、简政放权、简化审批手续、提高审批效率的要求,坚持科学立法和民主立法,结合基层监管需求和社会反映意见,吸收借鉴国内外有益经验,着力破解工作重点难点问题;坚持简政放权,明确许可原则,遵循依法、公开、公平、公正、便民、高效的原则。健全公共安全体制机制,加强和改进食品药品安全监管制度,保障人民身体健康和生命安全。在中国特色社会主义新时代,党和国家明确提出实施健康中国战略,要完善食品安全法规制度,提高食品安全标准,强化源头治理,全面落实企业主体责任;实施网格化监管,提高监督检查频次和抽检监测覆盖面,实行全产业链可追溯管理;开展国家食品安全城市创建行动;深化药品医疗器械审评审批制度改革,探索按照独立法人治理模式改革审评机构,推行药品经营企业分级分类管理;加快完善食品监管制度,健全严密高效、社会共治的食品药品安全治理体系。同时,加大农村食品药品安全治理力度,完善对网络销售食品药品的监管,加强食品药品进口监管等。

从生态环境监管来看,我国加强对环境监管的目的是提高能源资源开发利用效率,减少能源和水资源消耗,有效控制建设用地、碳排放、污染物排放,完善国土主体功能区布局,形成生态安全屏障。在生态环境监管理念方面,应充分认识到,人与自然是生命共同体,人类必须尊重自然、顺应自然、保护自然。最终目的是实现绿色发展,造福广大人民。在环境监管过程中充分发挥政府作用,严格落实政府监管责任,全面排查整改各类污染环境、破坏生态和环境的隐患问题,不留监管死角、不存执法盲区;加快完善环境法律法规标准,用严格的法律制度保护生态环境,大幅度提高违法成本,提高重点行业环境准入门槛,通过落实环保法律法规,约束产业转移行为,倒逼经济转型升级;确定重点监管对象,划分监管等级,健全监管档案,采取差别化监管措施;环境保护重点区域、流域地方政府要强化协同监管,开展联合执法、区域执法和交叉执法,有效解决职责不清、责任不明和地方保护问题。

从银行、保险、证券等金融行业监管来看,我国金融监管的目标是维护金融体系的安全和稳定、保证金融机构审慎经营和保护金融消费者的利益。防止发生系统性金融风险是金融工作的永恒主题,要把主动防范化解系统性金融风险放在更加重要的位置,着力完善金融安全防线和风险应急处置机制。要以强化金融监管为重点,以防范系统性金融风险为底线,加快相关法律法规建设,完善金融机构法人治理结构,加强宏观审慎管理制度建设,加强功能监管,更加重视行为监管。按照党管金融的原则,采取纪委巡视方式来"监管监管者",迫使金融管理部门努力培育恪尽职守、敢于监管、精于监管、严格问责的监管精神,形成有风险没有及时发现就是失职、发现风险没有及时提示和处置就是渎职的严肃监管氛围。

## 本章小结

1. 微观经济运行是现代市场经济运行的基础,是市场配置资源基础作用的集中体现。社会主义市场经济条件下的微观经济运行,既反映现代市场微观经济运行的一般规律,又体现出中国特色社会主义市场经济的特殊性,并集中在企业、农户、居民的经济活动以及微观监管方面表现出来。

2. 在社会主义市场经济条件下,国有企业具有双重属性:一方面,国有企业是独立的商品生产者,也要在竞争中追求利润和实现资产保值增值,具有一般企业属性;另一方面,国有企业属于全民所有,是社会主义公有制的主要实现形式。国有企业的双重属性决定了其经济活动目标既有一般企业的效率目标,又要承载社会目标。对于国有企业效率的评价,也要从微观效率和社会效益两个方面来加以把握。

3. 非公有制企业是我国社会主义市场经济条件下重要的微观经济主体。社会主义条件下的私营企业,已经纳入社会主义初级阶段基本经济制度内,是中国特色社会主义事业的建设者。私营企业的经济活动,既有积极作用,也存在消极因素,需要适当规范与制约。外资企业是以雇佣劳动关系为基础,以实现利润最大化为目的、来自境外的经济组织。外资企业的经济活动带来了资金、技术和先进管理经验,推进了我国经济的发展。但是也存在诸如垄断价格、进行技术封锁和产业控制等问题,应当引起注意。

4. 农户是我国农村中以血缘和婚姻关系为基础组成的生产和生活单元。在实行土地承包制的条件下,农户不是土地私有制条件下的个体农民,其使用土地的最终所有权是集体经济组织。农民拥有土地承包权以及转让土地使用权等权利,并没有改变土地所有权的集体经济性质。农户的经济活动不可避免地要受到社会主义农村土地集体所有制的外在约束,进而深刻影响着农户的生产经营理念和行为。

5. 在社会主义市场经济条件下,居民的经济活动主要表现在居民收入行为、居民消费行为、居民储蓄及投资行为这些方面。由于所有制结构和分配结构呈现出多元化,居民的收入除了通过按劳分配获得外,还有了其他收入来源,收入差距客观存在。随着经济高速增长和居民收入的增加,我国城乡居民消费数量和质量都有了根本性的改变,消费需求增长快,个性化、多样化明显,需要通过推进供给侧结构性改革,促进消费品工业升级,以适应消费需求的变化。随着居民收入的不断增加,我国居民储蓄率始终保持在较高水平,具有把更多储蓄转化为投资的有利条件。但需要创造有利于储蓄转化为投资,特别是转化为实体经济领域投资的机制,同时也要高度重视居民在虚拟经济领域投资权益的保障,降低投资风险、增强投资收益、稳定投资信心。

6. 微观监管是现代市场经济不可或缺的制度安排。在我国社会主义市场经济条件下,微观监管既反映现代市场经济一般规律,又体现了社会主义市场经济的特殊要求并且在微观监管对象、目标、功能等方面日益彰显出社会主义国家调节微观经济运行的独特性。完善市场监管体系是完善社会主义市场经济体系的重要内容。

## 复习思考题

1. 怎样理解市场经济条件下国有企业的双重性? 在社会主义市场经济条件下国有企

业的主要功能是什么?

2.如何评估国有企业的效率状况,如何科学认识国有企业的效率?

3.怎样理解我国社会主义市场经济条件下私营企业的双重性? 为什么说我国的私营企业是中国特色社会主义的建设者?

4.在新型农业经营体系中,农户的微观经济行为具有什么特点,能否适应社会化大生产和现代市场经济的要求?

5.我国微观监管在体现现代市场经济一般规律的同时,还有哪些特殊性?

## 即测即评

请扫描二维码进行即测即评。

# 第六章 中观经济运行

　　中观经济介于宏观经济和微观经济之间,是微观经济运行和宏观经济运行的结合部。区域经济活动、产业经济活动和地方政府经济活动构成中观经济研究的基本内容,它们在中国的经济运行中具有的特殊地位和独特的作用,是中国特色社会主义经济运行的一个突出特征。构建新时代中国特色社会主义政治经济学,必须对中国中观经济运行实践做出理论分析和政策指导,以利于中国特色社会主义国民经济的健康运行。

## 第一节　中观经济的内容和意义

### 一、中观经济的概念

　　传统西方经济学把整个理论体系划分为宏观经济和微观经济两个部分,这种划分使得既具有宏观经济属性、又具有微观经济特征的经济活动的研究被忽视了,直到 20 世纪 70 年代末,德国经济学家汉斯·鲁道夫·彼得斯(Hans Rudolph Peters)把经济学研究的空间范畴重新划分,提出"中观经济"的概念,明确把一个国家的经济划分为宏观经济、中观经济和微观经济三个层次。他认为,中观经济研究的出发点是地区、部门、集团,其理论范围是经济结构理论、部门和地区发展理论、基础设施理论、环境保护理论、集团与协会理论等,政策范围是部门结构政策、研究与工艺政策、部门原料供应政策、地区结构政策等。

　　中国是一个大国,在中国的改革开放和经济发展中,不同区域不同产业的地位、作用和特点具有显著差异,区域政策、产业政策和地方政府的作用十分突出,这为中观经济理论和实践的发展提供了客观基础。20 世纪 80 年代以来,中国的学术界对中观经济的研究不断深入,论证了中观经济的现象、特征、本位、时空、结构、区位、增长、集群、效应等诸多重要的理论范畴,研究阐述了中观产业的结构优化、中观产业组织集群、中观产业联系中的非均衡、中观产业布局中的技术进步、中观产业中的企业行为等问题,并结合中国经济发展实践,提出中国地方政府是中观经济研究的主体,研究地方政府在经济改革和经济发展中的重要作用,深化了对中观经济的认识。

一般认为,宏观、微观、中观是基于研究地域的空间比较而产生的相对概念或者范畴,如果研究对象为整个国家的国民经济,就属于宏观经济范畴;国家内部的个人和、企业等构成了国民经济的微观单元,属于微观经济范畴;而介于国家和微观个体单元之间的某个区域、行业、部门、集团等属于中观经济范畴。因此,中观经济可以被定义为介于宏观经济和微观经济之间,以区域经济活动、产业经济活动和地方政府的经济活动为主要研究对象的经济理论。

## 二、中国中观经济的特征

1. 地方政府地位的特殊性。作为中观经济重要主体的地方政府,其既是国家管理体制中的一个环节,执行国家制定的路线、方针、政策和规划战略,推动国民经济发展;又是相对独立的一个经济主体,代表地方的特殊利益和发展要求。一方面,地方政府在区域范围内代表中央政府行使权力,实现国家的宏观目标;另一方面,地方政府代表本地区的利益,通过推动地方经济发展,深刻地影响着经济发展方式的转型、产业结构的变迁、科学技术的进步。

2. 宏观经济和微观经济衔接性。中观经济是整个国民经济系统的一个子系统,对宏观经济具有较强的依赖性。在高度集中的计划经济体制下,中观经济主体没有经济活动的自主性;在改革开放以后,中观经济具有了相对独立性,既承接整个宏观经济运行,也影响着微观主体行为,处于宏观经济和微观经济相互作用的中介环节。

3. 运行的相对独立性。一是构成中观范畴的区域、城市、集团、部门、行业,就其经济活动来看都是一个相对独立的系统,具有自身的运行规律;二是中观经济中的地方政府、区域、城市、集团、部门、行业,与整个国民经济体系在空间上相对独立,在权力、责任和利益上相对独立。

## 三、中观经济的作用

1. 中观经济作为国民经济的一个子系统,其良好运行是国民经济运行的重要基础。良好的中观经济运行,既有利于微观经济的发展,又有利于宏观经济的发展,促进微观经济与宏观经济相衔接,经济结构优化与经济平衡相一致,区域经济的稳定与顺畅运转相统一,经济与社会发展相协调,保证市场经济的顺利运行。

2. 中观经济作为微观经济主体和经济要素集聚的有机体,影响着微观主体经济行为和市场经济活动。经济要素的集聚性是中观经济运行的基本特征,这种要素集聚往往会产生规模效应,不仅便于形成专业化的经济协作并形成新的生产力,而且可以产生较高的经济效益,让区域经济、产业经济等中观经济形态成为整个国民经济运行的重要动力。

3. 中观经济是增长的重要支撑。中观经济是相对独立的国民经济子系统,具有鲜明的层级性,从纵向上看中观经济具有行政区管理的属性特征;从横向上看中观经济包括产业结构合理化、高级化以及经济结构的转型升级等内容。改革开放以来,同层级的地方政府之间为本地区经济利益而展开的竞争,以及产业结构的优化升级,是中国经济增长的重要推动力。

## 第二节 产业经济活动

### 一、产业的划分

产业划分是按一定的标准把具有不同特征的产业进行分类,以便发现不同产业的特点和规律,马克思在法国经济学家弗朗斯瓦·魁奈(Francois Quesnay)《经济表》的基础上创造了两大部类的分类法,把社会总产品区分为生产资料和生活资料,社会的生产部门相应地分为生产生产资料的部门和生产消费资料的部门。澳大利亚经济学家费歇尔(A.G.B Fisher)系统地提出了三次产业分类法及其分类的依据。经过英国经济学家、统计学家科林·克拉克(Colin G.Clark)和诺贝尔经济学奖获得者西蒙·史密斯·库兹涅茨(Simon Smith Kuznets)的发展,三次产业分类法逐渐被各国所接受,并逐渐成为世界通行的统计方法。根据库兹涅茨的分类方法可以将国民经济活动划分为 A 部门(农业产业)、I 部门(工业产业)和 S 部门(服务产业),简称"AIS 分类法"。我国三次产业结构的划分具体见表 6-1。

表 6-1　我国三次产业分类

| 部门 | 三次产业分类 | 名称 |
|---|---|---|
| A | 第一产业 | 农业,包括种植业、林业、牧业和渔业 |
| I | 第二产业 | 工业,包括采掘工业、制造业、自来水、电力、蒸汽、热水、煤气和建筑业 |
| S | 第三产业 | 第一层次:流通部门,包括交通运输业、邮电通信业、商业、饮食业、物资供销和仓储业<br>第二层次:为生产和生活服务的部门,包括金融、保险业、地质普查业、房地产、公用事业,居民服务业,咨询服务业和综合技术服务业,农、林、牧、渔、水利服务业和水利业,公路、内河(湖)航道养护业等<br>第三层次:为提高科学文化水平和居民素质服务的部门,包括教育、文化、广播电视、科学研究、卫生、体育和社会福利事业等<br>第四层次:为社会公共需要服务的部门,包括国家机关、党政机关、社会团体以及军队和警察等 |

虽然三次产业的划分已被广泛所接受,但是随着经济社会的发展和变迁,也出现了新的产业分类:① 农轻重产业分类,以物质生产加工方式和劳动产品的不同把产业划分为农业、轻工业和重工业等;② 生产要素分类,按劳动、资本、知识、技术等生产要素的比重或者对各生产要素的依赖程度把产业划分为劳动密集型产业、资本密集型产业、技术密集型产业和知识密集型产业等;③ 按产业在国民经济中的地位可划分为基础产业、瓶颈产业、支柱产业、主导产业、战略产业等;④ 按产业发展状况可将产业划分为传统产业和新兴产业

（高新技术产业）、朝阳产业和夕阳产业等。中国现行的产业分类是以《国民经济行业分类与代码》(GB/T 4754—2011)的基本分类为依据，在三次产业分类的基础上把国民经济按行业中的大类、中类和小类的标识划分。

## 二、产业结构

产业结构的变动总是与经济发展联系在一起，不断由低级向高级演进。

产业结构高级化具体表现为以下方面：在比例关系上，产业结构的重心通常由第一产业依次向第二产业、第三产业转移，最终过渡到以第三产业为主导的三次产业结构；在要素配置上，优势产业逐级从劳动密集型产业向资本密集型产业、技术密集型产业演进；在内部效率上，单位投入的产出水平不断提升，纵向生产过程中原材料和初级产品的比例不断降低，产业链逐步向中间产品和最终产品转移；在全球分工上，生产逐步从全球价值链的低附加值环节向高附加值环节转移，企业的技术能力和全球市场能力不断增强，从重点参与全球分工中的制造环节，转变到设计环节、市场环节和研发环节。

改革开放以来，中国产业结构的高级化水平不断提高，三次产业相对结构不断优化，各产业内部效益不断提升，第一、二、三产业占国民经济总量中的比值分别从 1978 年的 28.1%、48.2% 和 23.7%，转变到 2021 年的 7.3%、39.4% 和 53.3%，实现了从"二一三"到"三二一"，第三产业为主导的产业结构初具雏形；初级产品占出口货物中的比重从 1978 年的 53.5% 下降到 2021 年的 4.5%，工业制成品比重上升到 94.55%。产业链的纵向环节已经走出了以初级产品生产为主的阶段，最终产品比值不断提高，我国的优势产业从劳动密集型产业过渡到资本密集型产业，在技术密集型产业的部分领域已经初步呈现竞争优势；在全球价值分工中，各环节的附加值也不断提升，从简单的劳动力依赖，逐步向高附加值环节过渡。但整体而言，中国产业结构仍处于中低端，高级化水平需要进一步提升。

当今世界百年未有之大变局加速演进，全球经济格局的深度调整也对我国产业结构的优化形成了倒逼机制。党的十九届五中全会进一步指出：要"加快发展现代产业体系，推动经济体系优化升级。"这具体突出以下方面：一是以深化供给侧结构性改革为主线，完善国家创新体系，实现产业基础高级化。要加快发展现代产业体系，推进产业基础高级化，提高经济质量效益和核心竞争力，要围绕产业链部署创新链，围绕创新链布局产业链，立足我国产业规模优势、配套优势和部分领域先发优势，巩固壮大实体经济根基，打造新兴产业链，推动传统产业高端化、智能化、绿色化，发展服务型制造。二是发展战略性新兴产业，提升产业链供应链现代化水平。推动互联网、大数据、人工智能等同各产业深度融合，推动先进制造业集群发展，构建战略性新兴产业增长引擎，培育新技术、新产品、新业态、新模式。三是加快发展现代服务业，推动现代服务业同先进制造业、现代农业深度融合，加快推进服务业数字化。推动生产性服务业向专业化和价值链高端延伸，推动生活性服务业向高品质和多样化升级。四是统筹推进基础设施建设,构建系统完备、高效实用、智能绿色、安全可靠的现代化基础设施体系。五是发展数字经济,推进数字产业化和产业数字化,推动数字经济和实体经济深度融合,打造具有国际竞争力的数字产业集群。六是实现产业结构、经济增长、资源环境的协调可持续发展,提供更多优质生态产品以满足人民日益增长的优美生态环境需要。

## 三、产业组织

产业组织指产业内企业间的市场关系和组织形态。其中产业内企业间的市场关系是指同类企业间的垄断、竞争关系,表现为产业内企业间垄断与竞争不同程度结合的四类市场结构,即完全竞争、完全垄断、垄断竞争和寡头垄断市场结构,它反映了产业内不同企业的市场支配力差异、市场地位差异和市场效果差异;产业内企业间的组织形态是指同类企业相互联结的组织形态,如企业集团、分包制、企业系列等,这些不同的产业组织形态取决于企业间技术关联的专业化协作程度以及企业间垄断与竞争的不同结合形态。

从中观经济运行的角度看,一个产业的发展状况和运行效率与产业集中度有很大关系。产业集中度作为产业组织中的一个核心概念,是指市场上的某种行业内少数企业的生产量、销售量、资产总额等方面对某一行业的支配程度。与发达市场经济体相比,中国产业集中度偏低,多数企业无法占领产业价值链的制高点。从产业布局来看,产业集中度低的问题,既发生在钢铁、水泥等传统重工业,也发生在芯片制造、医疗器械等新兴产业;从空间序列来看,中国在产业集中度方面与美国等发达市场经济国家有着较大的差距,中国不加权的产业集中度 CR4 在 20%左右,美国不加权的产业集中度 CR4 在 40%左右;从时间序列来看,中国的产业集中度近年来呈现出逐渐下降的趋势,中国作为新兴的经济体,过低的产业集中度,影响和制约中国经济的资源配置效率和人民福利水平的提高。

新的历史条件下优化产业组织的方向是:第一,充分发挥国有企业实力雄厚、资源整合能力强、产权属性相同的优势,推动国有企业之间的并购重组和产业链整合。第二,加大产业集中发展的整体规划、扶持引导,推动国内产业优化重组,加快培育中国本土跨国公司和龙头企业。第三,在坚持和尊重企业的市场经济主体地位的同时,政府部门要积极制定和完善相关政策,推动各类企业围绕重点产业和优势领域并购重组、集中发展,坚决制止低水平的产能扩张和重复建设,引导各类产能落后企业的有序退出。第四,以国家利益和产业规划为纲领,打破地方利益、部门利益和企业利益的制约,编制科学规划、成立权威机构、配套有效政策,推动适宜集中发展和规模收益递增的产业和领域的集中有序发展。第五,完善科技体制改革。深入推进科技体制改革,完善国家科技治理体系。建立以企业为主体、市场为导向、产学研深度融合的技术创新体系,加大研发投入,健全政府投入为主,社会多渠道投入机制,加大对基础前沿研究支持,加强对中小企业创新的支持,促进科技成果转化。从全局角度对占市场支配地位的企业进行有效的监管,是提高国内产业集中度、促进市场有序竞争的必要手段,也是实现中国经济长远繁荣的动力之一。

## 四、产业政策

产业政策是政府为了实现一定的经济和社会目标而对产业的发展进行调节的各种政策的总和。产业政策涉及产业活动的各个方面,存在许多不同的类型,按产业政策的内容不同,一般可以将其划分为产业结构政策、产业组织政策、产业发展政策三大类,它们又分别包括多种不同的具体政策,如图6-1所示。①

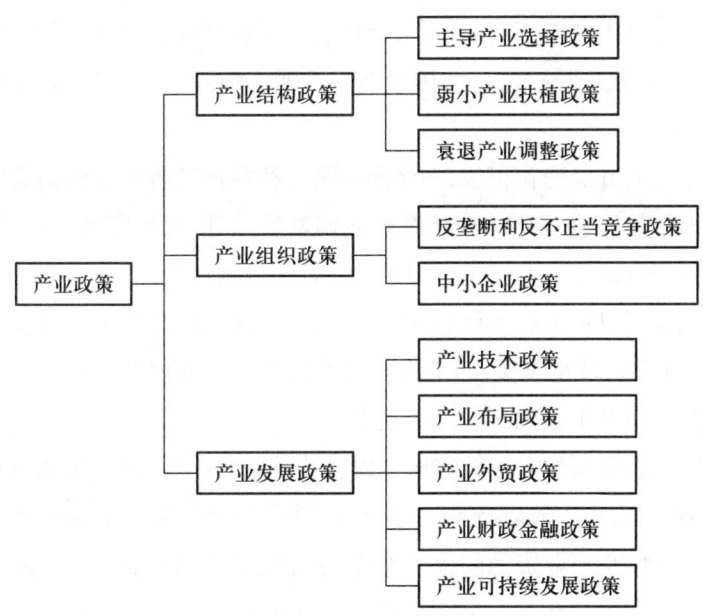

图6-1 产业政策体系结构

产业结构政策是政府根据本国产业结构的演化趋势,为推进其升级优化,求得经济增长与资源配置效率的改善而制定的政策,主要包括主导产业选择政策、弱小产业扶植政策、衰退产业调整政策。

产业组织政策是政府为了协调规模经济与竞争的矛盾、建立正常的市场秩序、获得理想的市场绩效而制定的干预产业的市场结构和市场行为的政策,主要包括反垄断与反不正当竞争政策、直接规制政策、中小企业政策。

产业发展政策是政府为了促进产业形成和发展而制定的一系列具体政策的总称,产业技术政策与产业布局政策是其中最基本的内容。

产业政策的作用主要有以下方面:

**观点争鸣:**
关于产业政策效果的争鸣

---

① 简新华,李雪.新编产业经济学[M].高等教育出版社,2009:270.

第一,调控经济结构,使社会资源在产业、行业、企业、地区之间得到合理配置,实现产业结构的优化。

第二,影响经济的长期发展。通过改造产业结构、实现产业结构的优化,促进经济的长期增长。

第三,调节供给。通过促进或限制某些产业的发展,改造产业结构,调整各产业之间的相互关系,实现供给和需求总量、结构的平衡。

在经济发展的过程中,产业政策的作用是十分重要的、不可替代的,主要原因在于:

第一,经济落后国家的新兴产业刚建立时,由于达不到规模经济的条件,并缺少国际竞争的经验,往往在竞争中处于不利的地位,因此,需要政府采取有效的产业政策及其他贸易保护措施进行必要的扶持,这样,这些国家新兴产业企业才能与发达国家的先进企业进行有效的竞争。

第二,产业结构的升级变化很快,经济高速增长往往伴随着经济结构的剧烈变化,如果缺乏有效的产业政策,一方面会造成传统产业调整的困难,大量资源会滞留在衰退产业中不能及时退出;另一方面新产业则由于得不到支持而发展缓慢。

第三,后进国家可以利用后发优势,吸收借鉴发达国家产业发展的经验教训,学习运用比较先进的生产技术和科技成果,制定出符合本国特点的合理的产业发展战略,并通过国家有计划地引导、组织和干预,实现"弯道超车"。

第四,依靠市场机制虽然可以较好地实现资源的有效配置,但市场调节具有盲目性,且是事后调节。产业政策作为政府行为,可以根据科学的预见实现事前调节,加速产业结构的合理化和高级化,实现产业资源的优化配置,避免不必要的资源闲置和浪费。

实际上,产业政策不仅在发展中国家的经济发展中发挥着重要的作用,也是发达国家经常采用的政策措施。比如,2008年全球金融危机后,美国推出了"再工业化"战略,并先后出台《2009年复兴与再投资法》《美国清洁能源与安全法》《美国制造业促进法案》《出口管制改革法案》《芯片与科学法案》。2012年欧盟委员会发布《一个强大的欧盟工业有利于增长和经济复苏》的工业政策沟通版报告(简称"新工业政策"),同年10月德国政府提出《未来项目"工业4.0"落实建议》,2021年更新《欧盟产业战略》。这些政策的目的都是通过国家的行动来促进产业和经济的发展。

改革开放以来中国出台了一系列的产业政策,助推中国产业结构的转型升级。1994年国务院出台《90年代国家产业政策纲要》,推动了产业结构调整,中国产业结构中第二产业比重显著上升,服务业结构不断改善,产业结构的优化升级成为经济持续增长的重要推动力。2005年,国家发展和改革委员会首次发布了《产业结构调整指导目录(2005年本)》,最新版是2019年10月的修订版。2012年7月9日,国务院印发了《"十二五"国家战略性新兴产业发展规划》,提出了加快培育和发展节能环保、新一代信息技术、生物、高端装备制造、新能源、新材料、新能源汽车等战略性新兴产业的政策规划。2014年国务院颁布《关于加快发展生产性服务业促进产业结构调整升级的指导意见》,首次对生产性服务业作出明确定位,服务业发展政策持续加码。2015年5月19日,国务院在印发的《中国制造2025》中,提出了实现中国制造向中国创造转变、中国速度向中国质量转变、中国产品向中国品牌转变,完成中国制造由大变强的任务、重点领域和重大工程。

2016年3月16日,党的十二届全国人大四次会议通过了《关于国民经济和社会发展第十三个五年规划纲要》,提出应该围绕结构深度调整、振兴实体经济,推进供给侧结构性改革,培育壮大新兴产业,改造提升传统产业,加快构建创新能力强、品质服务优、协作紧密、环境友好的现代产业新体系。同时,"十三五"规划纲要强调必须深入实施《中国制造2025》,以提高制造业创新能力和基础能力为重点,推进信息技术与制造技术深度融合,促进制造业朝高端、智能、绿色、服务方向发展,培育制造业竞争新优势。2020年10月党的十九届五中全会提出"十四五"时期坚持把发展经济着力点放在实体经济上,坚定不移建设制造强国、质量强国、网络强国、数字中国,推进产业基础高级化、产业链现代化,提高经济质量效益和核心竞争力。要提升产业链供应链现代化水平,发展战略性新兴产业,加快发展现代服务业,统筹推进基础设施建设,加快建设交通强国,推进能源革命,加快数字化发展,到2035年建成现代化经济体系的远景目标。2022年10月党的二十大提出,坚持把发展经济的着力点放在实体经济上,推进新型工业化,加快建设制造强国、质量强国、航天强国、交通强国、网络强国、数字中国。实施产业基础再造工程和重大技术装备攻关工程,支持专精特新企业发展,推动制造业高端化、智能化、绿色化发展。巩固优势产业领先地位,在关系安全发展的领域加快补齐短板,提升战略性资源供应保障能力。推动战略性新兴产业融合集群发展,构建新一代信息技术、人工智能、生物技术、新能源、新材料、高端装备、绿色环保等一批新的增长引擎。构建优质高效的服务业新体系,推动现代服务业同先进制造业、现代农业深度融合。加快发展物联网,建设高效顺畅的流通体系,降低物流成本。加快发展数字经济,促进数字经济和实体经济深度融合,打造具有国际竞争力的数字产业集群。

创新理论:
打造自主可控、安全可靠、竞争力强的现代化产业体系

# 第三节　区域经济活动

## 一、区域经济层级及其特征

我国具有发展中大国的区域经济特征,一是领土辽阔广大,总面积约960万平方千米,仅次于俄罗斯、加拿大,居世界第3位。二是地势西高东低,呈阶梯状分布。山地、高原面

积广大。东西相距约 5 000 千米,大陆海岸线长达 18 000 多千米,气温降水的组合多种多样,形成了多种多样的气候。三是人口基数大,人口增长快,民族众多,资源丰富,但人均资源占有量相对较少。四是三级行政区域。中国现行政区基本划分为省(自治区、直辖市)、县(县级市、自治县)和乡(镇)三级,中国有 34 个省级行政区,包括 23 个省、5 个自治区、4 个直辖市、2 个特别行政区。

区域经济活动是中观经济运行的重要内容。中国现行的是中央、省(自治区、直辖市)、市、县、乡(镇)的行政管理体制,省级、市级、县级、乡镇级均具有中观经济的属性特征。

1. 乡镇经济内涵及其特征。乡镇是我国最基层的行政机构。乡镇经济是乡村和镇的经济关系和经济活动的总称,是以乡镇为中心形成的经济系统,是乡镇域范围内各种要素和产业有机构成的经济综合体。乡镇经济作为国民经济最基本的区域经济单元。

2. 县域经济内涵及其特征。县是行政、司法、财政等职能最完善的一级基层政权。县域经济是指以县级行政区划为地理空间,具体来说是以县城为中心、以乡镇为纽带、以农村为腹地的区域经济,由农民、村落、集镇、中心城镇(县城)组成,是我国城乡融合发展的重要切入点。

3. 市域经济内涵及其特征。与县域经济相比,市域经济是一个更高层级的经济行政区划。市域经济是以市级行政区划为地理空间,以市级政权为调控主体,以市场为导向进行资源配置的综合性的区域经济。相对县域经济而言,市域经济的运行更具开放性、综合性、全局性。

4. 省域经济的内涵及其特征。省域经济以特定的省级行政区划为地理空间,以省级政权为调控主体,以市场为导向配置资源,是具有鲜明地域特色和功能完备的区域经济。省域经济与县域、市域经济相比地理空间更广,社会经济活动繁杂,作为中央政府下辖的最高层级政府,管理省级区域经济发展和社会建设。中国是世界领土大国,每一个省份都有相当大的土地面积,其经济规模也相当于世界许多国家的经济规模。因此,省域经济发展差异较大,特色明显。

## 二、 区域经济布局

1. 东、中、西、东北地区经济区域划分。区域经济是国民经济的子系统,通常按照经济发展基本条件、现有生产能力以及发展水平将中国内地 31 个省、自治区、直辖市划分为东、中、西、东北四大地区。东部地区包括北京、天津、河北、上海、江苏、浙江、福建、山东、广东以及海南 10 个省、直辖市。中部地区包括山西、安徽、江西、河南、湖北以及湖南 6 个省。西部地区包括内蒙古、广西、重庆、四川、贵州、云南、西藏、陕西、甘肃、青海、宁夏以及新疆 12 个省、自治区、直辖市。东北地区包括辽宁、吉林、黑龙江。

2. 区域经济产业布局。区域经济产业布局是指产业在一个地区范围内的分布与组合。新中国成立之初,我国工业集中分布在沿海,新中国成立后,中央政府依据产业"均衡布局"原则和国防安全原则,许多基本建设大中型项目落户西部地区,西部地区工业化迅速推进,东西部经济差距缩小,西部工业增长速度高于全国平均水平,初步建立了布局比较均衡的社会主义工业体系。

改革开放以来,中国实施了设立经济特区、开放沿海城市等一系列重大举措,鼓励东部地区率先发展。20 世纪 90 年代中后期以来,相继实施西部大开发、振兴东北地区等老工业基地、促进中部地区崛起等重大战略决策。党的十八大以来,党中央提出了京津冀协同发展、长江经济带发展、共建"一带一路"、粤港澳大湾区建设、长三角一体化发展、黄河流域生态保护和高质量发展等新的区域发展战略。产业布局主体呈现多元化,形成了中央政府、地方政府、企业等不同层次的产业布局主体,工业主要布局在东部沿海地区,并主要集中于长江三角洲和珠江三角洲及环渤海湾地区,高新技术产业和新的经济增长点主要布局在国家政策扶持的高新技术工业园区。截至目前,国务院先后批准了 169 个国家高新技术工业园区,其中东部沿海地区 73 个,中部 55 个,西部 41 个。在这些科技园区内,形成了以电子信息技术、生物技术、新材料技术和光机电一体化技术为标志的四大高技术产业,其产品销售收入已占全国四大产业总量的 1/3 以上。

我国产业的区域集中主要在东部沿海地区,中西部地区产业集中度较低,这种空间集聚格局虽然与我国经济发展的梯度格局吻合,但也出现了一些问题,如区域经济发展分化,发展动力极化;东北地区、西北地区等部分区域发展面临较大困难,发展相对滞后;等等。新时代区域经济布局的思路是协调发展,就是要按照客观经济规律调整完善区域政策体系,发挥各地区比较优势,促进各类要素合理流动和高效集聚,增强创新发展动力,加快构建高质量发展的动力系统,增强中心城市和城市群等经济发展优势区域的经济和人口承载能力,增强其他地区在保障粮食安全、生态安全、边疆安全等方面的功能,形成优势互补、高质量发展的区域经济布局。

## 三、 区域经济发展战略的新格局

区域经济发展战略是根据特定区域中各个因素条件和可能的发展趋势,对一个较长历史时期内区域经济、社会发展中带有的全局性、长远性和决定性的问题所作的总体部署和筹划。区域经济发展战略的总目标是协调各区域的发展,使各个区域间在经济、政治、文化、生态发展上达到协调互动、共同发展和共同繁荣。

实现区域经济协调发展,要求按照统筹规划、因地制宜、发挥优势、分工合作、协调发展的原则。统筹区域发展,正确处理全国经济发展与地区经济发展的关系,正确处理地区与地区之间的关系,各地区在国家规划和产业政策的指导下,选择适合当地条件的发展重点和优势产业,避免地区间产业结构趋同,促进各地经济在更高的起点上向前发展,形成区域间相互促进、优势互补的互动机制,最终实现区域间经济关系的和谐,经济发展水平和人民生活水平的共同提高与社会进步。

"九五"时期到"十一五"时期,国家相继实施西部大开发、东北老工业基地振兴、中部崛起战略,加上先前提出的沿海率先发展战略,形成了四大板块的区域发展总体战略。在此基础上,"十二五"时期又开始推进体现国土空间开发管制理念的主体功能区战略,使得国家区域政策日趋完善和成熟。党的十八届五中全会提出了以区域发展总体战略为基础的新思路,以"一带一路"建设、京津冀协同发展、长江经济带建设为引领,形成以沿海、沿江、沿线经济带为主的纵向横向经济轴带。党的十九大报告进一步强调,"实施区域协调发展战略",加大力度支持革命老区、民族地区、边疆地区、贫困地区加快发展,强化举措推进西部大开发形成新格局,深化改革加快东北等老工业基地振兴,发挥优势推动中部地区崛起,创新引领率先实现东部地区优化发展,建立更加有效的区域协调发展新机制。党的十九届五中全会提出,"优化国土空间布局,推进区域协调发展和新型城镇化。"坚持实施区域重大战略、区域协调发展战略、主体功能区战略,健全区域协调发展体制机制,完善新型城镇化战略,构建高质量发展的国土空间布局和支撑体系。强调要构建国土空间开发保护新格局,推动区域协调发展,推进以人为核心的新型城镇化。党的二十大强调促进区域协调发展,提出,深入实施区域协调发展战略、区域重大战略、主体功能区战略、新型城镇化战略,优化重大生产力布局,构建优势互补、高质量发展的区域经济布局和国土空间体系。推动西部大开发形成新格局,推动东北全面振兴取得新突破,促进中部地区加快崛起,鼓励东部地区加快推进现代化。支持革命老区、民族地区加快发展,加强边疆地区建设,推进兴边富民、稳边固边。推进京津冀协同发展、长江经济带发展、长三角一体化发展,推动黄河流域生态保护和高质量发展。高标准、高质量建设雄安新区,推动成渝地区双城经济圈建设。

**专栏6-1　新时代我国区域发展的"4+4+4+5"战略**

进入新时代,我国区域发展战略可简称为"4+4+4+5"战略,实施范围基本上覆盖了全国国土,形成了新时代区域经济发展的新格局。

第一个"4"指西部、东北、中部、东部四大地域板块,战略重点是西部大开发、东北振兴、中部崛起和东部率先发展。一是东部率先发展领跑全国,二是中部崛起实现跨越发展,三是西部大开发拓展经济发展新空间,四是东北振兴引领老工业基地转型发展。

第二个"4"指"老少边穷地区",即"革命老区""民族地区""边疆地区"和"贫困地区"四类国家重点援助的区域;在区域发展战略的实施中,制订和实施了一些特殊区域的发展战略。一是支持革命老区发展。从2001年起,中央财政设立了革命老区转移支付资金,补助对象是对中国革命做出较大贡献、财政较为困难的连片老区县(市、区),

促进革命老区经济社会事业发展,改善革命老区人民生产生活条件。二是支持民族地区发展。2000 年,中央财政设立民族地区转移支付,支持民族地区加快发展,转移支付范围为 5 个民族自治区、青海、云南、贵州以及非民族省区的 8 个民族自治州。三是支持边疆地区发展。中央财政对边疆地区实施了三项特殊支持政策。边境地区转移支付、实施兴边富民行动、国家级边境经济合作区基础设施贷款贴息。四是支持贫困地区发展。大力支持开发式扶贫,着力增强扶贫对象自我发展能力,促进贫困地区加快发展步伐,帮助扶贫对象提高收入水平。

第三个"4"指"优化开发的城市化地区""重点开发的城市化地区""限制开发的农产品主产区和重点生态功能区"和"禁止开发的重点生态功能区"四类国家主体功能区。在区域经济发展战略中,根据不同区域的资源环境承载能力、现有开发密度和发展潜力,实施了主体功能区战略。将国土空间划分为优化开发、重点开发、限制开发和禁止开发四类,确定主体功能定位,明确开发方向,控制开发强度,规范开发秩序,完善开发政策,逐步形成人口、经济、资源环境相协调的空间开发格局。

最后一个"5"是京津冀协同发展战略、长江经济带发展战略、粤港澳大湾区发展战略、长三角区域一体化发展战略、黄河流域生态保护和高质量发展战略。

京津冀协同发展战略。推动京津冀协同发展的核心是有序疏解北京的非首都功能,以解决北京"大城市病"为基本出发点,充分发挥京津冀地区各自的比较优势,遵循现代产业分工要求和区域优势互补原则,精准识别京津冀地区资源环境承载能力,调整优化经济结构和空间结构,构建现代化交通网络系统,扩大环境容量与生态空间,推进产业结构的转型升级,提升公共服务共建共享水平,加快市场一体化进程,推动各种要素按照市场规律在区域内自由流动和优化配置。加快打造现代化新型首都圈,努力形成京津冀目标同向、措施一体、优势互补、互利共赢的协同发展新格局,打造中国经济发展新的支撑带。

长江经济带发展战略。长江经济带发展战略作为新一轮区域开放发展的新战略,涉及上海、江苏、浙江、安徽、江西、湖北、湖南、重庆、四川、云南、贵州 11 个省市,面积约 205 万平方千米,人口和国内生产总值占全国的 40%。这一战略可以充分发挥长江黄金水道的独特作用,构建现代化综合交通运输体系,推动沿江产业结构优化升级,打造世界级产业集群,打造东、中、西互动合作的协调发展带。

粤港澳大湾区发展战略。粤港澳大湾区包括:香港特别行政区、澳门特别行政区和广东省广州市、深圳市、珠海市、佛山市、惠州市、东莞市、中山市、江门市、肇庆市(珠三角九市)。总面积 5.6 万平方千米,是中国开放程度最高、经济活力最强的区域之一。由中共中央、国务院于 2019 年 2 月印发实施《粤港澳大湾区发展规划纲要》提出的发展目标是到2022年,粤港澳大湾区综合实力显著增强,粤港澳合作更加深入广泛,区域内生发展动力进一步提升,发展活力充沛、创新能力突出、产业结构优化、要素流动顺畅、生态环境优美的国际一流湾区和世界级城市群框架基本形成。到2035年,大湾区形成以创新为主要支撑的经济体系和发展模式,经济实力、科技实力大幅跃升,国际竞争力、影响力进一步增强。

长三角区域一体化发展战略。长三角区域是中国经济最发达,人才最集中,产业最先进的区域,也是国际公认的六大世界级城市群之一,范围包括上海市,江苏省的南京、苏州、无锡、南通、泰州、扬州、盐城、镇江、常州,浙江省的杭州、湖州、嘉兴、宁波、舟山、绍兴、金华、台州,安徽省的合肥、芜湖、马鞍山、铜陵、安庆、池州、滁州、宣城,总数为26个地级市。长江三角洲区域一体化发展战略的定位是,通过一体化发展,使其成为全国经济发展强劲活跃的增长极,成为全国经济高质量发展的样板区,率先基本实现现代化的引领区和区域一体化发展的示范区,成为新时代改革开放的新高地。

黄河流域生态保护和高质量发展战略。黄河流域是我国重要的生态屏障和重要的经济地带,是打赢脱贫攻坚战的重要区域,在我国经济社会发展和生态安全方面具有十分重要的地位。要坚持绿水青山就是金山银山的理念,坚持生态优先、绿色发展,以水而定、量水而行,因地制宜、分类施策,上下游、干支流、左右岸统筹谋划,共同抓好大保护,协同推进大治理,着力加强生态保护治理、保障黄河长治久安、促进全流域高质量发展、改善人民群众生活、保护传承弘扬黄河文化,让黄河成为造福人民的幸福河。

**创新理论:** 构建优势互补、高质量发展的区域经济布局和国土空间体系

# 第四节 地方政府的经济行为

## 一、中央和地方关系的定位

中央与地方的关系问题是经济体制改革中一个重要问题。一般来说,市场机制是与分散决策联系在一起的,计划调节则离不开中央政府的集中决策。改革开放之后,为适应社会主义市场经济的要求,中国逐步形成了中央集权与地方分权相结合的体制模式。

中央政府作为社会经济、政治和文化中心,代表着国家全局和长远的利益,承担着制定发展战略、维护市场秩序、保障公平正义、推动经济发展等重要职能,是推动经济发展、经济政策制定与实施和对外开放的主导性力量。

在坚持中央政府主导作用的前提下,经济领域中的地方分权得到了发展,包括:通过改革立法体制,中央向地方下放了立法权;通过改革经济管理体制,中央向地方下放了经济管理权;通过改革财政税收体制,扩大了地方财政自主权;通过建立经济特区、自由贸易区、改革试验区等多种形式,赋予地方以更大的经济自主权等。地方分权的发展,在推动社会主义市场经济的发展中发挥了重要的历史作用。

首先,地方分权使财政分配的"大锅饭"被打破了,地方政府成了经济利益相对独立的经济主体,这充分调动了地方政府发展经济的积极性,促进了地方经济的繁荣和发展,特别是对沿海地区的经济发展起到了明显的推动作用。

其次,地方分权改变了政府内部的组织结构、利益结构和信息结构,形成了中央集权与地方分权相结合的新型的中央与地方关系,适应了市场经济发展的要求,发挥了中央和地方的两个积极性,提高了政府调控的效率。

最后,地方分权增强了地方政府改革的动力,为各地区从实际出发,大胆创新,大胆试验,选择和推行合理有效的改革政策和体制机制创造了空间。

## 二、中央政府和地方政府关系的演变

财政体制的变化是中央地方经济关系的一个缩影。改革开放前,中国主要采取高度集权的财政体制。党的十一届三中全会后中国财政改革逐步展开。1994年进行了深刻意义上的分税制财政体制改革。分税制财政体制改革以"存量不动、增量调整、逐步提高中央财政的宏观调控能力,建立合理的财政分配机制"为基本原则。分税制改革实现了财政分权从"总量分权"到"税收门类分权"的转变,明确界定了中央和地方的财权、事权,规范了中央政府和地方政府之间的关系。

所谓分税制,就是通过划分税种和税权来确定层级制政府各层级的财力范围与管理权限,规范中央政府和地方政府之间的财政关系,其主要内容有:第一,界定中央与地方的事权和财政收支范围;第二,根据财权、事权相结合的原则,合理划分中央和地方政府的财政收入;第三,科学核定地方收支数额,完善转移支付制度,实现地区平衡;第四,建立各层级政府的预算制度,硬化预算约束;第五,清理地方政府预算外资金,减少行政审批收费项目等。分税制改革的完善和深化,有效地增强了中央政府在财政体系中的主导地位和进行国家经济宏观调控的能力;同时地方政府获得了一定范围内的财政自主,强化地方政府的管理自主性,可以实现国家体制内地方政府间的竞争和激励。

分税制改革初步构建了中央政府与地方政府财权和事权关系的基本框架,为推动社会主义市场经济的发展做出了应有的贡献。为了进一步完善中央地方关系,2016年8月国务院印发《关于推进中央与地方财政事权和支出责任划分改革的指导意见》,明确了新时期中央地方关系的基本框架,强调调动中央地方两个积极性,推进中央和地方财政事权和支出责任划分,优化中央地方关系,2017 年党的十九大报告提出"加快建立现代财政制度,建立权责清晰、财力协调、区域均衡的中央和地方财政关系。建立全面规范透明、标准科学、约束有力的预算制度,全面实施绩效管理。深化税收制度改革,健全地方税体系",成为新一轮的财税体制改革的基本方向,这是提高国家治理能力的重要探索。2019 年 10 月党的十九届四中全会做出的《中共中央关于坚持和完善中国特色社会主义制度　推进国家治理体系和治理能力现代化若干重大问题的决定》中提出,"要完善国家行政体制,优化政府职责体系,优化政府组织结构,健全充分发挥中央和地方两个积极性体制机制,构建职责明确、依法行政的政府治理体系",成为推进新时代中国特色社会主义国家治理体系现代化的根本遵循和指南。

## 三、地方政府的作用

地方政府在推动经济发展中发挥着十分重要的作用,主要表现为:一是追求经济发展的动力。财政的包干体制以及 1994 年开始的分税制改革,使地方政府成为本地区经济剩余的分享者,因而产生了推动本地经济发展的强大动力;二是政府间竞争产生的压力。中国地方政府在发展辖区经济中存在相互竞争,竞争产生了加快发展本地区经济,增强竞争优势的压力;三是地方政府有推动本地区经济发展的权力与资源。地方政府有比较广泛的政策制定与执行的自主权,同时拥有国有资产、土地升值、地方融资平台等推动经济发展的资源。

地方政府对经济发展的积极推动作用,是改革开放以来中国能够持续快速发展的一个重要原因。地方政府通过招商引资等多种方法构造了可持续发展的"投资激励体系",降低企业投资、创业的投资成本,从而提高企业投资水平,造就了中国经济超强的投资驱动力。地方政府通过提供更好的公共产品,提供良好的基础设施、自然资源、公共服务,引导其他区域各种流动性生产要素流入本区域,最终促进辖区经济发展。但是,地方政府的作用是从本地区利益出发的,在一定条件下也会产生一些消极影响。如盲目投资、重复建设、地方保护主义等。新时代下中央和地方关系的规范坚持"以人民为中心"的根本立场,健全充分发挥中央和地方两个积极性体制机制,推进国家治理体系和治理能力现代化。要理顺中央和地方权责关系,加强中央宏观事务管理,赋予地方更多自主权,支持地方创造性开展工作,构建从中央到地方权责清晰、运行顺畅、充满活力的工作体系。

## 本章小结

1. 中观经济介于宏观经济和微观经济之间,以区域资源配置为研究对象,以产业、地方政府为其运行主体。中观经济具有以下特征:地方政府的竞争性、微观经济和宏观经济接合部、经济运行的独立性、经济要素的集聚性。地区经济活动、产业经济活动和地方政府的经济活动构成了中观经济研究的主要内容。

2. 产业经济活动是中观经济的重要方面,包括产业结构、产业组织和产业政策。产业结构是指构成产业的各部门的关系。产业结构不断由低级向高级演进、由简单向复杂转化,推动产业结构向合理化方向发展。产业组织指产业内企业间的市场关系和组织形态。产业政策是政府为了实现一定的经济和社会目标对产业活动进行调节而制定的各种政策的总和。从十九大到二十大,我国产业政策始终强调把发展的着力点放在实体经济上,构建现代化的产业体系,推动数字经济与实体经济的深度融合。

3. 区域经济也是中观经济的重要方面,包括区域经济布局、区域发展战略。区域经济发展战略是根据特定区域中各个因素条件和可能的发展趋势,对一个较长历史时期内区域经济、社会发展中带有的全局性、长远性和决定性的问题所做的总体部署和筹划。进入新时代,我国区域发展战略可简称为"4+4+4+5"战略,实施范围基本上覆盖了全国国土,形成了新时代区域经济发展的新格局。

4. 地方政府既是中观经济的重要方面,也是我国社会主义市场经济中的一个相对比较特殊的市场行为主体,在经济社会活动中起着举足轻重的作用。建立在中国式财政分权体制和政府间竞争激励基础上的地方政府之间的"标尺竞争"是中国地方经济差距形成的主要原因。

## 复习思考题

1. 中观经济的含义及其与宏观经济、微观经济的关系。
2. 中观经济运行在国民经济运行中的地位和作用。
3. 简述现代化产业体系及其构建的路径。
4. 阐述新时代中国区域经济发展的新战略和新格局。
5. 简述中国经济增长中,地方政府的作用及其局限。

## 即测即评

请扫描二维码进行即测即评。

# 第七章　宏观经济运行

　　社会产品的总供给与总需求平衡是宏观经济有序运行的重要条件。但总供给与总需求的平衡是偶然的,不平衡却是常态,这使得宏观经济运行不可避免地呈现出波动的现象,并因此产生了政府对宏观经济运行进行调控的必要性。改革开放以来,我国充分发挥社会主义制度优势,以马克思主义政治经济学作为宏观经济运行的指导思想,借鉴西方国家宏观调控手段与工具,不断总结宏观调控的经验与教训,逐步形成了符合我国实际的、具有中国特色的宏观调控理论及政策体系。

## 第一节　总供给与总需求的平衡

### 一、社会主义条件下的宏观经济运行

　　马克思将社会总产品根据使用价值划分为生产资料和消费资料,根据价值划分为不变资本、可变资本、剩余价值三部分。在此基础上,通过分析社会总资本的再生产和流通规律,得出社会总产品的价值实现需要满足的条件:在简单再生产的情况下,生产资料部类的可变资本和剩余价值等于消费资料部类的不变资本,而在扩大再生产的情况下,生产资料部类的可变资本和剩余价值等于消费资料部类的不变资本加上两部类追加的不变资本。马克思还讨论了货币在社会总产品的交换中所起的作用。社会产品的交换必须以货币作为中介,如果流通中缺少货币,那么社会总产品也不能实现。

　　马克思的社会总资本再生产理论已经包含了宏观经济运行中总供给和总需求的范畴,也包含了总量平衡和结构平衡关系。总供给就是整个经济在一定时期内生产的社会总产品的价值量,而总需求是整个经济在一定时期内为了补偿和追加生产资料和劳动力而形成的对社会总产品的需求。总量平衡和结构平衡是一对相互联系的概念。总量平衡就是总供给和总需求的平衡,结构平衡是社会生产不同部门之间的平衡。总量平衡是结构平衡的必要条件,结构平衡是总量平衡的充分条件。

　　由于总供给和总需求之间以及部门供求之间关系的不同,宏观经济运行会呈现出不同

状态。宏观经济有效运行要求实现总量平衡和结构平衡,不仅总供给和总需求大体平衡,而且各部门之间的供给和需求也大体平衡,这样,才能保证资源的合理配置。

在资本主义的条件下,失衡是宏观经济运行的常态,危机和衰退是宏观经济失衡的集中反映。数据表明,资本主义经济通常每隔几年就会发生一次危机,每隔十几年就会发生一次严重的危机。根据美国国家经济研究局(NBER)的数据,从1854年到2009年,美国共发生了33次经济危机。仅在1980年之后,美国就发生过四次严重经济衰退(1982年、1991年、2001年和2009年)。其中,2008年爆发的美国金融危机不仅引发了经济衰退,而且引发了严重的失业问题,失业率一度超过10%。资本主义条件下的宏观经济失衡主要是两个方面的原因所导致的:

其一,资本主义是一种对抗性的生产关系,资本为了获得更多剩余价值就要极力压低工人工资,使工人处于绝对或相对贫困中,严重制约了工人的消费能力。马克思指出,"一切现实危机的最终原因,总是群众的贫穷和他们的消费限制,而与此相对比的是,资本主义生产竭力发展生产力,好像只有社会的绝对的消费能力才是生产力发展的界限。"①因此,资本主义的宏观经济运行包含着积累和消费之间矛盾,表现为消费不足、积累过度、生产过剩等顽疾,并经常导致经济危机的爆发。

其二,在资本主义条件下,社会生产处于无政府状态,生产什么、生产多少以及如何生产都是由资本家决定,而资本家在竞争规律的支配下盲目地进行生产,不知道哪些部门会生产过剩,哪些部门会供不应求。往往在高涨时蜂拥而上,形成投资泡沫,而在泡沫破裂后作鸟兽散,导致经济出现比较剧烈的波动,周期性陷入危机和萧条之中。

社会主义条件下的宏观经济运行与资本主义有本质上的不同,能够在大多数情况下保持大体平衡,并对失衡状态主动做出调整。原因在于:

其一,社会主义消灭了对抗性的生产关系。社会主义生产的目的在于解放和发展生产力,提高人民的福祉。社会主义条件下的积累和消费没有根本性的冲突,都是为了更好实现这一目标。在社会主义条件下,国家可以自觉地控制和调节积累和消费的比例,使国家、企业和个人之间的分配关系保持在合理范围内。当积累和消费出现失衡时,国家能够运用宏观调控手段进行调整并恢复平衡。

其二,社会主义国家的宏观调控代替了资本主义社会生产的无政府状态,能够克服市场失灵、优化资源配置,保持经济增长处于合理区间。国家通过制定发展战略和发展规划设定目标,指导宏观经济运行的方向。国家的宏观调控不仅作用于总量,而且可以作用于行业、地区和企业,实现对供给结构的精准调控。因此,社会主义条件下的宏观经济有可能达到大体平衡,一旦出现失衡,国家也可以主动对宏观经济进行调整,宏观经济波动在很大

---

① 马克思.《资本论》第三卷[M]//马克思恩格斯文集:第7卷.北京:人民出版社,2009:548.

程度上反映了国家宏观调控的主动行为。

## 二、总供给与总需求的关系

改革开放以来,我国总供给和总需求之间的关系大体呈现出两种状态。在 20 世纪 90 年代之前,我国总体上生产能力相对落后,经济仍然以计划经济为主,市场还没有起决定性作用,有限的供给是宏观经济的主要制约因素。因此,当宏观经济出现失衡时,问题主要是总需求超过总供给,表现为通货膨胀。我国在 1980 年、1985 年、1988 年和 1993 年出现过比较高的通货膨胀。20 世纪 90 年代之后,经过改革开放后十几年的快速发展,我国的生产能力有了大幅提高,市场竞争日趋激烈,总需求成为宏观经济的主要制约因素。此时,当宏观经济出现失衡时,问题变成了总供给超过总需求,主要表现为市场疲软和部分行业产能过剩。

在社会主义条件下,总供给不是一个既定的量,而总是处在不断发展变化之中。纵观新中国成立以来的经济发展史,我国总体生产能力不断进步,每隔几年都会上一个台阶。例如,我国的发电量从 1949 年的 43 亿千瓦时增长到 2021 年的 8.53 万亿千瓦时,粗钢产量从 1949 年的 16 万吨增长到 2021 年的 10.33 亿吨,水泥产量从 1949 年的 66 万吨增长到 2021 年的 23.8 亿吨。① 我国已经形成了庞大的生产能力,而且建立起门类齐全的工业体系,是全球唯一拥有联合国产业分类目录中全部 41 个工业大类、191 个中类、525 个小类工业门类的国家。目前,我国在供给方面还有一些短板,不能完全适应需求结构,而我国实行的供给侧结构性改革,其任务之一就是"补短板",提高供给质量。这些都体现出我国总供给的动态特征。

我国经济的总需求以内需为主,而在内需中又以投资需求为主,并且近年来居民消费需求成为拉动经济增长的重要力量(如图 7-1 所示)。改革开放以来,外需(净出口)在总需求中所占的比重并不高,在 2007 年时达到 9% 的最高值,但其余 90% 以上的需求都来自国内。从内需来看,投资是最重要的内需来源,在 2019 年占全部内需的 43%。投资需求的旺盛与我国经济的一些特点有关。快速的城镇化和产业结构升级创造出大量投资机遇,并且国家宏观调控为企业投资创造了稳定、可预期的宏观环境,地方政府和国有企业引导的投资在全部投资中起到了压舱石的作用。除了投资需求之外,居民消费需求也是内需的重要来源。随着收入分配制度改革的推进,尤其是共同富裕和共享发展理念的提出,近年来劳动收入占国民收入的比例不断上升,同时居民消费需求在内需中的重要性也明显提高。2021 年,最终消费支出对经济增长贡献率为 65.4%,拉动 GDP 增长 5.3 个百分点,是拉动经

---

① 数据来源:根据国家统计局网站"工业产品产量"整理而得。

济增长的重要引擎。①

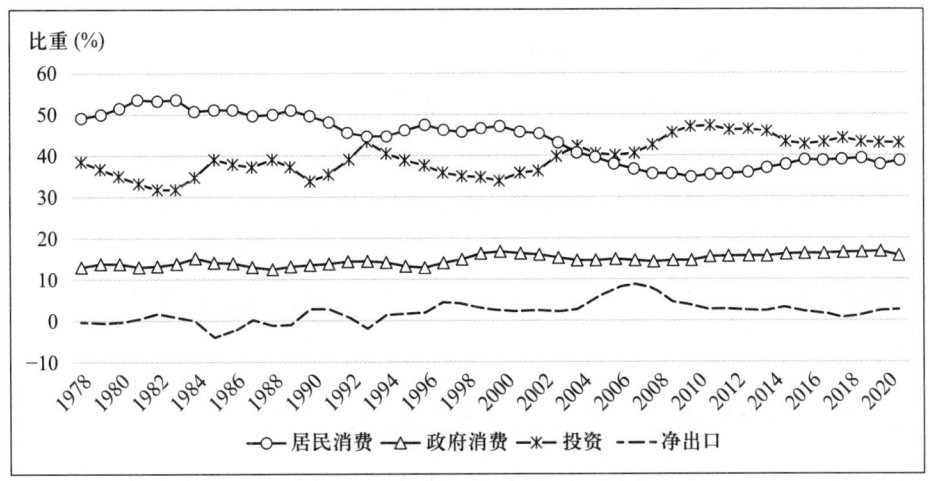

图 7-1　1978—2021 年中国总需求结构

数据来源:根据相关年份《中国统计年鉴》整理计算。

## 第二节　总量管理与结构管理

实现总供给和总需求的平衡,既要强调总量平衡,又要强调结构平衡。总量管理重视总供给和总需求的平衡,尤其是侧重总需求的稳定增长,保持经济稳定,实现就业增长;结构管理重视总供给和总需求在结构上的平衡,尤其是优化供给结构,解决产能过剩,促进资源合理配置。

### 一、需求总量管理

需求总量管理是指通过财政政策和货币政策增加或减少需求总量,以实现总供给与总需求大体平衡的政策。当总量失衡时,最直接有效的办法就是政府通过财政政策和货币政策来增加或减少需求总量。在财政政策方面,在总需求不足时,政府可以通过减少税收、增加财政支出等方式增加投资需求和消费需求;在总需求过剩时则采取相反的政策。在货币政策方面,中央银行通过增加货币供给来增加总需求;反之,中央银行可以减少货币供给以减少总需求。但是,货币政策相较而言有一定的局限性,其传导机制过长,有时会引起金融

---

① 数据来源:消费市场提质扩容 流通方式创新发展——党的十八大以来经济社会发展成就系列报告之七[EB/OL].国家统计局网站,2022-09-22. http://www.stats.gov.cn/tjsj/sjjd/202209/t20220922_1888578.html.

市场波动,而财政政策的作用更为直接,见效更快。

20世纪90年代之后,财政政策成为我国主动应对经济波动的重要手段。当宏观经济出现总需求不足时,我国相应采取积极的财政政策,扩大财政支出,增加总需求。当宏观经济处于平衡状态时,则采取稳健的财政政策,防止经济过热。2015年之后,为了配合供给侧结构性改革的顺利实施,我国坚持实施积极的财政政策,并着力减税降费,为企业降低成本,促进企业研发创新。2018年全年为企业和个人减税降费约1.3万亿元,2019年进一步达到2万亿元。[1] 面对新冠疫情的冲击,2020年全年新增减税降费超过2.5万亿元,2021年全年新增减税降费约1.1万亿元,[2]政策红利持续释放,有力地支持了国民经济持续稳定恢复。

## 二、 需求结构管理

需求结构管理强调从结构层面解决失衡问题,进而实现总量平衡,是具有中国特色的宏观调控方式体现了我国宏观经济政策不同于西方宏观经济政策的一个重要方面。需求结构管理的主要政策是通过调整国民收入的分配以改变投资需求、居民消费需求、政府消费需求和净出口需求的结构,以推动实现结构平衡。

在社会主义市场经济条件下,调节国民收入的分配结构既有制度保障,又有具体的实现机制。从基本经济制度来说,我国社会主义的基本经济制度以公有制为主体、多种所有制共同发展。在公有制经济中,国家可以利用国企税收、国企利润分配、将国企红利用于民生支出等方式调节国民收入在国家、国有企业和劳动者之间的分配,从而间接影响需求结构。从分配制度来说,我国社会主义的基本分配制度是以按劳分配为主体、多种分配方式共存。以按劳分配为主有助于提高劳动收入在国民收入中的比例,从而提高居民消费需求占总需求的比重。同时,共同富裕是社会主义的本质特征,这决定了我国的经济政策可以在初次分配和再分配环节缩小收入差距和财产差距, 处理好公平与效率的关系, 努力实现共同富裕。因此,在初次分配和再分配中调节国民收入的分配不仅是实现宏观结构平衡的有效手段,而且是实现社会主义本质特征的必然要求。

1. 国民收入的初次分配,直接关系国家、企业和劳动者个人三方面的经济利益,并在很大程度上决定了总需求的结构。合理平衡投资与消费关系,关系到如何兼顾集体长远利益与个人当前利益、兼顾国家经济建设发展与人民消费水平提升。合理地进行国民收入的初次分配并确定利润和工资的适当比例,对宏观经济运行至关重要。在国民经济收入一定情况下,利润与工资存在此消彼

创新理论:
把实施扩大内需战略同深化供给侧结构性改革有机结合起来

---

① 数据来源:根据2019年、2020年《政府工作报告》整理得出。
② 数据来源:根据2021年、2022年《政府工作报告》整理得出。

长的关系。利润比例过大,必然影响居民消费,从而挫伤劳动者的生产积极性,并可能造成需求不足和产能过剩;相反,如果利润比例过低,不利于扩大再生产,不利于扩大就业和推动经济的持续增长。

2. 国民收入再分配是在初次分配基础上的进一步分配,其最主要的实现途径是国家财政收支的转移,具体包括税收、社会保障和转移支付等方面。税收是现代政府最主要的收入来源,同时也是政府进行收入再分配的最有力手段。个人所得税通过超额累进税率可以调控过高收入,消费税针对不同层次的消费品征税也可以间接起到调节收入分配的作用。社会上有一部分人由于衰老、失业、生病、受伤等自然或社会原因无法参与到劳动中,无法获得相应的收入。政府和社会通过社会保障将一部分资金转移到这些人手中,既有助于实现社会公平,又有利于扩大居民消费需求。政府还可以通过财政转移支付的方式对部门、行业、企业和个人进行补贴,从而对需求结构进行管理。

## 三、供给结构管理

需求总量管理和需求结构管理都侧重从需求侧入手实现宏观平衡。宏观调控还可以侧重从供给侧入手实现宏观平衡。从供给侧入手进行的宏观调控就是供给管理。由于总供给的增长是一个长期问题,并且主要决定于一个国家内生的条件,如科技水平、资源禀赋、体制模式等,因此,供给管理的着力点在于结构调整,即调整社会总产品中各部门的结构,减少供给过剩部门的生产能力,增加供给不足部门的生产能力,淘汰已经落后、对资源环境消耗巨大的旧部门,创造出有巨大发展潜力、代表先进技术水平的新部门,提高"有效供给"能力,适应人民日益增长的美好生活需要。

供给结构管理的主要特点是:首先,供给结构管理的着力更为直接,作用于个别部门,调整个别部门的供给。其次,供给结构管理的目标不仅在于实现个别部门的供求平衡,而且在于为国民经济谋求长远发展。因此,供给结构管理着力于淘汰落后部门和落后产能,降低企业杠杆率和金融风险,提高企业的市场竞争力,鼓励技术创新、制度创新、管理创新,培育新兴部门,优化产业结构,处理好政府与市场之间的关系,构建有助于实现创新的制度环境等方面。最后,供给结构管理着眼于长期。社会资源从旧部门退出进入新部门是一个"创造性毁灭"的过程,是经济机体新陈代谢、自我更新的过程。即使有国家产业政策的引导,这一过程也需要较长的时间、经过资源的再配置才能完成。因此,供给结构管理的实施和效果实现都具有长期性。

供给结构管理是我国宏观政策的一项重要创新。在资本主义国家,生产决策由私人做出,资本竞争处于无政府状态,政府难以直接调节供给结构。在我国的社会主义市场经济中,国家通过改变国有企业的生产决策就可以改变国有企业所在部门的供给。可以说,供给结构管理在我国的可行性是建立在我国社会主义基本经济制度的基础上。与此同时,国家还可以制定产业政策,减少投资障碍,破除投资门槛,引导企业向有巨大发展前景、代表先进生产力的新兴产业发展。

值得注意的是,供给结构管理通常需要和需求管理结合在一起使用。供给侧和需求侧是社会经济中相互联系、相互影响的两个方面。需求侧的问题处理不好就会造成更多的产能过剩,进一步加重供给结构管理的负担。因此,供给结构管理必须与需求管理相结合,保持宏观经济的稳定,为企业创造良好稳定的宏观环境。

## 第三节　宏观经济波动

宏观经济波动是指国民经济运行中经济扩张与经济收缩相互交替,经济增长高低起伏、循环运动的经济现象。宏观经济波动是市场经济中普遍存在的一种客观经济现象。在我国社会主义市场经济条件下,宏观经济也是在波动中向前发展的。

### 一、宏观经济波动原因的一般解释

马克思主义政治经济学认为,总供给与总需求失衡的可能性,源于商品经济社会的基本矛盾,即私人劳动与社会劳动的矛盾。在货币作为一般等价物成为流通的媒介后,商品生产者不再为使用价值生产,而是为价值生产,商品必须转化为货币,才能实现其价值。但商品转化为货币,货币往往不能立即转化为商品,卖出商品的货币持有者并不立刻购进商品。于是,便会发生买与卖在时间和空间上的分离。供给与需求的分离、生产与流通的分离,供给大于需求或需求大于供给的失衡就具备了可能性。马克思曾说:"商品内在的使用价值和价值的对立,私人劳动同时必须表现为直接社会劳动的对立,特殊的具体的劳动同时只是当做抽象的一般的劳动的对立,物的人格化和人格的物化的对立,——这种内在的矛盾在商品形态变化的对立中取得发展了的运动形式。因此,这些形式包含着危机的可能性,但仅仅是可能性。"①如果社会只存在简单商品生产,这种供求失衡的可能性只会在局部的范围内表现。当商品生产发展到社会化大生产阶段,随着生产规模和市场规模的扩大,商品生产的基本矛盾将随之扩大,则可能会演变成社会总供给与总需求的严重失衡。

在资本主义市场经济中,总供给与总需求失衡的可能性演变成为必然性。这是因为,私人劳动与社会劳动这一商品经济的基本矛盾在资本主义市场经济中已经演化为资本主义的基本矛盾,即生产社会化和资本主义私有制之间的矛盾。资本主义基本矛盾首先表现为资本主义企业内部生产的有组织性和整个社会生产无政府状态的矛盾。资本主义生产

---

① 马克思.《资本论》第一卷[M]//马克思恩格斯文集:第5卷.北京:人民出版社,2009:135.

是社会化大生产,生产的社会化,使各个生产部门和各个企业之间的相互联系、相互依赖更加密切了。但是,资本主义的私有制,又把整个社会生产割裂开来。这种企业内生产的有组织性和整个社会生产的无组织、无序性必然导致社会生产的比例失调。资本主义基本矛盾还表现为资本主义社会生产的无限增长趋势和劳动人民购买力相对缩小的矛盾。利润驱动资本家改进技术、扩大生产,同时又使劳动人民购买力的增长相对小于生产的增长,这两者矛盾积累到一定程度,必然导致以生产相对过剩为特征的经济危机发生,造成总供给与总需求的严重失衡,从而引起宏观经济运行的剧烈波动。

## 二、中国宏观经济波动的原因

在我国社会主义市场经济条件下,宏观经济波动既有市场经济的一般性原因,也存在特殊原因。

从市场经济一般的角度分析,社会主义市场经济是发达的商品经济,依然存在私人劳动与社会劳动这一商品经济的基本矛盾,由这一矛盾造成总供给与总需求失衡进而引起宏观经济波动仍然具有可能性。私人劳动与社会劳动矛盾引发的供求失衡的可能性变成现实性取决于社会化商品经济发展的程度。随着社会化大生产的发展,生产规模和市场规模的扩大,商品经济的基本矛盾也将随之扩大,造成社会总供给与总需求严重失衡及宏观经济波动的现实性也不断增大。我国社会主义市场经济是高度社会化的发达商品经济,私人劳动与社会劳动的矛盾也会因此被放大,由此引起的总供给与总需求失衡及宏观经济波动也就在很大程度上变得不可避免。

但是,由于社会主义制度的建立在很大程度上阻止了私人劳动与社会劳动矛盾演变为生产社会化与生产资料私人占有形式之间矛盾的可能性,从而使宏观经济波动可以控制在合理范围之内,而避免发生严重的经济危机或通货膨胀。我国社会主义市场经济条件下的宏观经济波动还存在若干特殊的原因。

1. 改革开放以来我国宏观经济的波动在一定程度上与经济体制转轨有关。我国在从计划经济向社会主义市场经济转轨的过程中,采取了循序渐进的路径,在宏观经济调控方面,也没有现成的经验可以依循,只能在试错、改错中逐步完善宏观调控的政策和手段,难免造成宏观经济的波动。

2. 改革开放以来我国宏观经济波动在一定程度上是我国作为后发国家加快发展的客观需要使然,并因此使宏观经济运行呈现出明显的阶段性特征。邓小平指出:"看起来我们的发展,总是要在某一个阶段,抓住时机,加速搞几年,发现问题及时加以治理,尔后继续前进。"[①]"我国的经济发展,总要力争隔几年上一个台阶。"[②]

① 邓小平.在武昌、深圳、珠海、上海等地的谈话要点[M]//邓小平文选:第 3 卷.北京:人民出版社,1993:377.
② 邓小平.在武昌、深圳、珠海、上海等地的谈话要点[M]//邓小平文选:第 3 卷.北京:人民出版社,1993:375.

3. 改革开放以来我国宏观经济的波动在一定程度上反映了主动进行经济调整的后果。我国社会主义国家的性质决定了国家具有对宏观经济运行进行主动调整职能。这种调整是为了解决经济社会发展特定阶段的矛盾而进行的调整,而调整解决各种矛盾的同时,也不可避免地带来经济波动。

## 三、 改革开放以来中国宏观经济的波动

改革开放以来,随着市场化改革的不断深入,加之受国际经济形势复杂多变与国内经济结构改革调整的影响,我国经济出现了几次显著的波动(见图 7-2),体现出一种波浪式前进、台阶式发展的运动过程,国民经济总量也在波动中实现了每隔几年上一个新台阶的目标。

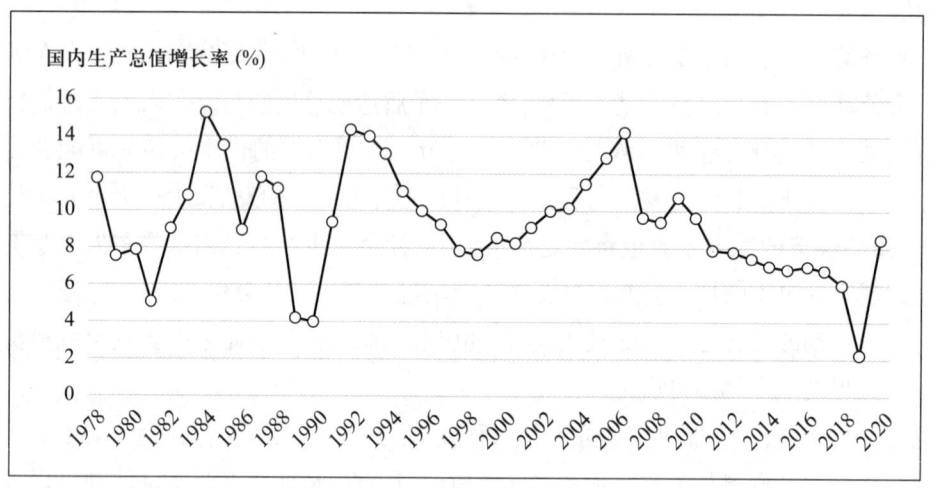

图 7-2　1978—2021 年中国国内生产总值增长率

数据来源:根据相关年份《中国统计年鉴》整理得出。

从大的周期看,1981 年以来中国经济经历了三次较大的波动。第一次波动从 1981 年到 1990 年,经济增长率在 1984 年达到 15.2%的顶峰。第二次波动从 1991 年到 1999 年,经济增长率在 1992 年达到 14.2%的高峰。第三次波动从 2000 年到 2015 年,经济增长率在 2007 年达到高峰。2008 年全球性金融危机之后世界经济深度下滑对我国造成不利影响,使经济增速趋于放缓。第四次波动从 2019 年至今,2020 年经济增长率下降至历史低点,2021 年我国经济虽然有所恢复,但受百年变局和疫情叠加深刻影响,面临着需求收缩、供给冲击、预期转弱三重压力,增速放缓。

总的来看,中国经济波动具有明显的转型和发展中国家的特点,同时与国家宏观调控直接相关。比如,第一次经济扩张主要是 80 年代初改革开放全面展开、商品经济的迅猛发展推动的;第二次经济扩张是 90 年代初我国明确了社会主义市场经济改革目标、社会主义

市场经济体制逐步建立发展推动的;第三次经济扩张是新世纪加入世贸组织后全面进入国际市场参与国际竞争推动的。这三次经济扩张源自于市场化改革的重大突破,同时伴随着工业化、城市化和经济结构的剧烈变迁,带动了分工、交换、技术和产品的创新和生产力的巨大发展。国家的宏观调控,既承担了熨平经济波动的功能,又在某种程度上成为影响宏观经济波动的重要因素。

<h2 style="text-align:center">第四节　中国宏观调控的模式</h2>

### 一、宏观调控的特征

在我国社会主义市场经济条件下,国家对宏观经济运行进行调控,不仅反映了现代市场经济的一般规律,更具有自己的独有特征,具体表现在:

历史演进:
关于宏观调控的
理论演进

1. 社会主义国家的宏观调控是社会主义的本质特征和内在要求。社会主义经济的所有制基础是公有制。公有制经济,特别是作为全民所有制实现形式的国有经济的广泛存在,要求国家对经济运行过程从总体上进行调控,国家宏观调控职能是从社会主义经济中内生出来的职能。

2. 社会主义国家的宏观调控具有双重属性。一方面要克服市场失灵、校正总供给与总需求失衡,实现经济社会稳定发展,体现现代市场经济条件下国家宏观调控的一般性;另一方面以公有制为基础,遵循有计划按比例发展规律,合理配置社会资源,满足人民群众不断增长的美好生活需要,更好地实现社会主义生产目的,体现社会主义生产关系的本质要求。

3. 社会主义国家宏观调控具有长期性、广泛性。我国是一个发展中的社会主义大国,面临着实现国家工业化和现代化的艰巨任务,肩负着实现中华民族伟大复兴的光荣使命。这就需要国家从经济社会发展的全局和长远利益出发进行引导与调节,在促进市场发育、推进制度创新、保障公平正义、实现共同富裕、引领可持续发展等诸多方面进行有效调控。

### 二、宏观调控的经验

改革开放以来,我国从社会主义市场经济的实际出发探索宏观调控的有效办法,积累了丰富的经验,主要是:

1. 短期与长期结合。在西方国家,宏观调节主要是一种短期行为,其理论依据是市场在长期中会实现资源的最优配置,仅在短期内才会偏离最优状态,所以宏观调节也主要是熨平市场的短期波动。但是,实际上,在长期内靠市场调节也不会自动实现一国经济的最优增长,对于发展中国家而言,这一点尤为明显。发展中国家要实现发展所需要的产业基础、创新能力和国际竞争力都不可能完全通过市场实现。因此,无论长期还是短期都需要政府的调控以保证经济在最优的轨道上运行。此外,在现实中,也并不存在"绕过短期,直达长期"的办法,经济运行只能是由一个又一个短期接续起来的结果。若干短期的接续过程就构成了"长期"。每个短期波动都会构成影响长期发展态势的因素,所以宏观调控必须实现短期调控与长期调控的协调统一。

2. 协调速度与质量关系。世界各国都将经济增长作为实施本国宏观调控重要目标之一,但是如何运用宏观调控手段协调好速度与质量的关系至关重要。盲目追求经济增长的高速度,可能会掩盖、累积经济的各种内部深层次矛盾,制约未来经济的健康发展。这就要求宏观调控在追求经济增长速度的同时更加关注提升经济整体质量。适当的经济增长速度,可以缓解对供求关系的压力、资源环境的压力和物价上涨的压力,可以为提高经济增长的质量和效益、加快转变经济发展方式留出更大空间。

3. 兼顾总量增长与结构平衡。经济发展既要追求量的增长,同时也要求质的提高,而经济结构优化是保证质量提高的必要条件。持续的高速增长大大提升了我国经济的总量,使我国的 GDP 总量跃升至世界第 2 位。但是,经济生活中的各种结构性矛盾也在积累,诸如能源消耗过大、产能过剩与环境污染等结构性问题逐渐显现并日趋尖锐化。单纯追求经济数量的增长,忽视经济结构优化,不符合我国经济可持续发展目标与长远经济利益。作为发展中国家,我国在很长的历史时期都会面临总量增长与结构优化的双重任务:一方面要稳增长,保持经济运行在合理区间,以避免系统性或区域性的金融风险和社会风险;另一方面要不断优化经济结构,以优化资源配置,增强经济增长的可持续性。我国政府在宏观调控实践过程中努力平衡经济增长总量与经济结构优化之间关系,形成了区间调控和定向调控,实现了由粗放调控向精准调控的转变,在经济结构调整的基础上保持了经济增长的合理区间。

4. 处理好直接调控与间接调控关系。宏观调控可以分为直接调控和间接调控两种方式。直接调控是国家运用行政手段直接协调和控制微观经济主体的经济行为;而间接调控是国家主要运用经济手段,通过市场机制,影响和引导企业的经济行为,以达到宏观经济调控的目标。过去很长时期,我国宏观调控运用行政直接手段较多,在相当长的时间内和一定范围内,是不可缺少的。但纵观我国实施宏观调控历程,行政手段调控的弊端日益显现,调控效果不佳,实施成本较大,缺乏适应市场的灵活性。在市场经济条件下,政府在运用宏观调控的途径和方式选择上,应当运用间接的调控手段,综合运用市场机制引导微观经济主体,以达到优化经济结构、调整提升经济质量的宏观经济目标。

5. 统筹国内与国际。中国经济已经融入世界经济并占有重要地位,宏观调控更要注重统筹国内与国际两个大局。在把握国内经济运行状况的同时,密切关注发达国家与新兴市场国家的经济走势,应对日益复杂的国际政治经济局势背景下的挑战与机遇。依托我国超大规模市场优势,以国内大循环吸引全球资源要素,增强国内国际两个市场两种资源联动效应,提升贸易投资合作质量和水平。

6. 供给管理与需求管理并重。在一定时期,由于社会的生产能力和经济结构是相对稳定的,需求变化是决定社会总供给和总需求关系的主要因素。同时,需求总量管理通过对决策主体经济利益的诱导达到宏观调控目的,而不是强制性地要求经济主体服从政府的调控要求。因而,需求总量管理是政府实行宏观经济平衡的主要工具,但具有调控领域有限、调控存在时滞性等问题。供给结构管理则是一种定向性宏观调控机制,是指在宏观经济调控中主要基于国民经济发展规划和相应产业政策确定的目标,通过经济、行政和法律手段对供给结构和供给活动进行定向调控,以实现总供给和总需求的平衡。供给结构管理的优势在于从经济运行源头即供给角度来解决经济运行深层次矛盾,有利于实现提升经济质量,实现经济转型升级。

## 三、 宏观调控的目标

社会主义市场经济条件下国家宏观调控的目标,从根本上说,是实现社会主义生产目的,解放和发展生产力,最大限度地满足人民群众日益增长的物质和文化需要,保障最广大人民的根本利益,实现人的全面发展和社会成员的共同富裕。调控目标是实施宏观调控的出发点和落脚点。现阶段,结合国家战略任务与目标,着眼经济发展阶段变化与突出矛盾,我国宏观调控不断创新调控目标,逐渐形成具有中国特色的宏观调控目标体系。

1. 经济增长。经济增长是社会总体财富的增长,是生产力发展的最直接体现。只有实现经济稳定增长,才能为经济发展和社会进步奠定基础。如果没有适度较快的经济增长速度,就谈不上缩小同发达国家经济发展水平的差距,也谈不上国家富强和人民生活的改善,也会影响社会主义制度的巩固和发展。不仅如此,其他宏观调控目标的实现也依赖于经济增长的实现,如要实现充分就业,最为基本的途径就是依靠经济增长来创造更多的新增就业机会。

2. 充分就业。保证劳动者的充分就业,一方面使劳动这种创造财富的最能动的要素能够充分发挥作用;另一方面保障劳动者劳动的权利,是实现公平的收入分配的基础。严重的失业不仅会造成人力资源的浪费,还会造成失业人群无法获得足够的收入,较高的失业率会给工资造成持续下行的压力。失业导致劳动者收入减少,影响收入分配的公平。而这种高失业引起的低工资还会扭曲经济结构、阻碍技术进步、减少有效需求,从而最终威胁经济的可持续发展。

3. 稳定物价。价值规律是市场经济运行的基本经济规律。价值规律的作用要求价格体系具有相对稳定性。现代货币体系是以国家信用为基础的、不可兑换的货币体系。这种信用货币体系已经失去了其名义上的"价值锚",一方面使得国家对货币的发行具有了更大的自主权,另一方面也让货币所代表的价值更容易波动。但是,不论在何种货币体系下,货币都是价值尺度和流通手段的统一,而价值尺度的功能要求货币的购买力不能出现过于频繁和剧烈的波动,否则信用货币体系就难以维系。所以,作为货币发行者的国家必须承担稳定物价的相应责任。

4. 国际收支平衡。国际收支是指一定时期内一国与其他国家收入支出货币总额的总和。由于黄金和外汇通常是国际结算的最终手段,所以,国际收支是否平衡要反映在国家黄金和外汇储备收支对比关系上。长期的国际收支不平衡往往会引起连锁反应,影响正常的对外经济活动及国内经济活动。如经常性项目长期出现逆差,不仅会影响物价稳定,而且会消耗本国的外汇储备,削弱本国抗金融风险能力,同时还会降低人民对本国的信心,严重时会出现资本外逃,甚至导致经济危机。要避免长期的国际收支不平衡,就需要采取切实可行的政策手段调节商品与服务的进出口,调控资本的国际流动。

5. 优化经济结构。保持经济的稳定增长是我国宏观调控的要务,但适应国内外因素的变化,我国政府不再单纯追求经济增长速度,而是更加关注平衡稳增长与调结构的关系。"稳增长"为"调结构"创造了稳定的宏观经济环境,有力推动了结构优化和全面改革;而"调结构"是为了更好地、高质量地增长,为"稳增长"做出了积极贡献。要以提高经济发展质量与效益为中心,既不让经济失速,将经济增长保持在合理区间,同时应将宏观调控目标更多集中在提质增效升级上,注重调整经济结构,与全面建成小康社会目标相衔接,与我国经济总量扩大和结构升级要求相适应,这样更符合我国国情与发展趋势。

6. 保障改善民生。我国实施宏观调控不仅要规避市场失灵,更主要的是保障经济运行有利于实现社会主义优越性。实现充分就业、物价稳定、居民收入增长与经济同步有助于让广大民众共享经济增长的益处,有助于体现社会主义本质特征与发挥社会主义优越性。在宏观调控实践中,我国政府提出完善宏观调控政策框架,守住稳增长、保就业的下限和防通胀的上限。这是在我国政府提出"合理区间"的调控目标下,在宏观调控目标中强化对民生指标的重点关注。

7. 推动绿色发展。我国传统经济增长模式以煤炭等化石能源高消耗为特征,经济增长速度是上去了,但是带来了环境污染等诸多问题,这种粗放型经济增长模式并不可持续,其负面影响逐渐显现。党的十八大以来,我国绿色低碳发展迈出坚实步伐。现阶段,我国已将绿色发展、循环发展、低碳发展作为宏观调控的一个重要目标。2021年中央经济工作会议强调,把绿色低碳发展纳入宏观经济治理,完善财政、货币、就业、产业、投资、消费、环保、区域等支持政策,努力在新发展阶段实现中国经济的全面绿色转型。从而在保障我国经济社会可持续发展的同时,顺应中国经济绿色转型、资源环境硬约束的需要,为2030年前实现碳达峰、2060年前实现碳中和打下坚实基础。

8. 防范经济风险。现阶段,中国经济发展面临的环境十分复杂,影响经济发展进程的因素多种多样,既有外生因素也有内生因素,既有短期波动和周期调整,也有中长期结构性因素的冲击。总的来看,需求收缩、供给冲击、预期转弱压力较大,外部环境动荡不安,金融和房地产产业问题频发,这些都是当前我国经济面临的风险。因此,宏观政策应加强经济监测预测预警,提高国际国内形势分析研判水平,增强风险防范意识,持续强化金融风险防控,为实体经济发展营造更为稳定安全的金融环境,着力改善市场主体信心和预期,持续恢复和增强经济内生增长动力,有效防范重大经济金融风险。

9. 确保国家经济安全。经济安全是国家安全的基础,是国家安全体系的重要组成部分。我国国内发展不平衡不充分问题依然突出,国家经济安全仍然存在不少薄弱环节。产业基础能力和产业链水平存在诸多短板,粮食、能源、资源的生产难以完全满足国内需求,重要基础设施维修管理水平不高,金融体系中一些长期形成的隐患并未有效消除。国家的宏观调控要强化经济安全风险预警、防控机制和能力建设,实现重要产业、基础设施、战略资源、重大科技等关键领域安全可控,着力提升粮食、能源、金融等领域安全发展能力。

## 四、宏观调控的政策

在计划经济体制下,我国政府对宏观经济的管理与调控主要依靠行政和计划手段来实现。改革开放以来,在建立具有中国特色社会主义市场经济体制过程中,我国政府在宏观经济管理实践中不断积累经验,探索应用多种包含经济、法律与行政等方面的宏观调控政策工具与手段。

党的十八大以来,面对国内外发展的新形势、新任务、新挑战,特别是面对"三期叠加"时期的经济下行压力,党中央、国务院坚持"宏观政策要稳、产业政策要准、微观政策要活、改革政策要实、社会政策要托底"的总体思路,不断创新宏观调控思路和方式,保持宏观政策连续性和稳定性,先后创新实施区间调控、定向调控、相机调控等调控新理念。同时,不断创新宏观调控的工具,充实中国"宏观调控工具箱",做好宏观调控政策储备,结合具体经济形势针对性实施宏观调控政策。完善以财政政策、货币政策为主,产业政策、区域政策、投资政策、消费政策、价格政策系统配合的政策体系,增强财政政策与货币政策协调性。运用大数据技术,提高经济运行信息及时性和准确性。适时适度预调微调,有效地稳定了市场信心和社会预期,有力地促进了经济稳定运行和结构优化升级。党的十九大报告则提出,创新和完善宏观调控,发挥国家发展规划的战略导向作用,健全财政、货币、产业、区域等经济政策的协调机制。党的二十大报告指出,要加快建立体现新发展理念、与高质量发展要求相适应的宏观调控目标体系、规划体系、政策体系、协调体系、保障体系和监督评价体系。

我国宏观调控的手段主要包括以下五个方面:

1. 制定发展战略和发展规划。我国宏观调控的一个突出特点是强调经济发展的长期性和连续性,而不局限于短期经济目标。因此,在国家调控目标的设定中,根据时间长短的不同,形成了包括总体战略、计划规划和常规性目标在内的前后衔接、相互补充的目标体系。发挥国家发展规划的战略导向作用,可以实现总目标和分目标、中长期规划和年度计划有效衔接、持续推进。

2. 以财政政策与货币政策为主体,增强财政政策与货币政策协调性。在改革开放以后,随着中国经济运行环境与条件的不断变化,政府开始运用经济手段来调控、应对经济形势,其中,财政政策与货币政策是宏观调控经济的主要手段。根据宏观经济形势的不同,政府选择财政政策和货币政策的不同组合拳,以保持经济稳定和持续增长。

3. 就业优先政策。就业是最基本的民生,2018 年 7 月 31 日中共中央政治局会议要求,做好稳就业、稳金融、稳外贸、稳外资、稳投资、稳预期工作,稳就业居于首位。2019 年《政府工作报告》首次将就业优先政策置于宏观政策层面,旨在强化各方面重视就业、支持就业的导向。党的二十大报告再次强调"强化就业优先政策",把就业放在"六稳"之首,置于宏观政策层面。

4. 精准实施产业政策。有效的产业政策是国民经济健康发展、产业升级转型的有力支撑,其核心是处理好"有效市场"和"有为政府"的共同作用。当前,我国产业政策在提振实体经济、调整产业结构、培育新兴产业、落实国家创新增长战略等方面仍有许多可操作空间,应该在发挥市场机制作用基础上,提高产业政策的有效性,精准实施产业政策,使产业政策能够有效配合财政政策和货币政策的实施。

5. 强化宏观审慎监管。宏观审慎政策(Macro Prudential Policy,MPP)是宏观审慎管理的政策目标、评估、工具、传导机制与治理架构等一系列组合的总称,与货币政策是并列的。宏观审慎管理包括两部分内容:一是对金融系统的监管;二是对宏观经济系统的调控,并且要逆周期调控。宏观审慎政策填补了目前宏观货币政策和宏观审慎监管之间系统性风险防范空白问题,同时也对宏观调控提出新要求,需要宏观审慎政策与货币政策协调配合。我国在宏观审慎政策方面也不断做出相关探索与创新。在政策规划层面,"十二五"规划、"十三五"规划都对构建宏观审慎政策框架提出要求,第五次全国金融工作会议明确要求建立宏观审慎管理框架,党的十九大强调要健全货币政策和宏观审慎政策双支柱调控框架。在实践层面,中国人民银行在 2009 年开始研究强化宏观审慎管理的政策措施,2011 年正式引入差别准备金动态调整机制,2015 年将外汇流动性和跨境资金流动纳入宏观审慎管理范畴,以提高跨境融资便利性,防范跨境资金流动风险。2016 年起正式将差别准备金动态调整机制升级为宏观审慎评估(MPA)。此后,我国又结合实际情况,陆续将表外理财、同业存单、绿色金融、普惠小微贷款等纳入 MPA,并逐步探索建立金融控股公司监管、系统重要性银行监管框架。

## 五、完善宏观经济治理

经济的高质量发展阶段,要求社会主义市场经济体制的进一步完善和发展,并对健全和完善宏观经济治理提出更高的要求。2020年5月,《中共中央、国务院关于新时代加快完善社会主义市场经济体制的意见》提出"宏观经济治理"概念,指出要"完善宏观经济治理体制""进一步提高宏观经济治理能力"。"十四五"规划纲要赋予"宏观调控"更加丰富的内涵,首次提出"目标优化、分工合理、高效协同的宏观经济治理体系"。党的二十大报告强调,健全宏观经济治理体系,发挥国家发展规划的战略导向作用,加强财政政策和货币政策协调配合,着力扩大内需,增强消费对经济发展的基础性作用和投资对优化供给结构的关键作用。完善宏观经济治理,就是以促进高质量发展和协调政府各项职能为目标,以体现新发展理念的财政、金融、科技、产业、区域、营商环境、信用体系等方面的制度和政策为重点创新政府管理和服务方式,强化国家各项调控制度建设,统筹各项政策手段应用,完善组织体系和运行机制。

1. 总体布局。构建有效协调的宏观调控新机制。促进高质量发展为宏观经济治理的根本目标,以供给侧结构性改革为主线,坚持以人民为中心,正确处理政府和市场关系,健全完善宏观调控目标体系、政策体系、决策协调体系、监督考评体系和保障体系。健全以国家发展规划为战略导向,以财政政策、货币政策和就业优先政策为主要手段,投资、消费、产业、区域等政策协同发力的宏观调控制度体系,增强宏观调控前瞻性、针对性、协同性。

2. 财政方面,加快建立现代财税制度。加强中央在知识产权保护、养老保险、跨区域生态环境保护等方面事权,减少并规范中央和地方共同事权。优化政府间事权和财权划分,建立权责清晰、财力协调、区域均衡的中央和地方财政关系,形成稳定的与各级政府事权、支出责任和财力相适应的制度。完善标准科学、规范透明、约束有力的预算制度,全面实施预算绩效管理,提高财政资金使用效率。健全地方税体系,调整完善地方税税制,培育壮大地方税税源,稳步扩大地方税管理权。

3. 金融方面,强化货币政策、宏观审慎政策和金融监管协调。加强资本市场基础制度建设,健全具有高度适应性、竞争力、普惠性的现代金融体系,有效防范化解金融风险。建设现代中央银行制度,健全中央银行货币政策决策机制,完善基础货币投放机制,推动货币政策从数量型调控为主向价格型调控为主转型。建立现代金融监管体系,全面加强宏观审慎管理,强化综合监管,突出功能监管和行为监管,制定交叉性金融产品监管规则。依法依规界定中央和地方金融监管权责分工,强化地方政府属地金融监管职责和风险处置责任。

4. 科技方面,全面完善科技创新制度和组织体系。强化国家战略科技力量,提升企业技术创新能力,激发人才创新活力,完善科技创新体制机制。加强国家创新体系建设;健全鼓励支持基础研究、原始创新的体制机制;建立健全应对重大公共事件科研储备和支持体系;建立以企业为主体、市场为导向、产学研深度融合的技术创新体系,支持大中小企业和各类主体融通创新,创新促进科技成果转化机制;完善科技人才发现、培养、激励机制,健全符合科研规律的科技管理体制和政策体系。

5. 产业和区域方面,完善产业政策和区域政策体系。推动产业政策向普惠化和功能性转型,强化对技术创新和结构升级的支持,加强产业政策和竞争政策协同。健全推动发展先进制造业、振兴实体经济的体制机制。建立市场化法治化化解过剩产能长效机制,健全有利于促进市场化兼并重组、转型升级的体制和政策。构建区域协调发展新机制,完善京津冀协同发展、长江经济带发展、长江三角洲区域一体化发展、粤港澳大湾区建设、黄河流域生态保护和高质量发展等国家重大区域战略推进实施机制,形成主体功能明显、优势互补、高质量发展的区域经济布局。健全城乡融合发展体制机制。构建国土空间开发保护新格局,推动区域协调发展,推进以人为核心的新型城镇化。

6. 营商环境方面,以一流营商环境建设为牵引持续优化政府服务。深入推进简政放权、放管结合、优化服务,深化行政审批制度改革,改善营商环境,激发各类市场主体活力。深化投资审批制度改革;创新行政管理和服务方式,深入开展"互联网+政务服务";建立健全运用互联网、大数据、人工智能等技术手段进行行政管理的制度规则;落实《优化营商环境条例》,完善营商环境评价体系,适时在全国范围开展营商环境评价,加快打造市场化、法治化、国际化营商环境。

7. 信用体系方面,构建适应高质量发展要求的社会信用体系。完善诚信建设长效机制,推进信用信息共享,建立政府部门信用信息向市场主体有序开放机制。健全覆盖全社会的征信体系,实施"信易+"工程,完善失信主体信用修复机制,建立政务诚信监测治理体系,建立健全政府失信责任追究制度。

此外,宏观经济治理要求严格市场监管、质量监管、安全监管,加强违法惩戒。加强市场监管改革创新,健全以"双随机、一公开"监管为基本手段、以重点监管为补充、以信用监管为基础的新型监管机制。完善网络市场规制体系,促进网络市场健康发展。健全对新业态的包容审慎监管制度。以食品安全、药品安全、疫苗安全为重点,健全统一权威的全过程食品药品安全监管体系。

## 本章小结

1. 总供给与总需求平衡是宏观经济有序运行的条件。马克思主义政治经济学从总量平衡与结构平衡、价值平衡与实物平衡的结合中,揭示了宏观经济平衡的基本条件。在市场经济条件下,总供给与总需求平衡是偶然的,不平衡则是常态。为了解决总供给与总需求的矛盾,宏观调控的着力点也形成了需求总量管理、需求结构管理和供给结构管理三个方面。

2. 为了实现总供给和总需求的平衡,必须既要强调总量平衡,又要强调结构平衡。我国的宏观调控逐渐形成了总量管理与结构管理两种方式。总量管理重视总供给和总需求在总量上的平衡,尤其是侧重总需求的稳定,保持经济稳定增长,实现就业增长。结构管理重视总供给和总需求在结构上的平衡,尤其是优化供给结构,解决产能过剩,促进资源合理配置。

3. 宏观经济波动是指国民经济运行中经济扩张与经济收缩相互交替,经济增长高低起伏、循环运动的经济现象。宏观经济波动是市场经济中普遍存在的一种客观经济现象。在我国社会主义市场经济条件下,宏观经济也是在波动中向前发展的。社会主义市场经济条件下的宏观经济波动在体现市场经济一般规律的同时,也具有自己的特殊性。

4. 改革开放以来,我国努力探索社会主义市场经济条件下宏观调控的规律性,逐步形成了符合我国经济发展需要的具有中国特色的宏观调控体系。其主要特点是:以实现经济的持续、协调、公平发展为目标,短期与长期结合,协调速度与质量关系,兼顾数量增长与结构平衡,处理好直接与间接关系,统筹国内与国际,供给管理与需求管理并重。

5. 完善宏观经济治理是社会主义市场经济体制的进一步完善和发展的要求,完善政府经济调节、市场监管、社会管理、公共服务、生态环境保护等职能,创新和完善宏观调控,进一步提高宏观经济治理能力。

## 复习思考题

1. 请结合马克思主义的社会总资本再生产理论,分析总供给与总需求不平衡有哪些类型。

2. 与市场经济条件下宏观调控的一般目标相比较,我国宏观调控目标有哪些特殊性?

3. 我国宏观调控的主要经验有哪些? 宏观调控的手段有哪些?

4. 结合我国现阶段宏观调控实际,说明如何综合协调运用供给管理与需求管理政策。

5. 改革开放以来,我国宏观经济波动的原因是什么? 与西方发达国家相比较,我国宏观经济波动有哪些特殊性?

## 即测即评

请扫描二维码进行即测即评。

# 第三篇
# 中国特色社会主义经济发展

经济发展是经济主体长期从事经济活动而形成的结果,表现为经济增长的基础上经济结构的优化、人们福利的改善和社会的全面进步。在中国特色社会主义经济中,发展具有特殊重要的意义。社会主义的根本任务是解放生产力,发展生产力,发展是党执政兴国的第一要务。中国特色社会主义经济发展既是生产力的发展过程,也是社会主义生产关系的实现过程。从生产力的发展看,社会主义经济发展的内容包括了物质产品的增加、劳动生产率的提高、经济结构的优化、工业化和信息化的加深;从社会主义生产关系的实现过程看,社会主义经济发展要求体现以人民为中心的思想,实现社会主义生产目的,推动城乡一体化,发挥社会主义制度的优越性,实现全体人民共同富裕。这两方面的有机统一,形成了中国特色社会主义经济发展理念、发展战略、发展方式和发展道路,创造了中国经济发展的奇迹。

# 第八章　社会主义经济增长

经济增长是经济发展的基础,是社会生产力发展的重要表现形式。中华人民共和国成立以后,特别是改革开放以来,我国经济保持了长期较高速度的增长,充分体现了中国特色社会主义制度的优越性。当前,中国经济正沿着高质量发展的轨道稳步向前发展,呈现出了一系列新的特点。

## 第一节　社会主义经济增长的特点

### 一、什么是经济增长

经济增长是指在一定的时期内,一个国家或地区产品和服务数量或人均实际产出(或人均收入)水平的持续增加。通常对经济增长的度量主要有货币值度量与非货币值度量两类方法。其中货币值度量的常用指标主要包括国内生产总值和国民收入两种。

国内生产总值(GDP)是一个国家或地区在一定时期内运用生产要素所生产的全部最终产品(产品和劳务)的市场价值。按照收入法核算,国内生产总值=固定资产折旧+劳动者报酬+生产税净额+营业盈余。

国民收入(NI)指一国生产要素在一定时期内提供生产性服务所取得报酬即工资、利息、租金和利润的总和,在国民体系账户(SNA)核算中,国民收入=国内生产总值-固定资产折旧-间接税-企业转移支付+政府补助金。

比较分析:
马克思经济增长理论与西方经济增长理论的比较分析

从非货币度量的角度看,经济增长也可以从一个社会物质生产的能力和种类的增长来测度,比如粮食的产量和种类、能源的产量和结构、钢铁、水泥、集成电路、电气机械以及医疗卫生服务等反映国民经济生产运行的社会产品或者服务的数量和种类的变化。通过对这种度量的仔细考察,我们能更准确、全面和系统地从量变的角度了解国民经济增长的质量。

作为刻画经济长期动态的概念,经济增长与经济发展的主要区别在于:首先,在观测各经济变量时,经济增长概念更侧重从量的变化来描述长期经济的变化,而经济发展概念则更为综合性,更侧重这些变量质的变化;其次,在分析经济变化趋势时,经济增长概念侧重于以总量或人均量经济数据为基础分析长期变化趋势,而经济发展概念则更为关注长期经济的结构性和系统性变化;最后,在研究社会经济整体问题时,经济增长概念一般只是描述社会整体中与市场活动相关联的可以货币化或者价值化的活动的增加,而经济发展概念更侧重描述经济、社会、文化等全方位的整体性和综合性的质量提升。

## 二、经济增长的决定因素

按照马克思主义政治经济学的基本理论,经济增长是生产力和生产关系矛盾运动的结果,是生产力不断发展的表现。

生产力的发展可以从两个方面来看:一是,如果产品种类或生产结构不变,生产力水平的高低和生产力的发展程度,就可以用各种产品的劳动生产率来表示。劳动生产率的提高表明在单位劳动时间内生产了更多的产品,或者说生产同样数量的产品需要较少的劳动时间。在这个意义上生产力的发展,取决于许多因素,其中主要的有劳动者的知识水平、技术熟练程度,生产资料特别是生产工具的质量或性能,劳动组织的状况以及自然条件的优劣等。二是分工的扩大,产品种类或生产结构变化。用各种产品的劳动生产率的高低来衡量生产力发展的水平是以产品结构不变为前提的,一旦考虑产品或生产结构的变动,问题就不那么简单了。由于不同时期和不同国家的产品结构不同,如果我们要在整体上对不同时期和不同国家的生产力发展状况进行比较,仅依靠劳动生产率这一概念显然是不全面的。如果产品种类或生产结构是变化的,则生产力的发展体现为分工的扩大、产品向日益多样化、复杂化和高级化的方向发展。事实上,历史上社会生产力的每一次重大革命,都是以产品创新、生产结构变革为内容的。例如,工业革命开辟了纺织、能源、机械、电子、化工、电信等一大批新的生产领域;以信息产业为代表的现代高新技术的发展,又开拓出计算机软件和硬件、卫星通信、信息网络、新材料、新能源、生物工程、环境保护等一大批新的生产领域。生产结构多样化、复杂化和高级化的结果,使人类的需要在更多方面和更高层次上得到满足。在市场经济的条件下,无论是劳动生产率的提高还是分工的扩大、产品的多样化,都最终要体现为商品价值的增加,因此,经济增长表现为生产总值的增长。

经济增长是在一定的社会关系下进行的,受到特定社会关系的制约,体现了不同社会的经济规律,经济增长的目的、动力、机制和后果等随着生产关系的变化而发生变化。生产资料所有制是生产关系的基础。在特定的生产力发展水平阶段,不同的所有制形式是否适应生产力的发展,对经济增长发生重要的影响。人类历史的发展证明了这一基本原理的正确性。在原始氏族、部落社会,生产力水平极其落后,人们依靠原始的采集、打猎、捕鱼为生,生产活动只是为了获取最基本的生存资料,物质产品很少出现剩余,经济增长更是微乎其微。在奴隶社会和封建社会,自给自足的自然经济占统治地位,以家庭为基本生产单位,生产规模小,生产技术落后,商品交换不发达。奴隶主和封建主对奴隶和农奴的榨取是为了满足其自身的寄生性消费,取得使用价值是统治阶级奴役被统治阶级的主要目的。由于社会生产力水平低下,社会分工范围狭小,商品经济不发达,经济增长也比较缓慢。在封建社会的后期,随着商品交换的扩大,小商品生产者逐渐开始分化,大量的小商品生产者丧失生产资料,变成一无所有的工人,同时生产资料快速集聚在少数人手中变成资本,催生了资本主义制度。资本主义制度的建立一方面促进了生产力的巨大发展和生产社会化程度的不断提高,使经济增长成为经济的常态;另一方面又由于内在的矛盾,越来越成为束缚生产力发展的桎梏,使经济增长陷入停滞甚至危机状态。

## 第二节　不同社会条件下的经济增长

各个社会形态之间存在联系,因此,各社会形态下的经济增长遵循了一些共有的经济规律。同时,每个社会形态又各有其特有的经济规律,体现其特有的生产关系特征。

### 一、资本主义经济增长

相对于奴隶制、封建制等剥削制度,资本主义制度在其建立之初,适应了当时先进生产力的发展的需要,在推动经济增长过程中显示了显著的优势。

马克思和恩格斯指出"资产阶级在它的不到一百年的阶级统治中所创造的生产力,比过去一切世代创造的全部生产力还要多,还要大。"①首先,资本主义造成了商品关系的普遍化,打破了自然经济和封建等级制度对人类社会发展的严重束缚,形成了人与人之间全面的相互依赖和广泛的社会交往,促进了协作、分工、生产的集中以及劳动和自然科学的结合,推动了生产资料和劳动过程的社会化。其次,对剩余价值的无止境追求,使资本主义社会具有了前所未有的创新动力,推动了生产力的发展、科学技术的不断创新和人类社会的进步。最后,劳动力的商品化,使劳动者摆脱了类似奴隶制和封建制条件下对统治阶级的人身依附,表面上实现了法律上的平等和自由,有利于发挥生产者的积极性和创造性。

但是,资本主义制度对封建制度的代替毕竟是用资本主义私有制代替封建私有制,用资本主义剥削方式代替封建剥削方式,存在不可克服的根本矛盾和严重弊端。首先,资本主义制度从它诞生那天起就充满了激烈的矛盾和对抗。资本原始积累的过程,是一个充满

---

① 马克思,恩格斯.共产党宣言[M]//马克思恩格斯选集:第1卷.北京:人民出版社,2012:405.

劳动人民的巨大牺牲和苦难的过程。其次,在资本主义经济进入了比较成熟阶段,资本主义的发展过程也绝不像田园诗那样美妙,而是伴随经济危机、两极分化、阶级对立、社会动荡乃至战争。随着资本积累和资本主义的发展,生产社会化和生产资料资本主义私人占有之间的矛盾不断加深。个别企业生产中的有组织性和整个社会生产中的无政府状态之间的矛盾、市场竞争的自发性和盲目性,在不断调整变化的同时也在以新的方式更加突出地表现出来;生产无限扩大趋势与劳动人民购买力相对缩小之间的矛盾、社会财富分配中的两极分化现象日益严重;经济危机的不断发生,暴露出资本主义经济制度在驾驭现代社会化大生产上面临新的更大的困难。这些矛盾的累积最终会带来资本主义长期经济潜力的下降和经济增长速度的减缓。

图 8-1 展示了几个主要资本主义国家从 1850 年至 2016 年不同历史阶段的 GDP 平均增长率。可以发现,1950 年以前的一百年中,除法国以外,主要国家后五十年的经济增长都要慢于前五十年。在第二次世界大战之后,国家垄断资本主义的建立为资本主义体系带来了经济增速最快的 20 年,很多研究将这个时期称之为资本主义增长的"黄金年代"。然而国家垄断资本主义并没有在根本上解决资本主义的主要矛盾,随着资本主义的进一步发展,主要资本主义国家的经济增长再次下降。从图 8-1 中可以看到,图中所展示的 5 个主要资本主义国家在 20 世纪 70 年代以后无一例外地出现了经济增速的下降。在 2008 年的金融危机以后,这种趋势进一步加剧,经济增速进一步下降,以至于许多学者认为资本主义进入了一个"长期停滞"的阶段。

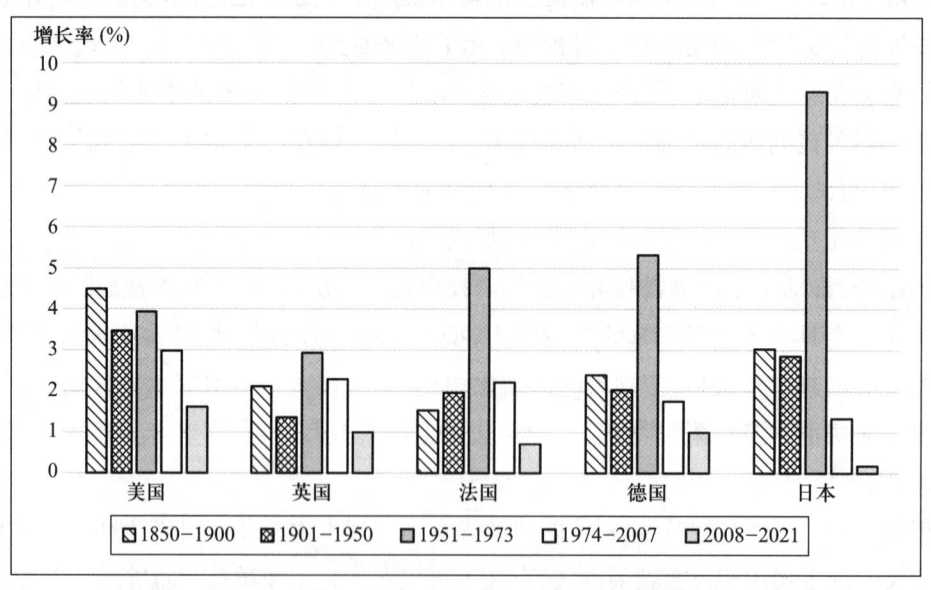

图 8-1　主要资本主义国家不同时期 GDP 平均增长率

数据来源:根据安格斯·麦迪逊历史统计数据计算。

## 二、社会主义经济增长

在社会主义社会,生产力将得到更快的发展。毛泽东指出"所谓社会主义生产关系比较旧时代生产关系更能够适应生产力发展的性质,就是指能够容许生产力以旧社会所没有的速度迅速发展,因而生产不断扩大,因而使人民不断增长的需要能够逐步得到满足的这样一种情况。"[①]

社会主义市场经济条件下的经济增长仍然要受商品经济的一般规律即价值规律的调节。价值规律促使所有生产者都不断地改进生产技术,加强经营管理,提高生产效率,降低劳动耗费;同时调节着资源在社会不同部门之间的配置,推动整个社会生产力的提高。虽然价值规律在资本主义制度和社会主义制度中都存在,但在这两种经济制度下会产生截然不同的结果。在资本主义制度下价值规律作为一种自发的力量,支配着资本家的生产决策,经济是在不断震荡甚至危机之中调整的。但在社会主义制度下,随着生产资料公有制的建立,社会可以自觉地利用价值规律对经济运行进行调节,保障和促进社会主义经济的持续协调健康增长,同时能够更好更自觉地协调和保障社会各利益主体的利益。这体现在以下三个方面:

第一,社会主义经济增长是以生产资料公有制为基础的,劳动者在生产资料占有关系上处于平等的地位,人们之间在根本利益上是一致的,这样就可以调动各方面的主动性、积极性和创造性。第二,社会主义经济增长是有计划按比例的。生产资料公有制的建立,使得国家可以通过有计划的调控,自觉安排社会生产各部门以及各方面重大比例关系,从社会全局的、长远的利益出发进行资源配置。第三,社会主义经济增长的目的是满足人民需要,生产和需要之间的对立消除了,生产和需要之间实现了相互促进的良性互动。总之,社会主义经济制度可以克服生产社会化与生产资料资本主义私有占有制之间的矛盾,为经济增长开辟广阔的道路。

图 8-2 展示了第二次世界大战以前世界上当时唯一的社会主义国家苏联与当时主要的资本主义国家的 GDP 增长率对比,可以看到苏联经济增长的条件相对不利的情况下,实现了远超当时主要资本主义国家的经济增长速度。

图 8-3 则是第二次世界大战以后 1950—1980 年的 30 年间苏联和东欧的部分社会主义国家与主要资本主义国家 GDP 增长率的对比。社会主义国家的平均经济增长速度相比于主要资本主义国家也表现不俗,即便此时资本主义处于近 200 年中经济增长速度最快的时期,但是苏联的经济增长速度仍然高于美国,南斯拉夫、罗马尼亚、保加利亚的经济增长速度也高于美国、英国和法国,只有处在整个资本主义历史上罕见增长过程中的日本才高

---

[①]　毛泽东.关于正确处理人民内部矛盾的问题[M]//毛泽东文集:第 7 卷.北京:人民出版社.1999:214.

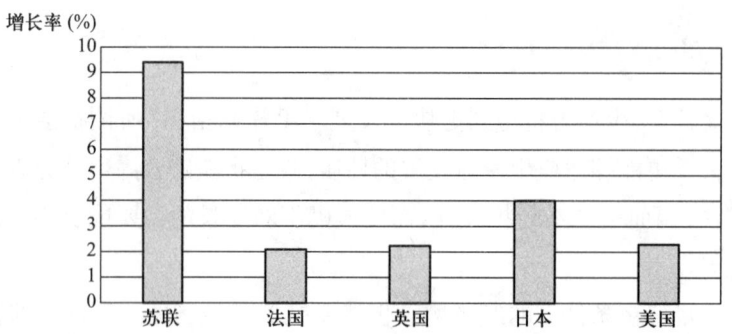

图 8-2　1922—1939 年苏联与主要资本主义国家 GDP 增长率的对比

数据来源:根据安格斯·麦迪森历史统计数据计算。

于这些社会主义国家。两组数据充分说明,社会主义条件下经济增长的优越性所在。考虑到当时社会主义国家面临技术条件相对落后、对外贸易限制、资本短缺等一系列更加不利的状况,这种快速增长的成就更显可贵。

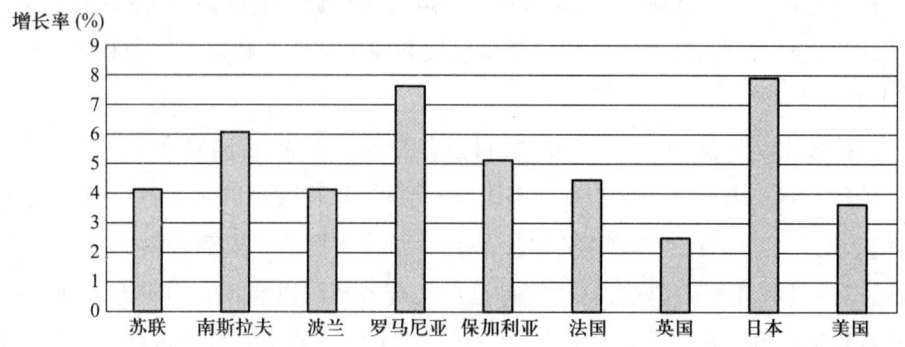

图 8-3　1950—1980 年苏联和东欧部分社会主义国家与主要资本主义国家 GDP 增长率对比

数据来源:根据安格斯·麦迪森历史统计数据计算。

## 第三节　中国经济增长的奇迹

### 一、改革开放前的经济增长

中华人民共和国成立后,随着社会主义制度的确立,社会主义制度优越性逐步发挥出来,促进了生产力的不断发展。

中华人民共和国成立初,经过百年国内外战争摧残,国民经济千疮百孔,人民生活极度贫穷。1949—1952 年,经过 3 年恢复重建,经济得到了全面恢复,国民经济结构也发生了深刻变化。

1953—1957 年,是我国制定的第一个五年计划期,国家开始对农业、手工业和资本主义工商业进行全面社会主义改造,确立了社会主义经济制度,同时建立了集中统一的计划经济体制。在这个时期,生产力得到了快速发展,经济实现了全面增长,GDP 年均增长率为9.7%,并且重新调整了生产布局,奠定了新中国工业体系的基础。

1958—1966 年,社会主义经济建设和工业化全面展开,虽然出现了"大跃进"和急于向共产主义过渡的失误,使经济增长受到了影响,但总的来看经济增长仍然取得了巨大成就,初步建立了独立的比较完整的社会主义工业化体系,GDP 年均增长率达到了 7.1%。

1967—1977 年,受"文化大革命"期间"极左"思想盛行、以阶级斗争为纲造成的社会动乱的影响,经济增长受到严重冲击,GDP 年均增长率降到 5.8%。但经济建设的步伐并没有停止,特别是在科学技术发展和三线建设等方面也取得了一些重要成就。

总体来看,虽然有一些探索中的曲折,但是社会主义制度的建立极大地解放和发展了生产力,1952—1978 年(见图 8-4),GDP 年均增长率为 7%,其中工业总产值年均增长率为11.4%。新中国经济建设的伟大成就,创造了中国历史上翻天覆地的变化,社会主义制度的优越性得到初步体现。

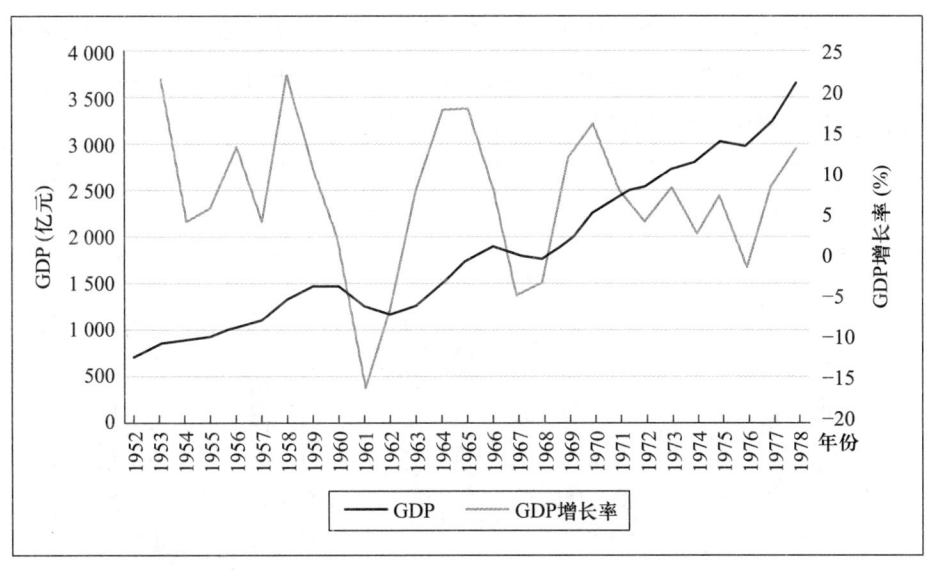

图 8-4　1952—1978 年中国 GDP 和 GDP 增长率情况

数据来源:根据《中国统计年鉴—2015》、国家统计局网站"国民经济核算"数据整理。

## 二、改革开放以来的经济增长

改革开放以来,我国建立了社会主义市场经济体制,进一步解放和发展了生产力,实现了经济的持续高速增长,创造了举世瞩目"中国奇迹"。1978—2021 年中国 GDP 增长率的变化如图 8-5 所示。

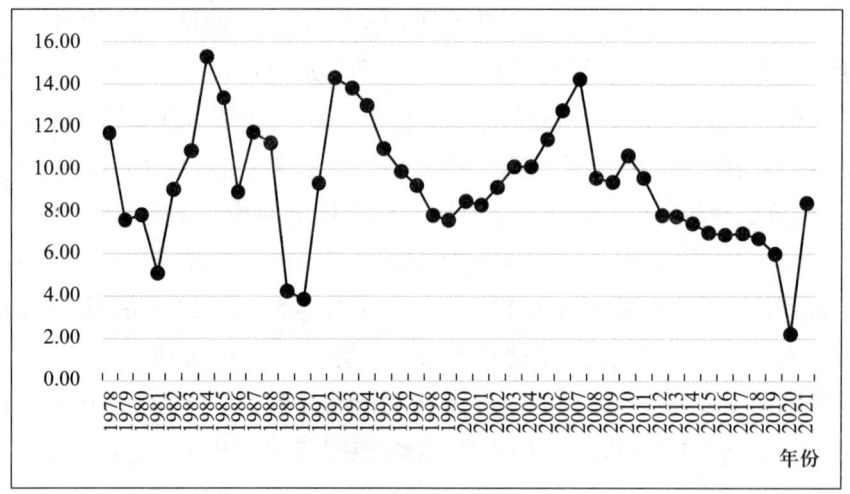

图 8-5 1978—2021 年中国 GDP 增长率的变化

数据来源:根据国家统计局网站国民经济核算、国内生产总值、国内生产总值指数整理得到。

从国际范围来看,当今世界,中国经济的这种持续高速增长也是非常罕见的,图 8-6 反映了中国与世界上其他主要国家和国家组 1978—2021 年 GDP 平均增长率的对比,可以清楚地看出,平均而言中国的 GDP 增长率明显居于领先地位。

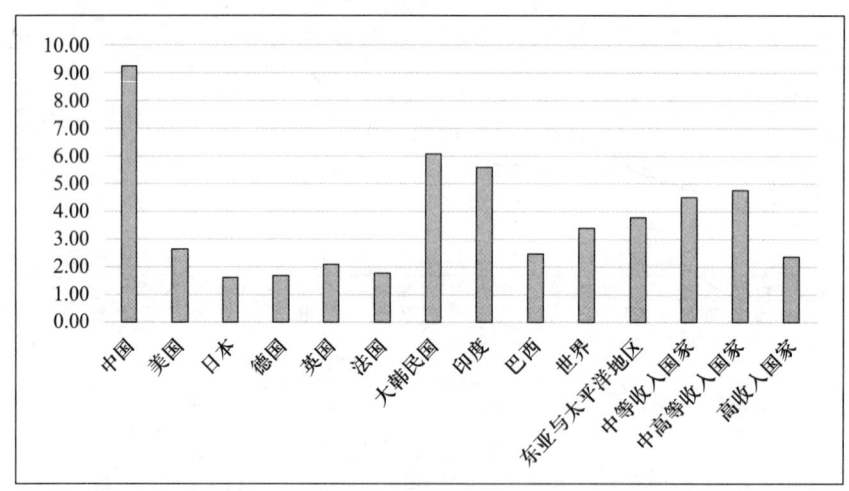

图 8-6 中国与世界主要国家及国家组 1978—2021 年 GDP 平均增长率对比

数据来源:根据世界银行数据库整理得到。

从社会物质生产的能力和种类的增长来看,在 1978 年至今的 40 多年中,中国的主要工农业产品的产量也有了大幅度的增长(见表 8-1)。

表 8-1　1978—2022 年中国主要工农业产品产量

| 年份 | 粮食<br>（万吨） | 原煤<br>（亿吨） | 原油<br>（万吨） | 发电量<br>（亿千瓦时） | 粗钢<br>（万吨） | 汽车<br>（万辆） | 集成电路<br>（万块） |
|---|---|---|---|---|---|---|---|
| 1978 | 30 476.5 | 6.18 | 10 405 | 2 566 | 3 178 | 14.91 | 3 041 |
| 1980 | 32 055.5 | 6.20 | 10 595 | 3 006 | 3 712 | 22.23 | 1 684 |
| 1985 | 37 910.8 | 8.72 | 12 490 | 4 107 | 4 679 | 43.72 | 6 385 |
| 1990 | 44 624.3 | 10.80 | 13 831 | 6 212 | 6 635 | 51.40 | 10 838 |
| 1995 | 46 661.8 | 13.61 | 15 005 | 10 070 | 9 536 | 145.27 | 551 686 |
| 2000 | 46 217.5 | 13.84 | 16 300 | 13 556 | 12 850 | 207.00 | 588 000 |
| 2005 | 48 402.2 | 23.65 | 18 135 | 25 003 | 35 324 | 570.49 | 2 699 729 |
| 2010 | 55 911.3 | 34.28 | 20 241 | 42 072 | 63 723 | 1 826.53 | 6 525 000 |
| 2015 | 66 060.3 | 37.47 | 21 456 | 58 146 | 80 383 | 2 450.35 | 10 872 000 |
| 2018 | 65 789.2 | 36.98 | 18 932 | 71 661 | 92 904 | 2 782.74 | 18 526 000 |
| 2019 | 66 384.3 | 38.46 | 19 163 | 75 034 | 99 542 | 2 567.67 | 20 182 151 |
| 2020 | 66 949.2 | 39.02 | 19 477 | 77 791 | 106 477 | 2 532.50 | 26 142 259 |
| 2021 | 68 284.7 | 41.26 | 19 888.11 | 85 342.48 | 103 524 | 2 625.70 | 35 943 500.00 |
| 2022 | 68 653.0 | 45.60 | 20 472.20 | 88 487.10 | 101 300 | 2 718.00 | 32 419 000.00 |

数据来源：根据相关年份《中国统计年鉴》12-10 主要农产品产量和 13-12 工业产品产量整理得出。

---

**专栏 8-1　对中国经济增长奇迹的不同解释**

　　国外对中国奇迹的研究主要有五种不同的解释：① 经济改革政策说。通过中国和俄罗斯的比较，认为始于 20 世纪 70 年代末的经济改革和各项经济政策是中国经济发展奇迹的动因。② 四因素综合作用说。中国奇迹的形成是强有力的领导班子，持续明晰、符合中国国情的发展战略，制度因素以及积极财政政策拉动内需这四个关键因素的综合作用。③ 高储蓄率和高投资率说。认为中国奇迹和亚洲模式一样，主要来自投资的推动，而投资来源于高的国民储蓄，通过抑制国民储蓄将很高的储蓄转化为投资，加速资本形成，通过投资拉动国民经济的高速增长。④ 低起点说。认为中国经济的高增长率主要是因为中国经济的起步非常低。在过去的十多年内，尽管名义收入已经翻了1 倍，但按国际标准，人均收入仍然相对较低。实际数字表明，中国与它的很多邻国相比，仍然相对贫穷。按照世界银行的分类，中国还是一个中低收入的国家。⑤ 初始条件说。依据新古典经济学的理论分析认为，中国经济增长奇迹得益于一系列的初始条件和内部条件。一是经济结构的初始条件。改革之初大量劳动力在农村,改革使得劳动力由生产率较低的农业向生产率较高的工业过渡,大量流动的劳动力为非国有部门的发展提供了劳动力。二是改革之初,中国的金融部门相对稳定,没有严重的外债。

国内学者对中国奇迹的研究主要有八种不同的观点:① 创新说。这一观点认为中国30年"经济增长奇迹"来自创新。这种观点依据创新思想,从引进新的产品、采用新的生产方法、开辟新市场、控制原材料的新来源、实现工业的新组织五个方面解释了中国奇迹的发生机制。② 制度变迁说。这一观点认为中国30年的制度变迁是沿着有利于经济效率的轨迹向前推进的,中国之所以发生有效的制度变迁,其原因在于制度创新的分散性、市场化改革的自我强化性以及中国共产党的泛利性。③ "三化"推进说。这一观点认为中国奇迹是"工业化、市场化和国际化"三化推进的结果。工业化、市场化和国际化是中国奇迹的主要原因,而其中最重要的是工业化,中国的高速增长在很大程度上是工业化的直接结果。④ 发展战略说。这一观点认为中国奇迹的发生关键在于采取了一套行之有效的发展战略,改革以前中国经济发展缓慢的原因在于推行了不符合中国比较优势的重工业优先发展战略;而改革以来中国经济得以迅速发展的关键在于改革传统经济体制,使中国所具有的资源比较优势得以发挥出来。⑤ 市场需求说。这一观点认为,国内市场规模产生的巨大内需成为中国奇迹的主要动力,中国深入改革产生的制度变迁将进一步产生创造力和提高生产力,更加开放的国际环境有助于更好地利用全球市场与资源。⑥ 技术进步说。这一观点用新经济增长理论解释中国奇迹的产生,认为中国经济继续保持高速增长来自加速技术创新及完善、健全制度因素。⑦ 劳动力转移说。这一说法认为大量劳动力从低生产率的农业部门流向高生产率的工业部门所引发的跨部门配置效率,与部门内的增长效率一起解释了我国的增长奇迹。中国经济持续较快增长的关键在于继续鼓励资源从低生产率的农业部门流向高生产率的工业与服务业部门。⑧ 地方政府竞争说。中国奇迹的出现来自地方政府的竞争,是地方为增长而竞争的结果。中央政府向地方政府经济分权,仅从体制上维持一个集中的政治权威,而把巨大的经济体分解为众多独立决策的小型地方经济,创造出了地方政府为经济增长而竞争的"控制权市场"。地方政府之间的竞争导致地方对基础设施的投资和有利于投资增长的政策环境的改善,加快了金融深化的进程和融资市场化的步伐。

资料来源:任保平,刘丽.中国30年"经济增长奇迹":描述、界定与理论解释[J].西北大学学报(哲学社会科学版),2008(1):13-22.

### 三、中国经济增长的奇迹是如何取得的

中国经济增长的奇迹是如何取得的？对于这一问题，国内外的学者们进行了深入的研究，做了多方面的解释，包括巨大的人口规模和市场需求、稳定的政治和经济环境、高储蓄率和投资率、低成本的人力资源、有效的政府干预、经济的市场化、对外贸易和利用外资、技术的进步、二元结构的转换、工业化与城市化等（见专栏 8-1）。从政治经济学的角度看，改革开放以来中国经济的持续高速增长是新的历史条件下我国生产力与生产关系相互作用的结果，有着坚实而深厚的基础。

总的来讲，中国改革开放以来经济高速增长主要得益于以下三方面的优势：

首先，阶段优势。经济增长的一般规律是，快速增长大多出现在工业化、城市化和现代化的推进过程中。这主要是因为，在工业化和城市化的过程中，生产要素由生产率较低的农业部门向生产率较高的工业部门转移，资源配置的总体效率得到提高，而转移到城市和其他产业的农业人口又创造了巨大的社会需求，刺激着工业和第三产业的发展，促进产品创新和产业升级，推动科技、文化、教育、体育、医疗卫生等社会事业全面发展。改革开放 30 多年以来，中国的工业化、城市化和现代化取得了巨大成就，现在我国的工业化已经进入了中后期发展阶段，但这一过程还远未完成，潜力还远没有释放完毕。

其次，大国优势。中国是一个幅员辽阔、人口众多的大国，在发展上具备一些潜在的优势。一是劳动力优势。中国人口众多，在劳动投入数量不断增加的同时，劳动质量不断提高。在改革开放以后，教育水平有了长足的发展，学龄儿童入学率和各级普通学校毕业生升学率逐年提高，人力资源的平均水平得到提高。二是空间优势。中国幅员辽阔、区域差异大、经济体系完整，由此产生了独特的空间发展优势：由生产要素大规模集聚产生的规模经济，促进了生产效率的不断提高；由产品种类繁多产生的范围经济，促进了分工的不断扩大；由区域差异产生的梯度效应，促进了区域之间的优势互补和协同发展。这种空间优势也是我国经济的巨大韧性、潜力和回旋余地的客观基础。三是内需优势。巨大的人口规模和劳动力资源，创造着巨大的市场需要。作为一个发展中国家，我国拥有发展潜力巨大的市场，国内市场具有增长点多、持续成长性好、带动能力强的鲜明特点。四是资本积累优势。中国经济增长的一个重要特点就是高储蓄与高投资并行。1978—1991 年，我国固定资产投资率年均为 28.85%，在 1992—1996 年经济高涨时期上涨到 35.4%，此后逐渐回落。在 2002 年以来的新一轮经济周期中，这一比例逐年上升，2011 年最高时达到 48.3%，保持了很高的增长率。2000 年以来，我国居民储蓄率平均为 36.9%，至 2010 年已经达到 42.1%，之后的几年中虽略有波动，但仍保持在较高的水平。①

---

① 数据来源：根据相关年份《中国统计年鉴》表 3-15、表 3-18 数据计算得出。

最后,制度优势。改革开放以来,中国通过稳步推进改革,建立起了适合中国国情的中国特色社会主义市场经济制度,极大地促进了生产力的解放和发展,形成了保障中国经济持续高速增长的制度优势。从计划经济向社会主义市场经济体制的转型,使企业、个人等经济主体有了独立的经济利益和经济自主权,极大地调动了其积极性,解决了传统体制中存在的激励不足问题;价格决定的市场化,使价格能够及时灵活地反映资源的稀缺状况,解决了传统体制中的信息搜集和传递难问题;竞争作用日益充分地展开,推动了技术、产品和管理方式的创新,解决了传统体制的创新缺乏问题;市场规模的不断扩大,使劳动分工日益深化,专业化水平不断提高,分工与交换的相互作用日益增强,解决了传统体制下经济增长的持续动力不足问题。

社会主义市场经济是与社会主义基本制度相结合的市场经济,既发挥了市场经济的长处,又发挥了社会主义制度的优越性,具有很多新特点和新优势:中国共产党总揽全局,把协调各方的核心作用同尊重人民的首创精神相结合;公有制为主体同多种所有制经济共同发展相结合;政府有效调控同市场有效作用相结合;提高效率同促进社会公平相结合;坚持独立自主同参与经济全球化相结合;中央集权同地方分权相结合;兼顾当前利益与长远利益、局部利益与整体利益,兼顾发展、改革与稳定等。社会主义市场经济调动了各方面的积极性和创造性,融合了多种制度的优势和长处,使各种资源都得到比较充分、有效的利用,极大地解放和发展了社会生产力,推动了经济社会全面发展。

创新理论:
推动经济实现质的有效提升和量的合理增长

作为发展中的社会主义大国,阶段、大国和制度优势的三重叠加,支撑了中国经济持续快速发展。新时代这种三重叠加优势将继续存在和加强,是中国仍处于发展战略机遇期的基本判断和经济发展总体向好的基本格局得以成立的依据所在。

## 第四节 新时代的经济增长

中国特色社会主义进入了新时代,我国经济发展进入新常态。新常态下我国经济从高速增长转向中高速增长,经济结构调整从增量扩能为主转向调整存量,做优增量并举,发展动力从主要依靠资源和低成本劳动力等要素投入转向创新驱动。这些趋势变化,反映了我国经济正向形态更高级、分工更复杂、结构更合理阶段演化。

### 一、经济增长的新常态

我国经济从实际 GDP 增速高于 10% 的高速增长转变为中高速增长,是经济新常态最直观的特征。如图 8-7 所示,自 2008 年以来中国经济增速逐渐放缓。2003—2007 年我国实际 GDP 年均增长率为 12.10%,2008—2011 年实际 GDP 年均增长率为 9.86%,2012—2015 年实际 GDP 年均增长率为 7.41%,2016—2019 年降至 6.55%,抗疫三年来,我国经济增长年均 4.5%。

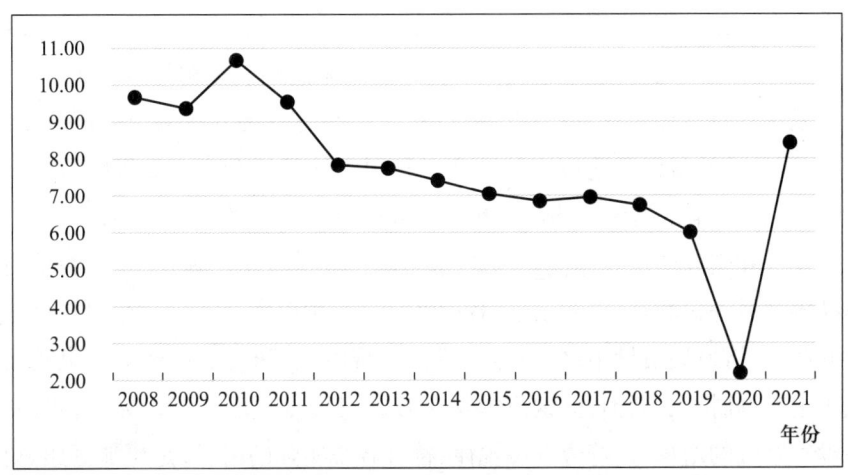

图 8-7 2008—2021 年中国 GDP 增长率的变化

数据来源:根据国家统计局官网国内生产总值数据计算。

经济增长速度的变化,既反映了经济增长的客观趋势,又体现了我国经济发展新的目标导向,是我国经济发展进入新阶段的重要表现。

当前及以后相当长的一段时期,经济运行的客观因素决定了高投入、高消耗、偏重数量扩张的高增长难以为继。这些因素是多方面的:

第一,全球经济复苏缓慢,国际需求疲软。依靠廉价的劳动力和资源供给的"低价工业化增长模式"是中国贸易长期增长的最为重要的支撑因素,也使中国形成了出口导向型的增长模式。但近些年来,随着金融危机后国际市场复苏缓慢、持续低迷,我国出口需求明显减少。

第二,国内投资和消费需求增长放缓。由于面临比较严重的产能过剩问题,近年来,企业固定资产投资、房地产投资等增速受到限制。由于收入差距扩大和社会保障体系还不完善等因素的影响,个人消费需求的增长也受到限制。

第三,劳动力成本上升。充足的劳动力供给和低抚养比形成的高储蓄率极大地加速了中国工业化和城市化的进程。大规模的劳动力从农村迁移到城市,造就中国作为"世界工厂"的地位。但在近十年以来,人口增长率降低、老龄化加速、劳动人口减少,劳动力成本低的优势逐渐减弱。

第四,自然资源供给约束趋紧。过去 40 多年要素驱动型的经济增长使得自然资源稀缺性对中国经济增长的制约作用逐渐显现,能源资源消耗量过大、生态环境约束趋紧、成本大幅上升问题加剧,特别是随着工业化、城市化的持续推进,土地资源紧张、土地价格上涨的问题突出。

第五,世纪疫情冲击下,百年变局加速演进,外部环境更趋复杂严峻和不确定。世界经济下行压力增大、衰退风险上升,粮食、能源、债务多重危机同步显现。冷战思维、霸权主义、单边主义、保护主义上升,这些给我国经济增长带来的不利影响日渐加深。

从经济发展的目标导向看,在新发展阶段,中国经济发展方式从规模速度型向质量效益型转变,宏观调控的目标要适应这种转变。我国仍处于社会主义初级阶段,实现全面建成社会主义现代化强国的宏伟目标、不断满足人民日益增长的美好生活需要,要求保持经济持续健康发展和较高的增长速度。因此,在经济新常态下,必须坚持"发展是硬道理"战略思维不动摇。另外应看到,长期以来,我国经济增长中确实存在偏重数量扩张、过分追求高速度的问题,经济发展质量不高、效益不理想。现阶段,随着资源环境约束趋紧,劳动力等要素成本上升,高投入、高消耗、偏重数量扩张的发展方式已经难以为继,我们需要的是实实在在没有水分的增长,是符合发展规律、符合客观实际的增长,是更加健康、更高质量、更可持续、人民群众能够得到更多实惠的增长,推动经济发展迈向中高端水平,努力做到调速不减势、量增质更优。衡量经济发展好坏,不是速度高一点,形势就"好得很",也不是速度下来一点,形势就"糟得很",而是要看有没有质量和效益,就是投资有回报、产品有市场、企业有利润、员工有收入、政府有税收、环境有改善,这才是我们要的发展。

总之,发展必须保持一定的速度,但并不是单纯追求增长速度,而是追求有效益、有质量、可持续的发展。习近平指出,"不能简单以国内生产总值增长率论英雄"。要更好实现经济增长的速度和效益的统一,既要保证较高的经济增长速度,更要注重提高经济发展的效益,推动经济实现质的有效提升和量的合理增长。

## 二、 正确认识增长速度的变化

在经济新常态下,中国经济增长的速度从高速增长区间进入中高速增长区间,这是中国经济进入高质量发展阶段的一个重要表现,也是中国经济稳中向好、长期向好的一个重要表现。

第一,中国仍然是世界上经济增长最快的主要经济体之一。根据世界银行统计数据,2015—2021年世界整体经济增速分别为2.9%、2.6%、3.2%、3%、2.5%、-3.1%和5.8%,中等收入国家增速分别为3.9%、4.3%、4.9%、4.6%、3.9%、-1.2%和6.96%,高收入国家增速则分别为2.3%、1.7%、2.3%、2.2%、1.7%、-4.2%和5.2%。而同期中国经济增速分别为7%、6.8%、6.9%、6.7%、6.1%、2.2%和8.4%,不仅比全球水平快2倍以上,而且比高收入国家快得更多。在新冠病毒冲击、全球经济增长乏力的背景下,我国经济依然保持增长活力实属不易。

第二,经济增长的规模十分可观。对于一个经济体而言,随着经济总量的提升,同样水平的 GDP 增速所对应的实际增量会越来越大。中国经济总量不断增大,聚集的动能是过去两位数的增长都达不到的。

観点争鸣:
关于经济增长质量内涵的争鸣

第三,经济结构优化趋势加快。需求结构方面,消费需求在经济增长中的作用日益重要,特别是 2013 年后消费贡献率增幅明显,由 2013 年的 50.2%增长到 2021 年的 58.3%[1]。产业结构方面,2021 年,第三产业占国民生产总值中的比重达到 53.5%[2]。2013—2021 年,装备制造业和高技术制造业增加值年均增长分别为 9.2%和 11.6%,增速分别高于规模以上工业 2.4 和 4.8 个百分点[3]。与此同时,传统产业转型升级步伐不断加快,新产业、新业态不断涌现。城乡结构方面,城镇化进程持续推进,2021 年城镇化率达到 64.72%,2012 年以来每年新增城镇人口近 1 300 万人[4]。城乡居民人均可支配收入之比由 2012 年的 2.88 缩小至 2021 年的 2.50[5]。区域结构方面,中西部地区表现出强劲的发展潜力。"一带一路"建设、京津冀协同发展、长江经济带建设为引领的区域发展总体战略的实施,不断拓展着区域发展新空间。

第四,在经济增长速度降低的同时,经济增长的质量明显提高。例如,2013—2021 年,我国规模以上工业企业利润年均增速 4.2%[6],全员劳动生产率年均增速 8.2%[7]。全球创新指数排名大幅跃升,世界知识产权组织发布的《2022 年全球创新指数报告》显示,我国排名第 11 位,比 2012 年上升 23 位。2021 年,全国万元国内生产总值能耗比上年下降 2.7%[8],万元国内生产总值二氧化碳排放降低 3.8%[9]。2012—2021 年,全国居民人均可支配收入年均增长 6.6%,全国居民人均消费支出年均增长 5.6%[10],建成世界上规模最大的教育体系、社会保障体系、医疗卫生体系,民生期盼得到更好满足。

总之,要立足我国经济发展的阶段性特征,以高质量发展为导向正确认识和把握中国经济增长的速度,客观、全面、辩证、积极看待中国经济增长速度的变化。

---

[1] 数据来源:根据国家统计局网站"三大需求对国民生产总值增长的贡献率和拉动"数据整理得出。

[2] 数据来源:根据国家统计局网站"三次产业构成"数据整理。

[3] 数据来源:工业实力持续增强,转型升级成效明显——党的十八大以来经济社会发展成就系列报告之三[EB/OL].中国政府网,2022-09-15.http://www.gov.cn/xinwen/2022-09/15/content_5709963.htm.

[4] 数据来源:国家发改委印发《2022 年新型城镇化和城乡融合发展重点任务》——提高新型城镇化建设质量[EB/OL].中国政府网,2022-03-22.http://www.gov.cn/zhengce/2022-03/22/content_5680376.htm gov.cn.

[5] 数据来源:根据国家统计局网站"城镇居民人均收入情况、农村居民人均收入情况"整理。

[6] 数据来源:根据国家统计局网站"规模以上工业企业利润总额"计算得出。

[7] 数据来源:根据国家统计局网站"按三次产业分就业人员数"计算得出。

[8] 数据来源:根据国家统计局网站"能源消费总量和国内生产总值"计算得出。

[9] 数据来源:根据国家统计局网站"废气中主要污染物排放和国内生产总值"计算得出。

[10] 数据来源:根据国家统计局网站"人民生活"数据整理。

### 三、中国经济长期向好的基本面不会改变

近年来,在复杂严峻的国内外形势和多重超预期因素冲击下,中国经济面临需求收缩、供给冲击、预期转弱三重压力,经济增长面临较多困难。但是,中国经济韧性强、潜力大、活力足,长期向好的基本面依然不变。中国经济在比较长的时期内保持比较高的增长速度,实现稳中求进,是有充分和客观条件支撑的。

从发展的基础看,新中国成立 70 多年来,改革开放 40 多年来,特别是新时代十年,中国经济发展取得举世瞩目的成就。我国经济实力、科技实力、综合国力、国际影响力持续提升。现在,我国是世界第二大经济体、制造业第一大国、货物贸易第一大国、商品消费第二大国、外资流入第二大国,我国外汇储备连续多年位居世界第一,近年对世界经济增长贡献率超过 30%。人均国内生产总值突破 1.2 万美元,我国国内生产总值占世界生产总值的比重超过 18%,显示出中国的综合国力和经济实力大大增强①。

从科技支撑条件看,我国的科技创新能力正在从量的积累向质的飞跃、从点的突破向系统能力提升转变,一些重要领域跻身世界先进行列,某些领域正由"跟跑者"向"并跑者""领跑者"转变。2021 年,中国研发投入总量为 27 956.3 亿元,全球排名第二,约占经济总量 2.44%,按折合全时工作量计算的全国研发人员总量连续 9 年居全球首位②。以战略性新兴产业、分享经济等为代表的新动能不断壮大,科技对经济发展的支撑引领能力显著增强,我国已经成为具有重要影响力的科技大国,正向着科技强国的目标大步迈进。

从市场支撑条件看,我国有 14 亿的人口规模,中等收入群体超过 4 亿③,2021 年我国全年社会消费品零售总额达到了 440 823 亿元,全年最终消费支出对国内生产总值增长的贡献率为 65.4%④,消费成为保持经济平稳运行的"稳定器"和"压舱石"。随着经济转向高质量发展阶段,人民日益增长的美好生活需要不断得到满足,新的市场增长点正加快孕育并不断破茧而出。

从后发优势看,作为世界上最大的发展中国家,中国的经济发展仍然处于工业化、城镇化和现代化快速推进的发展阶段,处于从经济大国向经济强国加速迈进的关键时期。在人均收入上,2021 年中国人均 GDP 不到美国的 19%,城镇化率刚到 64.72%,经济发展存在巨大空间⑤。特别是,我国现代化过程中,新型工业化、信息化、城镇化、农业现代化深度融

---

① 数据来源:根据世界银行数据库整理得出。
② 数据来源:根据国家统计局网站年度数据库"科技"整理得到。
③ 数据来源:中国中等收入群体已超 4 亿,中等收入大军如何"扩群"[EB/OL].国家发展和改革委员会网站,2021-09-24.https://www.ndrc.gov.cn/fggz/jyysr/jysrsbxf/202109/t20210924_1297381_ext.html.
④ 数据来源:根据国家统计局网站"社会消费品零售总额"和"三大需求对国内生产总值增长的贡献率和拉动"数据整理得出。
⑤ 数据来源:根据世界银行相关数据库整理得出。

合、同步发展、优势叠加,蕴含着巨大的发展潜力和能量,我国经济的"后发优势"仍处于集中爆发时期。

从大国优势看,我国人口众多、资源丰富、幅员辽阔、经济体系完整、市场规模巨大。中国有 8 亿劳动力、1.7 亿受过高等教育和专业技能培训的人才资源,储蓄率超过 40%①;是世界上唯一拥有联合国产业分类中全部工业门类的国家,在世界 500 种主要工业产品中,220 种工业产品产量居世界首位,产业链条完备②;我国具有生产要素大规模集聚产生的规模经济优势,分工密集、产品种类繁多的范围经济优势和区域之间差异互补的协同发展优势。

从经济体制看,改革开放以来持续探索形成的社会主义市场经济体制优势巨大。这一体制既发挥了市场经济的长处,又发挥了社会主义制度的优越性,实现了政府和市场、公平和效率、发展和稳定、自主和开放的有机结合,推动了经济社会持续健康发展,取得举世瞩目的伟大成就。中国特色社会主义进入新时代,我国改革开放也进入了新时代,改革不断深化,开放不断扩大,社会主义市场经济体制更加成熟,活力和效率进一步增强。

从政策保障看,我们坚持以新发展理念为指导,牢牢把握高质量发展这一根本要求,以供给侧结构性改革为主线,不断创新完善宏观调控,成功驾驭经济发展大局,取得了宝贵经验,形成了政府和市场结合、短期和中长期结合、总量和结构结合、国内和国际统筹、改革和发展协调的完备的宏观调控体系,形成以国家规划为导向,以财政政策、货币政策为主,产业政策、区域政策、投资政策、消费政策、价格政策协调配合的完备的政策体系。

从政治保证看,我们有以习近平同志为核心的党中央的坚强领导、掌舵领航,驾驭经济社会发展的高超能力,有社会主义集中力量办大事的政治优势,有万众一心、众志成城的民族精神,中国人民和中华民族在历史进程中积累的强大能量已经充分爆发出来了,正在汇聚起亿万人民创造历史的磅礴伟力。

我国长期处于社会主义初级阶段,发展问题仍然是我国面临的首要问题。为不断满足人民日益增长的美好生活需要,实现全面建成社会主义现代化强国的宏伟目标,解决城乡和区域发展不平衡、医疗资源不充沛、人口老龄化、存在系统性经济金融民生风险等问题,必须推动经济的持续稳定增长,保持经济运行在合理区间。

当前,中国经济发展面临的国际环境和国内条件在发生深刻而复杂的变化,经济发展面临新的风险和挑战,经济下行压力加大,自主创新能力不强,关键核心技术短板问题凸显。外部的不确定不稳定性,对经济发展产生了一定影响。我们既要看到中国经济发展长

---

① 数据来源:根据国家统计局网站"就业人员"和"工资、劳动力和教育各级各类学历教育学生情况"整理得出。

② 数据来源:我国四成以上主要工业产品产量居世界第一[EB/OL].中国政府网,2022-06-26.http://www.gov.cn/xinwen/2022-06-26/content_5697790.htm.

期向好的历史趋势,又要充分认识到经济发展过程中存在的困难和挑战,保持定力、站稳脚跟,在埋头苦干中增长实力,在改革创新中挖掘潜能,在积极进取中开拓新局,中国经济航船就一定能够乘风破浪、行稳致远,创造新的奇迹。

---

**专栏8-2　习近平论我国发展具有诸多战略性的有利条件**

当前,国际形势继续发生深刻复杂变化,百年变局和世纪疫情相互交织,经济全球化遭遇逆流,大国博弈日趋激烈,世界进入新的动荡变革期,国内改革发展稳定任务艰巨繁重。我们要看到,我国发展仍具有诸多战略性的有利条件。一是有中国共产党的坚强领导,总揽全局、协调各方,为沉着应对各种重大风险挑战提供根本政治保证。二是有中国特色社会主义制度的显著优势,我国政治制度和治理体系在应对新冠病毒疫情、打赢脱贫攻坚战等实践中进一步彰显显著优越性,"中国之治"与"西方之乱"对比更加鲜明。三是有持续快速发展积累的坚实基础,我国经济实力、科技实力、国防实力、综合国力显著增强,经济体量大、回旋余地广,又有超大规模市场,长期向好的基本面不会改变,具有强大的韧性和活力。四是有长期稳定的社会环境,人民获得感、幸福感、安全感显著增强,社会治理水平不断提升,续写了社会长期稳定的奇迹。五是有自信自强的精神力量,中国人民积极性、主动性、创造性进一步激发,志气、骨气、底气空前增强,党心军心民心昂扬振奋。我们要既正视困难又坚定信心,发扬历史主动精神,迎难而上,敢于斗争,砥砺前行,奋发有为,以实际行动迎接中共二十大胜利召开。

资料来源:提高农业综合生产能力　推动社会保障事业高质量发展——习近平总书记在政协农业界、社会福利和社会保障界委员联组会上的重要讲话振奋人心[N].人民日报,2022-03-07.

---

## 本章小结

1. 经济增长是经济发展的基础,是指在一定的时期内,一个国家或地区人均产出(或人均收入)水平的持续增加。经济增长率的高低体现了一个国家或地区在一定时期内经济总量的增长速度,也是衡量一个国家或地区总体经济实力增长速度的标志。一个社会的经济增长,从根本上来说是由生产力的发展决定的,同时也与生产关系的状况存在很大关系,不同社会制度下的经济增长既有共同的规律,又有不同特点。

2. 中华人民共和国成立以后,中国的经济实现了持续快速的增长,体现了社会主义制度的优越性,创造了经济持续快速发展的"中国奇迹"。这一经济奇迹的取得,是新的历史条件下我国生产力与生产关系相互作用的结果,有着坚实而深厚的基础,其中,中国具有的发展优势、大国优势和制度优势三重优势的叠加发挥了关键作用。

3. 中国经济增长进入了中高速增长的区间,在保持经济合理增长速度的同时,更加注重经济质的有效提升,呈现出了稳中求进的新常态。经济增长速度的变化,既反映了经济增长的客观趋势,又体现了我国经济发展新的目标导向,是我国经济发展进入新阶段的重要表现。要更好实现经济增长的速度和效益的统一,推动经济实现质的有效提升和量的合理增长。

4. 近年来,在复杂严峻的国内外形势和多重超预期因素冲击下,中国经济面临需求收缩、供给冲击、预期转弱三重压力,经济增长面临较多困难。但是,中国经济韧性强、潜力大、活力足,长期向好的基本面依然不变。中国经济在比较长的时期内保持比较高的增长速度,实现稳中求进,是有充分和客观条件支撑的。发展的基础、科技创新能力、市场规模和质量、大国优势、经济体制、政策保障、党的集中统一领导等方面的因素,为新时代中国经济持续健康发展提供了有效的支撑。

## 复习思考题

1. 马克思主义的经济增长理论与西方经济学的经济增长理论有什么根本区别?

2. 社会主义条件下的经济增长与资本主义条件下的经济增长有什么不同?

3. 如何认识中国经济增长的奇迹?

4. 如何认识中国经济长期向好的基本面?

## 即测即评

请扫描二维码进行即测即评。

# 第九章 中国特色社会主义经济的高质量发展

经济增长是经济发展的基础,但经济增长并不等于经济发展。社会主义的经济发展要求在经济增长的基础上实现经济结构的改善、经济效益的提高以及政治、文化、社会、生态文明的全面进步,要求实现以人民为中心的发展,体现正确的发展理念,选择正确的发展战略、发展道路、发展方式,实现科学的发展,推动高质量发展。

## 第一节 社会主义经济发展的基本遵循

### 一、马克思主义视野中的经济发展

马克思主义认为,经济发展总是在一定的社会条件下进行的,是具体的历史的,对于社会经济发展规律的认识不能脱离开一定的社会历史条件。同时,马克思主义也不否认,社会经济过程在不同时代总有某些共同标志、共同规定、共有的规律。对于社会经济发展的一般规律,马克思恩格斯曾有过许多论述,提出了许多重要见解,例如:

1. 生产和需要的关系是经济发展的基本问题。生产是人类社会生存和发展的基础,生产的目的是满足人的需要。没有生产,就没有消费,就不可能满足人的需要;没有消费,也就没有生产,生产就没有了目的。生产和需要的关系,或者说,如何通过有效的社会生产满足人们各种各样的需要,是一切社会都要面对和解决的最基本的经济问题。

2. 劳动时间节约规律是经济发展的首要规律。人们的需要是不断增长和变化的,为了满足不断增长和变化的需要,必须不断发展社会生产力,用尽可能少的劳动耗费生产出尽可能多的使用价值。"时间的节约,以及劳动时间在不同的生产部门之间有计划的分配,在共同生产的基础上仍然是首要的经济规律。"①

3. 经济发展归根结底是人的发展。经济发展本质上是生产力的发展,而生产力的发展本质上是人的能力的发展,是人认识自然、改造自然、利用自然和适应自然的能力的不断提

---

① 马克思.政治经济学批判(1857—1858年手稿)[M]//马克思恩格斯全集:第30卷.北京:人民出版社,1995:123.

高,是生产满足需要的能力不断提高,也是个人不断向着自由全面发展的方向迈进,因此,生产力的发展与人的发展在本质上是一致的。

马克思主义认为,任何社会的经济活动都包括了生产力和生产关系两方面的内容,前者反映了经济活动中人与自然的关系,后者反映了经济活动中人与人的关系。生产力的不断发展,为人类社会创造了巨大的物质和精神财富,这是社会进步的根本动力。但是,在阶级社会中,特别是在以雇佣劳动为基础和以获取剩余价值为唯一目的的资本主义生产关系中,生产力的发展并不会自然而然地增进社会福利,反而使社会矛盾更加尖锐了,"文明的一切进步,或者换句话说,社会生产力的一切增长,也可以说劳动本身的生产力的一切增长,如科学、发明劳动的分工和结合、交通工具的改善、世界市场的开辟、机器等等所产生的结果,都不会使工人致富,而只会使资本致富;也就是只会使支配劳动的权力更加增大;只会使资本的生产力增长。"①因此,人类社会经济发展不仅包括了生产力的发展,而且也包括了生产关系的进步。只有在合理的生产关系下,生产力的发展才具有持续发展的条件,才能有效满足人民的需要、改善人民的生活、促进人的发展和社会的进步。

---

专栏9-1　"有增长无发展"的五大表现

联合国开发计划署发表的《人类发展报告1996》讨论了经济增长与经济发展的联系。该报告列举了五种有增长而无发展的情况:① 无工作的增长(Jobless Growth),出现严重失业的经济增长,即与经济增长相伴随的是失业的增加;② 无声的增长(Voiceless Growth),失去民主和自由的经济增长,即民众不能参与和管理公共事务,不能自由地表达自己的意见和观点;③ 无情的增长(Ruthless Growth),贫困与收入分配严重不公的经济增长,即经济增长成果大部分落入富人的腰包,穷人的生活状况得不到改善;④ 无未来的增长(Futureless Growth),造成资源耗竭、环境污染和生态破坏的增长,即不能持续的增长等;⑤ 无根的增长(Rootless Growth),毁灭文化,降低了人们生活质量的经济增长。

资料来源:根据联合国开发计划署公布的《人类发展报告1996》整理。

---

## 二、对社会主义经济发展规律认识的发展

马克思主义以唯物史观为基础,通过对人类社会发展规律和历史趋势的深刻考察,通过对人类社会经济发展实践特别是社会主义经济发展实践的深入总结,科学揭示了社会主义经济发展的本质和内在规律,为推动社会主义经济发展提供了科学的理论指导。中国共

---

① 马克思.政治经济学批判(1857—1858年手稿)[M]//马克思恩格斯全集:第30卷.北京:人民出版社,1995:267.

产党在社会主义经济建设的实践中,不断深化对社会主义经济发展规律的认识,丰富和发展了马克思主义经济发展理论。

马克思恩格斯认为,人类社会的发展是自然历史过程;生产力的发展,是人类社会发展的最终决定力量;生产力和生产关系、经济基础和上层建筑的矛盾运动,是社会发展的根本动力;生产发展必须正确处理人与人、人与社会、人与自然的关系;人类社会发展要逐步消灭阶级之间、城乡之间、脑力劳动和体力劳动之间的对立和差别,使物质财富极大丰富、人民精神境界极大提高,实现每个人自由而全面地发展。列宁提出,无产阶级取得国家政权以后,最主要最根本的任务就是增加产品数量,大大提高社会生产力,创造新的高得多的劳动生产率,同时要加强社会主义民主建设,加强文化建设等。毛泽东初步探索了我国社会主义建设的规律,提出把我国建设成为一个强大的社会主义国家,全面实现我国农业、工业、国防和科学技术的现代化,根据本国情况走自己的道路,着眼于最大限度地调动一切积极因素,正确处理各方面的矛盾和问题,兼顾各个方面的发展需要和各个方面的利益关系等一系列关于社会主义建设的重要思想。邓小平总结过去的经验教训,强调社会主义的根本任务是发展生产力,提出"发展才是硬道理"的著名论断,提出实行改革开放、分三步走实现现代化、促进物质文明和精神文明共同进步、抓住机遇加快发展、既要有一定速度又要讲质量讲效益等重要战略思想和方针原则,实现了对我国社会主义发展道路认识的一次飞跃。"三个代表"重要思想着眼于国际政治经济格局的深刻变化和国内改革发展的新任务,强调发展是党执政兴国的第一要务,要坚持用发展的办法解决前进中的问题,发展是社会主义物质文明、政治文明、精神文明全面发展,发展包括促进人的全面发展,要实现区域经济合理布局和协调发展,正确处理改革发展稳定的关系、速度和效益的关系等一系列重大关系,进一步丰富了中国特色社会主义发展理论。科学发展观强调了以人为本、全面协调可持续发展,进一步回答了什么是发展、为什么发展、怎样发展的重大问题,赋予马克思主义关于发展的理论以新的时代内涵和实践要求。

## 三、 坚持新发展理念

党的十八大以后,以习近平同志为核心的党中央在深刻总结国内外发展经验教训、深刻分析国内外发展大势的基础上,针对我国经济发展环境、条件、任务、要求等方面发生的新变化,提出创新、协调、绿色、开放、共享的新发展理念,创造性地回答了新形势下实现什么样的发展、如何实现发展的重大问题,进一步丰富发展了马克思主义的发展理论,集中反映了我们党对经济社会发展规律认识的深化,为全党在发展问题上提供了管全局管根本管长远的思想导向、行为导向,明确了我国现代化的指导原则。

关于创新发展。创新是引领发展的第一动力,是提高发展质量和效益的基点所在。创新发展注重的是解决发展动力问题。马克思恩格斯在其著作中多次阐述了智力因素和科学技术转化为生产力的观点,他们认为,随着生产力的发展,社会知识作为直接的生产力而发生作用,社会生活越来越受智力的控制和改造,从而科学技术日益成为直接的生产力。改革开放以来,我国围绕创新发展形成了一系列重大战略思想,包括科技兴国战略、走中国特色自主创新道路、建设创新型国家和实行创新驱动发展战略等。在此基础上,创新发展理念强调必须把创新作为引领发展的第一动力,把人才作为支撑发展的第一资源,把创新摆在国家发展全局的核心位置,不断推进理论创新、制度创新、科技创新、文化创新等各方面创新,让创新贯穿党和国家一切工作,让创新在全社会蔚然成风。

关于协调发展。协调是持续健康发展的内在要求,是社会主义制度优越性的突出表现。协调发展注重的是解决发展不平衡问题。马克思主义政治经济学关于协调发展的思想是十分丰富的。马克思和恩格斯提出,有计划调节社会生产和按比例分配社会总劳动。毛泽东提出,统筹兼顾、适当安排、正确处理十大关系。改革开放以来,我国围绕着协调发展形成了一系列重大战略思想,包括统筹城乡发展、统筹区域发展、统筹经济社会发展、统筹人与自然和谐发展、统筹国内发展和对外开放等。在此基础上,协调发展理念强调必须牢牢把握中国特色社会主义事业总体布局,正确处理发展中的重大关系,重点促进城乡区域协调发展,促进经济社会协调发展,促进新型工业化、信息化、城镇化、农业现代化同步发展,在增强国家硬实力的同时注重提升国家软实力,不断增强发展整体性。

关于绿色发展。绿色是永续发展的必要条件,是人民对美好生活追求的重要体现。绿色发展注重的是解决人与自然和谐问题。马克思和恩格斯在《政治经济学批判大纲》《1844年经济学哲学手稿》等著作中提出了人与自然"和解"观点,他们认为,人类要实现同自然的"和解",就必须在生产活动中顾及"长远后果",合理地调节人与自然之间的"物质变换"。这一思想深刻地揭示了绿色发展的本质和途径。改革开放以来,我们党围绕绿色发展形成了一系列重大战略思想,包括必须坚持节约资源和保护环境的基本国策,坚持可持续发展,坚定走生产发展、生活富裕、生态良好的文明发展道路,加快建设资源节约型、环境友好型社会等。在此基础上,绿色发展理念强调必须坚持节约资源和保护环境的基本国策,坚持可持续发展,坚定走生产发展、生活富裕、生态良好的文明发展道路,加快建设资源节约型、环境友好型社会,形成人与自然和谐发展的现代化建设新格局,推进美丽中国建设,为全球生态安全做出新贡献。

关于开放发展。开放是国家繁荣发展的必由之路,是中国融入世界的必然选择。开放发展注重的是解决发展内外联动问题。马克思主义认为,经济全球化是生产社会化和生产力发展的必然趋势,同时又体现了一定的生产关系和制度规则,只有在共产主义社会,人类社会才能真正实现各民族的平等和融合,从各民族的历史走向世界性历史。改革开放以来,我国围绕着开放发展形成了一系列重大战略思想,例如,实行对外开放的基本国策,把积极参与经济全球化同独立自主相结合,坚持"引进来"和"走出去"相结合,统筹国内国际两个大局,充分利用国际国内两个市场,奉行互利共赢的开放战略等。在此基础上,开放发展理念强调必须顺应我国经济深度融入世界经济的趋势,坚持内外需协调、进出口平衡、引进来和走出去并重、引资和引技引智并举,发展更高层次的开放型经济,积极参与全球经济治理和公共产品供给,提高我国在全球经济治理中的制度性话语权,构建广泛的利益共同体。

关于共享发展。共享是中国特色社会主义的本质要求,是社会主义发展的根本目的。共享发展注重的是解决社会公平正义问题。马克思和恩格斯曾经多次明确指出,在未来社会"所有人共同享受大家创造出来的福利。"[1]"社会生产力的发展将如此迅速,以致尽管生产将以所有的人富裕为目的。"[2]改革开放以来,我们党围绕共享发展形成了一系列重大战略思想,包括走共同富裕道路,促进人的全面发展,发展为了人民、发展依靠人民、发展成果由人民共享,加快推进以民生改善为重点的社会建设等。在此基础上,共享发展理念强调必须坚持发展为了人民、发展依靠人民、发展成果由人民共享,作出更有效的制度安排,使全体人民在共建共享发展中有更多获得感,增强发展动力,增进人民团结,朝着共同富裕方向稳步前进。

总之,新发展理念是一个系统的理论体系,回答了关于发展目的、动力、方式、路径等一系列理论和实践问题,阐明了我们党关于发展的政治立场、价值导向、发展模式、发展道路等重大政治问题,对什么是发展、为什么发展、怎样发展、发展为了谁、发展依靠谁、发展成果由谁享有重大问题,进行了富有创造性的探索,提出了一系列新的观点,深化和丰富了对社会主义经济发展规律的认识,推进了马克思主义政治经济学关于发展的理论,对于引领和推动我国经济发展,不断破解经济发展难题,开创经济发展新局面,具有重要指导意义。推动新时代我国经济发展,必须完整、准确、全面贯彻新发展理念,紧紧扭住新发展理念推动发展,把新发展理念贯穿发展全过程和各领域。新发展理念对指导我国经济发展具有全局性、深远性作用,党的二十大报告中指出,贯彻新发展理念是新时代我国发展壮大的必由之路。坚持贯彻新发展理念绝不仅限于一时一处,在未来推进中国式现代化的各个环节中要继续完整、准确、全面贯彻新发展理念,推动经济高质量发展。

## 第二节　推进高质量发展

### 一、坚持以推进高质量发展为主题

党的十九大提出,我国经济已由高速增长阶段转向高质量发展阶段。党的十九届五中

① 恩格斯.共产主义原理[M]//马克思恩格斯选集:第1卷.北京:人民出版社,2012:308.
② 马克思.《政治经济学批判(1857—1858年手稿)》摘选[M]//马克思恩格斯文集:第8卷.北京:人民出版社,2009:200.

全会强调"十四五"时期经济社会发展要以推动高质量发展为主题。党的二十大进一步指出,高质量发展是全面建设社会主义现代化国家的首要任务。这一系列科学判断,深刻揭示了我国经济发展新的历史方位,明确了新形势下做好经济工作的根本要求,为新时代经济发展指明了方向。

从高速增长阶段到高质量发展阶段的转变不是偶然的,而是中国经济从低级到高级,从量变到质变,长期积累、持续发展、内生演进,在新时代取得历史性成就、发生历史性变革基础上的厚积薄发、大势所趋,具有里程碑的意义。

众所周知,我国是在生产力十分落后的条件下进入社会主义社会的,商品短缺、供给不足的问题,长期困扰着我们。在相当长的时期里,我国社会主要矛盾是人民日益增长的物质文化需要同落后的社会生产之间的矛盾。在当时的生产力条件下,只能采取高投入、高消耗、低产出的粗放型经济增长方式来扩大经济规模、做大经济总量,在比较低的水平上实现供求平衡,满足人民日益增长的物质文化需要。

随着中国特色社会主义进入新时代,我国社会的主要矛盾转化为人民日益增长的美好生活需要和不平衡不充分的发展之间的矛盾。我国发展的战略目标也发生了历史性变化,开启了全面建设社会主义现代化国家的新征程。实现高质量发展,是新时代保持经济社会持续健康发展的必然要求,是适应我国社会主要矛盾变化和全面建设社会主义现代化国家的必然要求和首要任务。

一方面,社会主要矛盾深刻变化,社会生产极大提高,财富空前涌流;人民生活极大改善,需要全面升级,生产和需要向高水平的平衡跃升;长期困扰我们的"短缺经济"问题基本解决,经济发展的主要矛盾从"有没有"转向"好不好",主要任务从推动经济规模扩张转向结构优化,发展方式从粗放型转向集约型,这就要求我们必须着力解决发展的不平衡不充分问题,大力提升发展的质量和效益,在更高的水平和程度上更好满足人民日益增长的美好生活需要。

另一方面,国家强,经济体系必须强。全面建设社会主义现代化强国,关键是要实现从经济大国向经济强国转变。经济大国,强调的是发展规模和经济总量;经济强国,强调的则是发展质量和创新能力。从经济大国走向经济强国,必须把提高发展的质量置于核心地位,加快转变经济发展方式、优化经济结构、转换增长动力、提高国际竞争力,尽快建成现代化经济体系,为建成社会主义现代化强国提供有力支撑。这是全面建设社会主义现代化国家必须爬过的坡,必须迈过的坎。

"十四五"时期经济社会发展要以推动高质量发展为主题,这是根据我国发展阶段、发展环境、发展条件变化作出的科学判断。当前,我国社会主要矛盾已经转化为人民日益增长的美好生活需要和不平衡不充分的发展之间的矛盾,发展中的矛盾和问题集中体现在发展质量上。这就要求我们必须把发展质量问题摆在更为突出的位置,着力提升发展质量和效益。世界百年未有之大变局加速演进,我国发展的外部环境日趋复杂,防范化解各类风险隐患,积极应对外部环境变化带来的冲击挑战,关键在于办好自己的事,提高发展质量。国内外形势的复杂深刻变化,要求我们必须把发展质量问题摆在更为突出的位置,毫不动摇以推动高质量发展为主题。

## 二、高质量发展的基本内涵

高质量发展的内涵十分丰富,在不同领域具有不同特点,对不同主体具有不同要求。比如,从使用价值形态看,主要表现为比较优质的产品和服务、比较高的劳动生产率;从价值形态看,主要表现为比较大的价值量、比较高的盈利率;从微观领域看,主要表现为企业有效率、市场有活力;从宏观领域看,主要表现为稳定的增长、高水平的就业;从制造业看,主要表现为先进的生产技术、强大的创新能力;从金融业看,主要表现为高效率的金融服务、活而有序的金融秩序;从发达地区看,需要在质量发展中更多发挥引领作用;从不发达地区看,应当在高质量发展中努力追赶,等等。因此,正确认识和有效推动高质量发展,既要准确把握其在不同领域、对不同主体的特点和要求,更要透过纷繁复杂的现象,从多样性的统一中,把握高质量发展的本质。

高质量发展从本质上讲,就是指能很好满足人民日益增长的美好生活需要的发展,是体现新发展理念的发展,是经济循环畅通的发展。

1. 能够很好地满足人民日益增长的美好生活需要的发展,可以理解为:满足需要的范围更广,要满足人民在经济、政治、文化、社会、生态等各个方面日益增长的需要;满足需要的程度更高,要让人民享有更好的教育、更可靠的社会保障、更高水平的医疗卫生服务、更舒适的居住条件、更优美的环境、更丰富的精神文化生活;满足需要的质量更好,要向人民提供更多高品质的、物美价廉的商品和服务;满足需要的层次更全,要使物质的和精神的,生产的、发展的和享受的,以及日益多样化、个性化、不断升级的需要都能得到比较充分的满足;满足需要的手段更强,要推动供给能力不断提升,供给体系不断优化,供给结构不断升级,为更好满足人民需要创造物质前提。简而言之,就是要在更高的生产力发展水平上更好实现以人民为中心的发展。

2. 高质量发展,是以人民为中心的发展,也是体现新发展理念的发展,二者是有机统一的。以人民为中心的发展思想,不是一个抽象的、玄奥的概念,不能只停留在口头上、止步于思想环节,而要体现在经济社会发展各个环节。如何体现,如何实践? 新发展理念是基本遵循,具体来说就是:

创新成为第一动力。坚持创新发展,不断推动技术、产品、质量、管理和体制的创新,才能创造出更多更好的优质产品,最大限度地满足广大人民日益增长的、不断升级的多样化、多层次、多方面的需要,增强发展的动力。

协调成为内生特点。坚持协调发展,统筹兼顾、协调各方,才能克服资本主义市场经济的自发性盲目性和滞后性的弊病,实现生产和需要之间的动态平衡,保证经济社会的有计划发展,增强发展的协调性和整体效率。

绿色作为普遍形态。坚持绿色发展,实现人与自然的和谐相处,才能形成人与自然和谐发展现代化建设新格局,实现经济社会发展和生态环境保护协调统一,更好满足人民日益增长的优美生态环境需要,增强发展的可持续性。

开放成为必由之路。坚持开放发展,主动顺应经济全球化的历史潮流,才能提高内外发展的联动性,更好利用两个市场、两种资源,在更好满足人民日益增长的美好需要的同时,发展中国,造福世界,增强发展的包容性。

共享成为根本目的。坚持共享发展,才能把提高效率同促进公平相结合,让改革发展成果更多更公平惠及全体人民,更好满足全体人民的需要而不是少数人的需要,朝着实现全体人民共同富裕不断迈进,增强发展的公正性。

概括起来,高质量发展就是创新成为第一动力、协调成为内生特点、绿色成为普遍形态、开放成为必由之路、共享成为根本目的的发展。

3. 高质量发展,从宏观经济运行的角度看,表现为经济的循环畅通。社会再生产是连续不断、循环往复的过程。在正常情况下,如果经济循环顺畅,物质产品会增加,社会财富会积聚,人民福祉会增进,国家实力会增强,从而形成一个螺旋式上升的发展过程。如果经济循环过程中出现堵点、断点,循环就会受阻,在宏观上就会表现为增长速度下降、失业增加、风险积累、国际收支失衡等情况,在微观上就会表现为产能过剩、企业效益下降、居民收入下降等问题。实现经济的高质量发展,必须保持生产、流通、分配、消费等环节的有机衔接,经济社会发展重大比例关系协调有序,供给和需求在总量和结构上相对平衡,金融和实体经济良性循环,实现投资有回报、产品有市场、企业有利润、员工有收入、政府有税收、环境有改善,经济运行循环畅通、合理高效,实现经济在高水平上的动态平衡。

## 二、 建设现代化经济体系和现代化产业体系

进入新时代,党中央从党和国家事业全局出发,提出了建设现代化经济体系的重大决策部署。建设现代化经济体系是实现高质量发展的必然要求,只有形成现代化经济体系,才能实现从经济大国向经济强国的转变,为高质量发展提供有力支撑,确保社会主义现代化强国目标如期实现。

现代化经济体系是科技进步和生产力发展的要求,有其一般的规律,包括先进的科学技术、高端的产业结构、工业化和城市化的发展、经济的开放化、发达的市场经济等。从历史上看,西方发达国家率先建立了现代化经济体系,走到了现代化的前列,给我们建设现代化经济体系提供了可资借鉴的经验。但由于资本主义制度的历史局限,存在着深刻的弊

病,给国内的人民和世界人民带来了深重的灾难。同时,资本主义现代化经济体系建立之后,就形成了中心与外围对立的不平等的世界体系,发达资本主义国家依靠自己在科技、经济、政治、文化和军事等多方面的优势,剥削和控制广大发展中国家,使他们长期锁定于不发达状态。事实证明,发展中国家照搬资本主义现代化道路,不可能实现经济的现代化。我国是一个发展中的社会主义大国,是在一个全新的历史方位和国际国内环境下建设中国特色的社会主义现代化经济体系,不可能照搬别国的模式和经验,必须走自己的道路,才可能获得成功。我们要借鉴发达国家有益做法,更要符合中国国情、具有中国特色。

中国特色社会主义现代化经济体系的特色体现在哪里?归结起来,就是要以人民为中心,贯彻创新、协调、绿色、开放、共享的新发展理念。具体来讲,主要包括七个方面的内容:

1. 建设创新引领、协同发展的产业体系,实现实体经济、科技创新、现代金融、人力资源协同发展,使科技创新在实体经济发展中的贡献份额不断提高,现代金融服务实体经济的能力不断增强,人力资源支撑实体经济发展的作用不断优化。

2. 建设统一开放、竞争有序的高标准市场体系,完善公平竞争制度,健全以公平为原则的产权保护制度,实现市场准入畅通、市场开放有序、市场竞争充分、市场秩序规范,加快形成企业自主经营公平竞争、消费者自由选择自主消费、商品和要素自由流动平等交换的现代市场体系。

3. 建设体现效率、促进公平的收入分配体系,实现按劳分配为主体、多种分配方式并存,提高劳动在初次分配中的比重,健全生产要素由市场评价贡献、按贡献决定报酬的机制,合理调节城乡、区域、不同群体间分配关系,重视发挥第三次分配作用,保护合法收入,增加低收入者收入,扩大中等收入群体,调节过高收入,清理规范隐性收入,取缔非法收入。

4. 建设彰显优势、协调联动的城乡区域发展体系,实现区域良性互动、城乡融合发展、陆海统筹整体优化,培育和发挥区域比较优势,加强区域优势互补,塑造区域协调发展新格局。

5. 建设资源节约、环境友好的绿色发展体系,实现绿色循环低碳发展、人与自然和谐共生,牢固树立和践行绿水青山就是金山银山理念,形成人与自然和谐发展现代化建设新格局。

6. 建设多元平衡、安全高效的全面开放体系,实施更大范围、更深领域、更深层次的全面开放,发展更高层次开放型经济,推动开放朝着优化结构、拓展深度、提高效益方向转变。

7. 建设充分发挥市场作用、更好发挥政府作用的经济体制,实现市场机制有效、微观主体有活力、宏观调控有度。

以上几个体系是统一整体,要一体建设、一体推进。

建设现代化产业体系是建设现代化经济体系的基础。党的二十大报告提

理论发展:
高质量发展是全面建设社会主义现代化国家的首要任务

出了建设现代化产业体系的战略任务,并对建设现代化产业体系工作作出全面部署。

一是坚持把发展经济的着力点放在实体经济上,推进新型工业化,加快建设制造强国、质量强国、航天强国、交通强国、网络强国、数字中国。

二是实施产业基础再造工程和重大技术装备攻关工程,支持专精特新企业发展,推动制造业高端化、智能化、绿色化发展。

三是巩固优势产业领先地位,在关系安全发展的领域加快补齐短板,提升战略性资源供应保障能力。

四是推动战略性新兴产业融合集群发展,构建新一代信息技术、人工智能、生物技术、新能源、新材料、高端装备、绿色环保等一批新的增长引擎。

五是构建优质高效的服务业新体系,推动现代服务业同先进制造业、现代农业深度融合。

六是加快发展物联网,建设高效顺畅的流通体系,降低物流成本。

七是加快发展数字经济,促进数字经济和实体经济深度融合,打造具有国际竞争力的数字产业集群。

八是优化基础设施布局、结构、功能和系统集成,构建现代化基础设施体系。

## 四、深入推进供给侧结构性改革

推进供给侧结构性改革,是适应和引领经济发展新常态的重大创新,是适应国际金融危机发生后综合国力竞争新形势的主动选择,是适应我国经济发展新常态的必然要求。推动高质量发展,必须以供给侧结构性改革为主线。

供给侧结构性改革可以从三个方面来理解:

1. 以提高供给质量为主攻方向。供给侧和需求侧是相互对立、相互联系的两个方面,两者构成一个矛盾。当前和今后一个时期,我国经济发展面临的问题,供给和需求两侧都有,但矛盾的主要方面在供给侧。从需求方面看,国际市场需求疲软,外需拉动作用大幅下滑,但随着人民收入水平的不断提高,消费需求日益呈现多样化,对物质产品和精神文化产品提出的要求更高,人民群众日益增长的物质文化需求同落后的生产力之间的矛盾日益显现,内需难以有效提振。从供给方面看,资源、能源、环境约束加大,资金、土地、劳动力等要素成本上升,企业创新能力不强,高投入、高消耗、高污染的发展方式难以为继。供给结构不适应市场需求,既存在低端产业的产能严重过剩,也存在着中高端产品和现代服务业的有效供给不足。经济运行中供给和需求两方面都存在问题,需要从供给和需求两方面发力,促进供求平衡。但在这两方面中,必须把提高供给质量作为主攻方向,在适度扩大总需求的同时,从生产端入手扩大高质量产品和服务的供给,减少无效供给,扩大有效供给,推动社会生产力的整体提升。

2. 以解决结构性矛盾为工作重点。供求结构的错配是供给侧结构性改革着力解决的问题。现阶段,我国经济发展虽然有周期性、总量性问题,但根本上是结构性问题,主要表现为"三大失衡":一是实体经济结构性供求失衡。我国供给体系产能十分强大,但大多数只能满足中低端、低质量、低价格的需求,供给结构不适应需求的新变化,结果导致一方面产能过剩,另一方面需求不足。二是金融和实体经济失衡。在实体经济结构性失衡、盈利能力下降的情况下,不能把结构性供需矛盾当作总需求不足,以增发货币来扩大需求,因为缺乏回报,增加的货币资金很多没有进入实体经济领域,而是在金融系统自我循环。三是房地产和实体经济失衡。在实体经济结构性失衡的过程中,由于缺乏投资机会,加上土地、财税、金融政策不配套,城镇化有关政策和规划不到位,致使大量资金涌入房地产市场,投机需求旺盛,带动一线和热点二线城市房地产价格大幅上涨。房地产的高收益进一步诱使资金脱实向虚,导致经济增长、财政收入、银行利润越来越依赖于"房地产繁荣",并推高实体经济成本,使回报率不高的实体经济雪上加霜。解决上述结构失衡问题,单纯依靠刺激内需难以奏效,反而会加剧产能过剩、抬高杠杆率和企业成本,进一步加剧结构性矛盾,根本出路是优化经济结构,增强供给结构对需求变化的适应性和灵活性,通过优化要素配置和调整生产结构来提高供给体系质量和效率,实现供求关系新的动态平衡。

3. 以深化改革为根本途径。改革是推动经济社会发展最强大的动力,深化改革是解决供给侧结构性问题的根本途径。现阶段供给侧结构性矛盾的外在表现是资源配置扭曲,内在原因是存在体制机制障碍。必须通过深化改革来破解发展的难题,形成更加有利于经济发展的体制机制,通过深化经济体制改革增强企业动力、激发市场活力、加强创新激励、提高国家治理能力,为经济发展创造良好制度环境。

总之,我们讲的供给侧结构性改革,既强调供给又关注需求,既突出发展社会生产力又注重完善生产关系,既发挥市场在资源配置中的决定性作用又更好发挥政府作用,既着眼当前又立足长远。供给侧结构性改革的根本,是使我国供给能力更好满足广大人民日益增长的美好生活需要,落实以人民为中心的发展思想和新发展理念,实现经济的高质量发展。供给侧结构性改革之所以能成为现阶段我国经济政策主线,根本的原因就在这里。

## 第三节 加快构建新发展格局

### 一、构建新发展格局是新发展阶段的重大战略抉择

2020 年以来,面对国际国内环境的深刻变化,习近平多次提出,"构建以国内大循环为主体、国内国际双循环相互促进的新发展格局",党的二十大进一步对"加快构建新发展格

局,着力推动高质量发展"作出重要部署。构建新发展格局是贯彻新发展理念、推进高质量发展的必然要求,是与时俱进提升我国经济发展水平的战略抉择,也是塑造我国国际经济合作和竞争新优势的战略抉择,对于推动经济高质量发展、促进世界经济繁荣具有重大意义。

改革开放以来特别是加入世界贸易组织后,我国加入国际大循环,市场和资源"两头在外",形成"世界工厂"发展模式,对我国快速提升经济实力、改善人民生活发挥了重要作用。近几年,随着全球政治经济环境变化和世纪疫情叠加影响,逆全球化趋势加剧,有的国家大搞单边主义、保护主义,局部冲突和动荡频发,全球性问题加剧,传统国际循环明显弱化。而我国由于发展所具有的要素禀赋发生变化,则正在经历质量、效率和动力的深刻变革,内需潜力不断释放,国内大循环日益强劲。自 2008 年国际金融危机以来,我国经济已经在向以国内大循环为主体转变,在国际循环与国内循环此消彼长的背景下,如果继续过多依赖国际循环,一方面可能会面临来自国外冲击的影响,另一方面也不利于实现高水平自立自强,长远来看不利于推动高质量发展。因此,必须把发展立足点放在国内,更多依靠国内市场实现经济发展。我国有 14 亿人口,人民收入不断提高,是全球最大和最有潜力的消费市场,具有巨大增长空间。改革开放以来,我们遭遇过很多外部风险冲击,最终都能化险为夷,靠的就是办好自己的事、把发展立足点放在国内。未来一个时期,国内市场主导国民经济循环特征会更加明显,经济增长的内需潜力会不断释放。只要顺势而为、精准施策,我们完全有条件构建新发展格局、塑造新竞争优势。

没有坚实的物质技术基础,就不可能全面建成社会主义现代化强国。随着新一轮科技革命和产业变革加速演进,人工智能、大数据、物联网等新技术新应用新业态方兴未艾,正在深刻改变人类生产方式、生活方式以及思想观念。围绕智能技术和智能产业主导权的国际竞争异常激烈,谁能在新一轮科技革命和产业变革抢得先机,谁就能在国际竞争中占据领先地位,推动经济发展进入快车道。新发展格局突出强调创新驱动,为实现高质量发展提供新的动能。我国要抓住机遇,必须充分发挥我国超大规模市场优势和内需潜力,加强自主创新能力建设,力争突破关键核心技术,抢占科技竞争和未来发展制高点,有效应对新一轮科技革命和产业变革蓬勃兴起给我国发展带来的机遇和挑战,为我国生产力进步和经济社会发展开辟新天地。

## 二、构建新发展格局的着力点

1. 实现供给需求双向发力动态平衡。培育完整内需体系,是畅通国民经济循环、增强国内大循环主体地位的重要基础。要坚持扩大内需的战略基点,充分发挥我国具有的超大规模市场优势,把满足国内需求作为发展的出发点和落脚点。加快培育完整内需体系,使生产、分配、流通、消费更多依托国内市场,形成国民经济良性循环。为此要全面促进消费,培育消费热点,扩展投资空间,保持投资合理增长。同时要牢牢坚持以供给侧结构性改革为主线,提升供给体系对国内需求的适配性,把实施扩大内需战略同深化供给侧结构性改革有机结合起来,以创新驱动、高质量供给引领和创造新需求。

2. 加快科技自立自强。新发展格局最本质的特征是实现高水平的自立自强。要加快科技自立自强步伐,解决外国"卡脖子"问题。健全新型举国体制,强化国家战略科技力量,优化配置创新资源,使我国在重要科技领域成为全球领跑者,在前沿交叉领域成为开拓者,力争尽早成为世界主要科学中心和创新高地。实现科教兴国战略、人才强国战略、创新驱动发展战略有效联动,坚持教育发展、科技创新、人才培养一体推进,形成良性循环;坚持原始创新、集成创新、开放创新一体设计,实现有效贯通;坚持创新链、产业链、人才链一体部署,推动深度融合。

3. 建设现代化产业体系。新发展格局以现代化产业体系为基础,经济循环畅通需要各产业有序链接、高效畅通。要继续把发展经济的着力点放在实体经济上,扎实推进新型工业化,加快建设制造强国、质量强国、网络强国、数字中国,打造具有国际竞争力的数字产业集群。顺应产业发展大势,推动短板产业补链、优势产业延链、传统产业升链、新兴产业建链,增强产业发展的接续性和竞争力。优化生产力布局,推动重点产业在国内外有序转移,支持企业深度参与全球产业分工和合作,促进内外产业深度融合,打造自主可控、安全可靠、竞争力强的现代化产业体系。

4. 建设协调联动的城乡区域发展体系。全面推进城乡、区域协调发展,提高国内大循环的覆盖面。要充分发挥乡村作为消费市场和要素市场的重要作用,全面推进乡村振兴,推进以县城为重要载体的城镇化建设,推动城乡融合发展,增强城乡经济联系,畅通城乡经济循环。防止各地搞自我小循环,打消区域壁垒,真正形成全国统一大市场。推动区域协调发展战略、区域重大战略、主体功能区战略等深度融合,优化重大生产力布局,促进各类要素合理流动和高效集聚,畅通国内大循环。

5. 建设高效物流体系。流通体系在国民经济中发挥着基础性作用。构建新发展格局,必须把建设现代流通体系作为一项重要战略任务来抓,统筹推进现代流通体系硬件和软件建设,发展流通新技术新业态新模式,完善流通领域制度规范和标准,培育壮大具有国际竞争力的现代物流企业,加快完善国内统一大市场,形成供需互促、产销并进的良性循环,塑造市场化、法治化、国际化营商环境,强化竞争政策作用。

6. 深化改革开放。深化改革开放有利于增强国内外大循环的动力和活力。要深化要素市场化改革,建设高标准市场体系,加快构建全国统一大市场。完善产权保护、市场准入、公平竞争、社会信用等市场经济基础制度,加强反垄断和反不正当竞争,依法规范和引导资本健康发展,为各类经营主体投资创业营造良好环境,激发各类经营主体活力。推进高水平对外开放,稳步推动规则、规制、管理、标准等制度型开放,增强在国际大循环中的话语权。推动共建"一带一路"高质量发展,积极参与国际经贸规则谈判,推动形成开放、多元、稳定的世界经济秩序,为实现国内国际两个市场、两种资源联动循环创造条件。

7. 在统筹发展和安全中推进高水平对外开放。构建新发展格局,必须坚持统筹发展和安全,牢固树立安全发展理念,加快完善安全发展体制机制,补齐相关短板,维护产业链供应链安全,积极做好防范化解重大风险工作。要加强经济安全风险预警、防控机制和能力建设,实现重要产业、基础设施、战略资源、重大科技等关键领域安全可控,确保国家经济安全。

## 三、 实现国内国际双循环相互促进

国内循环和国际循环依托国内国际两个市场、两种资源,有着不同的运行逻辑,两者之间的彼此联动组成了一国经济的总的循环。要利用好国内国际两个市场和两种资源,实现国内国际双循环相互促进、双向发力,必须用辩证的眼光对待两种循环,既要认识到二者的紧密关联,又要有针对性地科学施策。

国内国际两种循环是相辅相成的,扩大内需和扩大开放并不矛盾。国内循环越顺畅,越能形成对全球资源要素的引力场,越有利于构建以国内大循环为主体、国内国际双循环相互促进的新发展格局,越有利于形成参与国际竞争和合作新优势。推动形成宏大顺畅的国内经济循环,就能更好吸引全球资源要素,既满足国内需求,又提升我国产业技术发展水平,形成参与国际经济合作和竞争新优势。在当前保护主义上升、世界经济低迷、全球市场萎缩的外部环境下,我们必须充分发挥国内超大规模市场优势,通过繁荣国内经济、畅通国内大循环为我国经济发展增添动力,带动世界经济复苏。

因此,新发展格局绝不是封闭的国内循环,而是开放的国内国际双循环。我国在世界经济中的地位将持续上升,同世界经济的联系会更加紧密,为其他国家提供的市场机会将更加广阔,成为吸引国际商品和要素资源的巨大引力场。从长远看,经济全球化仍是历史潮流,各国分工合作、互利共赢是长期趋势。中国开放的大门不会关闭,只会越开越大。我们要站在历史正确的一边,坚持深化改革、扩大开放,加强科技领域开放合作,推动建设开放型世界经济,推动构建人类命运共同体,开拓合作共赢新局面。

国内国际两种循环各有侧重。国内循环依托有着 14 亿人口的广阔市场和极具潜力的产业体系、人力资源,在当前动荡复杂的国际环境中要发挥对冲作用、化解外部冲击带来的负面影响,因此要增强内生动力和可靠性,要提升供给能力,实施创新驱动发展战略,以强大有效的供给能力穿透循环堵点;要激活需求潜力,坚持扩大内需的战略基点,深化消费和投资领域体制改革,不断增强消费对经济发展的基础性作用和投资对优化供给结构的关键作用;要强化改革动力,加快建成全国统一大市场,破除地方保护和行政性垄断,促进商品和要素自由流动和市场化配置;要树立底线意识,强化极限思维,坚决打赢关键核心技术攻坚战,着力提升产业链供应链韧性,确保极端情况下我国经济建设正常运行和社会大局保持稳定。

国际循环面临区域化、本土化、短链化趋势,要提升循环质量和水平,要继续扩大商品和要素流动性开放,推动货物贸易优化升级,创新服务贸易发展机制,加快建设贸易强国,营造市场化、法治化、国际化一流的营商环境;要继续扩大制度型开放,推动在有条件的自贸试验区和自贸港试点对接国际高标准经贸规则,以深层次改革促进高水平开放;要统筹好发展和安全,构建海外利益保护和投资风险预警防控体系,健全与开放相适应的安全防范体系。以国内循环的制度优势保障安全,以国际循环的开放经济实现安全。

构建新发展格局,必须增强国内国际经济联动效应,实现国内国际双循环相互促进、双向发力。要以国内大循环为主体,深入挖掘国内大循环的内生动力、增强其可靠性,实现高水平的自立自强,以更发达的国内大循环带动国际循环。同时要畅通国际循环,实行高水平对外开放,积极参与全球经济治理体系改革,维护多元稳定的国际经贸关系,让国际循环更好服务于国内大循环。

## 第四节　经济发展战略

经济发展战略是关于长期内一个国家经济如何发展的总体性理论,是对一定时期内经济发展方向、发展目标、发展速度与质量、发展动力的重大选择。中国的经济发展战略经过长期探索,逐步形成了三步走战略、建设小康社会战略、分两阶段实现现代化战略、科教兴国战略、人才强国战略、创新驱动发展战略、乡村振兴战略、军民融合发展战略等一系列重要发展战略。

### 一、三步走战略

1980 年邓小平明确提出了新时期经济发展的战略步骤问题,"只要全国上下团结一致地、有秩序有步骤地前进,我们就能够更有信心经过二十年的时间,使我国现代化经济建设的发展达到小康水平,然后继续前进,逐步达到更高程度的现代化"。① 之后,伴随着我国经济发展实践的深入,这一战略目标与战略步骤不断细化、调整。

党的十三大报告指出,我国经济建设的战略部署将大体分为"三步走"。第一步,实现国民生产总值比 1980 年翻一番,解决人民的温饱问题。第二步,到 20 世纪末,使国民生产总值再增长一倍,人民生活达到小康水平。第三步,到 21 世纪中叶,人均国民生产总值达

---

① 邓小平.贯彻调整方针,保证安定团结[M]//邓小平文选:第 2 卷.北京:人民出版社,1994:356.

到中等发达国家水平,人民生活比较富裕,基本实现现代化。党的十四大报告进一步明确指出,从现在起到21世纪中叶中华人民共和国成立一百周年的时候,达到第三步发展目标,基本实现现代化。

党的十五大报告勾画了"两个一百年"奋斗蓝图:21世纪第一个10年实现国民生产总值比2000年翻一番,使人民的小康生活更加宽裕,形成比较完善的社会主义市场经济体制,再经过10年的努力,到建党100年时,使国民经济更加发展,各项制度更加完善;到21世纪中叶新中国成立100年时,基本实现现代化,建成富强民主文明的社会主义国家。"两个一百年"奋斗目标是对"三步走"战略第三步的细化。

党的十六大明确提出,要在本世纪头20年,集中力量,全面建设惠及十几亿人口的更高水平的小康社会,使经济更加发展、民主更加健全、科教更加进步、文化更加繁荣、社会更加和谐、人民生活更加殷实。以"全面建设"为标志,我国小康社会建设的内涵有了质的提升,上了一个大的台阶。党的十七大和十八大根据国内外形势新变化,对实现全面建设小康社会奋斗目标提出了新的更高要求,进行了进一步的充实和完善。

党的十九大在综合分析国际国内形势和我国发展基础上提出,从2020年到21世纪中叶的30年,全面建成社会主义现代化强国分两阶段来安排。第一个阶段,从2020年到2035年,在全面建成小康社会的基础上,再奋斗15年,基本实现社会主义现代化。第二个阶段,从2035年到21世纪中叶,在基本实现现代化的基础上,再奋斗15年,把我国建成富强民主文明和谐美丽的社会主义现代化强国。党的二十大站在"全面建成小康社会,实现第一个百年奋斗目标"新的历史起点上,进一步明确了下一阶段的战略目标:从现在起,中国共产党的中心任务就是团结带领全国各族人民全面建成社会主义现代化强国、实现第二个百年奋斗目标,以中国式现代化全面推进中华民族伟大复兴。从全面建成小康社会到基本实现现代化,再到全面建成社会主义现代化强国,是新时代中国特色社会主义发展的战略安排。

创新理论: 全面建成社会主义现代化强国的战略安排和目标任务

这是鼓舞人心的战略部署,是催人奋进的宏伟蓝图,有利于我们明确前进方向,精准奋斗目标,调动全社会积极性,凝聚全社会力量,统一社会意志和行动,以早日实现建成富强民主文明和谐美丽的社会主义现代化强国。

## 二、建设小康社会战略

1979年,邓小平在会见日本首相大平正芳时,使用了"小康"这一概念来描述"中国式的现代化"。邓小平说:"我们要实现的四个现代化,是中国式的四个现代化。我们的四个现代化的概念,不是像你们那样的现代化的概念,而是'小康之家'。"[①]1984年3月又指

---

① 邓小平.中国本世纪的目标是实现小康[M]//邓小平文选:第2卷.北京:人民出版社,1994:237.

出:"翻两番,国民生产总值人均达到八百美元,就是到本世纪末在中国建立一个小康社会。这个小康社会,叫做中国式的现代化。"[1]

20 世纪末,解决人民温饱问题、人民生活水平总体上达到小康社会这两个目标已经提前实现,在此基础上,党的十六大报告明确提出了全面建设小康社会的目标,指出要集中力量,全面建设惠及十几亿人口的更高水平的小康社会,使经济更加发展、民主更加健全、科教更加进步、文化更加繁荣、社会更加和谐、人民生活更加殷实。在优化结构和提高效益的基础上,国内生产总值到 2020 年力争比 2000 年翻两番,综合国力和国际竞争力明显增强。基本实现工业化,建成完善的社会主义市场经济体制和更具活力、更加开放的经济体系。城镇人口的比重较大幅度提高,工农差别、城乡差别和地区差别扩大的趋势逐步扭转。社会保障体系比较健全,社会就业比较充分,家庭财产普遍增加,人民过上更加富足的生活。

党的十七大报告提出了全面建设小康社会的新要求,指出要增强发展协调性,努力实现经济又好又快发展。转变发展方式取得重大进展,在优化结构、提高效益、降低消耗、保护环境的基础上,实现人均国内生产总值到 2020 年比 2000 年翻两番。社会主义市场经济体制更加完善。自主创新能力显著提高,科技进步对经济增长的贡献率大幅上升,进入创新型国家行列。居民消费率稳步提高,形成消费、投资、出口协调拉动的增长格局。社会主义新农村建设取得重大进展。城镇人口比重明显增加。

党的十八大报告根据我国经济社会发展的实际,明确提出"确保到二〇二〇年实现全面建成小康社会宏伟目标"[2]。要在党的十六大、十七大确立的全面建设小康社会目标的基础上努力实现新的要求,即经济持续健康发展、人民民主不断扩大、文化软实力显著增强、人民生活水平全面提高、资源节约型环境友好型社会建设取得重大进展。

党的十九大报告进一步提出,从现在到 2020 年,是全面建成小康社会决胜期,要按照十六大、十七大、十八大报告提出的全面建成小康社会各项要求,紧扣我国社会主要矛盾变化,统筹推进经济建设、政治建设、文化建设、社会建设、生态文明建设,突出抓重点、补短板、强弱项,特别是要坚决打好防范化解重大风险、精准脱贫、污染防治的攻坚战,使全面建成小康社会得到人民认可,经得起历史检验。党团结带领全国人民取得脱贫攻坚战的全面胜利,历史性地解决了绝对贫困问题,全面建成了小康社会,实现了第一个百年奋斗目标,迈出了实现中华民族伟大复兴中国梦的关键一步。

## 三、科教兴国战略和人才强国战略

教育、科技、人才是全面建设社会主义现代化国家的基础性、战略性支撑。科教兴国战

① 邓小平.发展中日关系要看得远些[M]//邓小平文选:第 3 卷.北京:人民出版社,1993:54.
② 胡锦涛.坚定不移沿着中国特色社会主义道路前进,为全面建成小康社会而奋斗[M]//十八大以来重要文献选编(上).北京:中央文献出版社,2014:13.

略和人才强国战略是世纪交替之际为适应国情世情变化提出的重要战略。1995 年 5 月全国科学技术大会发布了《中共中央、国务院关于加速科学技术进步的决定》,首次提出了科教兴国战略;2002 年中共中央、国务院制定下发了《2002—2005 年全国人才队伍建设规划纲要》,明确提出了人才强国战略。

科教兴国战略,要求全面落实科学技术是第一生产力的思想,坚持教育为本,把科技和教育摆在经济、社会发展的重要位置,增强国家的科技实力及向现实生产力转化的能力,提高全民族的科技文化素质,把经济建设转移到依靠科技进步和提高劳动者素质的轨道上来,加速实现国家的繁荣强盛。办好人民满意的教育,全面贯彻党的教育方针,落实立德树人根本任务,加快建设高质量教育体系,发展素质教育,促进教育公平。加快义务教育优质均衡发展和城乡一体化,优化区域教育资源配置,强化学前教育、特殊教育普惠发展,坚持高中阶段学校多样化发展,完善覆盖全学段学生资助体系。优化职业教育类型定位,推进职普融通、产教融合、科教融汇。加强基础学科、新兴学科、交叉学科建设,加快建设一流大学和优势学科,提高我国基础和前沿科技发展水平。深化教育领域综合改革,引导规范民办教育发展、加大国家通用语言文字推广力度、完善学校管理和教育评价体系。加强师德师风建设,培养高素质教师队伍。推进教育数字化,建设学习型社会和学习型大国。要完善科技创新体系,坚持创新在我国现代化建设全局中的核心地位,健全新型举国体制,强化国家战略科技力量,优化配置创新资源,打造国家实验室体系和区域科技创新中心,提升我国创新体系整体效能。深化科技体制和科技评价改革,加强知识产权法治保障,引导并提高科技研究和产出培育创新文化,弘扬科学家精神,营造社会层面创新氛围,积极扩大国际科技交流合作,形成具有全球竞争力的开放创新生态。

人才强国战略旨在全面提高人才自主培养质量,着力造就拔尖创新人才,聚天下英才而用之,为 2035 年基本实现社会主义现代化提供人才支撑,为 2050 年全面建成社会主义现代化强国打好人才基础。深入实施人才强国战略,要坚持党管人才原则,实施更加积极、更加开放、更加有效的人才政策,引导广大人才爱党报国、敬业奉献、服务人民。完善人才战略布局,坚持各方面人才一起抓,建设规模宏大、结构合理、素质优良的人才队伍。加快建设世界重要人才中心和创新高地,促进人才区域合理布局和协调发展,着力形成人才国际竞争的比较优势。加快建设国家战略人才力量,努力培养造就更多大师、战略科学家、一流科技领军人才和创新团队、青年科技人才、卓越工程师、大国工匠、高技能人才。要走好人才自主培养之路,加强人才国际交流,用好用活各类人才。深化人才发展体制机制改革,真心爱才、悉心育才、倾心引才、精心用才,求贤若渴,不拘一格,把各方面优秀人才集聚到党和人民事业中来。

科教兴国战略和人才强国战略是对时代变化的积极应对,也是经济发展质量提高的重要体现。党的二十大报告强调,"要坚持教育优先发展、科技自立自强、人才引领驱动,加快建设教育强国、科技强国、人才强国,坚持为党育人、为国育才"①。未来继续坚持实施科教兴国战略和人才强国战略具有重要意义。首先,在激烈的国际竞争下,科教和人才为经济增长提供了坚实的动力和保障,推动了经济的高速增长,使我国经济实力得到了巨大提升。其次,提高了经济的发展质量,促进了国民经济发展从外延型向效益型的战略转变。最后,在全社会营造了重视科研、重视人才的良好氛围,对科技、教育和人才的长远发展产生了深远影响。

## 四、创新驱动发展战略

党的十八大报告明确提出,"科技创新是提高社会生产力和综合国力的战略支撑,必须摆在国家发展全局的核心位置";强调要坚持走中国特色自主创新道路,实施创新驱动发展战略。之后,2015年发布的《中共中央　国务院关于深化体制机制改革加快实施创新驱动发展战略的若干意见》(以下简称《意见》)对创新驱动发展战略进行了进一步部署。2016年颁布的《国家创新驱动发展战略纲要》明确提出,到2020年进入创新型国家行列,2030年跻身创新型国家前列,2050年建成世界科技创新强国。党的十九大报告重申走创新驱动发展战略,提出加快建设创新型国家,指出创新是引领发展的第一动力,是建设现代化经济体系的战略支撑,把创新发展摆在更加突出地位。党的二十大报告进一步强调创新是第一动力,深入实施创新驱动发展战略,开辟发展新领域新赛道,不断塑造发展新动能新优势。

要坚持面向世界科技前沿、面向经济主战场、面向国家重大需求、面向人民生命健康,加快实现高水平科技自立自强。以国家战略需求为导向,集聚力量进行原创性引领性科技攻关,坚决打赢关键核心技术攻坚战。加快实施一批具有战略性全局性前瞻性的国家重大科技项目,增强自主创新能力。加强基础研究,突出原创,鼓励自由探索。提升科技投入效能,深化财政科技经费分配使用机制改革,激发创新活力。加强企业主导的产学研深度融合,强化目标导向,提高科技成果转化和产业化水平。强化企业科技创新主体地位,发挥科技型骨干企业引领支撑作用,营造有利于科技型中小微企业成长的良好环境,推动创新链产业链资金链人才链深度融合。

创新驱动发展战略具有重要意义。第一,有利于加快实现由低成本优势向创新优势的转换,形成国际竞争新优势、增强发展的动力。第二,有利于我国提高经济增长的质量和效益、加快转变经济发展方式。第三,有利于降低资源能源消耗、改善生态环境、实现绿色发展。

---

① 习近平.高举中国特色社会主义伟大旗帜　为全面建设社会主义现代化国家而团结奋斗——在中国共产党第二十次全国代表大会上的报告[M].北京:人民出版社,2022:33.

## 五、乡村振兴战略

党的十九大报告提出了乡村振兴战略,这是我们党在全面认识和把握我国发展阶段性特征基础上,从党和国家事业发展全局出发做出的一项重大战略决策。按照党决胜全面建成小康社会和两个一百年奋斗目标的战略安排,实施乡村振兴战略的目标任务是:第一步,2020 年乡村振兴取得重要进展,制度框架和政策体系基本形成的目标已经实现;第二步是到 2035 年,乡村振兴取得决定性进展,农业农村现代化基本实现;第三步是到 2050 年,乡村全面振兴,农业强、农村美、农民富全面实现。

实施乡村振兴战略,基本原则是要坚持党管农村工作,坚持农业农村优先发展,坚持农民主体地位,坚持乡村全面振兴,坚持城乡融合发展,坚持人与自然和谐共生,坚持因地制宜、循序渐进。总要求是按照产业兴旺、生态宜居、乡风文明、治理有效、生活富裕,加快推进农业农村现代化。具体讲,产业兴旺,就是要以推进农业供给侧结构性改革为主线,以构建现代农业产业体系、生产体系、经营体系为抓手,促进农村融合发展,延伸农业产业链、价值链,提高农业综合效益和竞争。生态宜居,就是要适应生态文明建设要求,因地制宜发展绿色农业,搞好农村人居环境综合整治,尽快改变许多地方农村污水乱排、垃圾乱扔、秸秆乱烧的脏乱差状况,促进农村生产、生活、生态协调发展。乡风文明,就是要大力弘扬社会主义核心价值观,抓好农村移风易俗,坚决反对铺张浪费、婚丧大操大办等陈规陋习,树立文明新风,全面提升农民素质,打造农民的精神家园。治理有效,就是要通过健全自治、法治、德治相结合的乡村治理体系,坚持系统治理、依法治理、综合治理、源头治理,确保广大农民安居乐业、农村社会安定有序。生活富裕,就是要努力保持农民收入较快增长的势头,不断缩小城乡居民收入差距,让广大农民群众和全国其他人民一道进入全面小康社会。

实施乡村振兴战略,要按照以下路径推进:第一,提高农业质量效益和竞争力,培育乡村发展新动能。乡村振兴,产业兴旺是重点,必须坚持质量兴农、绿色兴农,以农业供给侧结构性改革为主线,加快构建现代农业产业体系、生产体系、经营体系,提高农业创新力、竞争力和全要素生产率,加快实现由农业大国向农业强国转变。第二,推进乡村绿色发展和乡村建设,打造人与自然和谐共生发展新格局。乡村振兴,生态宜居是关键,良好生态环境是农村最大优势和宝贵财富,必须尊重自然、顺应自然、保护自然,推动乡村自然资本加快增值,实现百姓富、生态美的统一。同时还要实施乡村建设行动,把乡村建设摆在社会主义现代化建设的重要位置,把乡村建设成为幸福美丽新家园。第三,繁荣兴盛农村文化,焕发乡风文明新气象。乡村振兴,乡风文明是保障,必须坚持物质文明和精神文明一起抓,提升农民精神风貌,培育文明乡风、良好家风、淳朴民风,不断提高乡村社会文明程度。第四,加强农村基层基础工作,构建乡村治理新体系。乡村振兴,治理有效是基础,必须把夯实基层基础工作作为固本之策,建立健全党委领导、政府负责、社会协同、公众参与、法治保障的现代化社会治理体制,坚持自治、法治、德治相结合,确保乡村社会充满活力、和谐有序。第五,提高农村民生保障水平,塑造美丽乡村新风貌。乡村振兴,生活富裕是根本,要坚持人人尽责、人人享有,按照抓重点、补短板、强弱项的要求,围绕农民群众最关心最直接最现实的利益问题,一件事接着一件事办,一年接着一年干,把乡村建设成为幸福美丽新家园。第六,加快建设农业强国,全方位夯实粮食安全根基,构建多元化食物体系。牢牢守住十八亿亩耕地红线,加快推进高标准农田建设,树立大食物观,发展设施农业,确保中国人的饭碗牢牢端在自己手中。

实施乡村振兴战略具有重大意义:第一,有利于解决城乡发展不平衡不协调问题。由于历史欠账太多,加上多种制约因素,我国城乡发展不平衡不协调的矛盾比较突出,表现在城乡居民收入差距较大,农业基础仍不稳固,农村社会事业发展滞后,等等,通过更加有力的举措,可以切实较快改变农业农村落后面貌,拉长"四化同步"发展中农业短腿,补齐农村这块全面小康社会的短板。第二,有利于加快形成城乡经济社会发展一体化新格局。通过坚持实施工业反哺农业、城市支持农村和多予少取放活的方针,加快建立健全城乡一体融合发展体制机制和政策体系,形成城乡一体化新格局,让农业成为有奔头的产业,让农村成为安居乐业的家园,让农民成为有吸引力的职业。第三,有利于深入推进农村各项改革,破解"三农"发展难题。以乡村振兴战略为契机,进一步巩固和完善农村基本经营制度,深化农村土地制度改革,完善承包土地"三权"分置制度和推进农村集体产权制度改革,培育新型农业经营主体等,可以有效破解当前农村发展面临的各种难题。

## 六、军民融合发展战略

军民融合发展是指军事工业和民用工业相互支撑、相互补充、互利共赢、融合发展,体现为两层含义:一是"军转民",军事技术民用化,广泛用于支持民营企业发展;二是"民参军",民用企业参与军工市场,民用技术支持军事工业发展。

中华人民共和国成立70多年来,我们党领导国防、军队和经济建设,始终致力于探索军民结合、寓军于民的道路。毛泽东明确提出"军民结合、平战结合、以军为主、寓军于民"的重要思想;邓小平明确提出国防工业必须坚持"军民结合、平战结合、军品优先、以民养军"的十六字方针;江泽民强调国防建设必须随经济建设发展得到加强,做到"两头兼顾、相互促进",提出"军民结合、寓军于民、大力协同、自主创新"的重要思想;胡锦涛在党的十七大报告中提出,建立和完善军民结合、寓军于民的武器装备科研生产体系,军队人才培养体系和军队保障体系,走出一条中国特色军民融合式发展路子。习近平强调,要"按照全面建成小康社会、全面深化改革、全面依法治国、全面从严治党的战略布局,加快推进国防和军队建设,深入实施军民融合发展战略,努力开创强军兴军新局面"[1],将军民融合发展上

---

① 习近平在出席十二届全国人大三次会议解放军代表团全体会议时的讲话[N].人民日报,2015-03-13.

升到国家战略层面。从"军民结合"到"寓军于民",再到"军民融合",这些重要思想既一脉相承又与时俱进,是党对经济建设和国防建设协调发展规律的深刻认识和准确把握,体现了我国军民融合发展战略的形成历程。

实施军民融合战略要求统筹兼顾。要按照兼顾国家发展和国防安全、富国与强军相统一、经济建设和国防建设融合、经济实力和国防实力同步提升的原则,从国家层面形成各领域战略布局一体融合,发挥好军民融合对国防建设和经济社会发展的双向支撑拉动作用,实现经济建设和国防建设综合效益最大化。实施军民融合战略要求国家主导,市场运作。国家主导就要强化党对军民融合发展工作的集中统一领导,提高党把方向、谋大局、定政策、促改革的能力和定力,确保党的路线方针政策和决策部署贯彻落实到军民融合发展的各领域、全过程;市场运作就要充分发挥市场配置资源的决定性作用,注重运用市场手段优化军地资源配置,积极引导经济社会领域的多元投资、多方技术、多种力量更好地服务国防建设,积极引导军工技术、军工企业以市场需求为导向,向民用转化,为满足人民日益增长的美好生活需要服务。实施军民融合战略要求突出重点,聚焦用力。军民融合深度发展必须以军事需求为牵引,以重大项目、重点领域、主要方向为突破口,找准深度融合的着力点,以重点突破带动全面发展。一方面,"国防科技和武器装备领域是军民融合发展的重点,也是衡量军民融合发展水平的重要标志"[1],推进军民融合深度发展要紧紧围绕提高国防科研和武器装备自主创新能力。另一方面,应该把握国家利益拓展新机遇,拓展融合领域,积极推动海洋强国、航天强国、网络强国战略,加快组织实施一批战略性、基础性的军民融合重大工程。实施军民融合战略要求共建共享。军民融合作为一种发展方式和发展路径,要强化资源整合,盘活用好存量资源,优化配置增量资源,统筹军队、地方资源和军工、民企资源,在各个具体建设领域和重大项目上贯彻军民一体筹划、一体建设、一体管理、一体使用原则,实现资源在军民两大体系之间的一体配置、顺畅流动、双向转化。实施军民融合战略要求改革创新。要以扩大开放、打破封闭为突破口,不断优化体制机制和政策制度体系。把军民融合发展战略和创新驱动发展战略有机结合起来,加快建立军民融合创新体系。积极推进国防科技工业体制改革,健全国防工业体系,完善国防科技协同创新体制,改革国防科研生产管理和武器装备采购体制机制,突出政策创新,坚决拆壁垒、破坚冰、去门槛,从政策导向上鼓励更多符合条件的企业、人才、技术、资本、服务等在军民融合发展上有更大作为。

把军民融合发展上升为国家战略,是我国长期探索经济建设和国防建设协调发展规律的重大成果,是从国家发展和安全全局出发作出的重大决策,是应对复杂安全威胁、赢得国家战略优势的重大举措。军民融合发展作为一项国家战略,关乎国家安全和发展全局,既

---

[1]　习近平在出席解放军代表团全体会议时强调 加快建立军民融合创新体系 为我军建设提供强大科技支撑[N].人民日报,2017-03-13.

是兴国之举,又是强军之策。坚持走军民融合发展之路,是党领导经济建设和国防建设的基本经验,是被实践证明有效的指导原则。

# 第五节　中国特色经济发展道路

改革开放以来,经过长期的探索和实践,中国逐步形成了独具特色的经济发展道路,主要包括中国特色新型工业化道路、中国特色自主创新道路、中国特色农业现代化道路、中国特色新型城镇化道路、中国特色减贫道路等。

## 一、中国特色新型工业化道路

### (一)中国特色工业化道路的探索

工业化指一个国家和地区的国民经济中,工业生产活动取得主导地位的发展过程。

工业化道路是对实现工业化的原则、方式和机制的统称。世界各国工业化发展的历史表明,工业化道路不是唯一的,也不是一成不变的,会随着经济社会条件的变化而变化。不同的社会发展阶段因社会制度、经济制度、民族的历史文化传统、资源禀赋、自然条件、比较优势的不同,工业化道路也会不相同。新中国成立以后,我国独立探索符合国情的工业化道路,仅用几十年时间走完了发达国家几百年走过的工业化历程。

2002年,党的十六大报告提出了中国特色新型工业化道路的命题,即坚持以信息化带动工业化,以工业化促进信息化,走出一条科技含量高、经济效益好、资源消耗低、环境污染少、人力资源优势得到充分发挥的新型工业化路子。党的十七大报告强调"坚持走中国特色新型工业化道路"。党的十八大报告进一步指出,坚持走中国特色新型工业化、信息化、城镇化、农业现代化道路,推动信息化和工业化深度融合、工业化和城镇化良性互动、城镇化和农业现代化相互协调,促进工业化、信息化、城镇化、农业现代化同步发展。党的十九大报告再次强调,推动新型工业化、信息化、城镇化、农业现代化同步发展,主动参与和推动经济全球化进程,发展更高层次的开放型经济,把"四化同步"与对外开放紧密联系,为新型工业化道路注入了新的内涵。2022年,党的二十大报告进一步作出新的部署,强调推进新型工业化,加快建设制造强国、质量强国、航天强国、交通强国、网络强国、数字中国。

### (二)新型工业化道路的基本内涵

新型工业化道路的主要特点是:

高技术与高效益并重。新型工业化突出强调科技含量高、经济效益好的基本内涵,在工业化过程中,坚持运用高新技术对传统产业的改造,来大大提升整个国民经济的科技含量。利用后发优势,直接将机械化、电气化、信息化三者有机结合起来同步发展,大大缩短工业化的时间。与此同时,提升产品和服务本身的附加值,降低交易成本,特别是在网络基础上形成和发展起来的电子商务,将会大大降低传统产业的流通成本,提高企业经济效益。

低污染与低能耗并举。传统工业化往往以资源消耗型和高耗能型重工业为主,高投资、粗放式发展不仅导致全社会不得不忍受高代价、低效益的发展模式,也消耗了大量宝贵资源,带来了大量的环境污染问题。新型工业化将大力依靠信息技术与制造技术融合,加大产业聚集和创新驱动,以技术和管理不断升级促进工业发展,发展基础能力有效提升、智能制造快速发展、传统产业改造升级、节能减排效果突出的新型工业产业体系,从而实现环境污染少、能耗低的发展。

"工农互动"与"城乡协调"齐进。新型工业化道路摆脱传统工业化道路以牺牲农村为代价实现工业和城市的发展,将不断创造就业岗位和提升劳动者素质,作为发展的目标和动力,充分发挥城乡之间人力资源优势和工业与农业之间的互补性,最终实现工农良性互动、城乡协调推进,从而走向城乡一体化的目标。

"绿色""低碳""循环"与"可持续"高度契合。新型化工业化道路追求人与自然、人与社会、人与人之间的辩证统一与和谐相容,在经济发展中坚持"绿水青山就是金山银山"的理念,遵循低碳环保的价值取向,追求人口、资源与环境的协调,真正实现绿色经济、低碳经济、循环经济与可持续发展的高度契合,是实现生态系统、自然系统与社会系统三者良性互动的工业化道路。

### (三)新型工业化道路的基本要求

信息化与工业化的深度融合。坚持以信息化带动工业化、工业化促进信息化方针,加快发展信息技术,应用信息技术数字化技术改造提升传统产业,促进工业化质量和速度的提升,并通过工业化的外溢性,促进信息化的深入发展及信息化和工业化的深度融合发展。

调整产业结构。加快第三产业发展,实现三大产业的结构优化;调整投资结构,实现投资优化带动产业结构优化,从而推进三次产业向合理化和高级化发展;调整区域结构,实现区域经济协调发展,加快东、中、西部之间的产业转移和融合互动发展,促进区域经济结构合理优化;加快促进城乡一体化发展,优化城乡产业结构。

构建产业新体系。加快建设制造强国,实施《中国制造2025》。支持节能环保、生物技术、信息技术、智能制造、高端装备、新能源等新兴产业发展,支持传统产业优化升级。

转变经济发展方式。增强绿色发展理念,促进经济增长方式由粗放型向集约型转变、由外延型向内涵型转变,并大力发展循环经济,减少资源消耗、环境污染,促进人口、资源与环境的协调,实现人、自然、社会的和谐统一。

推进更高水平开放,为工业化创造广阔国际空间。主动参与和推动经济全球化,推进形成更高层次的开放格局,充分利用国际国内两个市场、两种资源,推动信息化跨越式发展,促进工业化高质量发展。

### (四) 科学应对新一轮科技革命和产业变革

进入 21 世纪以来,全球科技创新进入空前密集活跃的时期,新一轮科技革命和产业变革正在重构全球创新版图、重塑全球经济结构。人工智能、大数据、量子信息、生物技术等新一轮科技革命和产业变革正在积聚力量,催生大量新产业、新业态、新模式,给全球发展和人类生产生活带来翻天覆地的变化,为我国新型工业化带来了机遇和挑战。科学应对新一轮产业革命和产业变革,必须做好以下方面:

加强科技基础研究。实现前瞻性基础研究、引领性原创成果取得重大突破,夯实世界科技强国建设的根基。加大应用基础研究力度,以推动重大科技项目为抓手,打通"最后一公里",拆除阻碍产业化的"篱笆墙",疏通应用基础研究和产业化连接的快车道,促进创新链和产业链精准对接,加快科研成果从样品到产品再到商品的转化,把科技成果充分应用到现代化事业中去。

加强关键核心技术研究。以关键共性技术、前沿引领技术、现代工程技术、颠覆性技术创新为突破口,努力实现关键核心技术自主可控,把创新主动权、发展主动权牢牢掌握在自己手中。

建设世界科技强国,取得标志性科技成就。强化战略导向和目标引导,强化科技创新体系能力,加快构筑支撑高端引领的先发优势,加强对关系到根本和全局的科学问题的研究部署,在关键领域、卡脖子的地方下大功夫,集合精锐力量,作出战略性安排,尽早取得突破,力争实现我国整体科技水平从跟跑向并行、领跑的战略性转变,在重要科技领域成为领跑者,在新兴前沿交叉领域成为开拓者,创造更多竞争优势。

深度参与全球科技治理。深化国际科技交流合作,在更高起点上推进自主创新,主动布局和积极利用国际创新资源,努力构建合作共赢的伙伴关系,在实现自身发展的同时惠及其他更多国家和人民,推动全球范围平衡发展。

加强科技对现代化经济体系建设的支撑。把握数字化、网络化、智能化融合发展的契机,以信息化、智能化为杠杆培育新动能。要突出先导性和支柱性,优先培育和大力发展一批战略性新兴产业集群,构建产业体系新支柱。要推进互联网、大数据、人工智能同实体经济深度融合,做大做强数字经济。要以智能制造为主攻方向推动产业技术变革和优化升级,推动制造业产业模式和企业形态根本性转变,以"鼎新"带动"革故",以增量带动存量,促进我国产业迈向全球价值链中高端。

专栏9-2　新一轮科技革命和产业变革

对于新一轮科技革命和产业变革究竟包含什么样的内容,学术界一直存在争论,具体可以概括为以下五种观点:

第一种观点是以美国的杰里米·里夫金(Jeremy Rifkin)等的观点为代表,他们认为建立在有限的化石能源基础上的经济必然会遭遇积累的困境。通过考察工业革命史,他发现新型通信技术和新型能源的组合往往意味着重大经济转型的来临。分布式的信息技术和可再生能源的结合就是此次新技术革命的基础和本质。

第二种观点认为,此次新技术革命区别于传统的数字化生产和大规模定制主导的生产方式。他们指出,随着智能软件、新材料、更加灵活的机器人、新工艺流程(尤其是3D打印技术)、信息技术等科技成果的相互融合,制造过程会向更加数字化和智能化转变。他们聚焦于商品的生产过程,认为生产方式的巨大转变,即制造业向更加数字化和智能化的转型才是新技术革命的核心。

第三种观点认为,新技术革命主要以更先进的信息通信技术(ICT),如大数据、物联网、云计算等的开发和运用为标志。这些学者更加关注网络信息技术。新技术革命在他们看来是更加先进信息通信技术在现实中的更加深入、全面的应用。

第四种观点是以英国的卡洛塔·佩蕾斯(Carlota Perez)为代表的演化经济学家提出的,他们通过对技术史和资本主义经济长期波动的研究,认为新技术革命是第五次康德拉季耶夫长波及其延续。此次新技术革命是以生物技术、纳米、生物电子和新材料为核心的技术革命。然而对于这次技术革命的具体发生时间和地点,这些学者并没有给出一个具体的答案。

第五种观点综合了以上的研究成果,试图把上述各类新技术纳入一个完整的框架。这次技术革命不仅包括了里夫金所描述的新能源的大规模运用和英国保罗·麦基里(Paul Markillie)强调的以增材制造、新材料为核心的制造业数字化、智能化革命,还包括生物技术、生物电子、纳米技术以及信息技术创新的不断扩展等。其中3D打印技术、机器人技术等仍然处于早期探索阶段。

## 二、中国特色自主创新道路

### (一) 中国特色自主创新道路的探索

自主创新,是指创新主体独立地依靠自己的智慧和力量而进行的拥有自主知识产权的创新行为,包括原始创新、集成创新和引进技术再创新。自主创新道路,是指实现自主创新目标所选择的路径、方法、策略的总称。自主创新的顺利推进和成功实现,需要科学的指导方针、有力的领导力量、有为的参与主体、良好的激励环境、有益的体制机制等要素,这些要素的选择构成了自主创新道路。

新中国成立以来,我国高度重视科技事业。毛泽东提出"向科学进军"口号,并强调"我们不能走世界各国技术发展的老路,跟在别人后面一步一步地爬行。我们必须打破常规,尽量采用先进技术,在一个不太长的历史时期内,把我国建设成为一个社会主义的现代化的强国。"①改革开放后,我们党提出了科教兴国战略和建设创新型国家战略,确立了中国特色自主创新道路。1995年,江泽民在全国科学技术大会上指出:"创新是一个民族进步的灵魂,是国家兴旺发达的不竭动力。如果自主创新能力上不去,一味靠技术引进,就永远难以摆脱技术落后的局面。"②2006年,胡锦涛在全国科学技术大会上动员全党全社会坚持走中国特色自主创新道路,为建设创新型国家而努力奋斗,指出"自主创新,就是从增强国家创新能力出发,加强原始创新,集成创新和引进消化吸收再创新"③。这一时期将我国自主创新道路进一步开拓,并首次提出了中国特色自主创新道路的概念。2007年党的十七大报告再次强调,促进我国国民经济又好又快发展,要更加注重提高自主创新能力,坚持走中国特色自主创新道路,把增强自主创新能力贯穿到现代化建设各个方面。2012年,党的十八大报告做出了实施创新驱动发展战略的重大部署,强调科技创新是提高社会生产力和综合国力的战略支撑,必须摆在国家发展全局的核心位置。

2014年6月习近平在中国科学院第十七次院士大会上再次强调"增强自主创新能力,最重要的就是要坚定不移走中国特色自主创新道路,坚持自主创新、重点跨越、支撑发展、引领未来的方针,加快创新型国家建设步伐"④。"十三五"规划中,进一步对自主创新道路做出夯实自主创新物质技术基础、建设创新基础平台、在国际上抢占科技制高点的重要部署。党的十九大,习近平又提出,"创新是引领发展的第一动力,是建设现代化经济体系的战略支撑",将创新与建设现代化经济体系战略目标相联系,深化了对自主创新重要性的认识,自此中国特色的自主创新道路日渐发展成熟。党的二十大报告中强调,"坚持创新在我国现代化建设全局中的核心地位",进一步突出了创新的重要意义,为全面建设社会主义现代化国家指明了方向。

---

① 毛泽东.把我国建设成为社会主义的现代化强国[M]//毛泽东文集:第8卷.北京:人民出版社,1999:341.

② 江泽民.努力实施科教兴国的战略[M]//十四大以来重要文献选编(中).北京:人民出版社,1997:1389.

③ 胡锦涛.建设创新型国家[M]//胡锦涛文选:第3卷.北京:人民出版社,2016:403.

④ 习近平.加快从要素驱动、投资规模驱动发展为主向以创新驱动发展为主的转变[M]//十八大以来重要文献选编(中).北京:中央文献出版社,2016:21.

### （二）走中国特色自主创新道路的重大意义

科技是第一生产力,创新是引领发展的第一动力。科技兴则民族兴,科技强则国家强。综合国力的竞争,说到底是创新能力的竞争特别是科技创新能力的竞争。当前,在世界面临百年未有之大变局之际,全球科技创新进入空前密集活跃的时期,新一轮科技革命和产业变革正在重构全球创新版图、重塑全球经济结构。我们迎来了世界新一轮科技革命和产业变革同我国转变发展方式的历史性交汇期,面临着千载难逢的历史机遇。我国能否抓住这一重要的机遇,在未来发展中后来居上、弯道超车,主要就看我们能否在创新驱动发展上迈出实实在在的步伐,牵住了科技创新这个"牛鼻子",走好了科技创新这步先手棋。

经过多年努力,我国科技整体水平大幅提升,一些重要领域跻身世界先进行列,某些领域正由"跟跑者"向"并行者""领跑者"转变,为我国经济社会发展提供了坚强支撑。进入新时代,我国重大科技成果"井喷"式增长,创新指数排名不断上升。在高技术领域,载人航天、深地探测、超级计算等产业关键技术迅速发展成熟。我国已经成为具有重要影响力的科技大国,正在向着建设科技强国的目标大步迈进。

但是,应当清醒地看到,从总体上看,我国科技创新基础还不牢,自主创新特别是原创力还不强。一些发达国家,为了维护其经济和科技领域的霸权地位,大搞科技霸权主义,对中国高科技企业进行围堵遏制,竭力打压中国高科技产业的发展,挤压中国高科技产品的市场。事实一再告诉我们,真正的核心技术、关键技术、先进设备,是买不来、借不来的。如果自主创新能力上不去,一味靠技术引进,就只能依靠廉价的劳动力和自然资源参与国际分工,成为低端产品的"世界工厂",获得微薄的利益;这也就必然会导致经济增长方式粗放,生产低水平重复,形成了"引进——落后——再引进"的恶性循环,丧失发展自主性和主动性,跟在别人的后面亦步亦趋,陷入依附性发展的困境。毫无疑问,缺乏自主创新能力,要想实现高质量发展是根本不可能的。我国要在激烈的国际竞争中掌握主动权,实现全面建成社会主义现代化强国的战略目标,就必须提高自主创新能力,坚定不移走中国特色自主创新道路。

我们有不断增强的雄厚的科技实力,有强大的制度优势,有旺盛的市场需求,特别是我国进入了新型工业化、信息化、城镇化、农业现代化同步发展、并联发展、叠加发展的关键时期,给自主创新带来了广阔发展空间、提供了前所未有的强劲动力,我们完全有信心和能力在自主创新上取得重大突破,从科技大国走向科技强国。

### （三）构建新型举国体制

走中国特色自主创新之路,核心就是要坚持自主创新、重点跨越、支撑发展、引领未来的指导方针。自主创新,就是从增强国家创新能力出发,加强原始创新、集成创新和引进消化吸收再创新。重点跨越,就是坚持有所为有所不为,选择具有一定基础和优势、关系国计民生和国家安全的关键领域,集中力量、重点突破,实现跨越式发展。支撑发展,就是从现实的紧迫需求出发,着力突破重大关键技术和共性技术,支撑经济社会持续协调发展。引领未来,就是着眼长远,超前部署前沿技术和基础研究,创造新的市场需求,培育新兴产业,引领未来经济社会发展。

走中国特色自主创新道路,必须完善科技创新体制机制,构建社会主义市场经济条件下关键核心技术攻关新型举国体制,充分发挥社会主义市场经济的独特作用,充分发挥我国社会主义制度能够集中力量办大事的优势,充分发挥科学家和企业家的创新主体作用,为科技创新提供强大的动力。

以"举国体制"推进重大科技创新是新中国成立以来我国一直奉行的优良传统。这一体制,在一定时限内或特定条件下,将有限的人力、物力、财力和技术资源向既定战略目标领域集中或调配,从而完成重大战略任务或解决急迫科技课题。正是在这种体制实施下,我国在"一五"计划期间就能够展开以"156项工程"为核心的694个大中型建设项目,奠定社会主义工业化初步基础;取得了"两弹一星"等重大科技成就,铸就了国防安全的战略基石。改革开放以来,我国积极探索市场经济条件下的新型举国体制,努力把政府与市场"两只手"的作用有机结合起来,取得了三峡工程、青藏铁路、南水北调、西气东输、"神舟"飞天、"嫦娥"奔月、"蛟龙"入海等举世瞩目的科技成就。进入新时代,按照党中央关于创新驱动发展战略的决策部署,新型举国体制成为落实创新驱动发展战略、推动供给侧结构性改革的重要抓手,为我国科技实力和国际竞争力提升做出了重大贡献,为建设创新型国家、迈向世界科技强国奠定了坚实基础。

当前阶段,世界正经历百年未有之大变局,各国经济与科技竞争日趋激烈,深化科技体制改革、加快自主创新步伐已是时不我待,必须更好发挥市场经济条件下新型举国体制的独特优势。正如习近平所指出的,"我国社会主义制度能够集中力量办大事是我们成就事业的重要法宝。我国很多重大科技成果都是依靠这个法宝搞出来的,千万不能丢了! 要让市场在资源配置中起决定性作用,同时要更好发挥政府作用,加强统筹协调,大力开展协同创新,集中力量办大事,抓重大、抓尖端、抓基本,形成推进自主创新的强大合力。"[1]

相比传统举国体制,新型举国体制具有以下几个方面的特点和优势:

一是更加注重弘扬科学精神和工匠精神。科技研发有其自身规律,科研管理必须将高度的科学精神贯穿其中,尊重科研规律,用科学的思想观察问题、用科学的机制解决问题,在全社会弘扬精益求精的工匠精神,从而使新型举国体制更加科学、高效。

二是更加注重发挥市场在资源配置中的作用。新型举国体制是在社会主义市场经济

① 习近平.加快从要素驱动、投资规模驱动发展为主向以创新驱动发展为主的转变[M]//十八大以来重要文献选编(中).北京:中央文献出版社,2016:26.

条件下进行的,既要集中力量办大事、体现国家的战略意图,又要突出市场在创新资源配置中的决定性作用,国家主要利用科技产业政策和其他手段引导市场,企业成为科技创新主体,运用市场方式、经济手段解决国家科技创新工程立项、决策、预算投入、利益分配等问题。

三是更加注重激发科技主体的创新活力。新型举国体制注重科研人员激励和企业市场效益,强调要强化激励,用好人才,使发明者、创新者能够合理分享创新收益。加强知识产权保护,完善科技人才发现、培养、激励机制,创新促进科技成果转化机制,激励企业开展各类创新活动,充分激发各类创新主体活力。

新型举国体制是中国特色自主创新道路的独有优势其核心是实现政府与市场的有机结合,把两方面的优势都发挥出来,提升国家创新体系整体效能,不断增强科技实力和创新能力,努力在世界高技术领域占有重要一席之地。

## 三、 中国特色农业现代化道路

### (一) 中国特色农业现代化道路的探索

中国共产党高度重视农业问题,积极推进传统农业向现代农业转型升级。经过长期坚持不懈努力,我国农业现代化建设取得了举世瞩目的成就,并在实践中探索出了一条具有中国特色的农业现代化道路。

中华人民共和国成立后很快进行了社会主义改造,中共中央在逐步实现国家工业化以及在合作化的基础上推进农业现代化。农业现代化的基本模式是集体化和机械化、水利化、化肥化、电气化,以农业发展高速度和粮食高产为主要目标,以计划调节为主要发展手段。

改革开放书写了我国农业和农村改革的新篇章,开启了农业现代化的全面建设之路。这一时期,农业现代化以市场化为改革的基本方向,以农业增产和农民增收为主要目标,推进农业组织化、科技化,实施农业产业化经营。

党的十七大明确提出"走中国特色农业现代化道路,建立以工促农、以城带乡长效机制,形成城乡经济社会发展一体化新路。"①党的十九大强调,坚持走中国特色新型工业化、信息化、城镇化、农业现代化道路。从建立健全城乡融合发展体制机制,完善承包地"三权"分置制度,构建现代农业产业体系、生产体系、经营体系,培训新型职业农民等各方面丰富了中国特色农业现代化道路的内容。党的二十大报告进一步强调,"全面建设社会主义现代化国家,最艰巨最繁重的任务仍然在农村。坚持农业农村优先发展,坚持城乡融合发

---

① 胡锦涛.高举中国特色社会主义伟大旗帜,为夺取全面建设小康社会新胜利而奋斗[M]//十七大以来重要文献选编(上).北京:中央文献出版社,2009:18.

展,畅通城乡要素流动。加快建设农业强国,扎实推动乡村产业、人才、文化、生态、组织振兴。"①将农业现代化置于全面建设社会主义现代化国家的重要位置来看待,为新时期中国特色农业现代化道路指明了方向。

### (二)中国特色农业现代化道路的基本内涵

加大国家对农业支持保护力度。坚持把国家基础设施建设和社会事业发展重点放在农村,深入推进新农村建设和扶贫开发,全面改善农村生产生活条件。坚持工业反哺农业、城市支持农村和多予少取放活的方针,加大强农、惠农、富农政策力度,让广大农民平等参与现代化进程建设、共同分享现代化成果,形成以工促农、以城带乡的长效机制,着力促进农民增收,保持农民收入持续较快增长。

提高农业物质技术装备水平和农村劳动者整体素质。要顺应世界科技发展潮流,着眼于建设现代农业、大力推进农业科技自主创新,加强农业技术推广普及,加快农业科技成果转化。同时,要发挥农村的人力资源优势,大力发展职业教育,加强农民技能培训,全面提高农村劳动者素质,为推进农业现代化建设提供强大的人力智力支持。

转变农业发展方式。推进农业供给侧结构性改革,大力发展农业现代化经营,着力构建现代农业产业体系、生产体系、经营体系,实现农业的多元化经营、区域化布局、专业化生产,大力发展各种类型的农业专业合作组织,加快建设现代农业社会服务体系,实现小农户和现代农业发展有机衔接,促进农村一二三产业融合发展,不断提高农业整体素质、效益和竞争力。保护和利用好有限的农业资源,实行最严格的耕地保护制度,切实加强生态保护和建设,走绿色农业发展道路。

维护粮食安全。随着我国加入世贸组织,农业对外开放步伐加快,中国农业与世界农业的关联程度不断提高,面临的国际竞争日益加剧。农业发展在利用国际市场和国际资源的同时,也面临着不断加大的国际风险。加快发展现代农业,增强农业综合生产能力,确保国家粮食安全和重要农产品有效供给。

统筹推进城乡改革,推动城乡一体化发展。加大统筹城乡发展力度,增强农村发展活力,逐步缩小城乡差距,促进城乡共同繁荣。加快完善城乡发展一体化体制机制,着力在城乡规划、基础设施、公共服务等方面推进一体化,促进城乡要素平等交换和公共资源均衡配置,形成以工促农、以城带乡、工农互惠、城乡一体的新型工农、城乡关系。

### (三)中国特色农业现代化道路的基本要求

主体协同。中国特色农业现代化道路的推进,需要农民、政府、企业、农民专合组织、其

---

① 习近平.高举中国特色社会主义伟大旗帜 为全面建设社会主义现代化国家而团结奋斗——在中国共产党第二十次全国代表大会上的报告[M].北京:人民出版社,2022:20-21.

他社会组织等各个主体的相互配合协调行动。其中,农民、企业和农民专合组织为直接参与主体,从事农业的生产、加工和销售,负责农业的具体经营业务;政府为宏观调控主体,不直接参与农业的具体生产和经营,只是从外部及宏观层面对农业发展进行指导和调控,并提供良好的制度环境;其他社会组织和机构为外部支持主体,包括金融机构、科研机构、中介组织以及社会团体等,它们从外部对农业发展进行金融、技术以及其他支持。

技术创新。世界农业现代化道路的发展历程表明,发达国家在实现农业现代化过程中,都非常注重立足本国国情和发展阶段,积极探索各具特色的技术创新道路。综合考虑我国农业发展目标导向、发展阶段、资源禀赋、技术优势与短板因素,应选择复合型(土地节约型和劳动力节约型技术相结合)、低成本型、市场需求导向型、自主创新与吸收引进先进技术的路线,通过构建政府主导下的多方协同互动模式,以强化政府投入、深化农业科技体制改革,推动农业技术人才队伍建设,并以此实现在现代育种、机械生产、农业信息、农产品精深加工、资源节约、农产品质量安全等技术领域的重点突破。

制度创新。围绕如何通过土地承包经营权在全国范围内的自由流转来提高土地配置效率,如何通过发展各类专合组织和社会化服务组织来提高农业生产组织程度,如何通过改善农村金融服务来增加农业要素投入,如何通过构建现代农业生产体系来促进农业生产方式变革四大问题,应重点在农村土地产权、农业生产组织、农村金融和农业产业体系方面进行制度创新。

区域实现。应根据各区域之间经济、自然等因素的差异,选择符合各自实际的发展模式,中部地区宜采取产业化型现代农业发展模式,西部地区宜实施生态型特色农业发展模式,东北地区宜选用商品型规模农业发展模式。

## 四、中国特色新型城镇化道路

### (一)中国特色新型城镇化道路的探索

现代历史就是一部乡村走向城市化的历史。从狭义上理解,城市化就是人口从农村不断向城市集中的过程;从广义上理解,城市化还应包括城市文明、生活方式、价值观念向农村地区的扩散。城镇化道路是指实现城镇化过程中的路径选择,这条路径包括如何处理城镇化与工业化和现代化的关系、大中小城市和小城镇关系、市场推动与政府导向的关系等。

在追寻民族工业崛起的梦想中,中国政府和人民也启动了波澜壮阔的城市化历程。在经历了中华人民共和国成立初期工业化带动城市化、"文化大革命"时期逆城市化、改革开放以来快速城市化后,我国的城市化建设开始面临新的问题和挑战,如资源消耗、环境污染、小城市和小城镇功能弱、效率低的问题日益凸显。因此,对传统城市化模式的创新和改造迫在眉睫。党的十六大报告提出:"要逐步提高城镇化水平,坚持大中小城市和小城镇协调发展,走中国特色的城镇化道路。"①党的十七大报告提出:"按照统筹城乡、布局合理、节约土地、功能完善、以大带小的原则,促进大中小城市和小城镇协调发展。以增强综合承载能力为重点,以特大城市为依托,形成辐射作用大的城市群,培育新的经济增长极。"②党的十八大报告提出:"坚持走中国特色新型工业化、信息化、城镇化、农业现代化道路,推动信息化和工业化深度融合、工业化和城镇化良性互动、城镇化和农业现代化相互协调,促进工业化、信息化、城镇化、农业现代化同步发展。"③党的十九大进一步强调:"以城市群为主体构建大中小城市和小城镇协调发展的城镇格局,加快农业转移人口市民化。"④在总结中华人民共和国成立以来我国城市化建设的经验教训的基础上,我国逐渐形成了中国特色的新型城镇化道路。党的二十大进一步强调推进以人为核心的城镇化,推动以县城为中心的城镇化建设,提高城市规划、建设、治理水平,打造宜居、韧性、智慧城市。

### (二)中国特色新型城镇化道路的基本内涵

中国特色新型城镇化道路是一条以人为核心、城乡统筹、城乡一体、产城互动、节约集约、生态宜居、和谐发展、大中小城市小城镇及新型农村地区协调发展,互促共进的道路。具体内涵可以概括为:

统筹城乡,以解决"三农"问题为前提。解决好农民、农业与农村问题,是城市化进程稳步推进的基础,为此,必须健全城乡发展一体化体制机制,形成以工促农、以城带乡、工农互惠、城乡一体的新型工农城乡关系,让广大农民平等参与现代化进程,共同分享现代化成果。要坚持以人为核心的基本要求,从多方面入手,采取切实有效的措施加快农业转移人口市民化。保障进城务工人员同工同酬,保障农民公平分享土地增值收益;完善农业保险制度;鼓励社会资本投向农村建设,允许企业和社会组织在农村兴办各类事业;统筹城乡义务教育资源均衡配置;整合城乡居民基本养老保险制度、基本医疗保险制度,推进城乡最低生活保障制度统筹发展,稳步推进城镇基本公共服务常住人口全覆盖,把进城落户农民完全纳入城镇住房和社会保障体系。

优化布局,建立合理的城市结构。一是构建大中小城市协调发展格局。多年来的经验告诉我们,片面强调小城镇或大城市发展都有失偏颇,都会带来问题。比如,小城镇发展模

---

① 江泽民.全面建设小康社会,开创中国特色社会主义事业新局面[M]//十六大以来重要文献选编(上).北京:中央文献出版社,2005:18.

② 胡锦涛.高举中国特色社会主义伟大旗帜,为夺取全面建设小康社会新胜利而奋斗[M]//十七大以来重要文献选编(上).北京:中央文献出版社,2009:19-20.

③ 胡锦涛.坚定不移沿着中国特色社会主义道路前进,为全面建成小康社会而奋斗[M]//十八大以来重要文献选编(上).北京:中央文献出版社,2014:16.

④ 习近平.决胜全面建成小康社会 夺取新时代中国特色社会主义伟大胜利[M]//十九大以来重要文献选编(上).北京:中央文献出版社,2019:23.

式的规模效益低,城市功能不足、土地利用效益低;大城市模式虽能解决这一问题,但要考验城市承载力,处理不当,会引发大城市病等社会问题。科学的城市发展模式应兼顾利弊,走综合发展模式,即通过科学规划,引导各地结合自身情况走大中小城市协调发展的路径。二是推进以县城为重要载体的城镇化建设。县城是我国城镇体系的重要组成部分,是城乡融合发展的关键支撑,对促进新型城镇化建设、构建新型工农城乡关系具有重要意义。但当前我国县城发展仍然存在产业薄弱、公共设施不完善、生态环境脆弱、辐射带动乡村能力不足等短板弱项。要科学把握功能定位,对于不同类型县城分类引导发展方向。培育发展特色优势产业,健全商贸流通网络,强化职业技能培训,稳定扩大县城就业岗位。完善市政设施体系,畅通对外链接通道,增强防灾减灾能力,推动数字化改造,夯实县城运行基础支撑。强化公共服务供给,完善医疗卫生、文体教育、养老托育等服务,增加县城民生福祉。加强历史文化和生态保护,提升县城人居环境质量。

功能完善,突出城市的特色定位。在我国城市化建设过程中存在着城市同构现象,各个城市不顾自身情况,走千篇一律的发展模式。比如,为了片面追求 GDP 增长而大拆大建、摊大饼,城市规模虽然上去了,但城市功能并没有强化,甚至失去了传统的城市特色,城市之间的功能定位变得模糊。提高城市化的效益,就必须重新界定各个城市的特色定位,走优势互补、合理分工的道路。比如,以中心城市为核心,以卫星城市为主体,通过产业互补实现"1+1>2"的效应。

节约土地,促进资源的集约利用。我国是个土地资源短缺的国家,18 亿亩①耕地红线对城市化建设提出了节约利用土地的要求,必须提高土地的利用效率和综合承载能力,推动城镇化从粗放型向集约型转变。此外,我们也要注意到,在今天资源、环境压力日益加剧的背景下,集约型城镇化建设还必须延伸到除土地外的其他一些方面,比如,节能型城市、绿色城市的建设、通过建设环境友好型社会来提高城市发展的可持续性。

协同推进,实现新的"四化"合一。城市化与工业化的协调推进,是全世界的普遍经验,只有同步推进工业化,城镇化才能具有产业基础并获得真正的动力,否则,城镇化将会带来一系列的问题,如引发失地农民的失业问题。除了与工业化协同外,城镇化还必须创造有利于粮食安全问题解决的条件。城镇化会从两个维度影响粮食安全:一是农地转变用途,威胁耕地面积;二是农业劳动力向城市转移,使农业劳动力投入减少。在这种背景下要保证粮食产出不下降甚至增产,只能发展现代农业,通过注入优质要素改造传统农业,提升农业生产效率。当然,城镇化建设还要与其他一些新的时代因素相衔接,比如,通过推进信息化建设来优化城市设计和布局,改善其信息集散功能,提高其信息承载能力。

---

① 　1 亩 ≈ 667 平方米。

### (三) 中国特色新型城镇化道路的基本要求

推进城镇化率大幅提升。改革开放以来,中国的城市化建设虽然取得了较大的成就,但离经济社会发展的客观要求仍有很大的距离。一般认为,一国城市化率只有达到60%,才算进入城市化后期阶段;只有达到70%,城市化任务才算基本完成。2022年中国的城镇化率为65.22%,如果从城市化与工业化进程的比较来看,目前我国城市化仍然滞后,未来仍需加强城市化建设。

提高城镇化就业容量。城镇化要以人为核心,城镇化是人的城镇化,但农民融入城市是一个长期而复杂的工程,首先要有就业支撑。中国是个人口大国,特别是农村仍滞留着近6亿人口,如果按一年1%的城镇化率计算,每年将有数百万甚至近千万的人口进入城市,如何为他们提供足够多的就业岗位而不至于让其失业,这是在城镇化建设过程中必须解决的一个问题。

优化城市结构与功能。新型城镇化必须走集约化、科学化的城镇化路径,在东、中、西部地区,应结合本地实际情况因地制宜推进,选择合适的城市发展规模,走大、中、小城市协调发展的路径。只有这样,才能达到最优的城市规模结构、城市承载力,城市功能才能得到真正的提升,城市之间才能源于功能差异而实现优势互补,优化资源配置。当然,要避免盲目的造城运动,就必须节约利用土地,提高各类资源与环境的集约性,并通过科学的规划设计来提高城镇化的效率,锻造符合地方特色的城镇功能。

重视民生与防治"大城市病"。城市化建设的一个重要任务就是建设宜居型城市,改善人民生活。许多农民之所以愿意进城,就是为了过上城里人的生活。如果像巴西、印度那样在城市化建设过程中忽视就业、忽视住房建设、忽视公共服务的提供,那么就可能会出现大量的城市贫民,其生活状况令人担忧。因此,除就业问题外,各级政府还必须花大力气解决在城市人口扩张后住房及公共服务如何跟进的问题,这对财政力量提出了挑战,也对城市的功能规划提出了更高的要求,城市规划必须提高长远性和科学性。

促进工农互助协调发展。城镇化进程中必须保证"三农"利益不受损,防止地方政府借用城镇化的名义,低成本占用农民土地、谋取土地利益。为保护农民利益,城镇化进程中必须制定科学、合理的土地补偿政策,让农民能够真正地分享城镇化的增值收益。此外,城镇化不能以损害农业发展为代价,农业是国民经济的基础,是工业化、城镇化推进的必备保障,城镇化建设不能过度占用土地,在节约土地的大原则下,必须保证18亿亩耕地红线。同时,城镇化建设也要创造一种机制,促进并引导优质生产要素向农业部门流动,通过它们来提高农业生产率,为增产增收及粮食安全提供保障。

## 五、中国特色减贫道路

### (一)中国特色减贫道路的探索

贫困是人类面临的重大课题,中国的贫困治理为全球减贫实践做出了巨大贡献。新中国成立以来,中国共产党高度重视解决贫困问题,带领人民持续向贫困宣战。改革开放以来,在中国共产党的领导下,中国人民积极探索、顽强奋斗,实现7亿多贫困人口摆脱绝对贫困,占同期全球减贫总数70%以上,创造了人类减贫史上的奇迹,成功走出了一条中国特色扶贫开发道路。

新中国成立之初,面对贫穷落后的国情,党和国家领导人将减贫定位为巩固社会主义制度的关键之举,并提出了工业化和合作化基础上的救济式减贫策略,标志着我国进入救济式扶贫阶段。当时的共产党人在马克思主义贫困理论的指导之下,从中国国情的实际出发,找准了贫困问题的根源所在——社会制度,并推行了一系列救济式减贫措施,缓解了人民的贫困状况。

改革开放开启了我国体制改革推动扶贫的阶段。肯定和确立了家庭联产承包责任制;恢复了中国农业银行,明确提出大力支持农村商品经济;开展了多种经营,扶持乡镇企业发展;同时启动了专项扶贫。这一系列举措为贫困地区经济发展创造良好的基础条件,激发了农民的劳动热情,极大地解放并发展了农村生产力,基本缓解了农产品短缺问题,大批贫困农民生产生活条件得以改善,农村贫困现象大幅减少。

20世纪80年代中期,国务院成立了贫困地区经济开发领导小组,安排专项资金、制定专项政策,确定了开发式扶贫方针,自此,我国开始了有计划、有组织、大规模的开发式扶贫工作。

1994年,国务院印发《国家八七扶贫攻坚计划》的通知,标志着我国扶贫开发进入扶贫攻坚阶段。该计划预计用7年的时间解决当时全国农村8 000万贫困人口的温饱问题,并对这一阶段的扶贫工作做出战略调整,把扶贫工作重点放到中西部贫困地区,把扶贫到户工作摆到了突出的位置,把解决贫困残疾人温饱纳入大扶贫。

2001年,国务院发布《中国农村扶贫开发纲要(2001—2010年)》,标志着我国的扶贫工作进入了解决温饱和巩固温饱并重的阶段。这一纲要对之后十年扶贫开发的重点做了明确规定:要求按照重点关注集中连片的原则,将贫困人口集中的中西部少数民族地区、革命老区、边疆地区和特困地区作为扶贫开发的重点,并在上述四类地区确定扶贫开发工作重点县。在东部以及中西部其他地区的贫困乡、村,主要由地方政府负责扶持,并规定各有关省、自治区、直辖市要以县为基本单元、以贫困乡村为基础分别制定本地区的扶贫开发规划。

进入新时代以来,习近平提出"精准扶贫"的重要思想,并落地为"精确识别、精确帮扶、精确管理"的治贫方式,标志着我国扶贫工作进入精准扶贫阶段。2013年,习近平作出了"实事求是、因地制宜、分类指导、精准扶贫"的重要指示。2014年,中央对精准扶贫工作模式进行了详细的顶层设计,强调各项"精准"方略和扶贫政策的集成,引导各类扶贫资源优化配置,做到"扶贫对象精准、项目安排精准、资金使用精准、措施到户精准、因村派人精准、脱贫成效精准"。在此基础上,中央不断加大财政投入,强调资金的整合使用,大力动员社会力量参与,产业扶贫、住房保障、金融扶贫、健康扶贫、教育扶贫多措并举,实现了我国扶贫开发从"大水漫灌"向"精准滴灌"的转变。2020年我们如期完成了新时代脱贫攻坚目标任务,现行标准下农村贫困人口全部脱贫,贫困县全部摘帽,消除了绝对贫困和区域性整体贫困,近1亿贫困人口实现脱贫,取得了令全世界刮目相看的重大胜利。

### (二) 中国特色减贫道路的基本内容

将消除贫困作为重要使命实现全面主动减贫。新中国成立以来,党和国家牢牢将消除贫困作为重要使命,坚持积极主动脱贫,追求全面整体脱贫。全面主动脱贫体现了社会主义的本质要求和以人民为中心的价值导向,体现了我国的国际担当。在减贫范围上,我们寻求的是全面整体脱贫,而不是西方国家的短期内缓解贫困。在减贫立场上,我们坚持积极主动脱贫,而不是西方国家的被动被迫减贫。抓好扶贫工作,打赢脱贫攻坚战,解决好贫困人口生产生活问题,满足贫困人口追求幸福的基本要求,这是我们的目标,也是我们的庄严承诺,是国内外皆知的庄严承诺。

坚持"精准"导向。一是围绕"精准"加强顶层设计和行政推动。需要中央层面为脱贫攻坚时期的扶贫事业进一步定下基调,对高质量脱贫如何实现精准进行顶层设计,并压实责任进行有力推动。二是加强"精准"有关政策配套。要突出攻坚时期"如何实现精准"的问题导向,优化产业扶贫政策、易地搬迁政策、教育扶贫政策、医疗扶贫政策等政策供给。同时围绕"精准",对财政政策、产业政策、投资政策、金融政策、区域经济政策等进行调整,以实现对精准脱贫的支持。三是加强中央地方的统筹协调,实现精准脱贫政策落地。

发挥制度优势推进减贫进程。在推进新中国减贫事业的过程中,我们发挥社会主义制度的独特优势,从源头寻找减贫的治本之策,确立了以制度为基础的国家减贫模式。新中国成立以后,我国建立了社会主义制度。在理论上,始终坚持运用和发展马克思主义的减贫理论。在实践中,坚持依靠和完善社会主义制度,筑牢了减贫事业的根本制度保障,实现了有效减贫,彰显出社会主义制度的巨大优越性。

以发展生产力为根本减贫手段。党和国家在推进减贫事业的过程中,始终将历史唯物主义中生产力决定生产关系理论作为基本依据,力求从根本手段上破解贫困难题。这一根本手段,就是不断发挥生产力在减贫工作中的助推作用,持续夯实减贫的物质基础。新中国成立以来,党和国家不断探索和丰富了"生产力"的内涵,强调发展生产力、解放生产力、保护生产力的辩证统一,注重依靠发展来减贫,并根据不同时期的贫困问题,实施符合国情和发展实际的减贫政策,采取有计划有差别的减贫方式,不断提升减贫实效。

采取"减贫组合拳"综合治理贫困。新中国70年的减贫工作始终将辩证唯物主义作为基本遵循,探寻治理贫困的科学方法。这一科学方法,就是运用发展的眼光认识和分析贫困问题,坚持用系统观点分析贫困问题,采取"减贫组合拳"来综合治理贫困。在这一过程中,党和国家始终根据贫困问题的发展变化,针对减贫中的新情况和新问题,及时调整、创新和完善贫困治理体系,在政策设计、措施选择、主体培育等多个方面,多措并举、多管齐下、多方发力,打出了贫困治理的"组合拳",减贫的质量、效率和动力显著提升。

"扶志"与"扶智"相结合。部分贫困地区贫困的一个重要原因不在于物质资本的匮乏,而在于内在脱贫动力的不足,只有"立志"才能激发贫困户的动力,转变其"等、靠、要"的依赖心理。同时,教育是巩固脱贫成果、阻断贫困代际传递的主要途径。因此,中国特色减贫道路一方面要求以扶志为先,要帮助贫困群众树立脱贫信心,营造良好脱贫环境,最大限度发挥其主观能动性。另一方面要求以扶智为本,大力发展乡村教育,着力提升贫困群众的文化素质和技能。

"输血"与"造血"相结合。一方面,要坚持保障性扶贫,加强对教育、医疗、住房、社会保障等民生领域的支持,实现为完全丧失劳动能力和部分丧失劳动能力且无法依靠产业就业帮扶脱贫的贫困人口提供政策兜底。另一方面,要在扶贫过程中优化土地政策、产业政策等的供给,将重点从直接给钱给物转变为改善贫困地区发展条件、保障贫困地区发展要素、加强对贫困地区的科技智力支持、提升贫困人口生产能力等。

巩固拓展脱贫攻坚成果同乡村振兴有效衔接。全面建成小康社会后,减贫事业将沿着中国特色减贫道路继续前进。中央在全面建成小康社会之际提出了巩固拓展脱贫攻坚成果同乡村振兴有效衔接的新命题。提出建立农村低收入人口和欠发达地区帮扶机制,保持财政投入力度总体稳定,接续推进脱贫地区发展。健全防止返贫监测和帮扶机制,做好易地扶贫搬迁后续帮扶工作,加强扶贫项目资金资产管理和监督,推动特色产业可持续发展。健全农村社会保障和救助制度。在西部地区脱贫县中集中支持一批乡村振兴重点帮扶县,增强其巩固脱贫成果及内生发展能力。坚持和完善东西部协作和对口支援、社会力量参与帮扶等机制。

## 第六节　推进绿色发展

### 一、绿色发展的重大意义

党的十八大以来,党中央把生态文明建设纳入中国特色社会主义事业总体布局,使生态文明建设成为"五位一体"总体布局中不可或缺的重要内容。同时,提出新发展理念,绿色发展是其中的一个重要内容。绿色发展强调大自然是人类赖以生存发展的基本条件,要尊重自然、顺应自然、保护自然,必须牢固树立和践行绿水青山就是金山银山的理念,站在人与自然和谐共生的高度谋划发展。

绿色发展的提出具有重大意义:第一,满足人民日益增长的优美生态环境需要。随着人民生活水平的提高,对美好生活的需要日益广泛,对享有更多优质生态产品提出了更迫切要求,实行绿色低碳循环发展,补齐生态环境这块突出短板,让天更蓝、水更清、生态环境更优美,提高人民生活质量。第二,可以让我们避免走西方国家"先污染后治理"和"边污染边治理"的老路。西方发达国家工业化走过的"先污染后治理"和"边污染边治理"的发展道路,留下了严重的后遗症,付出了沉重的代价,其消极影响至今有些仍未消除。作为后起工业化国家,中国经济发展面临更为复杂的人口、资源与环境问题,比西方发达国家当初面临更为严峻的发展形势,只有通过绿色发展才能避免这一发展陷阱。第三,实现生态文明建设与经济发展良性互动。生态文明以尊重自然、保护资源、维护生态环境为宗旨,是经济发展的源头活水,有利于实现经济持续健康发展;同时,生态文明建设离不开经济发展,生态文明建设中治理污染、修复生态等一系列行为,需要经济发展提供坚实的物质基础。第四,支撑中国经济永续发展。在目前经济发展中出现了水污染、土壤污染、大气污染、酸雨危害、海洋污染等影响人民健康和生活环境的问题,出现了森林滥伐、湿地减少、草地退化、资源滥采、生物多样性锐减等生态问题。实行绿色发展,兼顾经济发展与生态保护,注重人口、资源与环境协调,将从根本上扭转我国经济发展的严峻形势,实现经济永续发展。

### 二、绿色发展的基本内涵

传统经济发展是一种粗放型、外延式的模式,通过一次性地从大自然中索取物质和能量来实现经济的数量型增长,又不加处理地将废弃物丢进大自然,以高开采、低利用、高排放、低产出为特征,是一种单向开放式线性经济。绿色发展作为一种新的发展理念,与传统经济发展有根本的区别。绿色发展,就其要义来讲,是要解决好人与自然和谐共生问题,目的是改变传统的"大量生产、大量消耗、大量排放"的生产模式和消费模式,使资源、生产、消费等要素相匹配相适应,实现经济社会发展和生态环境保护协调统一、人与自然和谐共处。

坚持绿色发展,就是要坚持和贯彻新发展理念,正确处理经济发展和生态环境保护的关系,把经济活动、人的行为限制在自然资源和生态环境能够承受的限度内。

总的来看,绿色发展体现了更加注重人与自然和谐、经济发展与生态保护并重、人口、资源与环境协调的思想,秉持了绿水青山就是金山银山、保护生态环境就是保护生产力、改善生态环境就是发展生产力的理念,致力于加快形成绿色发展方式和生活方式,坚持节约资源和保护环境的基本国策,坚持可持续发展,坚定走生产发展、生活富裕、生态良好的文明发展道路。

## 三、推进绿色发展的基本要求

节约资源和保护环境是我国的基本国策,是推进绿色发展的基本政策导向。

保护优先、自然恢复为主。保护优先就是在环境治理上把保护放在首位,加大环境保护力度,坚持预防为主综合治理,以解决损害群众健康的突出环境问题,强化水、大气、土壤等污染防治,减少污染排放物,防范环境风险,明显改善环境质量。自然恢复为主就是在生态建设上由人工建设为主转向自然恢复为主,加大生态保护和修复力度,保护和建设的重点由事后治理向事前保护转变,由人工建设为主向自然恢复为主转变,从源头上扭转生态恶化趋势。同时兼顾环境污染综合治理,以解决大气、水、土壤污染等突出问题为重点,全面加强环境污染防治,持续实施大气污染防治行动计划,加强水污染防治,开展土壤污染治理和修复,加强农业面源污染治理,加大城乡环境综合整治力度。

**创新理论:**
加快发展方式绿色转型

形成节约资源和保护环境的空间格局,就是要按照人口资源环境相均衡、经济社会生态效益相统一的原则,珍惜每一寸国土,尽可能集中集约利用国土空间,减少对自然生态空间的占用。根据自然生态属性、资源环境承载能力、现有开发密度和发展潜力统筹考虑未来我国人口分布、经济布局、国土利用和城镇化格局,优化国土空间开发格局,推动各地区严格按照主体功能定位发展,构建科学合理的城市化格局、农业发展格局、生态安全格局,调整完善区域政策和绩效评价体系,规范空间开发秩序,形成科学合理的空间开发结构,尽可能减少人为占用自然空间。

形成节约资源和保护环境的产业结构,就是要按照提升发展质量和效益、降低资源消耗、减少环境污染的要求,建立绿色低碳循环发展的产业结构和经济体系;限制高污染、高耗水、高耗能产业发展,用高新技术和先进适用技术改造传统产业,实现产业集群绿色升级,实现资源的循环利用和阶梯利用;构建市场导向的绿色技术创新体系,发展绿色金融,大力发展节能环保等产业,构建清洁低碳、安全高效的能源体系;推动农业资源利用节约化、生产过程清洁化、废物处理资源化和无害化,提高农业综合效益;加快发展环境友好的现代服务业,推动服务主体生态化、服务过程清洁化。

形成节约资源和保护环境的生产方式,就是要大幅提高生产绿色化程度,改变靠大量消耗资源和牺牲环境换取物质财富的老路,有效降低发展的资源环境代价。要大力促进低成本要素投入、高生态环境代价的粗放生产方式向创新发展和绿色发展双轮驱动的集约生产方式转变,推动能源资源利用从低效、高排放向高效、绿色、安全转型,最终实现碳达峰和碳中和。要立足我国能源资源禀赋,坚持先立后破,有计划分步骤实施碳达峰行动。完善能源消耗总量和强度调控,重点控制化石能源消费。推动能源清洁低碳高效利用,推进工业、建筑、交通等领域清洁低碳转型。深入推进能源革命,加快规划建设新型能源体系,统筹水电开发和生态保护,积极安全有序发展核电,加强能源产供储销体系建设,确保能源安全。完善碳排放统计核算制度,健全碳排放权市场交易制度。提升生态系统碳汇能力。积极参与应对气候变化全球治理。

形成节约资源和保护环境的生活方式,就是要以绿色消费、低碳消费、适度消费为主满足消费需求,尽量减少对自然生态系统有负面影响的生活行为。要坚持节约优先,确立节约资源和保护环境的生活理念和幸福观,在衣、食、住、行、游等方面形成节约集约的文化和行动自觉,推广绿色服装、提倡绿色饮食、鼓励绿色居住、普及绿色出行、发展绿色旅游,提高物品循环和共享使用,让人民在充分享受经济社会发展带来便利和舒适的同时,履行保护资源环境的责任和义务,更快实现碳达峰碳中和目标,促进人类永续发展。

## 第七节　正确处理虚拟经济与实体经济的关系

### 一、实体经济与虚拟经济的内涵

虚拟经济的概念由马克思提出的"虚拟资本"衍生而来。马克思指出,当货币作为借贷资本(生息资本)贷出时,其所有者并不能像通常的商品交换那样取得任何等价物作为报酬,只是取得了某种形式的、将来可以还本付息的保证,这种保证(通常以书面的形式体现)就是虚拟资本。而虚拟经济指的是与虚拟资本有关的、以金融系统为主要依托进行循环运动的经济活动。其用马克思虚拟资本循环的公式表示就是:

$$G \text{——} G'$$
$$\text{货币资本} \text{——} \text{更多的货币资本}$$

通俗地讲,就是直接以钱生钱的活动。虚拟经济的产品就是各种金融工具,包括银行信贷如期票和汇票,有价证券如股票和债券、产权、物权及各种金融衍生品等,这些虚拟资本的运动不能直接创造社会财富。

因此,基于虚拟经济的这种定义,那些不是直接以钱生钱的经济活动,就应该是实体经济。也就是说,以商品和服务的生产、流通、消费等循环为中介的价值增值活动,我们可称为实体经济。其用马克思的资本循环公式表示就是:

$$G—W—P—W'—G'$$
货币——商品——生产过程——更多的商品——更多的货币

在实体经济活动中,通过生产过程消耗中间投入品来制造商品、服务等社会真实财富,满足社会需要。在实体经济中,资本必须经过"交换——生产——流通"这一过程才能产生利润,但在虚拟经济活动中,资本不需要通过这一循环就可以获得利润。因此,同样一个部门或者服务活动,就可以因其资本循环方式不同,而是不同性质的经济活动。比如,买房自住、经营商铺等这样的活动,属于实体经济活动;而如果买卖房子不是为了使用,而只是为了获得由于房价不断上涨而带来的收益,那么这种活动就属于虚拟经济的范畴。

虚拟经济与金融活动密切相关,但并不等同。为商品和服务的生产、流通直接提供服务的金融活动仍属于实体经济,而且能够起到提高资源配置效率和降低风险的作用,是经济中不可或缺的一部分。但是,金融活动中也有属于虚拟经济的部分,从短期、高频金融交易中获得收益的金融活动就属于虚拟经济。因此,"金融"不等同"虚拟经济"。在中国市场经济实践中,振兴实体经济,避免经济"脱实向虚",如果混淆"金融"与"虚拟经济"这两个概念,会不利于中国金融业的健康发展。

需要指出的是,伴随互联网的兴起和网络经济的迅猛发展,国外出现了与真实经济相对应的"虚拟经济"(visual economy 或 virtual economy)的概念,而许多人将基于信息网络技术的"虚拟"经济活动与虚拟经济混淆。事实上,特指用计算机模拟的可视化经济活动(visual economy)被翻译为"可视化经济"可能更为准确,以信息技术为工具所进行的包括网络经济等在内的经济活动统称为"符号经济"更为准确,这两个概念都与建立在"虚拟资本"(fictitious capital)概念基础上的"虚拟经济"(fictitious economy)不是一回事情,我们应该将其进行区分理解。但值得一提的是,信息技术、互联网平台的发展,为虚拟资本的时空运动提供了更多的可能,为虚拟经济的扩张提供了便利的条件、坚实的技术基础。

## 二、 虚拟经济与实体经济的关系

一方面,虚拟经济的产生是以货币的出现和信用的发展为前提的,而货币与信用则是商品生产与交换发展的结果,因此没有实体经济的发展就没有虚拟经济,虚拟经济是实体经济发展到一定程度的必然产物。另一方面,虚拟经济与实体经济并非同步发展,而是有其自身的运行规律的,从而形成一个相对独立的经济活动领域,由此带来虚拟经济超出实体经济而过度膨胀的可能。

第一,虚拟经济源于实体经济,最初表现为闲置货币的资本化。实体经济中的生产与流通过程是以货币、信用和金融为基础的,为了预防价格波动、保证资本周转顺利进行、贮藏折旧基金和积累利润等原因,闲置(停滞)货币有规律地产生于再生产之中,由信用体系集中并转变成生息资本。在生息资本的流转和交易中,产生了债券、股票等有价证券,随着其流动性和交易规模的增大,虚拟经济逐步产生与扩大。归根结底,虚拟经济从实体经济中产生,尽管现阶段虚拟经济发展得相当独立,但其根源还是实体经济。

第二,虚拟经济本身不直接创造价值,但可以优化资源配置、动员储蓄转向直接投资,提高实体经济创造价值的能力。虚拟经济对实体经济的积极作用,主要体现在两个方面:一方面,虚拟经济为实体经济提供多样化的支付形式,提高实体经济运行效率;另一方面,虚拟经济高效地将社会闲置资金转化为扩大生产的再投资,辅助实体经济扩大再生产,并能够分散风险、保障市场经济稳定增长。

第三,虚拟经济的运行以虚拟资本的运动为基础。虚拟资本是独立于现实的资本运动之外、以有价证券的形式存在、能给持有者按期带来一定收入的资本,如纸币、期票、汇票、股票、公债券、不动产抵押单等。虚拟资本独立来看本身不创造值,只有与实际资本相结合才能创造价值。

第四,实体经济的问题会反映到虚拟经济中,而虚拟经济发生的问题也会对实体经济造成影响。例如,实体企业运行不佳,无法偿还银行贷款,从而造成银行坏账,会引起虚拟经济的波动;而货币贬值、金融危机等虚拟经济领域中的波动,也会通过影响投资、消费、对外贸易等因素反映到实体经济中,表现为虚拟经济对实体经济的反作用。

**历史演进:**
数字经济的历史演进与发展趋势

第五,虚拟经济的过度膨胀会造成整个经济体系失去稳定性。虚拟经济相对实体经济而言,具有较强的不稳定性。这是由虚拟经济自身所决定的,虚拟经济自身具有的虚拟性,使得各种虚拟资本在市场买卖过程中,价格的决定并非像实体经济价格决定过程一样遵循价值规律,而是更多地取决于虚拟资本持有者和参与交易者对未来权益的主观预期,而这种主观预期又取决于宏观经济环境、行业前景、政治及周边环境等许多非经济因素,增加了虚拟经济的不稳定性。虚拟经济过度膨胀易导致泡沫经济的形成、经济过热被掩盖等问题,加大实体经济动荡的可能性,从而带来整个经济体系的风险与危机。

## 三、 如何正确处理虚拟经济与实体经济的关系

经济发展的实践表明,如果虚拟经济与实体经济的关系处理得当,虚拟经济能有效促进经济发展并使之成为经济强国,而如果虚拟经济的发展超出实体经济发展的需要而非理性发展,则会引发金融危机、经济动荡,甚至导致发达经济体的衰落。这样的现象在历史上的意大利、荷兰、英国以及当今的美国都曾出现。例如,在17世纪初的荷兰,以股份制公

司、商业银行、证券交易所为核心的金融体系形成,虚拟经济的发展极大地促进并带动荷兰商品交易、市场经济的发展,荷兰经济迅速崛起并成为海上市场的霸主;而到 17 世纪末,伴随着"郁金香投机"风潮和金融泡沫的破灭,荷兰的实体经济遭受重大打击,经济动荡并使其失去海上经济霸主地位。

　　而在当今金融深度发展的背景下,虚拟经济与实体经济都不能相互独立而存在:没有虚拟经济,实体经济会受到很大影响;没有实体经济,虚拟经济便是空中楼阁。因此,必须正确处理二者的关系,既要创造条件,因势利导推动虚拟经济的发展,又要加强管理,防范风险使得虚拟经济服务于实体经济,以实现经济的健康稳定发展。

　　第一,坚持以实体经济发展为基础,健全具有高度适应性、竞争力、普惠性的现代金融体系,为促进实体经济发展、更好满足人民日益增长的美好生活需要服务。虚拟经济的适度发展会极大促进实体经济的发展,但若虚拟经济发展规模过大、速度过快,超出了实体经济的需要,则会引发泡沫经济,对实体经济产生不利影响。如房地产投机、炒作所引发的高房价问题。因此,发展虚拟经济应坚持渐进式原则,金融深化和金融开放以能否与实体经济发展相适应、能否有效地促进实体经济发展、金融监管水平能否达到等为尺度,防范金融风险和泡沫经济的产生。

　　第二,在加强对虚拟经济的宏观调控与监管基础上,鼓励适合我国的金融创新。金融创新可以提高金融体系的运作效率,增强虚拟经济对实体经济的促进作用。我国作为发展中国家,相对于实体经济的快速发展,虚拟经济仍有较大的发展空间,在一定范围内发展虚拟经济,建立有效的金融机构体系和金融市场体系,为企业提供多种防范和转移风险的工具,会提高企业乃至整个经济的运行效率。

　　第三,完善实体经济结构。实体经济是发展的动力源泉和坚实基础,如果没有实体经济的充分发展,虚拟经济也将难以健康发展,要继续扩大制造业总规模,壮大实体经济;要加快提升制造业产品质量,做优实体经济,不断提升实体经济。推动虚拟经济和实体经济的协调发展,最终实现实体经济的可持续发展。

　　第四,借鉴国外发展虚拟经济的经验和教训,促进我国虚拟经济的健康发展。外国尤其西方国家作为高度发达的市场经济国家,既有发展虚拟经济促进实体经济增长的成功经验,也有虚拟经济发展过度,导致经济泡沫破灭的教训,还有新兴工业化国家和地区在实现工业化过程中容易出现的虚拟经济混乱和失控问题,等等,这些都值得我们去认真地研究、总结经验、吸取教训。

## 四、大力发展实体经济

　　我国是个大国,必须大力发展实体经济,不断推进工业现代化、提高制造业水平,经济发展不能走脱实向虚的错误道路。不论经济发展到什么时候,实体经济都是我国经济发展、在国际经济竞争中赢得主动的根基。加快建设以实体经济为支撑的现代化产业体系，关系我们在未来发展和国际竞争中赢得战略主动。

重点抓好产业转型升级，形成具有持续竞争力和支撑力的工业体系，推动形成战略性新兴产业和传统制造业并驾齐驱、现代服务业和传统服务业相互促进、信息化和工业化深度融合、军民融合发展的结构新格局。着力推动互联网和实体经济深度融合发展，以信息流带动技术流、资金流、人才流、物资流，促进资源配置优化。

制造业是国民经济的主体，是立国之本、兴国之器、强国之基，是实现高质量发展的重中之重。必须把制造业的高质量发展放到更加突出的位置，促进现代金融业更好地服务于实体经济，更好服务于制造业，坚定不移建设制造强国，实现中国制造向中国创造转变，中国速度向中国质量转变，中国产品向中国品牌转变。

以结构深度调整、振兴实体经济为主线调整完善相关政策，构建产业新体系，培育一批战略性产业，构建现代农业产业体系，加快建设制造强国，加快发展现代服务业。要推动新技术、新产业、新业态蓬勃发展，瞄准世界科技前沿，形成一批重大创新成果，推进科技成果产业化，使创新成果变成实实在在的经济活动，形成新的产品群、产业群。

坚持以提高质量和核心竞争力为中心，坚持创新驱动发展，扩大高质量产品和服务供给。要树立质量第一的强烈意识，开展质量提升行动，提高质量标准，加强全面质量管理。引导企业形成自己独有的比较优势，发扬"工匠精神"，加强品牌建设，培育更多"百年老店"，增强产品竞争力。

采取多种措施支持实体经济的发展，不断降低实体经济发展的制度性成本、税费成本、融资成本、流通成本等。推动产能严重过剩行业的去产能工作，提高部分行业、企业利润率，吸引资本回流制造业。优化市场营商环境，加大假冒伪劣产品打击力度，在市场准入、要素配置等方面创造条件，使中小微企业更好参与市场公平竞争。

## 第八节　发展数字经济

发展数字经济对实现经济高质量发展、建立现代化产业体系具有关键作用。习近平在党的二十大报告中指出，"加快发展数字经济，促进数字经济和实体经济深度融合，打造具有国际竞争力的数字产业集群。"[1]作为一种新型经济形态，数字经济深刻改变了人们的生产生活方式，正在成为重组全球要素资源、重塑全球经济结构、改变全球竞争格局的关键力量。

---

[1]　习近平.高举中国特色社会主义伟大旗帜　为全面建设社会主义现代化国家而团结奋斗——在中国共产党第二十次全国代表大会上的报告[M].北京:人民出版社.2022:30.

## 一、 发展数字经济的重大意义

近年来,互联网、大数据、云计算、人工智能、区块链等技术加速创新,日益融入经济社会发展各领域全过程,在这一过程中,数字经济应运而生。一般认为,数字经济是指以使用数字化的知识和信息作为关键生产要素、以现代信息网络作为重要载体、以信息通信技术的有效使用作为效率提升和经济结构优化的重要推动力的一系列经济活动,数字经济具有高创新性、强渗透性、广覆盖性等特点,不仅是新的经济增长点,而且是改造提升传统产业的支点,可以成为构建现代化经济体系的重要引擎。中国信息通信研究院发布的《全球数字经济白皮书(2022年)》显示,2021年数字经济发展较好的47个国家数字经济规模超38万亿美元,占GDP比重上升至45%。

党的十八大以来,党中央高度重视发展数字经济,将其上升为国家战略,出台一系列重大政策、作出一系列战略部署,推动我国数字经济发展取得显著成就。2021年,我国数字经济规模达到45.5万亿元,占国内生产总值比重达到39.8%。[①] 我国数字经济规模连续多年位居全球第二,其中电子商务交易额、移动支付交易规模位居全球第一,一批网信企业跻身世界前列,新技术、新产业、新业态、新模式不断涌现,推动经济结构不断优化、经济效益显著提升。

发展数字经济是把握新一轮科技革命和产业变革新机遇的战略选择,具有重大意义。一是数字经济健康发展,有利于推动构建新发展格局。构建新发展格局的重要任务是增强经济发展动能、畅通经济循环。数字技术、数字经济可以推动各类资源要素快捷流动、各类市场主体加速融合,帮助市场主体重构组织模式,实现跨界发展,打破时空限制,延伸产业链条,畅通国内外经济循环。二是数字经济健康发展,有利于推动建设现代化经济体系。数据作为新型生产要素,对传统生产方式变革具有重大影响。三是数字经济健康发展,有利于推动构筑国家竞争新优势。当今时代,数字技术、数字经济是世界科技革命和产业变革的先机,是新一轮国际竞争重点领域,我们一定要抓住先机、抢占未来发展制高点。[②]

## 二、 发展数字经济的基本要求

发展数字经济的基本要求是:发挥数据要素的关键作用,加强关键核心技术攻关、加快新型基础设施建设,推进数字产业化和产业数字化,推动数字经济和实体经济深度融合,完善数字经济治理体系。

一是发挥数据要素的作用。当前,数据已经成为数字经济时代的基础性资源、重要生产力和关键生产要素。与其他生产要素相比,数据具有可复制、非消耗、边际成本接近于零

---

① 数据来源:中国信息通信研究院《2022中国数字经济发展研究报告》.
② 习近平.不断做强做优做大我国数字经济[J].求是,2022(2):4-8.

等新特性,打破了自然资源有限供给对增长的制约,能够为经济转型升级提供不竭动力。同时,数据对其他生产要素具有放大、叠加、倍增作用,可以推动资源快捷流动、市场主体加速融合,提升经济社会各领域资源配置效能。要统筹推进数据产权、流通交易、收益分配、安全治理,加快构建数据基础制度体系,促进数据合规高效流通使用,提升数据要素市场化配置效率,激活数据要素价值,增强经济发展动能。

二是加强关键核心技术攻关,加快新型基础设施建设。加快突破数字关键核心技术,是推动数字经济健康发展的根基。要强化数字技术基础研发,瞄准战略性前瞻性领域,加大基础理论研究和关键技术攻关力度,增强关键技术创新能力。新型基础设施是新技术新产业新业态新模式全面发展的必要物质基础和关键支撑。要加强战略布局,加快建设以5G网络、全国一体化数据中心体系、国家产业互联网等为抓手的高速泛在、天地一体、云网融合、智能敏捷、绿色低碳、安全可控的智能化综合性数字信息基础设施,打通经济社会发展的信息"大动脉"。

三是数字产业化。指为数字经济发展提供必需的技术、产品、服务和基础设施的经济活动。要聚焦集成电路、新型显示、通信设备、智能硬件等重点领域,加快锻造长板、补齐短板,培育一批具有国际竞争力的大企业和具有产业链控制力的生态主导型企业,构建自主可控产业生态。要促进集群化发展,打造世界级数字产业集群。

四是产业数字化。指利用数字技术对传统产业进行全方位、全链条的改造,推动制造业、服务业、农业等产业数字化,发挥数字技术对经济发展的放大、叠加、倍增作用。要推动互联网、大数据、人工智能同产业深度融合,加快培育一批"专精特新"企业和制造业单项冠军企业。

五是完善数字经济治理体系。数字经济治理体系是推进数字经济持续健康发展的有力保障。要健全法律法规和政策制度,完善体制机制,提高我国数字经济治理体系和治理能力现代化水平。要完善主管部门、监管机构职责,分工合作、相互配合。要改进提高监管技术和手段,把监管和治理贯穿创新、生产、经营、投资全过程。要明确平台企业主体责任和义务,建立行业自律机制。要开展社会监督、媒体监督、公众监督,形成监督合力。要完善国家安全制度体系,重点加强数字经济安全风险预警、防控机制和能力建设,实现核心技术、重要产业、关键设施、战略资源、重大科技、头部企业等安全可控。

## 三、促进平台经济健康发展

平台经济是以互联网平台为主要载体,以数据为关键生产要素,以新一代信息技术为核心驱动力,以网络信息基础设施为重要支撑的新型经济形态。随着互联网技术的普及,我国平台经济迅速发展,新业态、新模式层出不穷,对推动经济高质量发展、满足人民日益增长的美好生活需要发挥了重要作用。我国平台经济发展正处在关键时期,要着眼长远、兼顾当前,补齐短板、强化弱项,营造创新环境,解决突出矛盾和问题,推动平台经济规范健康持续发展。

一是增强平台经济发展能力。要推动平台经济为高质量发展和高品质生活服务,加速用工业互联网平台改造提升传统产业、发展先进制造业,支持消费领域平台企业挖掘市场潜力,增加优质产品和服务供给。要加强关键核心技术攻关,支持和引导平台企业加大研发投入,加强基础研究,夯实底层技术根基,扶持中小科技企业创新。鼓励平台企业在依法依规前提下,充分利用技术、人才、资金、渠道、数据等方面优势,发挥创新引领的关键作用,推动"互联网+"向更大范围、更深层次、更高效率方向发展。鼓励基于平台的要素融合创新,加强行业数据采集、分析挖掘、综合利用,试点推进重点行业数据要素市场化进程,发挥数据要素对土地、劳动、资本等其他生产要素的放大、叠加、倍增作用。[1] 特别是,要鼓励平台企业在引领发展、创造就业、国际竞争中发挥积极作用,抓住全球产业结构和布局调整过程中孕育的新机遇。

二是强化反垄断和防止资本无序扩张。要加强规制,提升监管能力,反对垄断和不正当竞争行为。不断完善平台企业垄断认定、数据收集使用管理、消费者权益保护等方面的法律规范。提升监管能力和水平,优化监管框架,实现事前事中事后全链条监管,充实反垄断监管力量,增强监管权威性。加大监管执法力度,加强平台经济、科技创新、信息安全、民生保障等重点领域执法司法。维护公平竞争市场秩序,制定出台网络交易监督管理有关规定,依法查处互联网领域滥用市场支配地位限制交易、不正当竞争等违法行为,严禁平台单边签订排他性服务提供合同,保障平台经济相关市场主体公平参与市场竞争。[2]

三是加快健全平台治理的制度体系。要健全平台经济法律法规、价格行为规则,及时弥补规则空白和漏洞,加强数据产权制度建设,强化平台企业数据安全责任,推动行业有序健康发展。加大平台经济相关国家标准研制力度。建立互联网平台信息公示制度,增强平台经营透明度,强化信用约束和社会监督。建立平台合规管理制度,对平台合规形成有效的外部监督、评价体系。要厘清平台责任边界,强化超大型互联网平台责任。加强平台各市场主体权益保护,督促平台企业承担商品质量、食品安全保障等责任,维护好用户数据权益及隐私权,明确平台企业劳动保护责任。

## 本章小结

1. 经济增长是经济发展的基础,经济发展是经济增长基础上经济结构的优化、人民福

① 国家发展改革委等部门关于推动平台经济规范健康持续发展的若干意见[EB/OL].中国政府网,2021-12-24.http://www.gov.cn/zhengce/zhengceku/2022-01/20/content_5669431.htm.

② 国务院办公厅关于促进平台经济规范健康发展的指导意见[EB/OL].中国政府网,2019-8-8.http://www.gov.cn/gongbao/content/2019/content_5421543.htm.

利的提高以及社会的全面进步。社会主义经济发展是以人民为中心的发展,是实现以人为本、全面协调可持续的科学发展,必须树立创新、协调、绿色、开放、共享的发展理念,用新发展理念指导经济发展的实践。

2. 经济发展战略是关于长期内一个国家经济如何发展的综合的理论体系,是对一定时期内经济发展方向、发展目标、发展速度与质量、发展动力的重大选择。中国的经济发展战略经过长期探索,逐步形成了"三步走"战略、科教兴国战略和人才强国战略、创新驱动发展战略、建设小康社会战略、乡村振兴战略和军民融合发展战略等一系列重要发展战略。

3. 我国经济已由高速增长阶段转向高质量发展阶段。高质量发展,是能够很好地满足人民日益增长的美好生活需要的发展,是体现创新、协调、绿色、开放、共享发展理念的发展。推动高质量发展必须从实际出发,建设中国特色社会主义现代化经济体系,建立以新发展理念为指导、以供给侧结构性改革为主线的政策体系,坚持稳中求进的政策基调,促进经济的循环畅通。

4. 构建以国内大循环为主体、国内国际双循环相互促进的新发展格局,是与时俱进提升我国经济发展水平的战略抉择,也是塑造我国国际经济合作和竞争新优势的战略抉择。构建新发展格局,要坚持扩大内需这个战略基点,使生产、分配、流通、消费更多依托国内市场,形成国民经济良性循环。新发展格局绝不是封闭的国内循环,而是开放的国内国际双循环。国内循环要增强内生动力和可靠性,国际循环要提高质量和水平。

5. 经过长期的探索和实践,我国形成了符合中国国情和社会主义制度要求的中国特色的经济发展道路,主要内容包括中国特色的新型工业化道路、中国特色的自主创新道路、中国特色的农业现代化道路、中国特色的新型城镇化道路、中国特色减贫道路和中国特色的军民融合发展道路。

6. 绿色发展更加注重人与自然和谐、经济发展与生态保护并重、人口、资源与环境协调。推进绿色发展要坚持节约资源和保护环境的基本国策,坚持节约优先、保护优先、自然恢复为主的方针,着力推进绿色发展、循环发展、低碳发展,形成节约资源和保护环境的空间格局、产业结构、生产方式和生活方式。

7. 实体经济是虚拟经济的基础,虚拟经济的适度发展会促进实体经济发展,而虚拟经济的过度膨胀会对实体经济产生消极作用。因此,必须正确处理虚拟经济与实体经济的关系,既要创造条件,因势利导推动虚拟经济的发展;又要加强管理,防范风险,使得虚拟经济服务于实体经济,以实现经济的健康稳定发展。

8. 发展数字经济对实现经济高质量发展、建立现代化产业体系具有关键作用。作为一种新型经济形态,数字经济深刻改变了人们的生产生活方式,正在成为重组全球要素资源、重塑全球经济结构、改变全球竞争格局的关键力量。发展数字经济的基本要求是:发挥数据要素的关键作用,加强关键核心技术攻关、加快新型基础设施建设,推进数字产业化和产业数字化,推动数字经济和实体经济深度融合,完善数字经济治理体系,促进平台经济健康发展。

## 复习思考题

1. 结合本章内容,谈谈为什么要坚持用新发展理念指导我国经济发展的实践,如何把以人民为中心的发展与企业追求利润最大化统一起来?

2. 有人认为高质量发展是一个生产力的概念,有人认为高质量发展是一个生产关系的概念,你认为应当如何认识这个问题?

3. 为什么要加快构建以国内大循环为主体,国内国际双循环相互促进的新发展格局?

4. 新型工业化道路强调信息化带动工业化,信息化对工业化的带动作用是如何实现的,体现在哪些方面?

5. 在经济全球化的条件下,为什么要强调走中国特色自主创新道路,如何协调自主创新与对外开放的关系?

6. 如何认识虚拟经济的作用? 中国经济发展中是否存在虚拟经济过度发展的问题?

7. 如何认识发展数字经济的重大意义?

## 即测即评

请扫描二维码进行即测即评。

# 第十章　城乡融合发展

实现城乡融合发展,是社会主义社会发展的一个重要目标,是推进中国式现代化的一项重要任务。作为世界上最大的发展中国家,我国城乡二元结构的长期存在,是制约经济社会发展的一个突出问题。统筹城乡发展,解决好"三农"问题,始终是全党工作的重中之重。改革开放以来,中国城乡融合发展取得了重要进展,党的十八大以来,围绕实现城乡融合发展,我国做出了一系列重要的战略部署,使城乡融合发展进入了一个新的阶段。

## 第一节　城乡融合发展的实质

### 一、马克思主义视野中的城乡融合发展

消除城乡差别、实现城乡融合发展,是马克思恩格斯关于未来社会发展目标的一个重要思想,其主要观点可以归纳为三个方面。

理论发展:
关于城乡一体化的理论发展

1. 城乡融合是一个自然的历史过程。马克思指出:"中世纪(日耳曼时代)是从乡村这个历史的舞台出发的……现代的[历史]是乡村城市化,而不像在古代那样,是城市乡村化。"①马克思和恩格斯认为,城乡融合是城乡关系发展的最终方向,也是未来共产主义社会的重要标志。他们认为在城乡融合时期,"将把城市和农村生活方式的优点结合起来,避免二者的片面性和缺点";②"从事农业和工业的将是同一些人,而不再是两个不同的阶级"③;"使社会全体成员的才能得到全面发展"④。

2. 城乡融合的必要性和基本条件。马克思和恩格斯认为,只有城乡融合,才能使大工业

① 马克思.《政治经济学批判(1857—1858年手稿)》摘选[M]//马克思恩格斯选集:第2卷.北京:人民出版社,2012:733.
② 恩格斯.共产主义原理[M]//马克思恩格斯选集:第1卷.北京:人民出版社,2012:305.
③ 恩格斯.共产主义原理[M]//马克思恩格斯选集:第4卷.北京:人民出版社,2012:308.
④ 恩格斯.共产主义原理[M]//马克思恩格斯选集:第1卷.北京:人民出版社,2012:308-309.

按照自身规律发展,"城市和乡村的对立的消灭不仅是可能的,而且已经成为工业生产本身的直接需要"。① 同时,只有城乡融合,才能实现人的全面发展。恩格斯认为,要使农村人口从与世隔绝、愚昧落后的状态中解脱,就必须让人口在全国范围内平均分布。另外,只有城乡融合,才能从根本上解决住宅等民生问题。恩格斯在《论住宅问题》一文中指出,资产阶级无法从根本上解决住宅问题,根本原因在于城乡对立。马克思和恩格斯认为,城乡融合的基本条件是废除资本主义私有制、实现工农结合以及社会全体成员的才能得到全面发展。

3. 城市的发展具有积极意义。首先,城市聚集着社会发展的历史动力。马克思、恩格斯用"世界的心脏和头脑"这两个身体最重要的器官来比喻城市,可见它的重要作用和地位。其次,城市既推动工商业又推动农业的发展。一方面,城市规模与工业发展速度成正比。恩格斯指出,"城市越大,定居到这里就越有利,因为这里有铁路、运河和公路;挑选熟练工人的机会越来越多;由于附近的建筑业主和机器制造厂主之间的竞争,在这种地方开办新企业就比偏远地区花费要少,……这里有顾客云集的市场和交易所,这里同提供原料的市场和销售成品的市场有直接的联系。这样一来,大工厂城市的数量就以惊人的速度增长起来"。② 另一方面,城市带动农业发展。"城市的繁荣也使农业摆脱了中世纪的最初的粗陋状态。不仅大片的荒地被开垦出来了,而且染料植物以及其他引进的植物也种植起来了,对这些植物的精心栽培,使农业普遍地受到了良好的影响"。③ 最后,城市更能推动人的发展。马克思指出,"在再生产的行为本身中,不但客观条件改变着,例如乡村变为城市、荒野变为开垦地等,而且生产者也改变着,他炼出新的品质,通过生产而发展和改造着自身,造成新的力量和新的观念,造成新的交往方式,新的需要和新的语言"。④

## 二、 中国城乡融合发展的提出

20 世纪 80 年代以来,随着城乡经济体制改革的深入推进,我国对于城乡问题的关注日渐加重,各地开始对城乡融合发展进行探索与实践。进入 21 世纪以来,我国明确提出了城乡一体化的概念。党的十六大报告提出要统筹城乡经济社会发展。党的十七届三中全会提出,要"建立促进城乡经济社会发展一体化制度。尽快在城乡规划、产业布局、基础设施建设、公共服务一体化等方面取得突破,促进公共资源在城乡之间均衡配置、生产要素在城乡之间自由流动,推动城乡经济社会发展融合"⑤。

---

① 恩格斯.反杜林论[M]//马克思恩格斯选集:第 3 卷.北京:人民出版社,2012:684.
② 恩格斯.英国工人阶级状况[M]//马克思恩格斯文集:第 1 卷.北京:人民出版社,2009:406-407.
③ 恩格斯.德国农民战争[M]//马克思恩格斯全集:第 10 卷.北京:人民出版社,1998:469.
④ 马克思.《政治经济学批判(1857—1858 年手稿)》摘选[M]//马克思恩格斯文集:第 8 卷.北京:人民出版社,2009:145.
⑤ 中共中央文献研究室编.中共中央关于推进农村改革发展若干重大问题的决定[M]//十七大以来重要文献选编(上).北京:中央文献出版社,2009:677.

党的十八大以来,我国逐步确立了城乡融合发展的战略,并对其进行了系统阐述,回答了实现城乡融合的目标、原则、动力和路径等重大问题。党的十八届三中全会提出,"必须健全体制机制,形成以工促农、以城带乡、工农互惠、城乡一体的新型工农城乡关系,让广大农民平等参与现代化进程、共同分享现代化成果"①。《中华人民共和国国民经济和社会发展第十三个五年规划纲要》提出,"推动新型城镇化和新农村建设协调发展,提升县域经济支撑辐射能力,促进公共资源在城乡间均衡配置,拓展农村广阔发展空间,形成城乡共同发展新格局",并对其进行了具体规划。党的十九大提出,加快建立城乡融合发展的体制机制和政策体系,促进城乡一体迈上新台阶。党的二十大进一步指出,坚持农业农村优先发展,坚持城乡融合发展,畅通城乡要素流动。

城乡融合发展有丰富的内涵。

第一,城乡融合是空间上的融合,城乡在空间结构上高度融合,城市和乡村两个地域实体结成一个连续统一的网络状的、相互渗透的区域综合体。

第二,城乡在功能上存在高度相关性,城市和乡村在市场的作用下进行良性互动,共同参与社会经济的运行,实现优势互补。

第三,城乡基础设施实现共享,建立起方便快捷的交通网络,通过便捷的交通网络加强城乡居民生产生活的互动和联系。

第四,畅通城乡要素流动,使资本、劳动力、技术、数据等要素可以在城乡之间顺利流动。通过全面深入的户籍制度改革,打破城乡二元社会结构的界限。

第五,城乡居民生活水平共同提高,实现城乡共同富裕,城乡居民共享现代文明成果。

第六,城乡融合的根本任务和最终目的是逐步缩小城乡差别,在保持城市与乡村各自特色的同时,在发展水平上实现融合。

## 三、城乡融合发展的意义

1. 城乡融合发展是科学社会主义的基本原则。只有城乡融合发展才能实现人的全面发展和社会成员的共同富裕。作为处在社会主义初级阶段的发展中大国,我国当前仍存在较为显著的城乡二元经济结构,我国要坚持和发展中国特色社会主义就必须持续推动城乡二元经济结构转化,逐步缩小城乡差别,实现城乡融合。

2. 城乡融合发展是全面推进乡村振兴的重要保障。全面推进乡村振兴,必须推进城乡融合发展,坚持以工补农、以城带乡,推动形成工农互促、城乡互补、全面融合、共同繁荣的新型城乡关系,才能促进农村的产业兴旺、生态宜居、乡风文明、治理有效、生活富裕,推动农业全面升级、农村全面进步、农民全面发展。

---

① 中共中央文献研究室编.中共中央关于全面深化改革若干重大问题的决定[M]//十八大以来重要文献选编(上).北京:中央文献出版社,2014:523.

3. 城乡融合发展是全面建成社会主义现代化国家的必经之路。城乡融合发展,为工业的现代化发展提供了充足的人力资源和广阔的市场,为农业现代化提供了强大的资金和技术的支持,为实现国家治理体系和治理能力现代化提供了治理空间和施策土壤。在同步推进新型工业化、信息化、城镇化、农业现代化的过程中,薄弱环节是农业现代化,要特别重视农业现代化,没有农业现代化,国家现代化是不完整、不全面、不充分的。

## 第二节　中国城乡融合发展的演变及其成就

### 一、中国城乡融合发展的演变和阶段特征

1949—1978 年,为了快速推进工业化并实现对主要发达国家的经济"赶超",我国实施了重工业优先发展战略和计划经济体制,国家以工农业产品价格"剪刀差"等将部分农业收益转为工业资本来源,政府严格按照城乡户籍来配置公共产品,在迅速推动工业化发展的同时,导致城乡融合发展长期处在停滞状态。

改革开放以后,我国城乡融合发展开始启动,城乡互动得到加强。第一,初步调整了工农关系,提高了农产品收购价格、降低了农用生产资料价格、减免了部分农业税、加强了多方面的农业投入。第二,肯定和确立了家庭联产承包责任制,大幅提升了农村地区的生产力水平。第三,加强了对小城镇发展的支持。在这一阶段,党围绕农村的产业发展启动了由农村到城镇的一系列改革,实现了工农之间,城乡之间的互动,为农村和城镇发展注入了新的活力,促进了农村生产力的较快发展。但农村仍处于从属地位,城乡产业发展水平和人民生活水平仍有很大差距,农村剩余劳动力虽然被小城镇所吸纳,但城乡人口流动还有较大阻碍。农村与城市的鸿沟依然存在,农业和工业仍以实现自身发展为主,城乡之间要素流动不足。

党的十四大以后,随着社会主义市场经济体制改革的全面展开,城乡协调发展日益受到重视。第一,形成了"以工补农、以工建农、以工带农"的机制。城乡要素流动更加频繁,农村发展得到了更多支持。第二,开始了农业产业化经营。出现了家庭承包经营基础上的农业产业化经营,以市场作为联结,形成了覆盖整个农业生产过程的产业体系,提高了农村发展的市场化程度。第三,进一步推动了小城镇的发展,提出了发展小城镇的战略。从小城镇建设、户籍制度管理、完善公共服务等方面进行了部署,开辟了农村的城镇化道路。在这一阶段,市场经济体制改革的影响使得城乡交流达到了较高水平,在"以工补农、以工建农、以工带农"机制的作用下,在农业产业化经营和乡镇企业快速发展的带动下,农村经济实现了前所未有的快速发展。但另一方面,城市偏向的制度安排依然大量存在,市场程度

的提高使得各种资源从农村流向城市,城乡差距并未持续缩小,甚至一度呈现出扩大的态势。

党的十六大以后,在科学发展观的指导下,统筹城乡发展的思路更加明确。第一,确立了"工业反哺农业、城市支持农村和多予少取放活"的方针。明确将"多予、少取、放活"作为强化农业支持保护、扭转城乡差距扩大趋势的重要方针。第二,对统筹城乡经济社会发展进行了全面制度安排。将"统筹城乡发展"作为"五个统筹"之首,要求尽快在城乡规划、产业布局、基础设施建设、公共服务一体化等方面取得突破,促进公共资源在城乡之间均衡配置、生产要素在城乡之间自由流动,推动城乡经济社会发展融合。第三,推动了社会主义新农村建设。按照"生产发展、生活富裕、乡风文明、村容整洁、管理民主"的要求进行社会主义新农村建设,并从拓宽农民增收渠道、加强基础设施建设、发展社会事业、深化农村改革等方面,对通过社会主义新农村建设实现城乡经济社会统筹发展进行了部署。在这一阶段,统筹城乡经济社会发展的战略思想得以形成,城乡统筹发展的制度框架开始搭建,城乡经济社会发展一体化新格局被首次提出,城乡差距扩大的态势得到扭转。但同时城乡二元格局仍然未被打破,城乡社会发展一体化制度有待完善,城乡一体化程度有待提高。

党的十八大以来,我国城乡融合发展不断加深,进入了一体化发展的新阶段。第一,重塑城乡关系,提出走城乡融合发展之路。加快完善城乡发展一体化体制机制,着力在城乡规划、基础设施、公共服务等方面推进一体化,促进城乡要素平等交换和公共资源均衡配置,形成以工促农、以城带乡、工农互惠、城乡一体的新型工农、城乡关系。第二,建立健全城乡融合发展体制机制。提出要加快构建新型农业经营体系、赋予农民更多财产权利、推进城乡要素平等交换和公共资源均衡配置、完善城镇化健康发展体制机制。第三,实施乡村振兴战略。提出要坚持农业农村优先发展,按照产业兴旺、生态宜居、乡风文明、治理有效、生活富裕的总要求,建立健全城乡融合发展体制机制和政策体系,加快推进农业农村现代化,明确了新时代我国建立健全城乡融合发展体制机制和政策体系的总体要求与具体方案。在这一阶段,我国确立了工农互促、城乡互补、全面融合、共同繁荣的新型工农城乡关系,以建立健全城乡融合发展体制机制和政策体系为主要手段,以乡村振兴为重点,不断推进城乡的融合发展。

## 二、 中国城乡融合发展的主要成就

改革开放以来,我国的城乡融合发展取得了显著成就。

1. 城乡之间的商品和要素流动性得到了持续增强。改革开放以来,伴随着农产品流通体制改革和户籍制度改革,此前城乡之间依靠政府指令配置资源的格局被快速打破,城乡微观经济主体的经济自主权在显著增大,城乡商品市场和要素市场在持续发展。上述情形导致城乡之间的商品和要素流动性得到了持续增强,尤其是农业劳动力在市场机制下呈现出持续非农化流转的态势。改革开放以来,全国农民工数量持续增加,流动性增强意味着商品和要素能够依据相对稀缺度在城乡之间再配置,这是要素配置效率提高和经济产出增长的过程,也是城乡居民要素回报率提高和收入水平增长的过程。

2. 农村部门的产业结构多元化得到了快速发展。在市场化改革的背景下,农村微观经济主体获得了生产经营决策的自主权,在市场机制的引导下,农村产业结构逐渐摆脱了单纯农业生产的传统方式,产业结构多样化成为我国农村经济的特征。1978—2021 年我国农业占农、林、牧、渔总产值的比重从 79.99% 降至 53.29%,同期粮食播种面积占农业播种面积的比重也从 80.34% 降至 69.73%,而林业、渔业和牧业以及非粮产业的份额在渐趋提高。① 农村产业结构多元化表明农村居民的就业渠道在拓展,产品附加值在提升,对市场的瞄准和契合程度在增强,是农村经济活跃、城乡融合程度提高的重要表征。

3. 农业产业的要素配置效率得到了明显提高。农村家庭联产承包责任制的实行,推动了农业生产的技术进步和资本深化,1978—2021 年我国农业机械化总动力从 11 749.9 万千瓦增至 107 764.3 万千瓦,耕地灌溉面积从 44 965 千公顷增至 69 600 千公顷,化肥施用量从 884 万吨增至 5 191.3 万吨。与此相适应,1992—2021 年我国单位耕地面积谷物产出从 4 341 千克/公顷增至 6 316 千克/公顷,1978—2021 年人均粮食产量也从 319 千克增至 483 千克②。上述格局为确保我国的农产品安全、农民收入增长以及城乡融合发展提供了坚实基础。

4. 农村社会保障的供给程度得到了显著改善。改革开放之后,尤其是进入新世纪以来,我国在基本公共服务均等化配置的理念下,不断增强农村的正规社会保障体系供给。例如,2003 年开始探索建立农村新型合作医疗制度的试点,2005 年开始实行农村义务教育经费保障新机制,2007 年开始将农村低保工作发展为全国范围的整体推进,2009 年开始实施新型农村社会养老保险试点。我国农村社会保障体系从长期缺位走向逐步健全,这对缓解城乡公共产品供给差距具有举足轻重的作用。

5. 城乡收入差距和消费差距呈现出收敛趋势。城乡融合最终体现为城乡居民能够获取大致相同的经济收入、社会福利及增长红利,城乡收入差距和城乡消费差距是衡量城乡融合进程最为重要的指标。1978 年以来,我国的城乡收入差距和城乡消费差距呈现出波动特征,但 2010 年迄今这两大差距均在持续缩减。2009 年和 2022 年的城乡收入差距从 3.33 倍③缩小到 2.45 倍④,这一数据也低于改革开放初期城乡实际收入差距水平,城乡融

---

① 数据来源:《中国统计年鉴—2020》表 12-3、表 12-8。

② 数据来源:《中国统计年鉴—2022》表 12-4、表 12-5、表 12-11、表 12-16。

③ 数据来源:我国城乡居民收入差距变化的新视角(曹光四等)[EB/OL].国家统计局,2025-05-28. http://www.stats.gov.cn/tjzs/tjsj/tjcb/dysj/201505/t20150528_1111158.html.

④ 数据来源:方晓丹:居民收入与经济增长基本同步消费支出实际增速略有回落[EB/OL].国家统计局,2023-01-18.http://www.stats.gov.cn/xxgk/jd/sjjd2020/202301/t20230118_1892287.html.

合进程得到了较为显著的推进。

在城乡融合发展取得显著成就的同时,关于城乡发展的理念、体制和政策也在不断完善。

就发展理念而言,我国从高增长阶段转向高质量发展阶段,并强调创新、协调、绿色、开放、共享发展理念的指导意义,这为统筹城乡发展、公共资源配置以及城乡融合提供了思想支撑。

就经济转型而言,我国推动了计划经济体制向市场经济体制的转型,城乡居民(尤其是农村居民)的经济自主权显著增强,市场在资源配置中的作用不断凸显,这为城乡融合发展提供了最为核心的推动机制。

就政策调整而言,我国在经济总量增长和财政能力增强的前提下,推动了城乡融合发展的战略和体制机制,尤其是实施了一系列的强农、支农、惠农政策,这从公共产品配置方面为城乡融合发展提供了支持条件。

## 三、中国城乡融合发展存在的主要问题

我国的城乡融合进程取得了重大进展,但仍面临着多重挑战,需要解决多种问题。这主要体现为:

1. 城乡经济差距仍然偏高。现阶段我国的城乡收入差距、城乡消费差距已小于改革开放初期,但与 20 世纪 80 年代中期相比,当前城乡收入差距和消费差距仍是偏高的。1985年我国城乡人均可支配收入差距为 1.86 倍[1],2022 年城乡人均可支配收入差距显著高于上述水平。从国际比较的角度看,不同国家虽也存在城乡收入差距,但这种差距大多保持在 1.5 倍以内,美、日等发达经济体的城乡收入差距已经很小,城乡经济落差仍是我国经济社会发展中亟待解决的重要结构性问题。

2. 城乡间的公共产品和社会保障配置仍存在失衡格局。改革开放以来,我国农村的社会保障体系建设在快速推进,现阶段城乡的公共产品和社会保障配置仍存在显著落差。1985—2021 年,我国城镇居民人均转移性收入从 66 元增长至 8 497 元,农村居民人均转移性收入从 30 元增长至 3 937 元[2],农村居民的转移性收入明显低于城镇居民。说明在城乡经济落差渐趋收敛的背景下,城乡之间的公共产品和社会保障配置差距依然突出。

3. 农村要素存在着单向度流向城镇部门的基本趋势。在农村劳动力转移中,进城务工人员等外流劳动者相对于留在农村的劳动者人力资本更高、劳动技能更强,这意味着劳动力非农化流转是一个劳动力配置效率提高的过程,也是一个农村劳动力素质逆向选择的过程。从资本的角度看,证券、保险等金融产品往往集中于城镇并面向城镇居民,农村资本则

---

① 数据来源:通过《中国统计年鉴—1999》表 10-3 计算得出。
② 数据来源:《中国统计年鉴—2022》表 6-6、表 6-11。

依靠银行等金融机构形成了总体外流格局。伴随着市场化改革的深入推进,农村信贷资金也在相当长的一段时间内呈净流出趋势。

4. 城乡融合发展中城镇化相对滞后。农村劳动力非农化流转应伴随着农村人口的城市化进程,城市化在人口和社会结构意义上标志着城乡融合的健康发展。然而,由于城乡户籍制度改革的迟缓,改革开放之后,我国农村劳动力职业流转并未带来农村人口的身份转换,导致城镇化相对滞后。这不仅表现为城镇化率长期滞后于工业化率,而且表现为户籍意义的城镇化率长期滞后于登记意义的城市化率。2021 年我国用第二、三产业 GDP 占比标度的工业化率为 92.7%,而用城镇常住人口占比标度的城市化率为 64.7%。[①] 由此形成了城市户籍居民与外来劳动者经济社会落差的新城乡二元结构。

总之,在推进城乡融合发展、全面建设社会主义现代化国家的过程中,农村农业现代化始终是薄弱环节,必须加快发展,把工业化、信息化、城镇化、农业现代化同步发展真正落到实处。

## 第三节　城乡二元经济结构

### 一、城乡二元经济结构的含义

城乡二元经济结构是我国城乡融合发展着力解决的重要问题。城乡二元经济结构描述了特定国家不同部门之间的生产率落差,以及不同经济主体的收入和消费水平落差。在人类经济史上,依靠自然条件进行农业生产是人们开展经济活动的基本类型,畜牧业、手工业和商业从农业的逐次分离构成了三次社会大分工。以三次社会大分工为基础,一国往往在产业层面形成了农业与非农产业的对立,在部门层面形成了农村与城市的对立。这种对立相对于此前的单一产业、单一部门是一种深刻的社会变革。据此,在产业意义上探究农业与非农产业之间的相互关系、在部门意义上解析农村与城市之间的相互关系,就成为人们理解经济社会问题的"切入点"。

相对于发达国家,发展中国家不同产业或部门间的落差更为突出,这导致发展经济学将"二元经济结构"视为理解发展中国家经济问题的基本线索。在这一线索中,城乡二元经济结构描述了发展中国家存在的有关生产和组织的不对称性,它通常指发展中国家存在传统部门与现代部门两者的对立。传统部门主要是指技术长期停滞且生产力极为低下的农业部门,该部门拥有数量庞大但生产率较低的劳动力,因而劳动者获取仅可维持生计的

---

[①] 数据来源:通过《中国统计年鉴—2022》表 3-2、表 2-1 计算得出。

不变制度工资,其经济活动的自给自足特征突出而市场化程度较低。与此相对,现代部门主要是指工业和服务业等非农产业,该部门通常利用了较为先进的技术和设备,具有更高的资本—劳动比率并采用现代的组织方式,其商品经济特征显著且可对市场信号迅速作出反应。在中央集权的计划经济体制下,相对于传统部门,现代部门往往因政府的工业优先发展战略而在资源获取中占据优势地位。

显而易见,城乡二元经济结构刻画了发展中国家经济系统中不同组成部分的"异质性"特征。这些特征集中体现为:① 两部门的要素禀赋条件存在差别,传统部门劳动力过剩严重,而现代部门资本相对充裕。② 两部门的要素组合方式存在差别,传统部门主要依靠劳动力要素密集投入,而现代部门更多依靠资本和技术投入。由此延伸开来,传统部门通常以手工劳动和个体化、家庭式经营为主要特征,而现代部门往往以设备和技术应用、社会化生产为主要特征。③ 两部门要素定价方式存在差别,传统部门劳动力获取不变制度工资,而现代部门劳动力依照产出贡献获取报酬。这意味着现代部门的工资水平更能依据劳动力供求状况而发生变动。④ 两部门的商品化程度存在差别,传统部门自给自足特征较为明显,而现代部门具有更为显著的市场化程度,即传统部门的经济活动在很大程度上是围绕生产者自身消费展开的。⑤ 两部门的要素生产率或经济产出存在差别,传统部门的劳动生产率和工资水平较低,而现代部门的劳动生产率和工资水平较高。

在上述特征中,要素禀赋条件、组合方式、定价方式及商品化程度是形成部门间劳动生产率落差的主要原因,部门间的劳动生产率落差是标度城乡二元经济结构反差程度的核心指标。从政治经济学角度看,城乡二元经济结构是社会分工和生产力发展的产物,它同时也形成了城乡不同群体之间的生产、分配、交换和消费关系,这些生产关系反过来又成为生产力持续发展的重要影响因素。在不同的社会制度中,由于生产资料所有制以及分配制度等的差异,城乡二元经济结构能否顺利转化往往会存在显著差异。在这个意义上,城乡二元经济结构可被准确定义为:在不同的社会制度和发展阶段,特定国家以农业为代表的传统部门和以非农产业为代表的现代部门在生产方式、要素报酬等方面的差异,以及这种差异的动态演变机制及其由此形成的经济社会效应。

## 二、 城乡二元经济结构的成因

城乡二元经济结构以传统部门和现代部门的劳动生产率差距为前提,故探究城乡二元经济结构问题时,必须解答部门间的差距是如何形成的? 针对此问题有两种代表性的解释。

1. 产业缺陷说。传统部门以农业为代表,现代部门以工业和服务业为代表,而不同产业由于特征差别很容易形成劳动生产率差异。与非农产业相比,农业的产业弱质性是导致城乡二元经济结构的重要成因。这表现在三个方面:

第一,在生产方面,农业生产往往表现为经济活动和自然活动相互作用的过程,人类难以自主地"控制"或"改变"自然,因此,农业往往面临着比其他产业更大的自然风险。此外,农业生产通常因对土地依赖较强而具有分散化经营特征,这导致农业难以像其他产业那样获取显著的分工经济。

第二,在消费方面,伴随经济的发展,人们用在食品消费上的支出占比将会相对下降,其消费将更多转向发展资料和享受资料。与工业和服务业相比,农业的市场需求(至少在提供农产品的基础功能层面)不会伴随着经济增长而快速扩张。

第三,在交易方面,农业生产具有周期性和季节性,但人们对农产品的消费却具有日常性和常规性,由此农业生产者难以对农产品的市场价格变动作出快速、有效的反应。

2. 政策歧视说。产业缺陷说试图从农业弱质性来说明城乡二元经济结构的成因,另一线索却基于政府政策对农业的"歧视"(或者说对非农产业的"倾斜")来理解城乡二元经济结构的形成。区别于将城乡二元经济结构视为产业"内生"因素作用的结果,政策歧视说将城乡二元经济结构看作是政府发展战略等"外生"因素作用的产物。就逻辑展开而言,学术界通常用两种理论来解释经济发展中的政策歧视:

一种理论尝试从发展中国家的政治结构中寻求答案,认为农业和农民之所以在政策制定中受歧视,主要是因为城市阶层在政治活动中拥有较大的影响力,而农民因居住分散导致集体行动存在过高的协调成本,且单个农民提供的农产品通常只占整体农业产出的微小份额。其结果容易诱发农民政策参与的"搭便车"现象,因而在整体上农民对公共政策制定的影响力是相对微弱的。这种政策影响力的落差导致了传统部门和现代部门的经济落差。

另一种理论着眼于发展战略对工农和城乡经济关系的设定。发展中国家的领导人往往相信,工业部门是经济迅速增长的催化剂,在国内农业经济占比较大的条件下,对农业征税可以为工业化提供绝对必要的财政支持与资本积累。由此,在发展中国家的经济起飞阶段,工业部门通常需要从农业部门无偿获取经济资源的积累,而各种经济资源也往往表现为从农业向非农业流动以及从农村向城市流动,这表明农业和农村是处在被征税的地位。

## 三、中国城乡二元经济结构的成因及演变

中华人民共和国成立初期,我国实施了以"耕者有其田"为导向的土地改革,农村居民获取了充分的土地所有权和经营权,这一时期农业相对于非农产业的劳动生产率差距主要由于其产业弱质性。表 10-1 所示,1952 年我国农业的比较劳动生产率为 0.6,非农产业的为 3.01,两者的落差是 5.02 倍,这种城乡二元经济结构是不同产业特征引致的结果。1955 年之后我国的城乡二元经济反差呈现出急速扩大的特征,1970 年农业的比较劳动生产率为 0.43,非农产业为 3.39,两者的落差是 7.88 倍。1978 年这种落差仍达到 6.28 倍。

城乡二元经济结构的这种演变与发展战略和农业政策调整紧密相关。20 世纪 50 年代中期后,我国实行了工业,尤其是重工业优先发展战略,力图在一个较短的时间内建立起比

较完整的工业体系,缩小与发达国家的差距。在这种背景下,我国针对农业、农民和农村实施了"三位一体"的征税型政策安排:通过统购统销制以及工农业产品价格"剪刀差",来促使农业剩余转化为国家工业的启动资本;通过户籍制度以及由此连带的社会福利制度确保劳动力配置符合国家工业化的战略取向;通过人民公社制这种"政社合一"的组织安排来降低国家管理分散农户的成本。

表 10-1    1952—2021 年中国农业与非农产业的比较劳动生产率差距

| 年份 | 农业 | | | 非农产业 | | | 比较劳动生产率差距($g=f/c$) |
|---|---|---|---|---|---|---|---|
| | GDP 占比(%,$a$) | 就业人数占比(%,$b$) | 比较劳动生产率($c=a/b$) | GDP 占比(%,$d$) | 就业人数占比(%,$e$) | 比较劳动生产率($f=d/e$) | |
| 1952 | 50.49 | 83.54 | 0.60 | 49.51 | 16.46 | 3.01 | 5.02 |
| 1955 | 46.18 | 83.27 | 0.55 | 53.82 | 16.73 | 3.22 | 5.85 |
| 1960 | 23.18 | 65.75 | 0.35 | 76.82 | 34.25 | 2.24 | 6.40 |
| 1965 | 37.55 | 81.60 | 0.46 | 62.45 | 18.40 | 3.39 | 7.37 |
| 1970 | 34.80 | 80.77 | 0.43 | 65.20 | 19.23 | 3.39 | 7.88 |
| 1975 | 31.95 | 77.17 | 0.41 | 68.05 | 22.83 | 2.98 | 7.27 |
| 1978 | 27.69 | 70.53 | 0.39 | 72.31 | 29.47 | 2.45 | 6.28 |
| 1980 | 29.63 | 68.75 | 0.43 | 70.37 | 31.25 | 2.25 | 5.23 |
| 1985 | 27.93 | 62.42 | 0.45 | 72.07 | 37.58 | 1.92 | 4.27 |
| 1990 | 26.58 | 60.10 | 0.44 | 73.42 | 39.90 | 1.84 | 4.18 |
| 1995 | 19.60 | 52.20 | 0.38 | 80.40 | 47.80 | 1.68 | 4.42 |
| 2000 | 14.68 | 50.00 | 0.29 | 85.32 | 50.00 | 1.71 | 5.90 |
| 2005 | 11.64 | 44.80 | 0.26 | 88.36 | 55.20 | 1.60 | 6.15 |
| 2010 | 9.53 | 36.70 | 0.26 | 90.47 | 63.30 | 1.43 | 5.50 |
| 2015 | 8.88 | 28.30 | 0.31 | 91.12 | 71.70 | 1.27 | 4.10 |
| 2016 | 8.56 | 27.70 | 0.31 | 91.44 | 72.30 | 1.26 | 4.06 |
| 2017 | 7.88 | 26.98 | 0.29 | 92.12 | 73.02 | 1.26 | 4.34 |
| 2018 | 7.20 | 26.10 | 0.28 | 92.80 | 73.90 | 1.26 | 4.50 |
| 2019 | 7.14 | 24.72 | 0.29 | 92.86 | 75.28 | 1.23 | 4.24 |
| 2020 | 7.65 | 23.60 | 0.32 | 92.35 | 76.40 | 1.21 | 3.78 |
| 2021 | 7.30 | 22.87 | 0.32 | 92.70 | 77.13 | 1.20 | 3.75 |

数据来源:CEIC 数据库原始数据计算得出,比较劳动生产率和比较劳动生产率差距采用小数点后第 3 位四舍五入法进行处理。

1978 年我国以农业组织方式创新为发端开启了改革开放的历史进程,这种经济体制变革导致城乡二元经济结构出现了趋势性演变。从劳动生产率比较的角度看,改革开放以来我国的城乡二元经济结构呈现出三个阶段的变动:

第一阶段是 1978—1984 年。此阶段家庭联产承包责任制快速取代了人民公社制,在维持土地集体所有制的前提下,农民以家庭为单位拥有了土地的承包经营权,且农户的经济收益与其投入程度有了更为直接、紧密的关联。"交足国家的、留足集体的,剩余都是自己的"就是这种分配格局变化的形象写照。这在很大程度上矫正了农业剩余流出政策,推动了农业生产力的解放和发展。结果是农业与非农产业的比较劳动生产率差距呈现出显著的缩减态势,1978—1984 年该指标从 6.25 倍降至 3.87 倍,1985 年其数值为4.28 倍。

第二阶段是 1985—2003 年。此阶段我国经济体制改革开始从农业延伸至国有企业、金融体系等广泛领域。在实施家庭联产承包责任制后,农村则出现了乡镇企业发展、农业劳动力跨地区流动以及农产品流通体制变革,此前的农产品统购统销制度和户籍制度也得到了变革及松动。上述格局增强了不同部门的商品流动性和要素再配置,产业之间的劳动生产率差距也保持了相对稳定。20 世纪 90 年代中期之后,伴随着财政分权化改革以及农村生产要素的持续外流,农业的劳动生产率劣势又渐趋增强,2002 年和 2003 年我国农业和非农产业的比较劳动生产率差距分别攀升至 6.52 倍和 6.84 倍。

第三阶段是 2004 年以来。此阶段统筹城乡发展、实现城乡经济社会融合发展成为重要的战略取向。据此我国以农业税全面取消为载体弱化了针对农业的政策歧视,以土地承包权流转为抓手推动了农业组织创新,以机械化和生物化为方向推动了农业技术进步,以改善基础设施和社会保障为重点增强了农村公共产品供给。更重要的是,近年来我国强调农业的产业链延伸和功能拓展,强调三次产业的交叉融合和相互支撑,这些导致城乡二元经济结构呈现出持续缩减态势,农业和非农产业的比较劳动生产率差距也呈现出下降趋势,2021 年该指标为 3.75 倍。

现阶段我国正处在推进高质量发展和贯彻落实创新、协调、绿色、开放、共享发展理念的新发展阶段,实现城乡二元经济结构的持续转化和城乡融合发展是践行这些理念的题中应有之义。从操作角度看,经济总量增长、居民消费结构转变和城乡要素流转为农业的持续发展提供了内在动力,财政能力增强、政府与市场关系改善、公共产品配置均等化态势等也为农业的持续发展提供了外部条件。可以预期,在某些年份可能会出现农业和非农产业比较劳动生产率差距的波动,但长期来看,不同产业比较劳动生产率差距的逐步缩减、城乡二元经济结构的持续转化是未来我国经济社会发展中的基本态势。

## 四、城乡二元经济结构下农村劳动力转移

历史演进：
我国户籍制度的
历史演进

城乡融合发展必然涉及农村剩余劳动力的转移。其原因在于：城乡二元经济结构表现为传统部门具有相对于现代部门的生产率劣势，传统部门的劳动力流出将导致其劳动力供给下降和工资提高，现代部门的劳动力流入将导致劳动力供给增大而工资下降，最终形成两部门的生产方式、要素回报差距不断缩减并最终趋同。由此可见，不同部门的劳动力转移就成为城乡二元经济结构转化的核心机制。在刘易斯—费景汉—拉尼斯模型等经典城乡二元经济结构理论中，劳动力转移始终被视为实现城乡二元经济结构转化的主要方式。由劳动力转移推动的城乡二元经济结构转化是一个因要素配置效率提高而经济增长的过程，也是一个因要素收益率收敛而收入分配改善的过程。刘易斯—费景汉—拉尼斯模型将农村劳动力转移视为城乡二元经济结构转化的主要方式，但这种方式在特定隐含假设下才能发挥作用，现实的情况复杂得多。

---

**专栏 10-1　二元经济结构转化中的刘易斯转折点**

伴随着农村劳动力的转移，城乡两部门的工资决定机制及工资相对水平会发生变化，这种变化的拐点通常用"刘易斯转折点"加以说明。

在刘易斯—费景汉—拉尼斯模型中，农村劳动力非农化流转可分为三个阶段：第一阶段，以农业或农村为代表的传统部门存在无限供给的劳动力，劳动力非农化流转既不会影响农业产出水平，也不会抬升现代部门的工资水平，现代部门对流入的劳动力始终提供不变制度工资；第二阶段，农村边际产出为零的剩余劳动力已经转移完毕，但存在着边际产出低于平均产出，或者劳动力回报低于现代部门的过剩劳动力，此部分劳动力相对于不变制度工资不是剩余的，但相对于现代部门劳动报酬是剩余的，因此可称为相对劳动力剩余；第三阶段，农村部门相对剩余劳动力也已转移完毕，此时二元经济结构在劳动力配置意义上得以彻底转化。在这种转化过程中，第一阶段向第二阶段的转折点为"短缺点"，第二阶段向第三阶段的转折点为"商业化点"。尽管二元经济结构转化存在短缺点和商业化点的区别，但转折点的实质是传统部门的劳动无限供给阶段转向有限供给阶段，这种转变位置通常被称为"刘易斯转折点"。

对于我国是否出现了刘易斯转折点，学术界一直存在争论，具体可以概括为以下四种观点：

第一种观点认为，刘易斯转折点不适用于中国的二元经济。这一类学者认为中国的城乡二元经济与刘易斯假设的传统部门和资本主义部门有所不同，其传统部门生产

率保持在较低水平、资本主义部门不会发生失业等假设,与中国的现实状况并不相同。因此不能运用刘易斯转折点来分析中国城乡间的劳动力转移。

第二种观点认为,我国尚未进入刘易斯转折点。其主要对中国农村的剩余劳动力进行了估算,通过边际劳动生产率分析、农村劳动力供给与城市劳动力需求对比、细分劳动力转移部门等方法,证明我国农村剩余劳动力尚未转移完毕,进而指出我们未进入刘易斯转折点。

第三种观点认为,我国已经进入刘易斯转折点。持这种观点的学者认为我国农村剩余劳动力出现短缺,城乡转移人口就业工资以及农业部门工资得到明显提高,农业部门生产率水平较低,这些现象是我国已经进入刘易斯转折点的证据。

第四种观点认为,我国已经通过刘易斯转折点。其认为中国农村劳动力陷入枯竭,劳动力总需求大于总供给,制造业劳动力工资快速上涨,标志着农村部门相对剩余劳动力也已转移完毕,我国已经进入城乡劳动力转移的第三阶段。

改革开放以来,我国城乡之间的劳动力要素也呈现出再配置格局,这集中体现为农村劳动力向非农产业或城市部门的持续性流转。就表征形态来看,由于产业间的劳动生产率差距,我国也呈现出以农村劳动力转移为特征的城乡二元经济结构转化。1978—2021 年我国第一产业就业人数占总就业人数的比例从 70.53% 持续下降至 22.87%。[①] 与此对应的是,我国第二产业、第三产业以及城市部门的就业人数占比呈现出不断提高的基本趋势。我国农村劳动力的非农化流转是在市场经济体制转轨背景下,农村居民基于不同部门劳动力收益比较而选择的结果。

我国的农村劳动力流转具有独特的本土化特征,这表现为:

1. 我国农村部门的劳动力是沿着先本土化、再跨地区的路径逐次展开的。改革开放初期,我国乡镇企业异军突起,成为吸纳农村剩余劳动力的主体力量,而农村劳动力也以"离土不离乡"的方式进行优化配置。20 世纪 90 年代初期之后,伴随着乡镇企业进入调整转型阶段,我国农村劳动力开始以"进城务工人员"的方式开展跨产业、跨地区的流转。

2. 我国的农村劳动力流转发生在市场化体制转轨的背景下,我国的城乡劳动力市场正在发育,要素市场健全假设在现阶段的中国不成立。由此出发,我国城乡劳动力市场就具有较为显著的分割特征,农村劳动力可以基于劳动生产率比较而流向城镇部门,但其就业往往局限在制造业、建筑业和低端服务业等有限领域,且农村劳动力和城市劳动力获取的报酬也存在系统差异。

3. 我国城乡居民不仅存在要素报酬和经济差异,而且存在社会福利获取方式和身份差

---

① 数据来源:通过《中国统计年鉴—2022》表 4-2 计算得出。

异。农村劳动力流转可以导致职业转换,但不能带来身份转化,即农村劳动力可以因非农化就业而成为"工人",但不能因城市融入以及城市社会保障获取而成为"市民"。这一格局的直观表现是中国存在着规模庞大的"进城务工人员",2021 年全国农民工总量已达到2.93 亿人,其中外出农民工人数为 1.72 亿人①。改革开放以来,我国在城乡要素市场化改革渐进式推进的前提下,形成了职业转换与身份转化相分离的独特农村劳动力转移方式。此种方式一方面为农民在城乡之间的转换提供了缓冲机制,从而避免了拉美等经济体的流民危机;另一方面导致农村劳动力在职业转换之后面临着身份转化压力,城市流入人口和本地户籍人口在岗位选择、薪酬获取、社会保障供给等方面存在差别,这种新城乡二元结构已成为现阶段我国经济社会发展需要着力破解的重大问题。

## 第四节　走城乡融合发展之路

### 一、加快建设农业强国

城乡融合发展的基础是农业发展,实现从农业大国到农业强国的跨越,建设农业强国是社会主义现代化的必经之路。2022 年,党的二十大报告提出"加快建设农业强国",正式将农业强国建设纳入中国全面建成社会主义现代化强国战略体系。2022 年底,习近平在中央农村工作会议中强调"没有农业强国就没有整个现代化强国",阐明了农业强国对于社会主义现代化强国建设的根基地位,并明确指出全面推进乡村振兴是建设农业强国的重要任务。

伴随国家经济实力的不断增强、工业化信息化城镇化水平的逐步提高和农业现代化的持续推进,我国建设农业强国的条件不断完善。从农业发展的外部条件看,党的十八大以来,工业化、信息化、城镇化和农业现代化"四化"同步发展中,农业现代化作为短板弱项,受到了其他三化的反哺和带动。较为完备的现代工业体系、广泛应用的农村信息技术和数字技术以及不断提高的城镇化水平,从装备、产业、管理及经营等层面促进了农业现代化发展。从农业自身条件看,农业现代化建设是农业强国建设的关键支撑,为农业强国的实现奠定了坚实基础。首先,国家粮食产能稳定提升,做到了谷物基本自给、口粮绝对安全,满足了农业大国向农业强国跨越的首要和必备条件,夯实了建设农业强国的物质基础;其次,农业支持政策和基础设施条件持续完善,优化了建设农业强国的政策体系,创造了建设农业强国的坚实支撑;最后,新型农业经营主体及其经营规模不断增加、扩大,壮大了建设农

---

① 数据来源:中华人民共和国 2021 年国民经济和社会发展统计公报[EB/OL],国家统计局,2022-02-28.http://www.stats.gov.cn/tjsj/zxfb/202202/t2020227_1827960.html.

业强国的必备主体和核心力量。

如何把握农业强国的特点？可以从资源条件、类型以及农业强国与农业现代化的关系三方面认识。资源条件方面，虽然大部分农业强国都具备充裕的自然资源，例如美国、加拿大，但资源禀赋并非决定性因素，资源相对短缺的国家，例如日本、荷兰，也能通过农业现代化发展实现农业强国建设；农业强国类型方面，主要有多种类、高产出的综合型以及个别部门比较优势突出的特色型，例如美国拥有丰裕的自然资源，主要农产品产出水平高、品类丰富，属于综合型农业强国，而荷兰资源禀赋有限，初级农产品生产能力有限，但奶制品、花卉部门比较优势突出，国际竞争力强，成为特色型农业强国；农业强国与农业现代化关系方面，农业现代化是建设农业强国的立足点和基本前提，但非充分条件，还要求一国农业在国际竞争中占据优势地位、形成国际影响，根据乡村振兴战略规划，我国预计在 2035 年基本实现农业农村现代化，距建成农业强国仍有一定建设期。综合来看，农业强国的农业发展水平应居世界前列，并具备农业供给保障能力强、农业竞争力强、农业科技创新能力强以及农业可持续发展能力的特征。

我国农业强国建设要体现中国特色，立足我国国情、农情及资源禀赋，发扬我国悠久的农耕文明，遵循人与自然和谐共生的时代要求，走具有中国特色的农业强国道路。我国人多地少、消费市场规模巨大，决定了建设农业强国的底线任务——保障粮食安全、依靠自己的力量端牢饭碗；不同于资本主义农业强国，我国农村土地集体所有且主要表现为家庭小规模经营，揭示了建设农业强国的关键之处——依托双层经营体制发展农业、实现小农户与现代农业相衔接；我国资源约束仍然趋紧，生态低碳是重要价值取向，指明了发展农业强国的必经之路——发展生态低碳农业；我国农耕文明历史悠久，既是宝贵的历史馈赠，又是农业农村发展的深厚"家底"，明确了建设农业强国的价值追寻——赓续农耕文明；农民是农业农村发展的主体，也是农业强国的建设主体，更应成为农强国强的主要受益者，体现了建设农业强国的目的所在——实现城乡融合发展、扎实推进共同富裕。

## 二、新时代中国推动城乡融合发展的主要路径

新时代我国实现城乡融合面临着新目标、新条件，实现城乡经济社会融合的发展目标，必须利用有利条件回应推进过程中的关键问题。由此出发，我国的城乡融合应该按照重塑城乡关系、走城乡融合发展之路的要求，建立起工农互促、城乡互补、全面融合、共同繁荣的新型工农城乡关系，具体采用如下基本路径：

第一，加快农村基础设施建设提档升级。以农村基础设施建设为重点，加快对农村交通基础设施、信息基础设施建设，实现对农村电网改造的全覆盖，探索农村清洁能源推广，建立农村垃圾处理点，推动农村教育事业发展，促进农村公共品和基本公共服务提档升级。

第二，加快农业现代化建设和乡村产业发展。区别于城镇部门，农村拥有以植物栽培

业和动物饲养业为主体的农业,这意味着城乡融合内含着农业现代化,农业现代化也是城乡融合化发展的重要方式。这不仅因为农业在国民经济的产品、外汇、要素、市场等发挥作用,而且因为农业现代化有助于城乡的经济社会差距逐步收敛。农业现代化意味着农业生产力的解放和发展,意味着农业经营者经济收益的提高,意味着特定国家经济社会协调程度的提高。乡村振兴的关键是产业振兴,要持续推进农村一二三产业融合发展、大力发展县域富民产业并促进农民就地就近就业创业,从而控制、缩小城乡差距,推动城乡融合发展。

第三,加快促进农民增收。以农民增收为重点,以逐渐消除城乡收入差距为目标,支持农民创业增收、农村剩余劳动力转移增收、农民工就业增收,并完善监测帮扶机制、推动脱贫地区帮扶政策落地见效,坚决守住不发生规模性返贫底线。

第四,加快建设美丽乡村。坚持人与自然和谐共生,走乡村绿色发展之路,以绿色发展引领生态振兴,统筹山水林田湖草系统治理,加强农村突出环境问题综合治理,建立市场化多元化生态补偿机制,增加农业生态产品和服务供给,实现百姓富、生态美的统一。

第五,加快推进以人为本的新型城镇化。对发展中国家而言,城镇化是劳动力和人口空间流动的客观产物,也是化解城乡经济社会差距的重要途径。改革开放以来,我国的城乡二元经济结构转化伴随着城镇化规模和速度的提高,但城镇化的质量和内涵难以令人满意。现阶段我国必须在创新理念和方式的基础上积极推进城镇化,新型城镇化应成为我国实现城乡经济社会融合的关键方式。

## 三、实现城乡融合发展的政策措施

新型城镇化、农业现代化和新农村建设是实现城乡融合发展的主要路径,这些方式均与城乡之间的劳动、资本和土地要素配置紧密相关。由此出发,城乡融合的相关政策包括:

### (一)围绕城乡劳动要素配置的政策

1. 加快推动户籍制度改革,将用以区分身份的户籍政策转变为用于居住登记的新型户籍政策。在县级市和地级市,应取消农村人口的户籍准入壁垒,只要农村居民在城市具有稳定的就业岗位、较强的置业能力和流入意愿,此类城市应允许农村居民落户并进行户籍登记转换。在省会城市和直辖市,在综合考虑城市公共资源承载能力的条件下,应逐年扩大外来人口的落户比例和规模,同时应将核心区域的优质医疗、教育、养老等资源向外部扩散,提高整个城市的经济辐射能力及其对农村人口的吸纳能力。

2. 立足于基本公共服务均等化配置的理念,增强农村社会保障的供给力度。应基于广泛覆盖、逐步提高原则推动农村公共产品供给方式变革,结合全国和地方财政能力的提升态势,逐年提高针对农村居民的医疗、养老和教育供给水平。同时,应探寻城乡之间农村劳动力职业转化后社会保障供给的转换途径,充分考虑农村劳动力在彻底脱离土地之后在城市的融入问题,应积极推动农村土地承包经营权、农户宅基地使用权的资本化,以使农村居民在放弃土地权益后可获取城市落户的初始资本。

3. 增强对农村居民的人力资源的持续投资,提高其在劳动力市场的议价能力。基于市场化改革拓展城镇国有行业的劳动力来源渠道,通过混合所有制、产业结构升级等促进民营企业发展,以此增加企业的就业需求以及就业岗位的层次性,而后者会对农村劳动力增强受教育程度、在岗培训和就业流动性提供激励。增强农村地区的基础教育投资力度,而城镇的基础教育资源应在更大程度上向进城务工人员子女开放,增强针对农村劳动力的职业教育和在岗培训力度,对实施进城务工人员在岗培训的企业和其他机构则应给予金融、财税方面的政策支持。

4. 降低劳动力市场的交易成本,逐步完善城乡之间的劳动力市场体系。积极发展社区、地区和全国的劳动力市场供求信息平台,提高农村劳动力向城镇就业供给及城镇单位对农村劳动力就业需求的信息匹配程度。允许并鼓励进城务工人员形成社区性、地区性的自发合作经济组织,依靠合法、合规的集体方式来形成与企业等用工单位的新型议价机制。为城乡居民的自主创业提供更为宽松的市场环境,在法律框架内鼓励多类型、多层次、多地域的服务业发展,为城乡劳动力市场的范围扩大和层次多样性提供有利条件。

### (二)围绕城乡资本要素配置的政策

1. 通过财政支农和政策性金融来发展农业,以此矫正农村资本的单向外流。应增大针对农村的财政支持力度,不断改善和创新财政支农方式,财政支农应向土地规模化经营、生物化、机械化、土地治理、生态环境保护等领域倾斜。应通过拓展业务范围、下沉业务层级等方式,更为充分地发挥中国农业发展银行在农村金融体系中的骨干作用,鼓励各类金融机构为农业或涉农产业提供融资优惠。在牌照发放和准入制度等方面给予农村金融适度倾斜,鼓励农业部门以较低成本获取具有普惠性质的金融资源。

2. 推动农村合作性金融改制,促使农村形成具有自生功能的金融形态。按照农有、农治、农享原则重建农村信用社,政府对新型农村信用社给予再贷款、再保险、利率确定等方面的支持。如现有农村信用社希望通过产权改制和经营方式变革以灵活配置信贷资源,则应将其转为商业银行(农商行)以纳入一般性金融机构进行管理。借鉴孟加拉国乡村银行的运行机制,允许并鼓励农村资金互助组织等合作金融形态,政府可在提供业务指导和风险警示等服务的前提下彰显此类农村金融形态的比较优势。

3. 发展农村商业性金融,将其作为农村资本形成与规模扩张的主要载体。在推动农业组织创新和产业结构调整的基础上扩大农村商业银行服务对象,通过土地制度改革,尤其是赋予土地承包经营权以抵押权,以此来扩展农村部门从商业银行获取资金的信贷担保体系。完善并创新农村商业性金融形态的监管方式,适度放松农村各类商业性金融的准入条件,鼓励保险机构针对农村居民和农业经营设计保险产品,尤其是基于土地承包经营权流转将经营大户纳入保险范围,拓展农产品期货市场品种并形成现货市场和期货市场的良性联动机制。

4. 将支农政策与农业结构调整相结合,从点及面提高农村的资本收益率。我国政府针对粮食等农产品的收购价应在考虑物价上涨的背景下逐年提高,推动农村土地承包权流转,因地制宜、与时俱进推进农业经营的组织化和规模化,鼓励农户形成各类自发性的合作经济组织。依托企业的市场开发和要素整合能力来推动农业技术进步,政府通过产业政策和财税政策等为农业技术进步提供支撑条件。应依靠激励机制设计保障农产品供给安全,鼓励不同区域探索农村产业结构的转型升级路径,尤其要在政策层面支持农业的多功能和三次产业融合态势。

### (三) 围绕城乡土地要素配置的政策

1. 完善农村耕地产权制度,明确土地承包关系长久不变的内涵和外延。我国在延续耕地集体所有制的基础上,拓展农户承包权的权利范围,延长农户承包权的权利期限,并在农户承包权基础上分出经营权以促进土地的社会化利用,所有权、承包权、经营权的"三权分置"和优化组合应成为耕地产权制度变革的方向。应将流转权、抵押权、租赁权等细分权利赋予农户的承包经营权内,在土地确权全面完成或本轮承包期结束后,赋予农民相对于此前更长期限的土地承包权,鼓励农民在人口非农化流转的基础上出让土地承包权,依托土地承包经营权流转和土地经营权让渡来实现农业经营组织方式创新。

2. 厘清耕地和集体建设用地的边界,提高农村集体建设用地的使用效率。在坚持集体所有制的基础上,在法律层面使权利主体处置土地以及分配土地收益透明化,确保集体成员对经营性集体建设用地处置和收益分配具有影响力。对于宅基地应明确占地农户的权利边界,应将抵押权、租赁权等赋予农户的宅基地使用权。稳步探索宅基地所有权、资格权、使用权"三权分量",落实宅基地集体所有权,保障宅基地农户资格权和农民房屋财产权,适度放活宅基地和农民房屋使用权。应在政策层面促进农村集体建设用地进入城乡土地市场,逐步形成城乡统一的建设用地市场,促使农村集体建设用地按照同价同权原则转为城镇国有建设用地。

3. 规范农村土地征用的流程,约束地方政府在征地中的"自由裁量权"。应在法律层面明确政府土地征用时的公益项目范围,土地征用应局限于国家安全、基础设施建设、生态环境保护等极小范围,其余以盈利最大化为目标的城镇用地均应依托城乡统一土地市场来完成。同时,我国应将农民的影响力从土地征用之前扩展至土地征用及后续使用的整个过程,应在法律文本上明确,地方政府在土地征用之前必须对土地增值收益的分配方案公开化,必须对土地用途以及作价方式透明化,确保包括农村居民在内的多元主体依据政府承诺进行监督。

4. 完善土地征用补偿方式,提高农村从城乡土地再配置中的收益份额。应将土地产权制度变革、土地社会保障功能以及土地用途再配置等因素引入其中,充分参照相邻地块的征用成本和市场价格,在整体上提高针对农民的土地补偿水平。通过制定区片综合地价来保障被征地农民原有生活水平不降低,长远生计有保障。可以将现行的农业年产值倍数理解为对土地作为生产资料的补偿,在此基础上,应再设置附加的农业年产值年倍数以体现土地作为农民保障的补偿。上述倍数关系可随时间推移向上调整,土地征用抵扣成本之后的剩余应纳入财政收入以进行公共产品供给。

### (四)围绕城乡要素再配置的配套性政策

1. 加强技术创新和组织方式创新,提高不同地区的农业经营效率。农业经营效率提高是优化城乡要素配置、增强农产品供给和增加农民收入的重要途径。我国应鼓励各地开展不同类型的农业技术和组织创新,发挥地区落差形成的多种多样"试验田"优势。同时,依托财政、金融、产业准入、信息服务等政策安排,推动农户经营、家庭农场、专业大户、农民专业合作社、农业企业等组织形式的发展壮大,创新农业科研体制和技术推广形式,实现农业经营领域的产学研一体化,提高技术进步对改造传统农业和提高农业经营效率的贡献度。

2. 完善激励机制和财政管理体制,促使地方政府的经济职能转变。中央政府应淡化对地方政府的经济增长激励,引入城乡结构转化、收入分配改善、技术进步和扩散等发展指标,设计更能契合经济发展质量和成果分配正义的指标体系。此外,我国应加快形成各级政府财权和事权相对均衡的新型财政管理体系,当务之急是将基本养老金、跨流域生态治理、主干型基础设施建设等的财政支出适度上移,同时在部分财权下沉的基础上,通过试点推广房地产税等使地方形成持续的财政来源。

3. 依靠体制改革深化和顶层设计,推动地区间的经济融合和激励相容。城乡融合发展不仅涉及城乡间的要素再配置,而且涉及区域间的要素再配置。在统筹协调发展战略背景下,中央政府应通过基础设施建设和行政激励机制变革,消除不同地区之间的要素市场和商品市场分割,逐步形成全国统一的、交易成本较低的要素市场。中央政府应加快基本公共服务的均等化进程,为城乡居民提供具有普惠共享性质的最低社会保障,通过财政制度设计激励人口流入区域有效吸纳农村劳动力,并在人口密度增大的基础上发挥城镇集聚效应。

4. 持续改善营商环境,提高各类企业,尤其是民营企业的城乡要素配置效率。在城乡融合发展中,各类企业扮演着吸纳就业、推动创新、提高要素配置效率的作用。我国应对国有企业和民营企业实施同等程度的产权保护,着力推进国有企业和民营企业的混合所有制,降低民营企业在竞争性行业的进入壁垒,减少针对民营企业设立和行业准入的行政审批。着力推进直接融资市场和间接融资市场改革,拓展民营企业融资渠道,降低民营企业融资成本,使民营企业和国有企业按照同等基准获取资本、土地等生产要素。

## 本章小结

1. 消除城乡差别、实现城乡融合发展,是社会主义和共产主义社会发展的一个重要目标,也是全面建成小康社会和实现社会主义现代化的一项的重要任务。作为最大的发展中国家,城乡二元结构的长期存在,是制约我国经济社会发展的一个突出问题。因此,统筹城乡发展,解决好"三农"问题,始终是发展中国特色社会主义经济的重中之重。

2. 改革开放以来我国的城乡融合发展取得了显著绩效和成就,城乡之间的商品和要素流动性得到了持续增强,农村部门的产业结构多元化得到了快速发展,农业产业的要素配置效率得到了明显提高,农村社会保障的供给程度得到了显著改善,城乡收入差距和城乡消费差距呈现出收敛趋势。但仍面临着多重挑战,需要解决多种问题。

3. 城乡二元经济结构是我国城乡融合发展着力解决的重要问题。我国的城乡二元经济结构的差异源自于农业产业弱质和国家战略的交互作用。随着城乡一体发展战略的持续推进,农业和非农产业比较劳动生产率正逐步缩减,城乡二元经济结构的持续转化是未来我国经济社会发展中的基本态势。

4. 新时代我国面临着持续推进城乡融合发展的重大历史任务。为此必须加快建设农业强国,必须加快推动新型城镇化、农业现代化和新农村建设,加快推动户籍制度改革,完善农村土地制度,促进城乡要素的合理流动,着力实现基本公共服务均等化配置,增强对农村居民的人力资源的持续投资,降低劳动力市场的交易成本,完善城乡融合的体制机制。

## 复习思考题

1. 我国城乡融合发展的内涵和实践意义是什么?
2. 城乡二元经济结构是如何形成的? 我国的城乡二元经济结构形成有哪些特征?
3. 为什么说在我国城乡融合发展中需要"有效的市场、有为的政府"?
4. 如何理解加快建设农业强国?
5. 如何从城乡要素再配置视角理解我国城乡融合发展的政策选择?

## 即测即评

请扫描二维码进行即测即评。

# 第四篇
# 中国特色社会主义对外开放

　　国际经济关系是国内经济关系的延伸,是社会生产关系的重要组成部分。资本主义生产方式的出现,一方面促进了生产社会化的发展和各国之间的相互依赖;另一方面形成了以资本主义为主导的不平等的世界经济体系和全球经济治理体系。改革开放以来,我国坚持对外开放的基本国策,积极参与经济全球化,逐步融入了世界经济体系中。中国特色社会主义对外开放的主要内容包括以下三个方面:一是正确处理坚持对外开放与独立自主的关系,把积极参与经济全球化和自主发展结合起来。二是在平等互利的基础上形成有利于中国特色社会主义经济发展的国际经济关系。三是积极参与全球经济治理,以平等、开放、合作共赢、共商共建共享的理念推动全球经济治理体系的完善。

# 第十一章　经济全球化与对外开放

经济全球化是社会生产力发展的客观要求和科技进步的必然结果,是时代的潮流。党的十一届三中全会以来,我国确立了对外开放基本国策,积极参与经济全球化进程,推动建设开放型世界经济,走中国特色社会主义对外开放之路,为促进世界经济的繁荣做出贡献。

## 第一节　经济全球化

### 一、经济全球化的内涵与表现

马克思主义认为,人类社会最终将从各民族的历史走向世界历史,经济全球化是走向世界历史的物质基础。所谓经济全球化,是指生产要素突破国家的界限在全世界范围内流动和配置的过程,是减少乃至消除国家间的各种壁垒,使不同国家的经济相互渗透、相互影响、相互依存的程度不断加深的过程,具体表现为贸易自由化程度提高、金融国际化趋势增强、全球生产经营网络形成,以及世界各国在有关全人类共同关心的资源问题、环境问题等方面的合作与联系日益加强等方面。经济全球化意味着生产力不断发展,生产社会化程度不断提高,从而人类活动空间不断扩大。

现代意义的经济全球化是资本主义生产方式的产物,并随着资本主义生产方式的发展而发展。15 世纪初,随着商品经济和远程贸易的发展,世界市场已初具雏形。16 世纪上半期"地理大发现"以及海外殖民地的开拓,带来了对外贸易的发展和国际交换的扩大,各国经济闭关自守的状态被逐渐打破。18 世纪中期至 19 世纪中期,工业革命奠定了资本主义的物质基础。大机器工业强烈要求有发达的世界市场,世界市场又促进了现代交通(航海、铁路、航空)的发展和大规模的使用,而这反过来又成为世界市场发展的重要条件。工业国的资本主义迅速发展,农业国则沦为工业国的殖民地,世界资本主义体系逐步形成。19 世纪后半期发生了以电力和电动机的发明与使用为标志、以重化工业的兴起为核心的第二次工业革命,极大地促进了世界经济的发展。同时,随着环球铁路网的建设、海洋航线的开辟、电报电话的开通等,各国国内的生产和市场日益转变为世界性的了。第二次工业革命的发展同时促进了生产和资本的集中,使资本主义进入垄断阶段。在这一阶段,与商品输出不同的资本输出具有了特别重要的意义,瓜分世界的资本家国际垄断同盟已经形成,最大资本主义国家已经把世界上的领土瓜分完毕,形成了极少数帝国主义国家对世界上绝大多数国家实行殖民压迫和金融扼杀的世界体系。19世纪末到20世纪初的经济全球化进程被两次世界大战打断。为了克服贸易上的保护主义和金融上的利己主义对经济发展所造成的巨大灾难,第二次世界大战后的胜利国主导建立了新的世界经济体系——布雷顿森林体系。布雷顿森林体系的主要机构是号称国际经济领域中三大支柱的关税及贸易总协定(后发展为世界贸易组织)、国际货币基金组织和世界银行。布雷顿森林体系的建立为资本主义经济的发展创造了稳定的国际环境,使世界资本主义的发展进入了第二次世界大战后的黄金时期。

20世纪七八十年代以来,经济全球化有了新发展,主要表现在以下方面:

1. 贸易的全球化。相当规模的商品交换超越了民族、国家的地域,使国际贸易的流量大幅度增加。20世纪80年代后,国际商品贸易高速增长,1981—2000年,国际商品贸易年均增长率达到6.1%,高于同期3.3%的世界产出增长率。其中1981—1990年国际货物贸易年均增长5.6%,1990—2000年为6.5%。[①]

进入21世纪以后,商品贸易继续快速增长。在全球金融危机前,即2001—2007年,全球商品贸易出口总额的年均增速为12.0%。全球金融危机的爆发虽然对国际贸易造成了短暂的冲击,2009年全球商品贸易出口总额下降了22.2%,但是仅过了一年的时间,又重拾上升势头。2019年年底,全球商品贸易出口总额已经达到19.01万亿美元,与2000年相比增长了近2倍。2021年,全球货物进出口总额达到22.33亿美元,创下有统计以来的新高。[②] 服务贸易增长势头也异常迅猛,2021年全球服务贸易总量为6.1万亿美元,与2000年相比增长了近3倍。[③] 伴随着国际贸易规模快速增长,贸易结构也经历了重大变化,贸易自由化的深度和广度均在不断拓展,贸易全球化已成为当今全球化的重要表现。

国际贸易使各国在世界市场机制的作用下重新配置资源。从使用价值上看,通过国际贸易,各国可以互通有无,获得自己所需要的产品;从价值上看,通过国际分工和国际贸易,各国可以出口国内生产成本低、比较利益高的商品以及进口国内生产成本高、比较利益低的商品,从而节约劳动消耗。世界市场强化了市场竞争环境,促使参与竞争的国家提高技术水平,改进产品结构,加强质量控制,完善管理机制,提高劳动生产率。

---

① 数据来源:联合国贸易和发展会议统计数据库"商品:总贸易增长率"。
② 数据来源:联合国贸易和发展会议统计数据库"商品:总贸易额及份额。"
③ 数据来源:联合国贸易和发展会议统计数据库"国际服务贸易——服务(BPM6)。"

2. 金融的全球化。金融全球化是指世界各国和地区放松金融管制、开放金融业务、放开资本项目管制,使资本在全球各地区、各国的金融市场上自由流动,最终形成全球统一的金融市场和统一的货币体系的趋势。

全球外国直接投资(净流入)在 1990 年时仅为 0.24 万亿美元,而 2007 年峰值时增长到了 3.13 万亿美元,2008 年金融危机后才有所下降。2021 年,该数值为 2.23 万亿美元①。

在国际证券市场上,全球上市公司数量 1990 年为 2.54 万家,2019 年为 4.32 万家,增长了 70%。全球上市公司总市值(现价)1990 年为 9.52 万亿美元,占 GDP 的比例为 50.7%;2020 年增至 93.69 万亿美元,占 GDP 的比例升至 133.2%,总市值是 1990 年的近 10 倍。全球股票交易额,1990 年为 6.21 万亿美元,占 GDP 的比例为 32.1%;2019 年全球股票交易额增至 61.14 万亿美元,占 GDP 的比例升至 83.9%;交易额是 1990 年的近 10 倍②。

金融国际化促使资金在全世界范围内重新配置,一方面使欧美等发达国家的金融中心蓬勃发展,另一方面也使发展中国家,特别是新兴市场经济国家获得了大量急需的经济发展启动资金,带动了地区经济乃至世界经济的增长。

3. 生产的全球化。生产的全球化是以国际分工的发展为基础的,根据国际分工形式的不同,生产全球化也包括了两种主要形式:第一种形式以传统的垂直型分工为基础,国家之间的劳动分工按照不同的产业进行,如落后国家从事农业生产及初级产品的生产,先进国家从事工业制成品生产;或落后国家从事劳动密集型产品的生产,发达国家从事技术密集型和资本密集型产品的生产。世界市场价格机制调节着各国企业的生产以及资源配置。第二种形式是以水平型国际分工为基础的生产专业化形式,其主要特点是分工在同一产业的同一部门内,按照产品生产的不同工艺环节、或按照产品零部件、或按照产品型号进行,主要表现为跨国公司的发展。

20 世纪 70 年代以后,经济全球化的重要特点是以跨国公司内部分工为基础的生产的全球化的迅猛发展。跨国公司是经济全球化的最高表现形式,它把传统的国际分工变成了企业内部的分工,在全球范围内对生产要素进行直接配置,组织跨国经营,从而形成了全球性的生产网络。它加速了资本的国际流动,推动了国际贸易的增长,增进了国际范围内的分工和协作,促进了技术的转移和扩散,有力地推动了经济全球化的发展。

据联合国贸易和发展会议组织有关资料,发达国家跨国公司母公司在 1968 年有 7 276 家,在 1978 年增加到 10 727 家。它们的子公司数在 1968 年为 27 300 家,在 1978 年为 82 266 家。到 2002 年,跨国公司数目增加到大约 64 000 家,外国子公司增加到 870 000

---

① 数据来源:世界银行数据库"外国直接投资净流入(BOP,现价美元)"。

② 数据来源:世界银行数据库"国内上市公司市值(现价美元、占 GDP 的百分比)"以及"股票交易总额(现价美元、占国民生产总值(GDP)的比例)"。

家。① 外国子公司的销售额在 1990 年为 4.72 万亿美元,2013 年则为 34.51 万亿美元,增长了 6.31 倍;就业人数在 1990 年为 2 062 万人,2013 年则为 7 073 万人,增长了 2.43 倍;总资产在 1990 年为 3.89 万亿美元,2013 年则为 96.63 万亿美元,增长了 23.84 倍。外国子公司的出口在 1990 年为 1.5 万亿美元,2013 年则为 7.72 万亿美元,占世界出口总额的比例分别 36.47%与 33.34%,大体维持在 1/3 的水平。外国子公司创造的增加值在 1990 年为 1.3 万亿美元,在 2013 年则为 8 万亿美元。② 以上数据足见跨国公司的影响在逐渐增强。而随着世界各国吸引外商直接投资的政策越加宽松,跨国公司及其外国子公司网络在世界经济中扮演的作用更加重要,成为全球化投资、生产和贸易的重要方式。根据经合组织的分析性数据,2016 年,跨国公司及其外国子公司占到世界总产出和 GDP 的 1/3,国际贸易的 2/3,其重要性和影响力可见一斑。③

## 二、 马克思主义视野中的经济全球化

"经济全球化"虽然是冷战结束后才流行起来的一个概念,但作为一种客观现象,它并不是什么新东西。早在 19 世纪,马克思恩格斯在《德意志意识形态》《共产党宣言》《资本论》等著作中就详细论述了自由贸易、世界市场和世界历史等问题,深刻揭示了经济全球化的本质和历史趋势。

马克思主义政治经济学强调,经济的全球化具有双重性:一方面是生产的社会化和资源配置的全球化过程,另一方面是社会经济关系的全球化过程。

1. 从生产力发展和资源配置的角度看,经济的全球化是生产社会化发展的更高阶段。在全球化的经济中,社会总资源的配置是通过世界市场在全球范围内来实现的,商品、资本和劳动力的流动跨越了国家的界限,市场经济日益具有国际性,国际贸易不断扩大,跨国投资不断增加,包括银行贷款、票据融资和债券发行在内的国际金融市场不断发展,劳动力的跨国流动和国际移民不断增加,国际价值规律成为调节生产过程的主要规律。

经济全球化是生产社会化发展的必然趋势,对于生产力的发展有着巨大的推动作用。全球化促进了国际分工在广度和深度上的发展,加速了商品、资金、信息和劳动力在全球范围内的流动,加快了知识和技术传播与扩散的速度,强化了各国和各民族之间的相互联系和相互依赖,提高了全世界资源配置的效率,导致了社会财富的日益增长。对于发展中国家来说,经济全球化有利于它们更多地获得资金尤其是跨国公司的直接投资,加快经济发展和结构调整;有利于它们更好地利用自身优势,开拓国际市场,发展对外经济贸易;有利于它们更快地得到先进技术、管理经验,发挥后发优势,实现技术跨越。经济全球化的进程

---

① 数据来源:联合国贸易和发展会议组织《2003 年世界投资报告》(中文版)。
② 数据来源:联合国贸易和发展会议组织《2014 年世界投资报告》(中文版)。
③ 数据来源:经合组织分析性 AMNE 数据库。

如能加以正确引导和驾驭,可以促进各国的经济和社会发展,也有利于世界经济的发展和国际社会的稳定。因此,尽管当今世界的经济全球化在本质上是资本的全球化,但是,正如马克思早就指出的那样,资产阶级创造全球市场的这种冲动,却成了推动历史发展的不自觉的工具,"资产阶级历史时期负有为新世界创造物质基础的使命:一方面要造成以全人类互相依赖为基础的普遍交往,以及进行这种交往的工具,另一方面要发展人的生产力,把物质生产变成对自然力的科学支配。资产阶级的工业和商业正为新世界创造这些物质条件,正像地质变革创造了地球表层一样"。① 从这个意义上说,经济全球化代表了人类社会的未来,共产主义的目标只有在历史转变为世界历史的前提下才有可能实现,因为,"只有这样,单个人才能摆脱种种民族局限和地域局限而同整个世界的生产(也同精神的生产)发生实际联系,才能获得利用全球的这种全面的生产(人们的创造)的能力",②并且"随着资产阶级的发展,随着贸易自由的实现和世界市场的建立,随着工业生产以及与之相适应的生活条件的趋于一致,各国人民之间的民族分隔和对立日益消失"。③ 这就是全球化的进步性和历史意义所在。

2. 从生产关系的角度看,历史上发生的经济全球化,实际上是资本主义生产方式在世界范围内的扩张过程,是资本主义主导的经济全球化。马克思早就看到,"创造世界市场的趋势已经直接包含在资本的概念本身中。任何界限都表现为必须克服的限制。"④"资本一方面要力求摧毁交往即交换的一切地方限制,征服整个地球作为它的市场,另一方面,它又力求用时间去消灭空间,就是说,把商品从一个地方转移到另一个地方所花费的时间缩减到最低限度。"⑤"不断扩大产品销路的需要,驱使资产阶级奔走于全球各地,它必须到处落户,到处开发,到处建立联系。""资产阶级,由于开拓了世界市场,使一切国家的生产和消费都成为世界性的了。……过去那种地方的和民族的自给自足和闭关自守状态,被各民族的各方面的互相往来和各方面的互相依赖所代替。"⑥在资本原始积累时期,资本主义制度的扩张是通过对殖民地的征服来实现的。在自由竞争时期,资本主义制度的扩张是在武力征服和自由贸易的共同推动下完成的。进入垄断阶段后,资本的输出成了资本主义制度全球扩张的主要工具,通过对外投资,资本主义生产关系直接输出到广大发展中国家,资本主义生产方式在全球得到推广。

---

① 马克思.不列颠在印度的统治[M]//马克思恩格斯选集:第1卷.北京:人民出版社,2012:862.
② 马克思,恩格斯.德意志意识形态[M]//马克思恩格斯选集:第1卷.北京:人民出版社,2012:169.
③ 马克思,恩格斯.共产党宣言[M]//马克思恩格斯选集:第1卷.北京:人民出版社,2012:419.
④ 马克思.《政治经济学批判(1857—1858年手稿)》摘选[M]//马克思恩格斯文集:第8卷.北京:人民出版社,2009:88.
⑤ 马克思.《政治经济学批判(1857—1858年手稿)》摘选[M]//马克思恩格斯文集:第8卷.北京:人民出版社,2009:169.
⑥ 马克思,恩格斯.共产党宣言[M]//马克思恩格斯选集:第1卷.北京:人民出版社,2012:404.

总之,资本主义主导的经济全球化是一把"双刃剑",在推动生产的社会化和世界经济发展的同时,又给世界经济的发展带来了许多新矛盾,必然使资本主义的基本矛盾也随着经济的全球化而在全世界范围内得到了更为广泛的扩张。对发展中国家来说,它是机遇,更是挑战。

首先,历史上的经济全球化是西方发达国家主导的,在这一过程中,发达的资本主义国家处于"中心"地位,垄断着资金、技术、生产力、军事、政治等资源,并在制定国际经济的"游戏规则"中发挥着主导作用,因而成了支配的一方,它们在全球化中获益最大;广大的发展中国家则处于"外围"地位、处于依附地位,面临着被边缘化的危险。

其次,经济的全球化过程是与经济的自由化和放松国家对本国市场的调控相联系的,削弱了主权国家的自主性。由于世界经济的规则由发达国家制定,主要的国际经济组织由发达国家控制,跨国公司建立的全球性经济网络日益突破国界的限制,把资源和财富集中在自己手里,这会严重制约和削弱了发展中国家的自主发展能力。

历史演进:
依附理论的演进
发展

再次,随着经济全球化的不断发展,世界性经济危机也在不断深化。经济的全球化就把生产与消费、个别企业生产的有组织性与整个社会生产的无组织性的矛盾推向了一个更高的阶段和更广的范围,这样就产生了越来越大的经济失调的可能性,从而导致了世界性经济危机的爆发,对发展中国家经济形成严重冲击。

最后,当今世界的经济全球化是一种不对称的全球化,在全球化的滚滚浪潮中,发达国家强调资本的自由流动,对来自发展中国家的劳动力流动却设置了重重障碍,劳动力市场的全球化远远落后于商品和资本的全球化。这样就形成了一种不对称的全球化,货物和资本市场倾向于全球化,劳动力市场却被分割成许多板块,一方面是越来越全球化的经济,另一方面是不同主权国家和政治社会的继续存在。不对称性导致了南北差距的不断扩大和民族、国家之间利益冲突的持续存在。

总之,经济全球化既是生产力发展和科技进步的产物,有利于资源在全球的合理配置;又是生产关系在全球发展变化的产物,引发各种社会矛盾和冲突。

因此,作为发展中的社会主义国家,必须全面而辩证地认识和对待经济全球化。一方面,积极参与经济全球化和国际竞争,坚定实行对外开放政策,大胆地学习和借鉴发达资本主义国家在经济、政治、科技、教育、文化和管理等方面所创造的先进的物质文明和精神文明,分享经济全球化的好处;另一方面,在对外开放的同时,又要坚持独立自主、自力更生的方针,把立足点放在依靠自身力量的基础上,使对外开放更健康地推进,更有利于自身的经济发展和社会发展。同时,和世界人民一道,努力克服资本主义主导的经济全球化的弊端,使经济全球化朝着正确方向发展。

专栏 11-1　对经济全球化的不同认识

不同的理论流派对经济全球化的实质和发展的规律和趋势有不同的认识。除了马克思主义的看法之外，比较有影响有以下几类。

1. 经济自由主义的全球化观。这一理论崇尚自由市场，反对国家干预，认为市场会按照自身内部的逻辑向前发展，自动达到供求均衡，实现资源优化配置，提高人们的福利水平。他们认为，自由贸易是最佳的贸易政策，因为专业化和国际分工能提高各国的生产率，从而增加了本国和世界的财富积累，并且还增加了各种消费的可能性。同样，如果允许生产要素在全球自由流动，则必然会促进各国的互利互惠，提高全世界的总福利。

2. 经济民族主义的全球化观。与经济自由主义强调国际贸易的互惠互利性不同，经济民族主义则认为这种贸易关系本质上是相互冲突的。早期古典重商主义，强调发展贸易以及国际贸易收支顺差的重要性，而随着工业革命的兴起，如亚历山大·汉密尔顿(Alexander Hamilton)和弗里德里希·李斯特(Friedrich List)则强调工业至上以及工业生产应比农业生产受到更多的重视。他们特别强调，对于后发国家来讲，要通过对幼稚工业的保护来实现自身工业的发展。他们认为，国际经济活动中一种唯一的、并且永远不变的"零和游戏"，就是一个国家的获益必然会引起另一个国家的相应损失。因此，主张实行保护主义，反对自由贸易和经济全球化。

3. 依附理论的全球化观。依附理论认为，现代资本主义世界体系是一个不平等的体系，这一体系从它诞生起就被分为发达国家和后发国家、宗主国和殖民地、中心国或外围国，最上层是主要生产高利润、高技术、高工资的多样产品的中心国，最下层是主要生产低利润、低技术、低工资且种类不多产品的外围国，这两类国家的关系是一种支配与被支配、剥削与被剥削的关系，中心国家通过在世界市场上的垄断性权力榨取外围国家的剩余而得以发展，而外围国家由于处于依附地位而失去了自主积累和自主发展的能力。因此，面对这种全球化，与处于中心的发达资本主义国家"脱钩"，从而摆脱资本主义世界体系的束缚，走自主发展的道路，才是发展中国家应有的选择。

## 三、经济全球化的波折与调整

经济全球化的进程并不是一帆风顺的，而是经历过多次高潮与低潮，在波折和调整中不断发展。19世纪中后期，经济全球化已经发展到很高水平，资本主义世界市场初步形成，在自由贸易推动下，世界经济成为一个整体，大大推动了人类历史的进步。但这个时期的经济全球化建立在殖民主义和帝国主义基础之上，存在着巨大的不平等性，从而导致帝国主义与殖民地之间、帝国主义国家之间深刻的对立和难以克服的矛盾。这些矛盾的不断酝酿和发展最终导致了两次世界大战的爆发,并造成了经济全球化的倒退和中断。

20世纪七八十年代重新开启的经济全球化进程,在推动生产的社会化和世界经济发展的同时,也给世界经济的发展带来了许多新矛盾,给不同的国家和不同的群体带来了利弊不均的影响。

一般而言,在经济全球化进程中,发达国家的受益者主要是大型跨国公司以及国际金融资本以及这些资本的高级雇员。而在参与全球化的发展中国家里,从事进口的商业资本、自然资源的出口商,大制造商以及面向出口市场产品的企业主,以及依附于跨国资本集团的本地金融资本等都是全球化的获益者。

在经济全球化的进程中,发达国家的一部分工人利益受到了影响。资本可以通过在海外寻找低工资的地方进行投资,造成产业向外转移、外包和本国产业空心化,可能导致工人失业,收入降低,使劳资关系变得有利于资方。除此之外,反对全球化的力量,还有在全球化过程中受到打击甚至破产的小生产者和小业主。比如,小农和小农厂主,他们会因为自由贸易政策导致当地的农业生产者没有能力同廉价的进口粮食竞争从而受到损害;以本地市场为目标的中小企业,也会因为难以与跨国资本竞争而破产或被跨国资本收购。

2008年国际金融危机之后,反全球化思潮和逆全球化进程有所发展。危机后,国际经济形势低迷,全球增长动能不足,这就导致全球经济"蛋糕"不容易做大,甚至变小了,使得不同国家、不同阶层、不同人群能从经济全球化进程中分享到的红利少了,这就使得现有经济全球化模式的弊端充分暴露出来。经济全球化发展失衡,缺乏共享性的机制设计,包容性不够,造成经济全球化的红利在不同国家、同一国家的不同阶层和不同人群中的分配严重失衡,跨国资本特别是金融资本获利颇丰,但普通民众被排除在经济全球化带来的收益之外甚至受到伤害。

在此背景下,发达国家内部大量普通民众对经济全球化产生不满,社会舆论分化,对经济全球化的质疑上升。一些极端政治势力借此进行政治投机,利用反全球化宣传拉选票,将制造业衰败和工人失业的责任归结到别国头上,进而鼓吹经济民族主义和逆全球化思潮,实施单边主义、保护主义政策。曾经风靡一时的投资自由化和贸易自由化政策受到质疑,投资限制和贸易壁垒大行其道;区域经济一体化呈现排他性、封闭性、碎片化发展态势。保护主义阻碍国际贸易和投资的扩大,国际贸易的规模和增速萎缩,使经济全球化面临严峻挑战,世界经济不确定性加剧,经济全球化进入了阶段性调整期。

但是,经济全球化是社会生产力发展的客观要求和必然结果,是人类历史发展不可阻挡的大潮流。习近平深刻指出,"经济全球化进入阶段性调整期,质疑者有之,徘徊者有之。

应该看到,经济全球化符合生产力发展要求,符合各方利益,是大势所趋"①。"把困扰世界的问题简单归咎于经济全球化,既不符合事实,也无助于问题解决"②。"从长远看,经济全球化仍是历史潮流,各国分工合作、互利共赢是长期趋势。我们要站在历史正确的一边,推动建设开放型世界经济,推动构建人类命运共同体。"③因此,问题不在于经济全球化,而在于资本主义主导的经济全球化,这种全球化包含着深刻的矛盾和弊病,已经不能适应生产力发展的要求和社会进步的潮流,人类自身必须探索出一个更为合理的全球化方案,充分发挥全球化的历史进步性,让全球化更好造福全人类。

## 四、探索新型经济全球化道路

多少年来,为了克服资本主义主导的经济全球化的弊端,人类社会进行了不懈探索和努力。在国家层面,通过实行国有化、福利化等措施,改良资本主义制度,缓和资本主义基本矛盾,以适应生产社会化的要求。在国际层面,通过创建各种国际经济组织,推进广泛的国际经济合作和构建全球经济治理体系,适应经济全球化的要求。这些探索和努力取得了积极成果,推动了世界经济发展,但并不能从根本上解决资本主义主导的经济全球化的矛盾和弊端。20世纪80年代后,在新自由主义的推动下,资本主义基本矛盾在全球范围更加突出和尖锐地表现出来:在物质财富不断积累、科技进步日新月异的同时,世界范围的贫富两极分化加剧,发展不平衡问题突出,经济运行大幅波动,金融危机频发,生态环境恶化,世界经济发展不确定性上升。事实证明,资本主义主导的经济全球化难以引领人类社会前进的方向。

经济全球化的前途在哪里?马克思主义通过对人类社会发展规律的考察,勾画了未来社会的美好蓝图。马克思主义认为,人类社会从资本主义向共产主义的过渡和各个民族的历史向世界历史的转变,是历史发展的必然趋势和人类解放的必然要求,二者相互促进、互为条件。一方面,只有在经济全球化条件下,单个人才能摆脱种种民族和地域的局限而获得全面发展的能力,为最终实现共产主义创造条件;另一方面,只有在未来共产主义社会,才能消灭阶级剥削、国际剥削和国家之间的对立,建立自由人联合体。

因此,马克思主义不是经济全球化的反对者,而是经济全球化的支持者。马克思主义既反对帝国主义和霸权主义,也反对狭隘的民族主义和闭关自守,致力于探索超越资本主义局限的新型经济全球化道路,以消除各国人民之间的分隔和对立,推动各个国家各个民

---

① 习近平出席亚太经合组织第二十一次领导人非正式会议并发表重要讲话《发挥亚太引领作用,维护和发展开放型世界经济》[EB/OL]新华网,2013-10-7.http://www.xinhuanet.com/politics/2015-11/18/c_1117187286.htm.

② 习近平.引导好经济全球化走向[M]//十八大以来重要文献选编(下).北京:中央文献出版社,2018:570.

③ 习近平.在企业家座谈会上的讲话[M].北京:人民出版社,2020:10.

族的合作交流,实现人类的解放和人的自由全面发展。毫无疑问,实现这一远大目标绝非易事,不可能一蹴而就。现实世界中,社会主义与资本主义将长期共存,我国将长期面对发达资本主义国家在经济科技等方面占优势的压力。在此条件下,社会主义和一切进步力量的奋斗目标,是改变旧的不公正不合理的国际经济秩序,引导经济全球化朝着符合世界人民共同利益的方向发展,直到资本主义被社会主义和共产主义所取代。

中国共产党信仰马克思主义,坚持把中华民族的解放与人类的解放、中国的发展与世界的发展紧密相连。在新民主主义革命时期,联合世界上被压迫民族,为推动国家独立和民族解放、推翻帝国主义的殖民统治做出了贡献。在社会主义建设时期,倡导互相尊重主权和领土完整、互不侵犯、互不干涉内政、平等互利、和平共处五项原则,为建立公正合理的新型国际关系做出了贡献。在改革开放新时期,坚持对外开放基本国策,积极参与经济全球化,奉行互利共赢的开放战略,不断提升发展的内外联动性,在实现自身发展的同时更多惠及其他国家和人民,为促进经济全球化发展和世界经济增长做出了贡献,在探索新型经济全球化道路上迈出了坚实步伐。

## 五、 为引导经济全球化健康发展贡献中国智慧

2008 年国际金融危机后,资本主义主导的经济全球化的矛盾和弊端集中爆发,经济全球化遇到波折,保护主义有所抬头,"逆全球化"思潮暗流涌动,世界面临百年未有之大变局,经济全球化何去何从成为国际社会关注的焦点。在此关键时刻,习近平多次发表重要讲话,系统阐述中国对经济全球化的认识,回应了国际社会对经济全球化的关切,反映了中国共产党和中国人民对人类命运和世界发展的深刻思考,为引导经济全球化健康发展提供了中国方案、贡献了中国智慧。

坚持经济全球化的方向不动摇。经济全球化是社会生产力发展的客观要求和科技进步的必然结果,是历史大势,推动了贸易大繁荣、投资大便利、人员大流动、技术大发展。把困扰世界的问题简单归咎于经济全球化,既不符合事实,也无助于问题解决。因此,必须坚定不移推进经济全球化进程,旗帜鲜明反对保护主义,促进商品、服务和生产要素在全球范围更加自由便捷地流动。

积极引导经济全球化的走向。应当看到,经济全球化是一把"双刃剑",存在增长和分配、资本和劳动、效率和公平等矛盾。当世界经济处于下行期,这些矛盾就会更加突出,凸显经济全球化存在的问题和弊端。新形势下,必须积极引导经济全球化的走向,努力消除经济全球化的负面影响,着力解决公平公正问题,推动经济全球化朝着普惠共赢的方向发展。

建立以合作共赢为核心的新型国际关系。一方面,在坚持平等互利原则的基础上积极推进贸易和投资自由化便利化,促进公平开放竞争。另一方面,建立健全宏观经济政策协

调机制,推动国际经济、金融、货币体系改革,加强各领域务实合作,加强国际援助交流合作,推动各国经济全方位互联互通和良性互动,缩小南北差距,消除贫困和饥饿,促进共同发展。

完善全球经济治理体系。随着全球性挑战增多,加强全球治理、推进全球治理体制变革成为大势所趋。完善全球经济治理体系,要以平等为基础、以开放为导向,倡导共商、共建、共享的全球治理理念,坚持正确义利观,推动变革全球治理体制中不公正不合理的安排,促进全球治理规则民主化法治化,努力使全球治理体制更加平衡地反映大多数国家的意愿和利益。

共同构建人类命运共同体。在经济全球化条件下,各国相互联系、相互依存、命运与共、休戚相关,日益成为一个你中有我、我中有你的命运共同体。因此,应坚持人类命运共同体理念,共同推动构建人类命运共同体,坚持共商共建共享、合作共赢、交流互鉴、绿色低碳,努力建设一个持久和平、普遍安全、共同繁荣、开放包容、清洁美丽的世界。

中国是经济全球化的受益者,更是贡献者。改革开放以来,中国积极主动参与经济全球化进程,日益成为推动世界经济发展的重要动力。更为重要的是,中国的改革开放实现了社会主义制度与市场经济的有机结合,超越了以私有制为基础的资本主义市场经济的流俗教条,为人类探索更好的社会制度开辟了广阔道路。国际关系是国内关系的延伸。社会主义市场经济理论和实践的成功,为探索公正合理的新型国际关系和经济全球化道路展现了光明前景。

## 第二节　中国对外开放的历程

### 一、中国对外开放政策的发展

对外开放是指国家放开或者取消各种对外交往的限制,积极参与经济全球化的进程,既包括发展对外贸易,也包括鼓励外国资本、技术等生产要素流入中国;既包括"请进来",也包括"走出去";既包括资源的国际配置,也包括经济体制与国际接轨。

早在中华人民共和国成立初期,中国共产党就提出了对外开放的思想,主张在平等互利的基础上与外国展开多种经贸往来和经济合作,但是,由于各种内部和外部因素的影响,特别是帝国主义国家的长期封锁,使得对外开放没有很好地发展起来,经济长期处于封闭半封闭状态。在第一个五年计划时期,我国曾经与当时的苏联和东欧等社会主义国家进行了大规模的经济合作,但这种合作与在经济全球化和市场化基础上的对外开放有本质的差别。关起门来搞建设虽然在当时也取得了巨大的成就,但长期脱离世界经济发展的轨道,不利于经济发展和现代化。

　　党的十一届三中全会以后,我国确立了对外开放的基本国策,1984 年《中共中央关于经济体制改革的决定》明确提出"把对外开放作为长期的基本国策"。为此,"必须继续放宽政策,按照既要调动各方面的积极性、又要实行统一对外的原则改革外贸体制,积极扩大对外经济技术交流和合作的规模,努力办好经济特区,进一步开放沿海港口城市"。同时提出"利用外资,吸引外商来我国举办合资经营企业、合作经营企业和独资企业""充分利用国内和国外两种资源,开拓国内和国外两个市场"。① 1987 年党的十三大报告又明确提出:"进一步扩大对外开放的广度和深度,不断发展对外经济技术交流与合作"②。

　　1992 年,党的十四大报告进一步提出了扩大对外开放的三个主要目标和任务:一是对外开放的地域要扩大,形成多层次、多渠道、全方位开放的格局。二是利用外资的领域要拓宽,采取更加灵活的方式;继续完善投资环境,为外商投资经营提供更方便的条件和更充分的法律保障。三是积极开拓国际市场,促进对外贸易多元化,发展外向型经济,积极扩大我国企业的对外投资和跨国经营。在随后不久《中共中央关于建立社会主义市场经济体制若干问题的决定》中,又重申了"坚定不移地实行对外开放政策,加快对外开放步伐""积极参与国际竞争与国际经济合作,发挥我国经济的比较优势,发展开放型经济"。同时,提出了对外贸易体制改革的具体目标和任务,并要求"改善投资环境和管理办法,扩大引进规模,拓宽投资领域,进一步开放国内市场"。针对对外开放中,特别是利用外资中存在的某些问题,明确规定了"创造条件对外商投资企业实行国民待遇,依法完善对外商投资企业的管理"。③

　　党的十五大报告继续坚持把对外开放作为"一项长期的基本国策",提出了"努力提高对外开放水平"的重要任务,并要求"完善全方位、多层次、宽领域的对外开放格局,发展开放型经济","积极、合理、有效地利用外资","正确处理对外开放同独立自主、自力更生的关系,维护国家经济安全"④。党的十六大报告提出"坚持'引进来'和'走出去'相结合,积极参与国际经济合作和竞争,不断提高对外开放的水平"⑤的开放战略,这标志着我国对外开放进入了一个新的发展阶段。党的十七大报告进一步强调:"坚持对外开放的基本国策,

① 中共中央文献研究室编.中共中央关于经济体制改革的决定[M]//十二大以来重要文献选编(中).北京:中央文献出版社,1986:581.
② 赵紫阳.沿着有中国特色的社会主义道路前进[M]//十三大以来重要文献选编(上).北京:中央文献出版社,1991:23.
③ 中共中央关于建立社会主义市场经济体制若干问题的决定[M].北京:人民出版社,1993:26-27.
④ 江泽民.高举邓小平理论伟大旗帜,把建设有中国特色社会主义事业全面推向二十一世纪[M]//十五大以来重要文献选编(上).北京:中央文献出版社,2000:29.
⑤ 江泽民.全面建设小康社会,开创中国特色社会主义事业新局面[M]//十六大以来重要文献选编(上).北京:中央文献出版社,2005:6.

把'引进来'和'走出去'更好结合起来,扩大开放领域,优化开放结构,提高开放质量,完善内外联动、互利共赢、安全高效的开放型经济体系,形成经济全球化条件下参与国际经济合作和竞争新优势。"①

党的十八大报告根据国内外经济环境的变化,明确提出实行更加积极主动的开放战略,完善互利共赢、多元平衡、安全高效的开放型经济体系。要加快转变对外经济发展方式,创新开放模式,坚持出口和进口并重,推动对外贸易平衡发展,提高利用外资综合优势和总体效益,加快走出去步伐,加快实施自由贸易区战略,提高抵御国际经济风险能力。这意味着我国进入了全面提高开放型经济水平的新阶段。党的十八届五中全会根据我国发展环境的基本特征,明确提出中国将贯彻创新、协调、绿色、开放、共享的发展理念,继续全面深化改革,坚持开放发展,顺应中国经济深度融入世界经济的趋势,奉行互利共赢的开放战略,发展更高层次的开放型经济。积极参与全球经济治理和公共产品供给,提高我国在全球经济治理中的制度性话语权,构建广泛的利益共同体。党的十九大报告提出推动形成全面开放新格局,强调"开放带来进步,封闭必然落后""中国开放的大门不会关闭,只会越开越大""中国坚持对外开放的基本国策,坚持打开国门搞建设""发展更高层次的开放型经济"。党的十九届五中全会提出,"实施更大范围、更宽领域、更深层次对外开放","建设高水平开放型经济新体制,全面提高对外开放水平"。党的二十大报告进一步强调,"推进高水平对外开放"。

## 二、 中国对外开放实践的发展

### （一）沿海经济开放地带外向型经济的迅速发展

中国的对外开放是从沿海地区开始的。1979 年 7 月,国务院批准处于沿海地带的广东省和福建省在对外经济活动中率先实行特殊政策和灵活的管理办法。1980 年 8 月,国家又进一步开办了深圳、珠海、汕头、厦门四个经济特区。1984 年 4 月,在肯定改革开放前 5 年的经济成就,特别是在总结对两省实行特殊政策和建立经济特区经验的基础上,中央决定进一步扩大对外开放的步伐,开放沿海的天津、上海、大连、秦皇岛、烟台、青岛、连云港、南通、宁波、温州、福州、广州、湛江、北海 14 个港口工业城市,让它们在进行对外经济贸易活动、外商投资企业的优惠待遇等方面有更大的自主权,创造吸引外商投资的有利经济条件。1985 年 2 月,中央政府又将珠江三角洲、长江三角洲以及闽南厦门、漳州、泉州三角地区的 51 个市、县开辟为沿海经济开放区。1988 年 3 月,中央政府决定将沿海经济开放区扩展到北方沿海的辽东半岛、山东半岛以及其他沿海的一些市、县。紧接着在当年 4 月又做出了

---

① 胡锦涛.高举中国特色社会主义伟大旗帜,为夺取全面建设小康社会新胜利而奋斗[M]//十七大以来重要文献选编(上).北京:中央文献出版社,2009:21.

举办海南经济特区的决定。至此,我国的对外开放区域从沿海个别地区和少数城市,扩展到了共有 293 个市县、2.8 亿人口,42.6 万平方千米面积的广大沿海地区。

1990 年 4 月,中央政府决定开发和开放上海浦东新区,展示了中国进一步推进改革开放的巨大决心。上海是中国最大的工商业中心和口岸,具有雄厚的工业实力和科学技术基础,开发开放浦东是中央政府改革开放事业中的又一重大、具有全局意义的战略决策,不但对上海经济的发展起到至关重要的作用,并将对整个长江流域,乃至全国的经济发展产生重大影响。

### (二)改革开放事业全面发展、全面推进

1992 年春,邓小平视察南方并发表重要谈话,强调必须抓紧有利时机,加快改革开放步伐,力争国民经济更好、更快地上一个新的台阶。随后中国政府做出了一系列重大决定和出台众多措施,在全国范围内推进对外开放,形成了中国改革开放的又一高潮。① 开放长江中上游的芜湖、九江、黄石、武汉、岳阳、重庆 6 个沿江城市,形成了沿江开放格局。② 开放吉林的珲春,黑龙江的绥芬河、黑河,内蒙古的满洲里、二连浩特,新疆的伊宁、塔城、博乐,云南的瑞丽、畹町、河口,广西的凭祥、东兴共 13 个沿边城市,形成了沿边开放雏形。③ 批准大连、广州、青岛、张家港、宁波、福州、厦门、汕头、海口举办保税区,增设一批经济技术开发区,扩大外商投资领域。④ 进一步深化外贸体制改革,努力建立适应国际贸易惯例、符合社会主义市场经济要求的新型外贸体制,统一对外经贸政策,提高政策法规透明度。尤其是在"九五"期间,进一步提高部分出口商品退税率;继续放开外贸经营权,对国有大中型生产企业、商业企业和科研院所等的进出口经营权实施了登记备案制,对达到一定条件的私营生产企业也赋予了进出口经营权;制定并颁布了《指导外商投资方向暂行规定》和《外商投资产业指导目录》;对外商投资企业实行低税收政策,对国家鼓励投资的行业、地区实行一系列优惠政策;对外贸易和利用外资都取得了巨大增长。

至此,我国对外开放已经扩大到全国各地和国民经济的众多领域,形成了沿海、沿江、沿线、沿边、内地的多层次、全方位开放的格局。

### (三)加入世界贸易组织后全面参与经济全球化

早在中国改革开放之初的 1987 年,中国就曾向世界贸易组织(WTO)的前身关税及贸易总协定提出重返该组织的申请。经过了多年的努力,中国终于在 2001 年 11 月 10 日于卡塔尔的多哈签署了中国加入世界贸易组织的协议,并在同年 12 月 11 日正式成为世界贸易组织成员。

世界贸易组织作为一个多边的国际经济组织,以市场经济体制为基础,以促进世界范围的贸易自由化、全球经济和福利的增长为宗旨,通过货物贸易总协定、服务贸易总协定、

与贸易有关的知识产权协定及其他一些协定来管理和协调成员方的活动。世界贸易组织的原则、规则和各项协定组成一个完整的多边贸易法律体系,这一体系对世界贸易的运行和发展起着重要的规范作用。加入世界贸易组织是我国面对世界多极化、经济全球化和科学技术突飞猛进的国际形势,从国内进一步改革开放和发展的需要出发,做出的战略选择。

加入世界贸易组织,标志着中国改革开放进入一个新的阶段,新一轮对外开放全面展开。加入世界贸易组织不仅使中国改革开放的领域扩大和加深,而且使中国从原来的自主单边开放变成与世界贸易组织各成员方之间的相互开放、从按政府政策实行改革开放变成按照世界贸易组织的规则实行开放。

加入世界贸易组织后,我国大幅修订包括《中华人民共和国外资企业法》《中华人民共和国对外贸易法》在内的诸多法律法规,全面清理地方性法规、地方政府规章和其他政策措施,取消和调整了大量的行政审批项目,取消了大量内部文件,推行"阳光政务",公布了所有与贸易有关的法律法规,极大地提高了法律、法规和政策的透明度;大幅度降低了关税,减少乃至取消了包括配额、进口许可在内的多种非关税措施;进一步放宽外贸经营权;开放金融、保险、电信、法律、会计、建筑、旅游、教育、运输等服务贸易领域,改善外国服务供应者进入上述领域的条件;在完善保护知识产权立法的同时,加大了实施保护知识产权的法律力度,通过教育使各行各业保护知识产权的自觉性大大提高。同时,各行各业充分利用加入世界贸易组织所带来的机遇,大力推进国内的开放与改革的步伐,调整国内产业结构,提高企业在国际市场上的竞争能力,认真应对各类贸易摩擦与国际竞争所带来的压力,使企业在国际竞争中不断壮大实力。

### (四) 构建开放型经济新体制、形成全面开放新格局

党的十八大以来,以习近平同志为核心的党中央总揽战略全局,推进对外开放理论和实践创新,确立开放发展新理念,实施共建"一带一路"倡议,加快构建开放型经济新体制,倡导发展开放型世界经济,积极参与全球经济治理,更高水平的开放格局正在形成。

坚持主动开放,把开放作为发展的内在要求,更加积极主动地扩大对外开放。党的十八大以来,我们准确把握经济全球化新趋势和我国对外开放新要求,努力在经济全球化中抢占先机,以开放促改革、促发展、促创新,以对外开放的主动赢得经济发展的主动、赢得国际竞争的主动。此外,我们主动处理好对外开放同维护经济安全的关系,坚持底线思维,注重风险防控和评估,在扩大开放中动态地谋求更高层次的总体安全。

坚持双向开放,把引进来与走出去更好结合起来,拓展经济发展空间。在引进来方面,适应我国加快转变经济发展方式的要求,着力提高引资质量,注重吸收国际投资搭载的技术创新能力、先进管理经验,吸引高素质人才。在走出去方面,适应我国对外开放从贸易大国、对外投资大国迈向贸易强国的新局面,支持我国企业扩大对外投资,推动装备、技术、标

准、服务走出去,提升在全球价值链中的位置。

坚持全面开放,推动形成陆海内外联动、东西双向互济的开放格局。体现在开放空间上,就是优化区域开放布局,逐步形成沿海内陆沿边分工协作、互动发展的全方位开放新格局。体现在开放举措上,就是推进"一带一路"建设,统筹多双边和区域开放合作,加快实施自由贸易区战略等。体现在开放内容上,就是大幅度放宽市场准入,进一步放开一般制造业,有序扩大服务业对外开放,扩大金融业双向开放,促进基础设施互联互通。

坚持公平开放,构建公平竞争的内外资发展环境。通过加强法治建设,为外资企业提供公平、透明、可预期的市场环境,实现各类企业依法平等使用生产要素、公平参与市场竞争、同等受到法律保护。公平公正对待包括外商投资企业在内的所有市场主体,努力营造公开透明的法律政策环境、高效的行政环境、平等竞争的市场环境,尤其是保护好知识产权。

坚持扩大高水平开放和深化市场化改革互促共进。坚定不移扩大开放,推动由商品和要素流动型开放向规则等制度型开放转变,吸收借鉴国际成熟市场经济制度经验和人类文明有益成果,加快国内制度规则与国际接轨,以高水平开放促进深层次市场化改革。

坚持共赢开放,推动经济全球化朝着普惠共赢方向发展。坚定不移奉行互利共赢的开放战略,构建开放型世界经济,以开放发展为各国创造更广阔的市场和发展空间,在开放中分享机会和利益,促进形成各国增长相互促进、相得益彰的合作共赢新格局。坚定不移发展全球自由贸易和投资,在开放中推动贸易和投资自由化、便利化,旗帜鲜明反对保护主义。

坚持包容开放,探索求同存异、包容共生的国际发展合作新途径。秉持共商共建共享原则,支持开放、透明、包容、非歧视性的多边贸易体制,鼓励各方积极参与和融入,推动建设开放型世界经济。从"和平合作、开放包容、互学互鉴、互利共赢"的丝路精神,到"开放、包容、合作、共赢"的金砖精神,从推动构建新型国际关系到推动构建人类命运共同体,我国始终谋求开放创新、包容互惠的发展前景。

党的二十大强调,中国坚持对外开放的基本国策,坚持经济全球化正确方向,要进一步推动高水平对外开放,提升贸易投资合作质量和水平,稳步扩大制度型开放,优化区域开放布局,深度参与全球产业分工和合作,维护多元稳定的国际经济格局和经贸关系,不断以中国新发展为世界提供新机遇,推动建设开放型世界经济,更好惠及各国人民。

## 三、中国对外开放的成就和对世界的贡献

在改革开放,特别是在 20 世纪 90 年代中期后,中国在世界经济中的地位快速提升,不但经济规模相继超过德国和日本,成为世界经济的第二大国,在贸易、投资和金融等诸多方面的对外开放也都取得了显著的成绩。中国对外开放不仅发展了自己,也为世界共同发展

进步做出了重要贡献。

### （一）经济规模稳步提高，在世界经济中的地位不断提升

中国经济在世界经济中地位的提升首先体现在经济规模的稳步扩张上。进入 20 世纪 90 年代后，中国经济的增长速度进一步加快，在世界经济总产出中的占比也稳步提高。1990 年，中国实现国内生产总值 3 608 亿美元，仅占世界总产出的 1.6%。到了国际金融危机发生前的 2007 年，中国经济的产出规模已经达到 3.55 万亿美元，占世界经济的产出比例也上升到了 6.1%。2008 年国际金融危机后，伴随着主要发达国家经济复苏的缓慢，中国经济不但超过日本成为世界第二大经济体，2021 年中国国内生产总值为 17.73 万亿美元，在世界经济产出中的占比已经超过 18%，世界经济大国的地位进一步巩固和加强。[①]

### （二）世界贸易大国地位逐渐形成

作为改革开放的核心内容，对外贸易的快速扩张一直是中国经济持续稳定增长的重要源泉。在中国整体经济规模快速扩张的同时，中国在世界经济中的贸易大国地位也在逐渐形成。在 1990 年，中国的对外出口额和进口额分别为 621 亿美元和 533 亿美元，占世界贸易的比例分别只有 1.8% 和 1.5%。而到了 2013 年，中国的对外出口额和进口额分别达到 2.21 万亿美元和 1.95 万亿美元，比 20 世纪 90 年代初都增长了 30 多倍，占世界贸易的比例也分别达到 11.6% 和 10.2%。至此中国已经是世界贸易中的第一大出口国和第二大进口国，世界贸易大国的地位逐步确立。[②] 2022 年，我国的进出口贸易总额达到 6.31 万亿美元，再创历史新高。[③]

### （三）双向资本流动局面逐渐形成

作为对外经济开放的内容之一，资本的跨国流动是中国经济参与世界经济一体化的重要途径。20 世纪 90 年代初邓小平南方谈话后，中国吸引外商直接投资流入的步伐逐渐加快，外商直接投资的流入规模从 1990 年的 35 亿美元稳步增长到 2018 年的 1 350 亿美元，成为全球吸引外商直接投资流入最大的发展中国家，占整个全球外商直接投资流入的比例稳定在 10% 以上。与此同时，伴随着中国资本账户自由化进程的加速以及中国对外开放水平的提升，在 2003 年后，中国企业走出去的步伐也在不断加快。中国对外直接投资规模从 2002 年的 27 亿美元迅速增长至 2016 年峰值时的 1 962 亿美元，对外投资水平位列世界前

---

① 数据来源：世界银行数据库"GDP（现价美元）。"
② 数据来源：世界银行数据库"商品出口（现价美元）""商品进口（现价美元）"。
③ 数据来源：《中华人民共和国 2022 年国民经济和社会发展统计公报》[EB/OL].中国政府网，2023-02-28.http://www.gov.cn/xinwen/2023-02/28/content_5743623.htm.

三,成为世界经济重要的资本流入和流出大国。① 当前对外直接投资已经成为我国开放型经济体系建设的重要内容。

### (四) 金融市场发展水平稳步提高,在世界经济中的影响力逐渐增大

相对于实体经济领域的改革开放,在金融层面,中国的对外开放和对内改革都相对滞后,中国金融市场的发育水平也在很长一段时间内与世界发达国家存在较大的差距。但在2000年后,伴随中国金融市场改革的逐步深入,中国金融体系的发展水平不断提升,在世界金融市场中的影响力也逐渐增大。以股票市场为例,2003年,中国上市公司的股票市场市值为5 130亿美元,仅相当于世界股票市场市值的1.6%。在此之后,虽然中国的股票市场在不同的年份有所波动,但整体上仍然呈现出规模不断扩张的局面,在世界股票市场中的地位也稳步提升。2020年,中国境内上市公司总市值达到12.21万亿美元,占全世界上市公司总市值的比重约为13%,连续多年位居全球第二。② 伴随着中国金融市场化改革的完善和加强以及人民币国际化进程的加快,中国金融市场对世界金融市场和实体经济的影响也会进一步增强。

### (五) 中国对外开放对世界的贡献

中国的对外开放,不仅取得了自身发展的卓越成就,也对世界共同发展进步做出了巨大贡献。正如习近平所深刻指出,"中国不断扩大对外开放,不仅发展了自己,也造福了世界"③。1979—2012年,中国对世界经济增长的年均贡献率为15.9%,仅次于美国,居世界第2位,2013-2021年,中国对世界经济增长的平均贡献率超过30%,居世界第1位,已成为世界经济的稳定器和动力源。中国作为世界第一出口大国,为世界各国提供了大量物美价廉的商品。同时,中国不断扩大进口,为其他国家促进经济增长、增加就业做出了重要贡献。大量中国企业走出去,促进了发展中国家技术进步和经济发展。2013—2019年,中国与"一带一路"沿线国家和地区货物贸易额累计超过7.8万亿美元,对外直接投资超过1 100亿美元,上缴东道国税费30多亿美元,创造了33万个就业岗位④。此外,中国坚持不附带任何政治条件向经济困难的其他发展中国家提供力所能及的帮助。

中国始终是全球共同开放的重要推动者,始终是世界经济增长的稳定动力源,始终是

---

① 数据来源:《中华人民共和国2020年度中国对外直接投资统计公报》[EB/OL].中国政府网,2021-02-28.http://www.gov.cn/xinwen/2021-02/28/content_5589283.htm.

② 数据来源:世界银行数据库,境内上市公司市值(现价美元)。

③ 习近平.共建创新包容的开放型世界经济[M]//十九大以来重要文献选编(上).北京:中央文献出版社,2019:685.

④ 资料来源:商务部国际贸易经济合作研究所:《中国"一带一路"贸易投资发展报告2020》。

各国拓展商机的活力大市场,始终是全球治理体系改革的积极贡献者。

## 第三节　坚定不移走中国特色社会主义对外开放道路

### 一、 坚持对外开放的基本国策

改革开放以后,中国确立了对外开放的基本国策,主动积极地参与到了经济全球化的进程中。为什么将对外开放确定为基本国策?

1. 实行对外开放是经济全球化发展的必然趋势。经济的全球化是社会生产力不断发展的必然结果,在世界经济全球化不断扩大和加深的情况下,各国经济之间日益相互依存、相互依赖,没有任何一个国家可以无视经济全球化所带来的巨大经济影响。各国政府只有正视经济全球化的要求,主动实行对外开放,参与到国际经济体系中,抓住机遇,趋利避害,努力分享经济全球化可能带来的经济利益,才能实现经济的健康发展。相反,一味排斥和抗拒全球化的趋势,实行闭关锁国的政策,只会阻碍生产力的发展和社会的进步。

2. 实行对外开放是发展社会主义市场经济的必然要求。市场经济本质是一种开放的经济,它必然要冲破地区和国家之间的限制,把不同地区和国家的市场连成一体,不同国家的市场都会程度不同地纳入这个体系中。我国目前正处在市场经济发展过程中,市场体制还不健全,对于搞市场经济还缺乏经验,因此,更需要通过对外开放,逐步了解和适应国际市场经济的惯例,学习国外发展市场经济成熟的经验,按照发达市场经济的标准和要求,改革我国的经济体制,建立规范的市场规则,校正经济主体的行为方式。

3. 实行对外开放是经济现代化的必要条件。我国现在正处于社会主义初级阶段,面临着实现工业化和现代化的艰巨任务,在一定阶段存在资金短缺、科学技术落后、劳动者素质不高、管理经验不足等矛盾和困难。实行对外开放,是解决这些矛盾和困难的一个重要途径。实行对外开放,可以购买国外先进的设备和需要的物资,弥补国内的不足;可以利用国外资金,加速资金的积累;可以引进国外的先进技术和管理经验,以提高我国的技术水平和管理水平;可以通过参与国际分工和交换,发挥比较优势,获得比较利益;可以更好地吸收世界文明成果,在比较高的水平上起步,加快经济增长,尽快缩短与发达国家的差距。

总之,打破地域和国家的界限,参与国际分工,发展对外贸易,广泛开展对外经济技术交流,全方位对外开放,是尽快发展社会生产力和适应经济全球化要求的必然选择。

### 二、 中国特色社会主义对外开放道路的基本特征

对外开放是客观规律、大势所趋,问题不仅在于要不要实行对外开放,更在于如何实行

创新理论:
为何要以制度型开放引领高水平对外开放

对外开放,走什么样的开放道路,得到什么样的开放结果。中国的对外开放是在中国共产党的领导下、在坚持和完善社会主义制度的前提下进行的,走的是中国特色社会主义对外开放道路,这条道路的基本特征是:

1. 以人民为中心。坚持对外开放的目的是更好地发展社会生产力、满足人民日益增长的美好生活需要,实现人的全面发展和全体人民共同富裕。

2. 独立自主。坚持中国特色社会主义道路、理论、制度、文化,坚持独立自主、自力更生,以稳步有序、渐进可控的方式推进对外开放。

3. 统筹内外。坚持统筹国内国际两个大局,既立足国内,充分运用我国资源、市场、制度等优势,又重视内外联动,积极应对外部环境变化。

4. 互利共赢。坚持共商共建共享的原则,让世界各国实现联动增长,走向共同繁荣、共同进步,在实现自身发展的同时,为世界共同发展进步贡献力量。

实践证明,中国特色社会主义对外开放之路是一条成功的道路,是实现国家繁荣富强的必由之路,是中国共产党和中国人民的伟大创举。它不仅摒弃了"国强必霸"的霸权主义逻辑,也解开了"依附论"的困惑。它既顺应了中国人民要发展、要创新、要美好生活的历史要求,又契合了世界各国人民要发展、要合作、要和平生活的时代潮流。它极大拓展了发展中国家走向现代化的途径,给世界上那些既希望加快发展又希望保持自身独立性的国家和民族提供了全新选择。

## 三、处理好开放和自主的关系

改革开放以来,我国在不断扩大对外开放的同时,正确处理自主与开放的关系,把坚持独立自主同参与经济全球化相结合,保障我国对外开放沿着正确的方向稳步发展。习近平强调:"中国的事情要按照中国的情况来办,要依靠中国人自己的力量来办。独立自主,自力更生,无论过去、现在和将来,都是我们的立足点。"[1]"中国共产党和中国人民扎根中国大地、吸纳人类文明优秀成果、独立自主实现国家发展的战略是正确的,必须长期坚持、永不动摇。"[2]

坚持独立自主同实行对外开放不是对立的,而是相辅相成的。独立自主是实行对外开放的基础和前提,实行对外开放是增强独立自主能力的有效途径。随着我国进入新发展阶段,国内外的经济联系更加紧密,国家之间的经济竞争更加激烈,中国经济与世界经济的互动更加明显,这就要求我们,一方面必须发展更高水平的对外开放、建设更高水平开放型经济新体制,更好联通和利用国内国际两个市场、两种资源,在对外开放中更好发展自己。另一方面在全面开放的条件下走更高水平的独立自主、自力更生之路,构建完整的内需体系,

① 习近平.在纪念邓小平同志诞辰 110 周年座谈会上的讲话[M].北京:人民出版社,2014:18.
② 习近平.在庆祝中国共产党成立 95 周年大会上的讲话[M].北京:人民出版社,2016:5.

不断提高自主创新的能力,健全开放安全的保障体系。在更高的起点上实现自主性与开放性更有效的结合。

经济全球化是机遇,也是挑战。事实上,并不是每一个国家都能成功抓住机遇、有效应对挑战。要不要对外开放,这是一个问题;对外开放能不能成功,这又是一个问题。在参与经济全球化的过程中,一个国家如果不能处理好开放和自主的关系,就可能陷入依附性发展的困境,损害独立自主发展的能力,比如,经济增长主要依靠外资,关键性部门被外资控制;生产技术主要依靠模仿、购买外国专利或设备,缺乏自主的核心技术;被动融入国际分工,产业发展主要依赖出口,局限于低层次的产业;金融体系依附或受控于西方主要国家,资本积累的能力低下;政策制定受制于他国,经济主权受到严重侵蚀;自主发展能力严重不足,国家利益得不到保障;等等。这些是发展中国家在对外开放中普遍遇到的问题,这些问题解决不好,国家的现代化进程就会被严重阻碍。

独立自主、自力更生是中国共产党在领导社会主义革命、建设和改革开放中一贯坚持的基本方针。毛泽东强调,"自力更生为主,争取外援为辅,破除迷信,独立自主地干工业、干农业、干技术革命和文化革命,打倒奴隶思想,埋葬教条主义,认真学习外国的好经验,也一定研究外国的坏经验——引以为戒,这就是我们的路线"①。邓小平明确指出,"中国的事情要按照中国的情况来办,要依靠中国人自己的力量来办。独立自主,自力更生,无论过去、现在和将来,都是我们的立足点"②。在改革开放后新的历史条件下,如何正确处理开放和自主的关系,把坚持独立自主同积极参与经济全球化相结合,始终是我们进行社会主义现代化建设面临的一个重大课题。中国特色社会主义对外开放道路,就是在回答这一重大课题中形成和发展起来的,并积累了重要的有益经验,比如:

在科技发展中,坚定不移走中国特色自主创新道路,把科技自立自强作为国家发展的战略支撑。同时,积极融入全球创新网络,深化国际交流合作,充分利用全球创新资源,通过引进、消化、吸收、再创新增强自主创新能力。

在产业发展中,努力形成相对独立和完整的产业体系,推动产业结构在国际分工体系中从中低端向中高端水平迈进,着力打造自主可控、安全可靠的产业链、供应链。同时,深度参与全球分工体系,积极发展对外贸易,广泛引进和利用外资。

在金融发展中,坚持金融的自主性,维护国家独立的货币发行权和金融监管权,同时,有序推进金融开放,适度参与金融全球化进程,稳慎推进人民币国际化,在金融全球化进程中有效地维护金融稳定。

在经济体制上,坚持实施更大范围、更宽领域、更深层次对外开放,建设更高水平开放

①　毛泽东.独立自主地搞建设[M]//毛泽东文集:第7卷.北京:人民出版社,1999:380.
②　中共中央文献研究室编.1982年[M]//邓小平思想年谱(一九七五——一九九七)(下卷).北京:中央文献出版社,2004:844.

型经济新体制,促进国际合作,实现互利共赢。同时,坚持和完善中国特色社会主义制度、推进国家治理体系和治理能力现代化,充分发挥我国的制度优势。

在新的历史条件下,随着改革的不断深入、开放的不断扩大,我们要在更高的质量和水平上,更好实现开放和自主、坚持独立自主同参与经济全球化的有机结合。党的十九届四中全会强调,"坚持独立自主和对外开放相统一,积极参与全球治理,为构建人类命运共同体不断做出贡献",并强调,这是我国国家制度和国家治理体系的一个显著优势。在党的十九届五中全会上,习近平强调,"处理好开放和自主的关系,更好统筹国内国际两个大局"[1]。

## 四、 实行高水平对外开放,开拓合作共赢新局面

中国特色社会主义进入新时代,中国对外开放也进入了新时代。过去40多年中国经济发展是在开放条件下取得的,未来中国经济实现高质量发展也必将在更加开放的条件下进行。面对新形势新使命,需要新作为新突破,需要抓住机遇行稳致远,需要破解风险化危为机,进一步扩大对外开放。

从国内看,全面深化改革进入攻坚期、深水区,在更高起点、更高层次、更高目标上向前推进。我国经济已由高速增长阶段转向高质量发展阶段,正处在转变发展方式、优化经济结构、转换增长动力的攻关期。从国际看,发展和变革风起云涌,新一轮科技革命和产业变革深入发展,全球治理体系深刻重塑,国际格局加速演变。从我国同世界的关系看,中国经济与世界经济高度融合、深度互动的趋势更加明显,对外开放从早期引进来为主转为引进来与走出去并重,我国在全球经济治理体系中的影响不断上升。

国内国际形势的深刻变化,要求我们必须以更广的视野、更高的目标、更开放的态度、更有力的举措推动全面开放、全方位开放、高水平开放,加快建设开放型经济新体制,加快国际经济合作步伐,以利于在更大范围和更高水平上统筹国内国际两个大局,利用两个市场、两种资源;以利于更加有效提升我国在全球价值链中的位置,形成国际合作和竞争的新优势;以利于承担更多力所能及的责任,更加有力推动世界经济的繁荣发展;以利于更加适应并引领经济全球化,为世界经济增长做出更大贡献;以利于更好引领世界发展潮流,为人类发展做出更大贡献。

党的十九届五中全会提出,"实行高水平对外开放,开拓合作共赢新局面。坚持实施更大范围、更宽领域、更深层次对外开放,依托我国大市场优势,促进国际合作,实现互利共赢"[2],进一步明确了新发展阶段我国对外开放的目标和任务。党的二十大进一步提出:

[1] 习近平.关于《中共中央关于制定国民经济和社会发展第十四个五年规划和二〇三五年远景目标的建议》的说明[M]//十九大以来重要文献选编(中).北京:中央文献出版社,2021:780-781.
[2] 中共中央党史和文献研究院编.中共中央关于制定国民经济和社会发展第十四个五年规划和二〇三五年远景目标的建议[M]//十九大以来重要文献选编(中).北京:中央文献出版社,2021:807.

"中国坚持对外开放的基本国策","推进高水平对外开放。"

一是建设更高水平开放型经济新体制。依托我国超大规模市场优势,以国内大循环吸引全球资源要素,增强国内国际两个市场两种资源联动效应,提升贸易投资合作质量和水平。稳步扩大规则、规制、管理、标准等制度型开放。推动货物贸易优化升级,创新服务贸易发展机制,发展数字贸易,加快建设贸易强国。合理缩减外资准入负面清单,依法保护外商投资权益,营造市场化、法治化、国际化一流营商环境。有序推进人民币国际化。深度参与全球产业分工和合作,维护多元稳定的国际经济格局和经贸关系。

二是推动共建"一带一路"高质量发展,优化区域开放布局。坚持共商共建共享原则,秉持绿色、开放、廉洁理念,深化务实合作,加强安全保障,促进共同发展。推进基础设施互联互通,拓展第三方市场合作。构筑互利共赢的产业链供应链合作体系,深化国际产能合作,扩大双向贸易和投资。坚持以企业为主体,以市场为导向,遵循国际惯例和债务可持续原则,健全多元化投融资体系。巩固东部沿海地区开放先导地位,提高中西部和东北地区开放水平。加快建设西部陆海新通道。加快建设海南自由贸易港,实施自由贸易试验区提升战略,扩大面向全球的高标准自由贸易区网络。

三是坚定奉行互利共赢的开放战略,不断以中国新发展为世界提供新机遇,推动建设开放型世界经济,更好惠及各国人民。坚持经济全球化正确方向,推动贸易和投资自由化便利化,推进双边、区域和多边合作,促进国际宏观经济政策协调,共同营造有利于发展的国际环境,共同培育全球发展新动能,反对保护主义,反对"筑墙设垒""脱钩断链",反对单边制裁、极限施压。加大对全球发展合作的资源投入,致力于缩小南北差距,坚定支持和帮助广大发展中国家加快发展。积极参与全球治理体系改革和建设。践行共商共建共享的全球治理观,推动完善更加公正合理的全球经济治理体系。推动世界贸易组织、亚太经合组织等多边机制更好发挥作用,扩大金砖国家等合作机制影响力,增强新兴市场国家和发展中国家在全球事务中的代表性和发言权。

## 五、在对外开放中维护国家经济安全

国家经济安全是国家安全体系的基础,随着中国对外开放程度的不断深化,国家经济安全方面的风险与挑战逐渐增多,如何维护国家经济安全的问题也日渐突出。面对百年未有之大变局,统筹发展和安全,确保国家经济安全是开启全面建设社会主义现代化国家新征程的战略要求,是维护国家经济利益和人民长远利益的重大任务,是推动高质量发展、建设现代化经济体系的必要保障,是构建以国内大循环为主体、国内国际循环相互促进的新发展格局的重要举措。党的二十大明确提出,以经济安全为基础,强化经济、重大基础设施、金融、网络、数据等安全保障体系建设,加强重点领域安全能力建设,确保粮食、能源资源、重要产业链供

观点争鸣:
国家经济安全的含义

应链安全。

加强经济安全风险预警、防控机制和能力建设。随着新一轮科技革命和产业变革深入发展,国际力量对比深刻调整,不稳定性不确定性明显增加。经济领域风险不容忽视,重大突发事件需要高度警惕,潜在矛盾积累现象必须加以防范,经济生活中的短板效应和瓶颈制约亟待化解。必须加大经济安全风险预警机制建设力度,把经济风险隐患解决在萌芽阶段。要完善经济安全防控体系,精准决策发力,综合应对挑战,避免风险多发。要加强经济安全保障能力建设,为防范和控制经济安全风险提供有力支撑和保障。

确保产业安全。产业安全是经济安全、国家安全的根基。产业链供应链在关键时刻不能掉链子,这是大国经济必须具备的重要特征。我国制造业规模居全球首位,完备的产业体系、强大的动员组织和产业转换能力,为经济社会发展提供了重要物质保障。同时,我国产业链供应链也存在着风险隐患,产业投入不足,产业链整体上处于中低端,大而不强、宽而不深。要着力提升产业链供应链稳定性和产业综合竞争力,在关系国计民生和国家经济命脉的重点产业领域形成完整而有韧性的产业链供应链。顺应产业发展大势,推动短板产业补链、优势产业延链,传统产业升链、新兴产业建链,增强产业发展的接续性和竞争力。优化生产力布局,推动重点产业在国内外有序转移,支持企业深度参与全球产业分工和合作,促进内外产业深度融合,打造自主可控、安全可靠、竞争力强的现代化产业体系。

确保粮食、能源、资源和重要基础设施安全。虽然我国基础产业和基础设施建设持续加强,但部分农产品、能源和矿产资源的生产还难以满足国内需求,一些基础设施也亟须更新维护,提高管理水平。粮食、能源、资源和重要基础设施是经济的命脉,必须科学运筹、精心维护。要确保粮食安全,做到谷物基本自给,口粮绝对安全,严守耕地保护红线,稳定粮食播种面积和产量,厉行勤俭节约,增强粮食安全保障。要保障能源安全,从国家发展和安全的战略高度,审时度势、借势而为,持续加大国内勘探开发投入,优化管网布局,提高储备能力,提高供给质量,发展新型清洁能源,加强供应系统安全保障,完善能源安全政策,深化国际合作,提升我国在全球能源市场上的话语权。要保障战略性矿产资源安全,保证重要资源充足、稳定、可持续供应,推进矿产资源节约高效开发利用,加强海外资源开发与运输,积极扩展进口渠道,保障运输通道安全,加强战略性矿产资源储备,优化完善储备规模结构。要提高水资源集约安全利用水平,强化水资源监测预警和管理,优化江河流域水量分配,推进河湖生态治理和保护修复,提升水旱灾害防御能力。要维护水利、电力、供水、油气、交通、通信、网络、金融等重要基础设施安全,对运行中断或遭到破坏时会危害国家安全的重要基础设施进行安全风险评估和后果预判,采取有效措施加以防控、化解和应对。

守住不发生系统性金融风险底线。金融是经济的血脉,是现代市场经济运转的基石,金融稳定是经济社会稳定的前提。必须统筹金融发展和金融安全工作,把防范化解金融风险作为金融工作的根本性任务,维护金融安全,确保不发生系统性金融风险。坚持金融为实体经济服务方向,全面提升金融服务效率和水平,把金融资源配置到经济社会发展的重点领域和薄弱环节。深化金融体制改革,建设现代中央银行制度,加强和完善现代金融监管,强化金融稳定保障体系,依法将各类金融活动全部纳入监管。要保护货币、股票、债券、外汇和房地产市场稳定,坚持实施稳健的货币政策,完善多层次资本市场体系,健全制度,规范市场秩序,打击违法行为,稳妥有序化解债市风险,坚持人民币汇率在合理水平上基本稳定,有序推进人民币国际化,因城施策进行房地产市场调控。要稳妥有序化解地方政府债务风险,保障财政金融安全。

## 本章小结

1. 经济全球化是生产要素突破国家的界限在全世界范围内流动和配置的过程,具体表现为贸易自由化程度提高、金融国际化趋势增强、全球生产经营网络形成等。对于经济全球化,不同的思想流派有着不同的理解,代表性的理论有:新自由主义全球化理论、经济民族主义全球化观、依附理论全球化观。正确认识经济全球化,必须坚持马克思主义的经济全球化理论。

2. 经济全球化是一把"双刃剑",在推动生产的社会化和世界经济发展的同时,又给世界经济的发展带来了许多新矛盾。因此,经济全球化趋势与反全球化的力量总是相伴而生的。实现人类的发展,必须超越资本主义全球化的历史局限,克服资本主义全球化的种种弊病,充分发挥全球化的历史进步性,使全球化真正成为造福全人类的动力。

3. 我国对外开放的历程经历了以建立沿海经济开放地带为重点,改革开放事业全面发展、全面推进,全面参与经济全球化,构建开放型经济新体制主要的发展阶段,对外开放的水平和质量不断提高,中国在世界经济中的地位快速提升,世界贸易大国地位业已奠定,双向资本流动局面逐渐形成,金融市场发展水平稳步提高,在世界经济中的影响力逐渐增大。

4. 中国特色社会主义对外开放之路是一条成功的道路,是实现国家繁荣富强的必由之路,是中国共产党和中国人民的伟大创举。它不仅摒弃了"国强必霸"的霸权主义逻辑,也解开了"依附论"的困惑。它既顺应了中国人民要发展、要创新、要美好生活的历史要求,又契合了世界各国人民要发展、要合作、要和平生活的时代潮流。它极大拓展了发展中国家走向现代化的途径,给世界上那些既希望加快发展又希望保持自身独立性的国家和民族提供了全新选择。

5. 随着中国对外开放程度的不断深化,国家经济安全方面的风险与挑战逐渐增多,如何维护国家经济安全的问题也日渐突出。必须统筹发展和安全,确保国家经济安全。要加强经济安全风险预警、防控机制和能力建设,增强产业体系抗冲击能力,确保粮食、能源、资源和重要基础设施安全,守住不发生系统性金融风险底线。

## 复习思考题

1. 如何认识经济全球化的性质和作用?

2. 在全球化的背景下,站在中国的立场上,我们应该是支持还是反对全球化?请说说你的理由。对比当前的全球化,你心中理想的全球化方案是怎样的?

3. 中国的对外开放对世界共同发展做出了哪些贡献?你认为中国在哪些方面能够为世界发展做出更大贡献?

4. 如何在经济全球化的条件下处理好开放和自主的关系,维护国家的经济安全?

## 即测即评

请扫描二维码进行即测即评。

# 第十二章　对外经济关系

国家之间的经济关系是社会生产关系的一个重要内容。必须在积极参与经济全球化的过程中,在坚持独立自主的前提下,积极发展对外经济关系,促进和维护国家的利益。新中国成立以来,我国发展对外经济关系虽然经历波折,但取得了重大成就。新时代中国高举和平、发展、合作、共赢旗帜,发展全方位对外开放,推动建设合作共赢的新型国际经济关系,推动构建人类命运共同体。

## 第一节　对外经济关系的实质和特点

### 一、马克思主义视野中的对外经济关系

根据国家的强弱以及在世界体系中的地位和作用不同,国家之间的经济关系的性质也不相同。从总体上看,现代资本主义世界体系是由性质不同的两类关系构成的。第一类关系是发达资本主义国家与发展中国家的关系,即所谓的"中心国"与"外围国"的关系或南北关系,这类关系是以控制与被控制、剥削与被剥削为特征的,其发展的趋势是两极分化。第二类关系是发达资本主义国家之间的关系,这类关系是以这些国家的竞争与合作为特征的,其发展趋势是资本主义国家之间趋同与分化的循环交替。这两种关系的不同性质及其发展规律,都由资本主义经济关系的本质决定。

资本主义世界体系分为少数发达国家和大多数不发达国家,其根源在于资本主义制度本身。资本主义经济的发展在空间上依赖于劳动力、原料来源、投资场所和销售市场的不断扩张,这种扩张不外乎两个途径:在国内,资本通过侵入非资本主义经济领域,把越来越多的生产要素和经济过程置于资本的控制之下;在国外,资本通过武力和非武力的侵入与占领,把越来越多的国家和地区的生产要素与经济过程置于发达国家资本的统治之下。资本主义制度在国内和国外两个方面的发展,必然在资本主义国家范围内和资本主义世界范围内造成两种不同类型的两极分化。在资本主义国家内部造成财富在少数资产阶级一极积累和贫困在广大无产阶级一极积累,在资本主义世界体系内造成少数发达国家(富国)

和大多数不发达国家(穷国)的两极分化。资本主义世界的分化现象不过是资本主义国内的分化现象在全球规模上的重演。

资本主义世界经济体系中发达国家之间的竞争与合作关系也根源于资本主义制度本身。正如列宁指出的,"经济和政治发展的不平衡是资本主义的绝对规律。"[1]资本作为一种特定的生产关系,包含着相互联系的两个方面,资本对雇佣劳动的剥削关系和资本之间的竞争关系。剥削关系是竞争关系的基础。资本主义经营既然以剥削雇佣劳动为手段和以追逐利润为目的,资本与资本的关系本质上必然是竞争的。资本之间也存在着吸引、合作与联合的一面,但这种合作与联合只不过是为了在更大的范围与更强的对手展开更有力的竞争。任何资本在市场上都力图排斥其他资本,以保持自身在生产和销售上的有利地位,占据更大的市场和获取更多的利润。在世界范围内,资本的这种竞争关系就表现为各国资本在国际市场上的竞争和各个资本主义国家在世界经济、政治舞台上的竞争。先进的资本主义国家力图保持自身的优势,后进的资本主义国家则要奋力追赶,这就成为国家之间发展不平衡的根本动力。[2]

马克思主义认为,人类社会最终将从各民族的历史走向世界历史,"各民族的原始封闭状态由于日益完善的生产方式、交往以及因交往而自然形成的不同民族之间的分工消灭得越是彻底,历史也就越是成为世界历史"[3]。随着人类社会从资本主义社会向社会主义和共产主义社会的过渡,建立在阶级对立基础上的各民族的对立关系也将被新的各民族之间的平等关系所代替,"人对人的剥削一消灭,民族对民族的剥削就会随之消灭","民族内部的阶级对立一消失,民族之间的敌对关系就会随之消失"。[4] 人类社会将由此而进入大同世界。

## 二、发展对外经济关系的意义

新中国的建立,彻底结束了旧中国半殖民地半封建社会的历史,建立了社会主义制度,实现了国家的独立和民族的解放,重新站起来的中国人民以崭新的面貌面对世界,谋求在相互尊重、平等互利的基础上发展与各国的关系,开展经济合作。但是,由于国际国内形势的复杂变化,在一段时期内,中国局限在相对封闭的环境中艰辛探索社会主义建设之路。

党的十一届三中全会以后,我们党作出实行改革开放的历史性抉择,确立了主动打开国门搞建设的基本国策,实行积极主动的开放战略,积极参与经济全球化,充分利用国际国

---

[1] 列宁.论社会主义[M]//列宁全集:第26卷.北京:人民出版社,2017:367.
[2] 高峰.20世纪世界资本主义经济的发展与演变[J].政治经济学评论,2010(1):105-125.
[3] 马克思,恩格斯.德意志意识形态[M]//马克思恩格斯文集:第1卷.北京:人民出版社,2009:540-541.
[4] 马克思,恩格斯.共产党宣言[M]//马克思恩格斯文集:第2卷.北京:人民出版社,2009:50.

内两个市场、两种资源,推动形成全方位、多层次、宽领域的开放格局。党的十八大以来,党中央洞察世界大势,总揽战略全局,推进对外开放理论和实践创新,确立开放发展新理念,提出构建人类命运共同体伟大构想,实行更加积极主动的开放战略,加快构建开放型经济新体制,推动建设开放型世界经济,推动构建新型国际经济关系。

1. 发展对外经济关系有利于促进国家社会经济发展。这主要表现为三个方面:首先,有利于满足消费者商品多样化需求。随着社会化大生产和生活水平的提高,民众需求也日益多样化,但是受制于资源、科学、技术、信息等诸多要素的约束,一些商品和服务本国无法提供有效的供给,发展对外经济关系不仅能够获得本国短缺的生活必需品,还可以消费国外特色商品。其次,有利于达成国际技术交流与合作。技术创新是推动国家经济发展的重要力量,不同国家的技术水平差异较大,通过发展对外经济关系,国家之间的技术合作影响日益深远,技术合作方式也变得更加灵活。最后,有利于充分激发资本活力。资本有逐利的要求,当资本在一国内部市场出现总量性或结构性过剩时,可能需要寻求外部投资空间以避免闲置和浪费。发展对外经济关系可以有效化解国内资本相对过剩的问题,同时也能解放国内资本的投资行业和领域的束缚,从而充分激发资本活力。

2. 发展对外经济关系有利于提升国家的国际影响力。从表现形式来说,国家发展对外经济关系主要是通过融入国际分工、资源的国际配置和国际竞争来实现的,有利于国际影响力的扩散和深化。通常意义上,国际影响力反映本国被他国的认知和认可程度,国际影响力的提升需要做好两方面工作:一是要主动融入国际,只有主动参与,才能敏捷、有效地把握住发展机遇,彰显国家力量和自信,被动参与全球化难以掌控话语权;二是要主动将国际市场的优势引入国内,弥补国内市场的不足,形成国内国际统筹发展布局。发展对外经济关系是一个双向过程,既有走出去,又有引进来,符合国际影响力提升的路径要求。

3. 发展对外经济关系可以促进国家之间命运共同体的构建。人类社会产生以后,世界走向有联系、有融合的趋势日益显著,这种趋势主要有两种途径——经济上的互相往来和军事上的战争。在早期,为了掠夺财富和扩张领土,军事战争居于主导地位,对外经济关系是居于武力保护之下的不平等交换。随着市场经济的发展,国与国之间的经济联系日益依赖于市场交换,遵循平等互利的原则,国际社会日益成为一个你中有我、我中有你的命运共同体,国家之间对外经济关系不再是零和博弈,而是趋向互利共赢。特别是在经济全球化日益加深的条件下,国与国之间的联系日益密切,发展对外经济关系有利于促进命运共同体构建。

## 三、 对外经济关系的基本形式

一国发展对外经济关系的基本形式主要包括:

比较分析：
对外开放政策比较

1. 对外经济贸易。对外经济贸易主要涉及商品和服务的交换,是国家或地区与其他国家或地区经济往来的基本形式。对外经济贸易能够有效调节社会再生产的不平衡,或是通过贸易逆差弥补国内生产不足,或是通过贸易顺差解决国内生产过剩。另外,对外经济贸易还能够有效解决一国落后的社会生产和人民需求旺盛之间的矛盾,特别是对于耗费时间长、耗费成本大、生产周期慢、资源依赖强的商品,国家或地区可以通过对外贸易直接购买,从而更好地调节配置既有的国内资源。对外经济贸易在宏观层面上还有助于就业的发展,商品贸易结构差异能够反映劳动力基本素质和技能的具体要求,不仅对就业量有增长效应,对就业的质也会产生明显的竞争效应。

2. 利用外资和对外投资。利用外资包括两种途径,一是通过国际信贷,向国外政府、银行、其他金融机构、民间力量等借入有息资金;二是吸引外商直接投资,外商投资主体可以是政府官方,也可以是私人企业和民间机构或个人。第一种形式可以有效解决一国经济发展资金短缺的难题。第二种形式可以对东道国产生技术外溢效应,并且能够附带传播先进的经营管理理念,同时,外商直接投资对拉动就业有重要作用。经济社会发展表明,利用外资有正反两方面影响,任何一个国家或地区都需要权衡利弊,最大程度发挥外资的积极作用,同时通过合约、法律等约束手段,将外资的负面效应控制在最小范围。对外投资与利用外资方向相反。

3. 对外承包工程和劳务出口。对外承包工程是国际经济技术合作的重要形式,通过承包国外工程项目,国内的资金、技术、设备、劳务、相关产品等都一并输出,彰显一国经济实力。劳务出口是派出国外所缺乏的技术工人和熟练工人,获得国外经济收入的事务。对外承包工程和劳务出口是一国参与世界分工能力和国际竞争力水平的重要指标,能够提升国际形象,在经济意义上既可以加强对输出国的影响力渗透,也能够合理解决国内过剩生产能力和闲置的资源。另外,对外承包工程可以有效增加当地就业、改善人民生活,促进当地社会经济发展。

4. 对外经济援助。对外经济援助是大国发展对外经济关系的内容之一,反映了经济大国和强国塑造负责任形象、彰显有担当能力等,包括资金、物资、技术等援助,它属于国际人道主义合作和扶持。中国作为联合国安理会常任理事国和世界第二经济大国、世界第一贸易大国,理应在对外经济援助方面贡献自己的力量。中国对外经济援助秉持不干涉他国内政的原则,以负责任的大国姿态,促进他国社会经济发展。西方国家对外经济援助则掺杂着其他目的,特别是借机威胁他国政治、经济主权,使其变成附庸国,在本质上属于一种典型的资本输出。

5. 发展国际旅游。国际旅游业成为新世纪对外经济关系日益重要的形式,它可以带动就业,拉升经济增长,且具有绿色环保特点,国际旅游市场竞争日益增强。发展国际旅游既可以直接反映一个国家的文化软实力,也能够对外展示本国经济硬实力。传统的国际旅游以自然风光和历史遗迹为主,而伴随着科学技术革命的发展和新的文化挖掘,当前的国际旅游呈现出多样化特点,高科技、智能化的旅游体验越来越受欢迎。从目前世界旅游格局看,发展中国家旅游业迅速成长,比如,东南亚地区国家在吸引外国游客人数和旅游创收上都有显著提升。

6. 对外技术转移。对外技术转移是指技术从先进发达国家向落后国家流动的关系,技术存在差距是技术转移的客观条件。从形式上看,对外技术转移包括直接转移和间接转移两种,直接转移往往表现为经济援助,间接转移则主要通过对外投资和对外贸易实现。从主体看,对外技术转移主要由政府和企业主导,政府间行为通常是非商业性的,企业间行为则是以获取利润为导向。从技术转移的内容看,研发设计、知识产权、企业孵化都是重要的组成部分,由它们构成的国际技术转移与合作日益加深。

## 四、以"一带一路"建设为重要平台推动构建人类命运共同体

党的二十大报告强调,"当前,世界之变、时代之变、历史之变正以前所未有的方式展开。一方面,和平、发展、合作、共赢的历史潮流不可阻挡,人心所向、大势所趋决定了人类前途终归光明。另一方面,恃强凌弱、巧取豪夺、零和博弈等霸权霸道霸凌行径危害深重,和平赤字、发展赤字、安全赤字、治理赤字加重,人类社会面临前所未有的挑战。世界又一次站在历史的十字路口,何去何从取决于各国人民的抉择。中国始终坚持维护世界和平、促进共同发展的外交政策宗旨,致力于推动构建人类命运共同体"。

"一带一路"倡议是我国在新的历史条件下实行全方位对外开放、变革全球经济治理体系、构建人类命运共同体的重要实践平台。"一带一路"贯穿欧亚大陆,东边连接亚太经济圈,西边进入欧洲经济圈,通过主动设点、走线、联网、布局,建立起以欧亚大陆为核心的互联互通网络、基础设施平台、金融合作框架、人文交流格局、贸易投资体系,有助于推动欧亚大陆经济一体化进程和经济全球化进程。

积极推动"一带一路"倡议的目标,是将"一带一路"建设成为"和平、繁荣、开放、创新、文明"之路。将"一带一路"建设成为和平之路,就是要加强同沿线国家发展战略对接,增进战略互信,寻求合作的最大公约数,营造共建共享的安全格局;将"一带一路"建设成为繁荣之路,就是要聚焦发展这一根本问题,大力推进互联互通和产业合作,培育新业态,创新投资和融资模式,推动设施联通,实现经济大融合、发展大联动、成果大共享;将"一带一路"建成开放之路,就是要解决经济增长和失衡问题,打造开放型合作平台,维护和发展开放型世界经济,维护多边贸易体制,推动自由贸易区建设,促进贸易和投资自由化和便利化;将"一带一路"建成创新之路,就是要抓住新工业革命的发展新机遇,加强国际产能和装备制造合作,加强数字经济、人工智能、纳米技术、量子计算机等前沿领域合作,推动大数

据、云计算、智慧城市建设,倡导绿色、低碳、循环、可持续的生产生活方式,加强生态环保合作;将"一带一路"建成文明之路,就是要建立多层次的人文合作机制,推动教育、科技、文化、体育、卫生、青年、媒体、智库等领域合作,鼓励加强各国文化交流和民间往来,夯实民意基础,促进包容性发展。

中国对外开放,不是要一家唱独角戏,而是要欢迎各方共同参与;不是要谋求势力范围,而是要支持各国共同发展;不是要营造自己的后花园,而是要建设各国共享的百花园。"一带一路"倡议秉承"共商、共建、共享"原则,坚守和平合作、开放包容、互学互鉴、互利共赢的丝路精神,以"一带一路"沿线国家发展规划对接为基础,以贸易和投资自由化、便利化为纽带,以互联互通、产能合作、人文交流为支柱,以金融互利合作为重要保障,积极开展双边和区域合作,努力打造利益共同体、责任共同体、命运共同体,共同致力于重振世界经济,为推动构建人类命运共同体做出表率和贡献。

随着经济全球化快速推进,国际社会日益成为一个你中有我、我中有你的命运共同体,任何国家都不可能独善其身、一枝独秀,这就要求各国同舟共济、守望相助,建立更加平等均衡的新型全球发展伙伴关系,增进人类共同利益,共同建设一个更加美好的地球家园。

如何打造命运共同体呢? 第一,坚持和平共处五项原则。我们要以史为鉴,坚定维护和平的决心,牢固树立人类命运共同体意识。第二,推进各国良性互动。"我们要树立人类命运共同体意识,推进各国经济全方位互联互通和良性互动,完善全球经济金融治理,减少全球发展不平等、不平衡现象,使各国人民公平享有世界经济增长带来的利益"。[①] 第三,坚持合作共赢的全球伙伴关系。在经济全球化的今天,没有与世隔绝的经济孤岛。同为地球村居民,我们要树立人类命运共同体意识。正如习近平在达沃斯世界经济论坛上所指出的,世界经济的大海,你要还是不要,都在那儿,是回避不了的。想人为切断各国经济的资金流、技术流、产品流、产业流、人员流,让世界经济的大海退回到一个一个孤立的小湖泊、小河流,是不可能的,也是不符合历史潮流的。我们要秉持开放、融通、互利、共赢的合作观,拒绝自私自利、短视封闭的狭隘政策,维护世界贸易组织规则,支持多边贸易体制,构建开放型世界经济。

专栏 12-1 深化外交布局,拓展伙伴关系

中国坚持在和平共处五项原则基础上同各国发展友好合作,推动构建新型国际关系,深化拓展平等、开放、合作的全球伙伴关系,致力于扩大同各国利益的汇合点。促进大国协调和良性互动,推动构建和平共处、总体稳定、均衡发展的大国关系格局。坚持

① 习近平在二十国集团工商峰会开幕式上的主旨演讲(全文)[EB/OL].中国政府网,2016-09-03. http://www.gov.cn/xinwen/2016-09/03/content_5105135.htm.

亲诚惠容和与邻为善、以邻为伴周边外交方针,深化同周边国家友好互信和利益融合。秉持真实亲诚理念和正确义利观加强同发展中国家团结合作,维护发展中国家共同利益。中国共产党愿在独立自主、完全平等、互相尊重、互不干涉内部事务原则基础上加强同各国政党和政治组织交流合作,积极推进人大、政协、军队、地方、民间等各方面对外交往。

资料来源:习近平.高举中国特色伟大旗帜 为全面建设社会主义现代化国家而团结奋斗——在中国共产党第二十次全国代表大会上的报告[M].人民出版社,2022:61.

## 第二节 中国对外经济关系的格局

### 一、对外经济关系类型

根据不同的分析维度和判断标准,对外经济关系的类型划分存在差异,具体来看有以下四种:

1. 从对外经济关系内容看,主要包括对外贸易、对外投资、对外承包工程、劳务出口、对外经济援助和发展国际旅游等。从目前我国对外经济关系来看,对外贸易和对外投资是最主要的内容,对外承包工程和发展国际旅游日趋增长,经济援助一般不会成为国家对外经济关系的主要内容。

2. 从对外经济关系对象看,中国发展对外经济关系总体上可以分为三种类型,分别为对美国这一超级大国的经济关系,对日本、欧盟、澳大利亚等发达经济体的关系以及对发展中国家和地区的对外经济关系。

3. 从对外经济关系主体看,对外经济关系可分为三种类型,分别为以官方或政府为主体的对外经济关系,以半官方为主体的对外经济关系以及以非官方为主体的对外经济关系。

4. 从对外经济关系结构看,可分为双边经济关系、多边经济关系、区域经济关系和国际经济组织关系四种形式。

### 二、双边经济关系

双边经济关系是指国与国之间的一对一关系,它受地域范围限制小,在共建过程中外部干扰因素相对较少,双方能够在最大程度上秉持政治互信、经济互补,以期实现合作共赢。对于大国而言,双边经济关系能够影响区域经济增长和社会发展,甚至有可能对全世界经济预期产生影响。截至2023年1月,中国已经与世界上181个国家建立外交关系,其中,双边经济关系有的已经相对成熟,有的日渐完善,有的刚刚起步,有的还在谈判协商。从国家统计总局公布的贸易进出口总量数据来看,我国双边经济关系具体如表12-1。

表 12-1　根据贸易进出口总量划分的中国与不同地区国家双边关系

| 地区 | 贸易进出口总量大 | 贸易进出口总量相对大 |
|---|---|---|
| 亚洲 | 日本、韩国、马来西亚 | 越南、新加坡、泰国、印度、沙特、印度尼西亚、阿联酋、伊朗 |
| 非洲 | 南非、安哥拉、尼日利亚、埃及 | 阿尔及利亚、刚果(布)、肯尼亚、加纳 |
| 欧洲 | 德国、俄罗斯、英国、荷兰、法国 | 意大利、瑞士、西班牙、波兰、比利时、瑞典、捷克、丹麦 |
| 拉丁美洲 | 巴西、墨西哥、智利 | 委内瑞拉、哥伦比亚、秘鲁、阿根廷 |
| 北美洲 | 美国 | 加拿大 |
| 大洋洲 | 澳大利亚 | 新西兰 |

资料来源:作者根据国家统计局数据整理,其中中国台湾、香港等未计入。

根据表12-1,中国对不同地区的双边对外经济关系与国家综合国力呈正相关,排名第一的双边经济国家都是不同地区的经济大国。比如,根据国家统计局2021年数据,亚洲的日本(占中国同亚洲国家进出口总额的12.13%)、欧洲的德国(占中国同欧洲国家进出口总额的19.94%)、大洋洲的澳大利亚(占中国同大洋洲国家进出口总额的86.83%)、北美洲的美国(占中国同北美洲国家进出口总额的91.18%)、非洲的南非(占中国同非洲国家进出口总额的21.27%)、拉丁美洲的巴西(占中国同拉丁美洲国家进出口总额的36.25%)。

中国发展对外双边经济关系,自由贸易区的建设是重点内容。自由贸易是指一个国家或地区政府不再对进出口贸易进行干涉和限制,取消对本国进出口商品的特权和特殊待遇,使商品在市场上自由进出、自由竞争。自由贸易是保护贸易的对立面,它的存在本身是有约束条件和范围限制的。自由贸易是根据贸易双方签订的有关条约和协议,在框架内充分尊重双方商品交易,并处于平等地位展开自由竞争和贸易。自由贸易区是一种经济一体化的表现形式,在其中,各成员之间取消关税、进口配额、外汇管制、歧视性政策、出口补贴等贸易壁垒,成员对非成员可以采取贸易保护政策。与自由贸易区相近的概念有关税同盟、共同市场、经济联盟、免税区、自由经济区等。自由贸易区的建设会对贸易双边或多边国家或地区产生显著的福利和效益,其他更加宽泛的一体化形式的影响会比自由贸易区更深远。中国自由贸易区建设情况见表12-2。

表 12-2　中国自由贸易区建设情况

| 已签协议的自贸区 | | 正在谈判的自贸区 | 正在研究的自贸区 |
|---|---|---|---|
| 中国—柬埔寨 | 中国—毛里求斯 | 中国—海合会 | 中国—哥伦比亚 |
| 中国—马尔代夫 | 中国—格鲁吉亚 | 中日韩 | 中国—斐济 |
| 中国—澳大利亚 | 中国—韩国 | 中国—斯里兰卡 | 中国—尼泊尔 |
| 中国—瑞士 | 中国—冰岛 | 中国—以色列 | 中国—巴新 |
| 中国—哥斯达黎加 | 中国—秘鲁 | 中国—挪威 | 中国—加拿大 |
| 中国—新西兰 | 中国—新加坡 | 中国—新西兰自贸协定升级谈判 | 中国—孟加拉国 |
| 中国—新加坡升级 | 中国—智利 | 中国—摩尔多瓦 | 中国—蒙古国 |
| 中国—智利升级 | 中国—巴基斯坦 | 中国—巴拿马 | 中国—瑞士自贸协定升级联合研究 |
| 中国—巴基斯坦第二阶段谈判 | 中国—东盟 | 中国—韩国自贸协定第二阶段谈判 | |
| 中国—东盟（"10+1"）升级 | 内地与港澳更紧密经贸关系安排 | 中国—巴勒斯坦 | |
| 区域全面经济伙伴关系协定（RCEP） | | 中国—秘鲁自贸协定升级谈判 | |
| | | 中国–厄瓜多尔 | |

注：另外还有"优惠贸易安排：亚太贸易协定"。

资料来源：中华人民共和国商务部官网。

## 三、多边经济关系

多边经济关系是指数量多于两个的、同时并未形成区域性的国家和地区之间的经济往来，集团经济关系也属于多边经济关系的重要内容。比较有影响力的多边经济关系包括G20、G77等。多边经济关系的形成依然需要在政治、社会、文化、宗教等各方面达成有效共识，一般而言，具有较为相似国情的国家比较容易形成多边经济关系。尽管在一些多边经济关系中存在各种各样的矛盾，但经济利益是第一位的，故而努力寻求各方利益的最大公约，成为国家和地区间构建多边经济关系的重要基础。

当前，中国最重要的多边经济关系有中日韩经济关系、G20、"一带一路"等。建设多边经济关系对各方都有好处，需要各方共同努力。以中、日、韩多边经济关系为例，这三国人口总量接近16亿人，占世界人口总量约20%。2021年，中、日、韩三国经济总量超过24万亿美元，占世界经济总量比重超过25%，而且地理位置接近、经济结构互补性强，构建中、日、韩自由贸易区无疑将提升东亚地区在世界经济贸易格局中的地位和影响力。

### 四、区域经济关系

区域经济关系是多边经济关系的特殊形式,但它与多边关系又具有很大的不同,在多边经济关系内,每一个参与主体依然保持较为灵活的决策权和控制权,但在区域经济关系中,一旦由参与成员集体通过的协议契约生效,任何一方参与者必须要以集体的利益为约束,要在集体的框架下行事。

世界上主要的区域经济关系以区域自由贸易区的建设为主,如表12-3所示。

表 12-3　世界上主要的区域自由贸易区

| 名称 | 参与国家和地区 |
| --- | --- |
| 新型自由贸易区 | 尼泊尔、孟加拉国、不丹、马尔代夫、巴基斯坦、斯里兰卡、印度 |
| 北美自由贸易区 | 美国、加拿大、墨西哥 |
| 美洲自由贸易区 | 阿根廷、安提瓜和巴布达、巴巴多斯、巴哈马、巴拉圭、巴拿马、巴西、秘鲁、玻利维亚、多米尼加、多米尼克、厄瓜多尔、哥伦比亚、哥斯达黎加、格林纳达、海地、加拿大、美国、墨西哥、尼加拉瓜、萨尔瓦多、圣卢西亚、圣文森特和格林纳丁斯、圣基茨和尼维斯联邦、苏里南、特立尼达和多巴哥、危地马拉、委内瑞拉、乌拉圭、牙买加、智利、圭亚那、伯利兹、古巴、加勒比 |
| 中欧自由贸易区 | 波兰、匈牙利、捷克、斯洛伐克、斯洛文尼亚、罗马尼亚、保加利亚 |
| 东盟自由贸易区 | 印度尼西亚、马来西亚、菲律宾、新加坡、泰国、文莱、越南、老挝、缅甸、柬埔寨 |
| 欧盟与墨西哥自由贸易区 | 奥地利、比利时、保加利亚、塞浦路斯、克罗地亚、捷克共和国、丹麦、爱沙尼亚、芬兰、法国、德国、希腊、匈牙利、爱尔兰、意大利、拉脱维亚、立陶宛、卢森堡、马耳他、荷兰、波兰、葡萄牙、罗马尼亚、斯洛伐克、斯洛文尼亚、西班牙、瑞典、英国、墨西哥 |
| 独联体成员国多边自由贸易区 | 独联体成员国 |
| 加勒比自由贸易区 | 安提瓜和巴布达、巴巴多斯、巴哈马、伯利兹、多米尼克、格林纳达、圭亚那、圣卢西亚、圣基茨和尼维斯联邦、圣文森特和格林纳丁斯、特立尼达和多巴哥、蒙特塞拉特、苏里南、海地、牙买加 |

资料来源:作者整理。

中国在积极发展双边经济关系和多边经济关系的同时,也特别注重区域经济关系的开发和利用。目前,中国作为重要的成员国参与的区域经济关系包括上海合作组织、亚洲太平洋经济合作组织、博鳌亚洲论坛、中国—东盟自由贸易区等,中国在上述区域经济关系中的影响力日益加深。

## 五、 中国参与的国际经济组织

国际经济组织是国际上国家与国家之间组成的经济组织,具有常设组织机构和经济职能,其既包括政府间组织,也包括非政府间组织。从参与主体来看,突破单个国家形成的国与国之间的经济组织,狭义上都可称为国际性的,即参与数量不少于两个,但通常来看,重要的国际经济组织往往得到较多数量国家的支持和认可。中国在发展对外经济关系中积极参与国际经济组织,并充分发挥中国的影响力,贡献自己的力量。

世界银行、世界贸易组织、国际货币基金组织是国际经济组织的三大支柱,中国是其中的重要成员国,还是世界银行和国际货币基金组织的创始国。

2015 年 11 月 30 日,国际货币基金组织执行董事会批准人民币加入特别提款权(SDR)货币篮子。时任国际货币基金组织总裁拉加德表示,人民币加入 SDR 表明中国经济融入全球金融体系进入了新的历程,同时这也充分肯定了中国在货币和金融体系改革所取得的成绩。另外,中国还积极参与联合国下属的国际经济组织,包括联合国贸易和发展会议(英文简称 UNCTAD)、国际标准化组织、联合国开发计划署、国际劳工组织、世界知识产权组织、联合国工业发展组织、联合国粮食及农业组织等。

为了推动建立互利合作的国际经济秩序,中国政府倡导成立了亚洲基础设施投资银行,它是政府间性质的亚洲区域多边开发机构,着重就基础设施建设予以支持,从而促进亚洲区域建设互联互通化和经济一体化。亚洲基础设施投资银行成员国分布在亚洲、欧洲、非洲、南美洲、北美洲和大洋洲,已经成为世界经济发展重要的力量,也凸显了中国政府倡导的国际经济关系应该秉持合作共赢的理念。

# 第三节　中国同发达国家和地区的经济关系

## 一、 中国同发达国家和地区经济关系的特征

目前来看,中国已经与世界上绝大多数的发达国家和地区建立了对外经济关系,其主要特征是:

### (一) 中国是世界上最大的发展中国家特征没有变

中国 GDP 总量位居世界第二,已经是世界经济大国,然而从技术创新、劳动生产率、产业结构、城乡结构、人均 GDP 等指标来看,还不是世界经济强国,依然是世界上最大的发展

中国家。因此,中国在对外经济关系中,要积极向发达国家学习和引入先进的技术、管理经验等,不断推动自主创新,增强国际竞争力,实现从经济大国向经济强国的转变。

### (二)中国经济实力和国际影响力不断提升

随着中国经济的不断发展,实力不断增强,中国国家统计局数据显示,2013—2021年,我国对世界经济增长的平均贡献率达到38.6%,超过G7国家贡献率的总和,是推动世界经济增长的第一动力,国际地位和影响在不断提升。2021年,中国经济总量占世界经济总量比重超过18%①。中国在世界前沿科技领域取得了不少新突破,为全球社会经济发展做出了重要贡献。

### (三)中国与发达国家经济关系呈现合作竞争特征

中国与发达国家在发展水平、社会制度、意识形态等方面存在较大差异,存在竞争关系。然而,中国与发达国家的经济具有合作性是客观事实。从商品贸易、对外投资、吸引外资等指标综合来看,中国同发达国家之间的经贸往来和经济合作广泛而深入,彼此之间在经济上的相互依存和互利互惠十分明显。

## 二、中国同美国的经济关系

中国是世界上最大的发展中国家,美国是世界上最大的发达国家。中美经贸关系既对两国意义重大,也对全球经济稳定和发展有着举足轻重的影响。

根据中华人民共和国商务部统计显示,中美建交至今,双边经贸关系迅速发展,中美贸易额从1979年的25亿美元,增长到2021年的7556.5亿美元,增长300倍。与建交时相比,双边经贸合作已发生质的变化,合作内容从单一的贸易扩展到经济的各个领域。

从双边贸易来看,2021年,中美货物贸易额7556.5亿美元。其中,中国自美进口1795.3亿美元;对美出口5761.1亿美元。中方顺差3963.8亿美元。

从双向投资来看,截至2021年年底,美国对中国实际投入达到1180亿美元。2021年,中国企业在美累计直接投资达771.7亿美元②。

长期以来,中美两国通过优势互补、互利合作,形成相互融合的利益共同体。中国的快速发展得益于同世界各国包括美国的开放合作,同时,中国的不断成长也为美国等提供了持续增长的动力和巨大的市场空间。中方一向主张,中美两国发展不是非此即彼的关系,没有必要相互排斥,完全可以相互借力、相互成就。

近年来,在"美国优先"的口号下,美国抛弃相互尊重、平等协商等国际交往基本准则,

---

① 数据来源:世界银行网站。
② 数据来源:国家商务部公共服务资源平台。

实行单边主义、保护主义和经济霸权主义,对许多国家和地区特别是中国作出一系列不实指责,利用不断加征关税等手段进行经济恫吓,试图采取极限施压方法将自身利益诉求强加于中国。面对这种局面,中国从维护两国共同利益和世界贸易秩序大局出发,坚持通过对话协商解决争议的基本原则,以最大的耐心和诚意回应美国关切,以求同存异的态度妥善处理分歧,克服各种困难,为稳定双边经贸关系作出了艰苦努力。中国的态度是一贯的、明确的。中美合则两利,斗则俱伤,合作是双方唯一正确的选择。

历史演进:
中美贸易摩擦的原因

## 三、 中国同欧盟的经济关系

欧盟是世界上综合实力最强的区域联盟,中国始终致力于发展与欧盟的经济关系,在贸易、投资、能源、基础设施、金融等领域取得较大成绩,对促进亚洲和欧洲之间的经济合作起到积极推动作用。中国与欧盟为全面战略伙伴关系。

当前,中国同欧盟的经贸合作进一步加强,并呈现良好的发展态势。欧盟是中国第一大贸易伙伴,中国是欧盟第二大贸易伙伴。从贸易来看,2021年中国同欧洲进出口总额达到11790亿美元,同比增长29.8%。除了贸易和投资外,中欧在金融服务、技术研发应用、旅游等领域保持较好合作,取得了积极成效,促进了双方社会经济发展,实现了互利共赢。

中欧经贸合作前景广阔,贸易投资合作潜力巨大。中国和欧盟分别位于丝绸之路经济带的两端,产业互补性强,是天然的合作伙伴。"一带一路"倡议是开放的合作平台,串联起亚太、欧洲多个经济圈,把欧洲与中国的纽带拉得更紧,会结出更多合作成果。

## 四、 中国同日本的经济关系

日本是亚洲地区综合实力最强的发达国家,中国是亚洲地区综合实力最强的发展中国家,中日两国对外经济贸易对维持区域经济稳定、促进区域经济增长、提升区域经济活力有重要作用。中国与日本是战略互惠关系。

从中日双边贸易格局来看,中国贸易逆差、日本贸易顺差为基本特征。2021年,中日双边贸易总额达3714亿美元,中国对日本出口1658.5亿美元,中国对日本进口2055.5亿美元,贸易逆差为397亿美元。[①] 目前,中国是日本第二大出口贸易国和第一大进口贸易国。从中日双边外商直接投资来看,2021年日本对中国直接投资39.13亿美元。[②] 截至2021年12月末,日本累计在华实际投资金额达1229.88亿美元。2021年中国对日本直接投资7.6亿美元,累计投资达48.8亿美元。

---

① 数据来源:国家统计局网站。
② 数据来源:国家统计局网站。

## 第四节　中国同发展中国家和地区的经济关系

### 一、中国同发展中国家和地区对外经济关系的特征

#### (一)中国是发展中国家里最大的经济体

在发展中国家里,中国经济实力最强,在经济总量、科技水平、生产能力、市场规模等方面均处于领先地位,具有较大的影响力和带动力,与发展中各国的经济联盟紧密,相互合作日益加深,在商品贸易、技术交流、能源合作、对外投资、承包工程等方面的合作成效显著。

#### (二)中国对外经济援助特征明显

根据《环球时报》的数据,我国2019—2022年对外援助金额为60372亿元,重点帮助受援国(含地区,下同)建设中小型社会福利项目、社会公共设施和民生项目、有经济和社会效益的生产性项目、大中型基础设施项目等。中国帮助发展中国家和地区减少贫困和改善民生是主要内容,为促进发展中国家教育水平、医疗服务、公共事业、基础设施等领域发展作出重要贡献。中国政府不定期地免除发展中国家和地区的债务也凸显了大国风范。中国在南南合作框架下向发展中国家和地区提供援助,不附带任何政治条件,不干涉受援国内政,尊重受援国自主选择发展道路,平等相待,重信守诺。

#### (三)中国与发展中国家和地区经济互相支持日益加深

中国作为发展中国家中最大的经济体,在与发展中国家和地区经济关系上一直扮演着重要角色。长期以来,中国同发展中国家在争取民族独立解放、促进国家发展振兴事业中相互支持、相互帮助。新形势下,中国与发展中国家的经济合作更加重要,前景广阔。中国始终坚定同广大发展中国家站在一起,求和平、谋发展、促合作,致力于构建平等互利的新型国际经济关系,推动国际秩序朝着更加公平合理的方向发展,共同为世界和平稳定和发展繁荣作出更大的贡献。

### 二、中国同金砖国家的经济关系

金砖四国是指俄罗斯、中国、巴西和印度四个新兴经济体国家,由于这四个国家的英文首字母的组合与Brick相近,2010年南非加入,五国被称为BRICS,即金砖国家。2009年中

国、俄罗斯、印度、巴西四个国家举行首次会晤,并发表《"金砖四国"领导人俄罗斯叶卡捷琳堡会晤联合声明》。2010 年,在首尔举行的二十国峰会上,南非申请加入金砖四国,并于当年年底被正式吸纳,从而金砖四国变成金砖五国。金砖国家已经成为影响世界经济秩序和政治稳定的经济体,在南南合作、气候变化、能源安全等方面展开交流。2021 年,中国对俄罗斯、印度、巴西和南非的进出口总额分别为 1472 亿美元、1257 亿美元、1636 亿美元和541 亿美元。

2018 年以来,在落实金砖厦门会晤达成的贸易投资便利化等多项成果基础上,金砖国家积极推进经贸合作机制建设,共同反对单边主义和保护主义,巩固了金砖国家经贸合作的势头和成效,体现了金砖国家的合作凝聚力和责任担当。2018 年 7 月,金砖国家领导人会晤通过了《约翰内斯堡宣言》,在经贸领域达成一系列重要共识和成果:一是支持多边主义,维护多边贸易体制,共同建设开放型世界经济;二是务实启动示范电子口岸网络、电子商务工作组、知识产权合作等新机制建设;三是制定了《知识产权合作机制实施框架》《包容性电子商务发展合作框架》,继续落实《金砖国家服务贸易合作路线图》,继续开展贸易增值产品联合研究等。这些成果为新时期金砖五国经贸合作注入新动能,为构建金砖国家贸易投资一体化大市场奠定了良好基础,也为中国企业"走出去"提供了良好的外部环境。①

## 三、 中国—东盟自由贸易区

东盟是东南亚国家联盟(Association of Southeast Asian Nations)的简称,成员包括泰国、新加坡、文莱、马来西亚、缅甸、老挝、越南、柬埔寨、印度尼西亚和菲律宾共 10 个国家。2004 年,中国与东盟签署《中国—东盟全面经济合作框架协议货物贸易协议》,推动了"10+1"自由贸易区的建设。2010 年,中国—东盟自由贸易区正式建立,它是世界上最大的发展中国家组成的自由贸易区。

2006 年以来中国对东盟贸易总额总体上持续增长。2022 年,我国与东盟贸易总值达 9753.4 亿美元,其中,出口 5672.9 亿美无,进口 4080.5 亿美元,东盟连续三年成为我国第一大贸易伙伴。东盟成员中,与我国前三大贸易伙伴依次为越南、马来西亚和印度尼西亚。从投资结构上看,制造业、租赁和商务服务业、批发和零售业、建筑业、农林牧渔等是中国对东盟直接投资重点行业。2021 年,中国对东盟直接投资 197.3 亿美元。2021 年末,中国对东盟直接投资存量1402.8 亿美元。

创新理论:
为什么要扩大面向全球的高标准自由贸易区网络?

---

① 资料来源:中华人民共和国商务部《中国对外投资发展报告 2018》。

## 四、 中国同非盟的经济关系

中非关系源远流长,特别是在民族解放运动中,中国与非洲国家互相扶持、互相帮助,建立了深厚的友谊。非洲现有三个局部自贸区——南部非洲开发共同体、东非共同体和东南非洲共同市场。2015 年,非洲 26 国领导人在非洲经济峰会上签署协定,要成立非洲最大的自由贸易区。2000 年,中非合作论坛成立。2015 年,习近平在约翰内斯堡中非合作论坛发表致辞,提出中国将在工业化、农业现代化、基础设施、金融等 10 个领域展开对非合作,并将提供总额近 600 亿美元的资金支持。

21 世纪以来,中国对非洲的投资规模日益增长,在投资结构上主要是以建筑业、交通运输业、制造业、采矿业为主。贸易在中非合作中具有基础性地位,中国已连续 9 年保持非洲第一大贸易伙伴国地位。未来中国对非投资与贸易合作将更加多元化。

## 五、 中国同拉丁美洲的经济关系

中拉友好源远流长,双方自古以来就保持交往。中华人民共和国成立后,古巴是拉美地区最早与中国建交的国家。2008 年中国政府针对中拉关系发表《中国对拉丁美洲和加勒比政策文件》,提出建立中拉全面合作伙伴关系。2011 年拉共体正式成立,并在 2014 年第二届峰会上通过《关于支持建立中国——拉共体论坛的特别声明》。

2021 年中国同拉丁美洲各国商品进出口总额为 4514 亿美元,占中国对外商品进出口总额的 7.46%。2021 年中国对巴西、墨西哥、智利、阿根廷、秘鲁、委内瑞拉、哥伦比亚 6 个国家商品进出口总额超过 4000 亿美元大关,占中国对该地区商品进出口总额的 95%,这 6 个国家是中国在拉丁美洲的主要贸易伙伴。

2021 年,中国流向拉丁美洲地区的直接投资流量 261.6 亿美元,同比上升 57%,占当年对外直接投资流量的 14.6%。截至 2021 年年末,中国在拉丁美洲地区的投资存量为 6937 亿美元,占中国对外直接投资存量的 24.9%。2021 年,中国对拉丁美洲直接投资主要流向英属维尔京群岛(139 亿美元)、开曼群岛(107 亿美元)、墨西哥(2.3 亿美元)。

拉美地区是新兴经济体和发展中国家的重要组成部分,是国际格局中不断崛起的一支重要力量。近年来,拉丁美洲地区政局总体稳定,经济发展保持增长态势。中拉关系处于全面合作新阶段,随着中拉"一带一路"对接之门开启,未来投资合作前景将更加广阔,投资领域将更加广泛。

## 六、 中国同新兴市场国家的经济关系

新兴市场国家通常是指市场经济体制较为完善、经济发展速度较高和市场发展潜力较大的国家,数目众多且广泛分布在全球各地,比如亚洲的中国、印度、印度尼西亚、马来西

亚、菲律宾、泰国、土耳其等,欧洲的俄罗斯、波兰、匈牙利、捷克等,非洲的埃及、南非、摩洛哥等,南美洲的巴西、阿根廷、智利、哥伦比亚、秘鲁等,北美洲的墨西哥等。统计数据表明,新兴市场国家数量不断变化,它们为世界经济增长做出了重要贡献,成为影响全球发展进程的重要力量。近些年来,中国与新兴市场国家之间的经济合作不断提升,在商品贸易、对外投资、承包工程、劳务出口、经济援助和国际旅游等方面均有较好表现。以俄罗斯为例,2022 年中国与俄罗斯的双边贸易额创新纪录达到 1902.71 亿美元,中国连续 13 年稳居俄罗斯第一大贸易伙伴国。2022 年 2 月,中俄两国签署《中俄货物贸易和服务贸易高质量发展的路线图》,未来将在低碳能源、绿色基础设施、绿色技术创新等方面进一步将强合作。2023 年 3 月,中国对俄罗斯进出口总值累计增速达到 38.7%。再如,根据中国海关总署数据显示,2022 年中国商品出口总值 3.59 万亿美元,其中对东盟、拉丁美洲、非洲的出口总值同比增长了 17.7%、10.6% 和 11.2%,远远超过对欧盟和美国的出口总值增长速度 8.6% 和 1.2%,这表明中国同新兴经济体的贸易合作具有很宽阔的发展空间。

习近平总书记主持新兴市场国家与发展中国家对话会并发表重要讲话指出,新兴市场国家和发展中国家代表着世界发展的未来。新兴市场国家和发展中国家经济规模占全球半壁江山,在国际事务中发挥着越来越重要的作用。中国作为重要的一员,加强同新兴市场国家和发展中国家的经济关系是应有之义。中国始终坚持正确义利观,高举合作共赢旗帜,维护新兴市场国家和发展中国家共同利益,努力提升新兴市场国家和发展中国家在全球经济治理中的代表性和发言权,推动彼此经济关系不断迈上新台阶。

## 本章小结

1. 在资本主义世界体系中,国与国之间的经济关系是不平等的。新中国成立,我国致力于在平等互利的基础上发展与各国的经济关系。对外经济关系的基本形式包括对外贸易、利用外资和对外投资、承包工程和劳务出口、对外经济援助等。

2. 中国对外经济关系的格局总体上包括三种类型:一是从对象来看,有与发达国家和地区的经济关系,也有与发展中国家和地区的经济关系。二是从主体来看,包括官方、半官方和非官方三种对外经济关系。三是从结构来看,包括双边经济关系、多边经济关系、区域经济关系和国际组织经济关系。多边经济关系以中日韩、G20 集团为典型案例,上海合作组织、中国—东盟自贸区是中国发展区域经济关系的重要成果,中国还积极参与了世界贸易组织、世界货币基金组织、世界银行等国际经济组织。

3. 中国同发达国家和地区发展对外经济关系有如下特征:中国是发展中国家,中国的地位和影响不断提升;中国对世界经济的贡献日益增大,与发达国家和地区经济既有合作也有竞争;中国同发达国家和地区的对外经济中,美、欧、日占较大比重。

4. 中国同发展中国家和地区发展对外经济关系有以下几个特征:中国是发展中国家和

地区里最大的经济体;中国对外经济援助力度较大;中国与发展中国家和地区在世界经济秩序构建理念上趋同;金砖国家、东盟与非盟占中国对外经济关系总量比重较大。

5.中国同新兴市场国家的经济关系有以下特征:中国同新兴市场国家有广泛的共同利益;中国同新兴市场国家人口规模较大;中国同新兴市场国家在全球经济治理中的话语权相对不足;中国同新兴市场国家为全球经济增长贡献较大。

## 复习思考题

1. 为什么说世界资本主义经济体系中发达与不发达国家的关系是不平等的?
2. 试述新时代我国对外经济关系的基本格局。
3. 推动构建人类命运共同体对发展新型国际经济关系有什么重大意义?
4. 我国发展对外经济关系的基本原则是什么?

## 即测即评

请扫描二维码进行即测即评。

# 第十三章　积极参与全球经济治理

当今世界面临百年未有之大变局。21 世纪以来一大批新兴市场国家和发展中国家快速发展,世界多极化加速发展,国际格局日趋均衡。与此同时,世界资本主义体系的矛盾日益尖锐,特别是 2008 年国际金融危机爆发以来,随着国际力量对比消长变化和全球性挑战日益增多,全球治理的固有难题更加凸显出来,加强全球治理特别是全球经济治理、推进全球经济治理体制变革已是大势所趋。在对外开放和发展外向型经济的过程中,我们必须积极参与全球经济治理,推动国际经济治理体系改革完善,促进国际经济秩序朝着平等公正、合作共赢的方向发展。

## 第一节　全球经济治理的形成和变革

### 一、全球经济治理的提出

经济全球化的发展使世界日益成为相互联系相互作用的整体,各国之间既要彼此合作,又存在矛盾冲突,产生了许多全球性的挑战和共同性问题,需要各国携手合作以共同应对,全球经济治理由此而生。

#### (一) 调节资本主义世界体系矛盾

资本主义主导的经济全球化及其形成的世界体系是天生不平等的,随着经济全球化的发展,资本主义世界体系内在的矛盾和冲突不断加深。总体来说,资本主义世界体系存在两类性质不同的关系,产生了性质不同的两类矛盾:第一类关系是发达资本主义国家与发展中国家的关系和矛盾,即所谓的中心与外围的关系或南北关系,这类关系是以控制与被控制、剥削与被剥削为特征的,其发展的趋势是两极分化。第二类关系是发达资本主义国家之间的关系,这类关系有合作,也有竞争。列宁早就指出,资本主义发展是不平衡的,一旦各国的经济实力发生变化和此消彼长,原有的势力范围划分与现有的经济实力不相称,重新瓜分势力范围的斗争必然尖锐。在资本主义世界体系中,为了维护世界霸权或争夺世界霸权,资本主义国家之间经常产生严重冲突,甚至发生战争。这两种关系的不同性质及其发展规律,都是资本主义经济关系的本质决定的。为了解决资本主义基本矛盾,资本主义国家必须超越单个资本的局限,对整个国民经济进行有效的调节。同样,为了管控各国之间的矛盾冲突,维护正常的世界经济秩序,保证世界经济的正常发展,促进各国之间的合作,必须超越单个国家的局限,对整个世界经济进行全球性的调节。

### (二)规范跨国公司的经营行为

跨国公司的迅猛发展对世界经济产生重要影响。今天世界 500 强企业的营业总收入比很多国家还大,例如,2021 年排名第一的沃尔玛公司营业总收入高达 5727.54 亿美元,真正称得上富可敌国。以强大的经济实力作为基础,跨国公司在世界经济秩序中扮演重要角色,对全球的贸易、投资、金融、竞争等产生重要影响。为了确保世界经济稳定有序运行,需要建立适应全球范围内企业跨国经营的统一的市场秩序,同时对跨国公司的经营行为进行必要的规制。

### (三)应对不断涌现的全球经济问题

随着经济全球化的不断发展,全球性的经济问题不断涌现,如贸易规则的制定、贸易摩擦的协调、资本的全球流动、各国货币政策的协调、全球环境破坏和资源耗竭等。某一个或某几个国家难以解决这些问题,需要各国的协调与合作,形成全球性经济治理体系。

### (四)克服全球经济失衡

经济全球化,一方面扩张了市场范围和规模,推动了分工的深化,提高了劳动生产率;另一方面也使经济和金融风险更容易在全球传播,使世界经济的失衡和危机也全球化了。资本主义的经济危机从来都具有世界经济危机的特点,但是,在 2008 年之前,金融危机大都发生在发展中国家和地区,例如,1997 年爆发于泰国,随后席卷马来西亚、印度尼西亚、菲律宾、韩国、中国香港等地的东南亚金融危机。2008 年的金融危机波及众多发达国家,造成了全球剧烈的经济动荡,其影响至今仍在持续发酵。因此,在经济全球化的今天,一国要想在危机中独善其身是不可能的,解决全球经济失衡需要世界各国的通力合作,全球经济治理的必要性大大加强了。

## 二、全球经济治理的内涵

全球治理的概念出现在 20 世纪 90 年代,被视为应对后冷战时代国际关系和国际问题的重要选择与思路。一般认为,1995 年可以视为全球治理的转折年。正是在这一年,联合国成立了"全球治理委员会(The Commission on Global Governance)",并发表了《天涯成比邻——全球治理委员会的报告》。这一年,专门讨论全球治理问题的学术期刊《全球治理》创刊。与治理类似,对于全球治理的内涵,专家们并没有达成共识。吉姆·惠特曼(Jim Whitman)归纳了六种对于全球治理的定义:作为国际组织的行为;作为国家与非国家活动的结合;作为自由主义霸权的另一面;作为公共政策网络与合作伙伴关系;作为对具体领域的管理;作为一种概况性的现象。① 全球治理理念创立者之一的美国的詹姆斯·罗西瑙(James N.Rosenau)认为,全球治理可以视为包括从家庭到国际组织所有人类活动层面上的规则体系,这些体系通过包括国家和跨国组织在内的多个主体,有效管理世界经济的运动过程。②

概括地讲,全球经济治理是指各国政府、国际组织、跨国公司和各国公民等多元行动主体为应对经济全球化的矛盾和冲突带来的风险和挑战,通过协商有效管理世界经济的活动,全球经济治理体系是调节世界经济运行、处理全球性经济问题的制度体系。

## 三、 全球经济治理的演变

虽然全球经济治理是在冷战后才出现的新概念,但全球经济治理作为一种实践活动却早已有之,是与经济全球化相伴而生、不断演进的。

从 18 世纪 60 年代开始一直到 19 世纪 30 年代,英国率先发生和完成了工业革命,成为世界工厂和经济、贸易、金融中心,并凭借其超强的军事力量,占领了大量海外殖民地和贸易通道,确立了英国主导下的国际经济治理体系。

理论发展:
全球经济治理结构转型的原因

英国主导下的国际经济治理体系具有如下基本特征:第一,在生产领域,形成了以欧美国家为中心、亚非拉殖民地为边缘的垂直分工体系,这一分工体系奠定了先进的欧美国家控制和剥夺落后的亚非拉殖民地的技术基础。第二,在国际贸易领域,积极鼓吹自由贸易,用表面的贸易自由与平等掩盖事实的强权与不平等。第三,在货币金融领域,逐步形成金本位体系,英镑成为该体系的核心和最主要的世界货币。第四,该体系用制度框架塑造了欧美各国与亚非拉各殖民地之间的等级关系,从而决定了宗主国对殖民地的赤裸裸欺诈、掠夺和奴役,形成富裕的欧美各国和贫穷的亚非拉殖民地这种发达与不发达的二元结构。

两次世界大战和美国的崛起,导致英国主导下的国际经济治理体系被美国主导下的国际经济治理体系所取代。1944 年 7 月,44 个国家在美国新罕布什尔州的布雷顿森林镇召开了联合国货币金融会议,此次会议成立的国际货币基金组织和世界银行,以及 1947 年成立的《关税及贸易总协定》,共同构成了布雷顿森林体系的三大支柱,成就了美国的世界霸主地位和以美元为中心的国际货币体系,形成了第二次世界大战后以美国为首的西方国家

① 杨雪冬,王浩,俞可平.全球治理[M].中央编译出版社,2015:4.
② James N.Rosenau.Governance in the Twenty-first Century[J].Global Governance,1995,1(1):13.

主导的国际经济治理体系。

美国主导下的国际经济治理体系具有如下基本特征:第一,在生产领域,发达国家和发展中国家间的垂直分工逐步转向以生产工艺和生产阶段为特色的专业化分工,产业间的分工与产业内分工同时并存。但是,发展中国家仍然处于全球价值链的底端,仍然没有摆脱边缘和被剥夺的地位。第二,在国际贸易领域,《关税及贸易总协定》成为成员国遵守的贸易准则,以及协调国际贸易与各国经济政策的多边国际协定,关税壁垒逐步降低,而非关税壁垒成为发达国家阻碍发展中国家商品出口的主要利器。第三,在货币金融领域,形成了以美元为核心的国际货币体系,美元取代英镑成为最主要的世界货币。第四,旧的殖民体系逐步瓦解,发展中国家实现了民族独立。但是,旧的国际经济秩序仍在延续,发展中国家对发达国家的依附关系仍然没有改变。

东欧剧变,苏联解体,两极世界逐步被多极化世界所取代。特别是新兴经济体的集体崛起,正在逐步改变发达国家与发展中国家间的力量平衡,推动全球经济治理体系的变革。第一,在生产领域,发展中国家,特别是新兴经济体正在逐步从价值链底端进行攀升。发展中国家有可能实现弯道超车。第二,虽然美元仍然是最主要的世界货币,但是,其他国家货币在国际货币体系中的地位和作用正在增强。第三,发展中国家成为推动全球经济治理体系变革的最主要力量。一方面,发展中国家在推进国际经济新秩序过程中要求改革现有全球经济治理机制和机构。另一方面,发展中国家也在积极构建代表发展中国家利益和诉求的新的全球经济治理机制和机构,如二十国集团(G20)、金砖国家合作、"一带一路"倡议等。

## 第二节 全球经济治理的内容、特征与问题

### 一、全球经济治理的行为主体

政府间组织是各主权国家进行全球经济治理的重要平台。这些政府间组织,既有像联合国、国际货币基金组织、世界银行、世界贸易组织、欧盟等这样的超越主权意义的正式国际组织,也有如二十国集团、七国集团、金砖国家等这样全球性和地区性合作机构。

就当今的全球经济治理现状而言,联合国无疑是提出议程、制定规范和协调行动的最具影响力的组织。在联合国的体系下,参与者包括联合国内部的各专门机构、与联合国存在隶属关系的国际组织及与联合国进行合作的独立的国际组织和非政府组织。联合国把这些行为主体有效地整合起来,以应对全球安全、经济、环境等挑战。

在全球经济治理中,非政府组织也扮演着重要作用。世界经济论坛(WEF)就是一个典型的非官方的国际组织,总部设在瑞士日内瓦。其前身是现任论坛主席、日内瓦商学院

教授克劳斯·施瓦布(Klaus Schwab)1971 年创建的"欧洲管理论坛"。1987 年,"欧洲管理论坛"更名为"世界经济论坛"。论坛因每年年会都在达沃斯召开,故也被称为"达沃斯论坛"。世界经济论坛的影响力在于其成员组的实力。世界经济论坛基金会的成员是位居全球前 1 000 名之列、引领世界经济潮流的跨国公司。各个成员组的成员代表着各自领域内最有影响力的决策者和潮流领导者。成员组内部交流,不同成员组之间也进行密切讨论,这使得世界经济论坛基金会举办的每一项活动都得到了积极响应,论坛对全球经济治理产生重要影响。

作为全球经济最重要的组织者和利益方,跨国公司在全球经济治理中扮演重要角色。跨国公司是许多全球经济问题的"制造者"。以美国次贷危机为例,花旗银行、高盛集团、摩根大通、摩根士丹利、雷曼兄弟等大型投资银行因"大而不能倒(too big to fail)"而产生的道德风险应该对危机的发生负重要责任。因此,一方面,全球金融系统的稳定要求各国政府和政府间组织在全球加强对这些具有系统重要性的金融机构的监管,另一方面,全球金融系统的稳定也能为这些金融机构创造利益,也是它们的追求目标。同时,跨国公司也是全球经济治理重要的利益相关者,对全球经济治理有强烈的需求。

## 二、 全球经济治理的主要内容

### (一)全球宏观经济治理

随着资本的全球化,国家之间失衡通过贸易、投资和金融等多种渠道被进一步拉大。世界经济不平衡发展到一定阶段必然造成全球性经济危机。全球经济治理首要内容就是对全球宏观经济的治理,包括完善协调全球各国宏观经济政策的各种机制,各国宏观经济政策主管部门的定期会晤机制、危机时的应急处理机制和违背政策承诺的惩戒机制等。随着新兴市场国家和发展中国家的崛起,原有的协调发达国家宏观经济政策的七国集团已经难以适应全球宏观经济协调的需要。2008 年美国次贷危机爆发,二十国集团应运而生,逐步发展成为协调各国宏观经济政策的最重要平台。2008 年二十国集团首次峰会的主要使命就是在发达经济体和新兴经济体之间形成一个全球经济的宏观政策协调机制,以共同刺激经济复苏,防止 20 世纪 30 年代"大萧条"的重演。习近平在二十国集团 2016 年杭州峰会开幕式上深刻论述了全球宏观治理的着力点:"面对当前挑战,我们应该加强宏观经济政策协调,合力促进全球经济增长、维护金融稳定。二十国集团成员应该结合本国实际,采取更加全面的宏观经济政策,统筹兼顾财政、货币、结构性改革政策,努力扩大全球总需求,全面改善供给质量,巩固经济增长基础。应该继续加强政策协调,减少负面外溢效应。"[①]

---

① 习近平.构建创新、活力、联动、包容的世界经济——在二十国集团领导人杭州峰会上的开幕辞[N].人民日报,2016-09-05.

### （二）全球金融治理

20 世纪 70 年代以后,在新自由主义推动下,金融自由化加速推进,导致金融业脱离了服务实体经济的目标,金融资本急速扩张,带来严重的经济和金融泡沫,最终酿成全球金融和经济危机。在这种背景下,积极构建金融监管的全球合作与协调机制,以防范和处置金融体系的风险,就成为全球经济治理的重要内容。

首先,完善以国际货币基金组织为核心的全球金融安全网。国际货币基金组织是各国金融与货币领域协调的最重要平台。但是,其投票权和话语权的分配与全球经济发展严重不均衡。为此,2010 年国际货币基金组织通过了有关份额和治理改革的决议,超过 6% 的份额将从代表性过高的国家转移到代表性不足的有活力的新兴市场和发展中国家。

其次,加强对金融资本的监管。20 世纪 90 年代以来全球短期资本迅速膨胀,并利用所谓"金融衍生品"之类的金融创新成为全球金融危机的背后推手。然而,全球对金融短期资本的监管机制严重缺失,远不足以维护全球金融体系的稳定。2008 年金融危机以来,国际金融监管的改革逐步展开。其中包括对重要性金融机构、银行风险、主权债务风险、影子银行系统以及信用评级机构的监管。

最后,强化金融服务实体经济发展的意识,避免经济的过度金融化。金融业要回归为实体经济发展服务之目的。过度金融化不仅导致资源配置的扭曲,社会整体效率降低,而且导致宏观经济与金融政策被金融资本所绑架,并形成庞大食利阶层。2008 年国际金融危机的深刻教训之一,就是金融业不能脱离实体经济而扩张,金融业发展必须以支持实体经济发展为根本目的,绝不能以金融业的发展损害实体经济,更不能凌驾于实体经济之上。

### （三）全球贸易和投资治理

经济全球化有力助推了全球贸易和投资的自由化进程,使各国更加紧密地联系在一起。同时,在国际竞争中,各国之间在贸易和投资中的利益冲突始终存在,各种形式的贸易保护和投资保护始终存在,为了促进国际贸易和国际投资的顺利进行,必须加强对全球贸易和投资的治理。

随着新兴市场国家和发展中国家的发展,新兴市场国家在全球贸易和投资治理中的地位和话语权显著上升。但是,长期以来,一些发达国家依仗其在世界经济体系中的优势地位,对全球贸易和投资规则采取"合则用,不合则弃"的态度,导致全球贸易和投资治理体系难以公平公正地处理全球贸易和投资争端。为此,必须加快完善以世界贸易组织为核心,以规则为基础,透明、非歧视、开放、包容的多边贸易体制,这是全球贸易和投资治理的根本出路。

发达资本主义国家是贸易和投资自由化的始作俑者,也是最大获益者。但是,一个不可忽视的问题是,每当国内发生危机时,贸易和投资保护主义就在这些国家内部抬头,甚至采取以邻为壑的贸易和投资政策。2008 年金融危机后,发达国家内部保护主义势力抬头,对全球贸易发展造成影响。因此,全球贸易和投资治理,必须反对任何形式的贸易和投资保护主义,各国人民才能共享贸易和市场开放带来的好处。

### (四) 全球发展治理

发展是提升各国人民福祉、消除贫困的根本途径。但是,经济全球化在推动经济增长的同时,也使全球经济的不平等加剧了,如何加快发展中国家的经济发展,以缩小南北差距、穷国与富国差距,也是全球经济治理的重要内容。

联合国是全球发展治理的最重要政府间组织和机制。在联合国成立之初,就确立了和平、发展和人权的方向与目标,并在实践中形成了全球发展治理的理念、议程和行动。从 1960—2000 年,联合国实施了"四个发展十年"战略。在第一个发展十年,发展的目标重在经济增长,发展的手段重在发达国家的援助。在第二个发展十年,发展的核心是建立公正的国际经济新秩序。在第三个发展十年,联合国确认了"发展权利是一项不可剥夺的人权"。在第四个发展十年,联合国提出了环境与发展、妇女与发展、人权与发展、人口与发展、粮食与发展、人类住区与发展、科学与发展等发展的重要议程。

2000 年 9 月,在联合国千年首脑会议上通过了《联合国千年宣言》。2001 年,联合国秘书长在《千年宣言进程路线图》中正式提出了未来 15 年有关发展的具体目标和量化指标的"千年发展目标"。经过 15 年的努力,国际社会在消除贫困,提高教育程度、健康水平和妇女地位等方面取得了显著成就。但是,也有许多目标和指标未能如期实现,而且各国和地区在目标实现上很不平衡。金融危机、气候变化和武装冲突对千年发展目标的实现形成了巨大的负面挑战。2015 年 9 月,第 70 届联合国大会峰会正式通过了《变革我们的世界:2030 年可持续发展议程》(以下简称《2030 年发展议程》),提出了 17 个可持续发展目标和 169 个具体目标,成为指导未来 15 年的指导性文件。《2030 年发展议程》是千年发展目标的升级版,一方面,它把消除贫困和饥饿继续置于优先发展地位,把教育和性别平等等未实现的千年发展目标作为主要发展目标;另一方面,它更加突出公平、包容和可持续发展,并包含创新、平等、法治、伙伴关系等新的内容和目标。可以说,《2030 年发展议程》是全球发展治理的最新进展,它确立了经济、社会和环境为发展议程的三大支柱,意味着全球发展治理的理念和目标的转型。

2016 年是 2030 年可持续发展议程的开局之年,恰逢 G20 在世界最大的发展中国家中国召开。在此次杭州峰会上,发展议题被首次置于全球宏观经济框架的突出位置。习近平在 G20 工商峰会明确指出了全球经济治理的重点,其中就包括全球发展治理,即共同构建包容联动的全球发展治理格局,共同增进全人类福祉!

　　2020 年新冠疫情的肆虐给全球发展治理带来了巨大挑战,疫情启示我们,人类需要一场自我革命,加快形成绿色发展方式和生活方式,建设生态文明和美丽地球。各国要树立创新、协调、绿色、开放、共享的新发展理念,抓住新一轮科技革命和产业变革的历史性机遇,推动疫情后世界经济"绿色复苏",2020 年 9 月,国家主席习近平在第七十五届联合国大会上宣布,中国力争 2030 年前二氧化碳排放达到峰值,努力争取 2060 年前实现碳中和目标,为实现全球绿色低碳转型贡献中国力量。

### 三、全球经济治理的主要特征

　　从国际经济治理向全球经济治理的转变,不仅是用词的变化,更涉及治理的本质转变,由以传统的国家权力为基础的治理转向多元行动主体之间的合作治理。但是,这并不意味着传统的以国家权力为基础的国际经济治理就不存在,其仍然是全球经济治理的重要力量,相应的国际经济治理的不平等性也仍然在全球经济治理时代延续着。

#### (一) 多元行动主体的合作共治

　　资本主义生产方式推动的经济全球化,在提高生产率的同时,也把人类社会置于更复杂的体系与风险中。2013 年世界经济论坛的报告根据调查数据列出了最可能发生的五大风险:悬殊的收入差距、长期的财政失衡、增长的温室气体排放、供水危机以及人口老龄化的管理失当。同时,该报告还列出了影响最大的五大风险:系统性金融失灵、供水危机、长期的财政失衡、应对气候变化失败、大规模杀伤性武器扩散。面对全球化带来的这些风险,纯粹依靠传统的主权国家力量是难以应对的,催生了全球治理的产生。因此,全球治理是一种涉及多元行动主体和多层次的治理机制,参与其中的行为主体不仅包括主权国家和由主权国家组成的政府间组织,而且还包括各种非政府组织、社会运动组织及公民个人。这些不同层次、不同行为主体的活动并存,并在结构上相互联系、相互作用,构成了全球治理总体画面。

　　在全球经济治理的构成中,非国家行为主体的地位和作用的上升是其最突出特征。例如,各类跨国公司以世界经济论坛为平台,交换对世界经济前景的看法,发表对各产业发展前景的观点,影响各国政府财政、货币、产业和科技等政策及国际组织的理念和议程。全球治理理念创始人罗西瑙说,全球治理体系实际上包含着两个世界:一个是支配事件进程的国家间体系,另一个是由其他行为主体组成的多元中心体系。这两个体系是竞争与合作并存的关系。非国家行为主体地位的上升并不意味着国家走向消亡。相反,国家在未来数十年至数百年仍然是全球事务的中心,但事实表明国家不再是全球经济的唯一中心。[1]

① 戴维·赫尔德,安东尼·麦克格鲁.治理全球化:权力、权威与全球治理[M].曹荣湘,龙虎,译.北京:社会科学文献出版社,2004:75—76.

合作共治是全球经济治理的基本特征,而这种合作依靠国际惯例、规则和国际法等制度体系来规范。为了达成共治全球经济的制度框架,参与各方需要不断谈判协商,在妥协中最终达成各方都能接受的行动纲领和守则。就这样的合作共治而言,这一进程需要通过漫长的谈判,在此过程中不断解决问题,制度不断深化和完善。

### (二) 不平等的权力体系

目前的全球经济治理体系仍然由美国为首的西方发达国家把控,利用控股世界与区域经济组织、跨国公司的方法,获得对联合国、国际货币基金组织、世界银行、世界贸易组织、G20 等全球经济治理平台的控制权,成为国际规则的制定者,操控发展中国家经济,转嫁国内矛盾和危机,严重影响了发展中国家的经济社会发展。

国际货币基金组织的投票权分配鲜明地体现了这种不平等权力体系。目前,国际货币基金组织拥有 189 个成员国,在国际货币基金组织漫长的 70 多年历史中,欧洲人占了总裁一职。各国在该组织中的出资份额反映了各国投票权的大小,美国在该组织的出资份额达到 16.7%,该组织的决策需要 189 个成员的 85% 投票权才能通过,美国是唯一的具有否决权的国家。也就是说,国际货币基金组织的决策如果没有美国同意是不可能获得通过的。

针对这种不平等全球经济治理体系,处于金字塔底端的发展中国家展开了长期的斗争。2010 年 11 月 6 日,国际货币基金组织执行董事会通过改革方案。但是,由于美国的阻挠,直至 2015 年行将结束时才获得美国国会通过。根据该方案,国际货币基金组织的份额将增加 1 倍,约 6% 的份额将向有活力的新兴市场和代表性不足的发展中国家转移。2016 年 1 月 27 日,国际货币基金组织 2010 年份额和治理改革方案已正式生效,这意味着中国正式成为国际货币基金组织的第三大股东,中国份额占比从 3.996% 升至 6.394%,排名从第 6 位跃居第 3 位,仅次于美国和日本,印度、俄罗斯和巴西也均进入前 10 位。

### (三) 新兴经济体在全球经济治理中作用凸显

进入 21 世纪以来,新兴经济体的群体性崛起成为影响全球经济政治格局的重要因素,全球经济治理逐步超出西方发达国家和七国集团 (G7) 的控制范围,以新自由主义为基础的"华盛顿共识"以及西方主导的全球治理模式遭到世界各国 (特别是发展中国家) 和国际组织的普遍反思,以金砖国家为代表的新兴经济体在全球经济治理中发挥着越来越重要的作用。

世界银行和国际货币基金组织的多个报告皆指出,新兴经济体是世界经济的主要动力。同时,全球经济治理也正经历着从 G7 时代向 G20 时代的重大转变,转变的根本原因就是新兴经济体的崛起和世界经济的结构性变迁。新兴经济体引入治理平台,使全球经济治理由西方发达国家的单一治理转向全球多元治理,G20 平台扩大了全球经济治理的民主性、合法性与有效性。世界各国日益认识到,没有新兴经济体的参与,任何全球经济协议和治理机制都将失去意义。

新兴经济体的崛起改写了第二次世界大战后的世界经济版图,推动了全球政治经济权力的转移,而这成为全球经济治理变革的根本推动力量。G20 数次峰会的召开以及一系列重要改革措施的启动,国际货币基金组织配额改革、系统重要性金融机构的国际标准等许多重要议题得以讨论并达成共识,全球经济治理正在向发达经济体和新兴经济体的共治、共享方向转变。

## 四、全球经济治理中存在的主要问题

### (一)经济治理的全球化与经济治理的国别化的冲突

从超国家的视角看待经济治理是全球经济治理的本质要求,但是,这往往与国家主权的独立自主性相矛盾。国家间的协同治理需要国家让渡一些利益,限制部分自主权力,而这可能引起国内政治的反对或者机制上的困境。世界贸易组织的多哈会谈是一例证。多哈会谈进展迟缓的重要原因在于发达国家不愿意放弃农产品补贴和对发展中国家的农产品进入发达国家的准入限制。由于发达国家一味地要求发展中国家开放市场,保护知识产权,而自身又不愿意放弃利益,导致谈判一次次地搁浅。

### (二)不平衡的权力体系严重制约了全球经济治理目标的实现

富国和穷国、发达国家与发展中国家不仅在经济发展程度和综合国力上存在巨大的差距,在国际政治舞台上的作用也不相同。长期以来,G7 很大程度上主导着全球经济治理进程,而它们与广大的发展中国家在全球经济治理的目标上存在着很大差异。特别是美国,作为唯一的超级大国,冷战结束后加紧奉行单边主义的国际战略,这不利于公正而高效的全球经济治理体系的建立。

### (三)全球经济治理复杂程度远高于国内的经济治理

全球经济一体化程度的提高,一方面推动了全球分工体系和生产率的提升;另一方面也使全球经济的相互影响增强,特别是大型经济体之间,其经济政策的外溢效应越来越显著。但是,政府间的国际经济政策协调依然存在难度大、成本高的问题。每一个主权国家都有各自不同的经济情况和经济问题,都有自己的利益和诉求,重要的是,由于缺乏统一的权威性的国际性公共权力,全球经济治理的难度远高于国内的经济治理。

### （四）霸权主义借口全球经济治理干涉别国内政

目前,全球经济治理的行动主体很大程度上受美国为首的西方发达国家左右,全球经济治理的规则和机制大多也由它们制定和确立,因此,全球经济治理难免会较多受制于发达国家的价值和利益。另一方面,全球经济治理是建立在政府作用和国家主权日益削弱、民族国家经济疆域日益模糊的前提之上的,强调治理的跨国性和全球性。在这种条件下,过分弱化国家主权和政府在国内与国际经济治理中的作用,客观上为以美国为首的西方强国、跨国公司以及国际组织干涉别国内政、推行霸权主义政策提供了借口。

# 第三节 全球经济治理的中国方案

2008 年全球危机爆发以来,全球经济治理体系面临的挑战和暴露的问题越来越多。在 G20 杭州工商峰会上,习近平指出:"现在,保护主义抬头,国际贸易和投资低迷,多边贸易体制发展面临瓶颈,区域贸易险象丛生,导致规则碎片化。地缘政治因素错综复杂,政治安全冲突和动荡、难民危机、气候变化、恐怖主义等地区热点和全球性挑战,对世界经济的影响不容忽视"。① 因此,面对世界经济形势的发展演变,全球经济治理需要与时俱进、因时而变,全球经济治理体系迫切需要变革与重构。近年来,"中国积极参与全球治理体系改革和建设,践行共商共建共享的全球治理观,坚持真正的多边主义,推进国际关系民主化,推动全球治理朝着更加公正合理的方向发展。坚定维护以联合国为核心的国际体系、以国际法为基础的国际秩序、以联合国宪章宗旨和原则为基础的国际关系基本准则,反对一切形式的单边主义,反对搞针对特定国家的阵营化和排他性小圈子"②,为完善全球经济治理提供了中国方案,贡献了中国智慧。

## 一、以平等为基础

平等是完善全球经济治理的基础。习近平指出,应该以平等为基础,更好地反映世界经济格局新现实,增加新兴市场国家和发展中国家代表性和发言权,确保各国在国际经济合作中权利平等、机会平等、规则平等。党的二十大报告指出:"中国尊重各国主权和领土完整,坚持国家不分大小、强弱、贫富一律平等,尊重各国人民自主选择的发展道路和社会

---

① 习近平.中国发展新起点 全球增长新蓝图——在二十国集团工商峰会开幕式上的主旨演讲[EB/OL].
新华网,2016-9-3.http://www.xinhuanet.com/world/2016-09/03/c_129268346.htm.

② 习近平.高举中国特色社会主义伟大旗帜 为全面建设社会主义现代化国家而团结奋斗——在中国共产党第二十次全国代表大会上的报告[M].北京:人民出版社,2022:62.

制度,坚决反对一切形式的霸权主义和强权政治,反对冷战思维,反对干涉别国内政,反对搞双重标准。"①然而,目前部分不合理、不公正的国际经济旧秩序依然存在,众多发展中弱小国家在重大的国际贸易、金融等事务的协调中几乎没有话语权,损害着发展中国家的利益。

如何才能建设一个更加公正合理的全球治理体系?是在现有体系的基础上创新完善,还是从头做起?习近平就全球经济治理体制机制的调整改革说得非常清楚,"但这并不是推倒重来,也不是另起炉灶,而是创新完善"②。即对现有国际机制进行有益的补充,进行符合时代化要求的完善。对于通往更加完善的全球治理体系的路径,"规则"和"制度"是中国主张的两个关键词。第一,推动国际关系向民主化发展。每个国家都是地球村的一员。垄断国际事务的想法是落后于时代的,垄断国际事务的行动也肯定是不能成功的。第二,推动国际关系向法治化发展。推动各方在国际关系中遵守国际法和公认的国际关系基本原则,用统一适用的规则来明是非、促和平、谋发展。发展中国家和新兴经济体的迅速崛起逐渐成为维护世界和平、推动共同发展的主要力量,世界经济格局由一极化渐渐走向多极化,由西方国家主导的单一全球经济治理模式不复往日,全球经济治理将慢慢向着平等、合理的方向发展。

## 二、以开放为导向

随着经济等各方面的深度融合,开放越来越成为各国的共识。全球经济治理应该在平等的基础上以开放为导向,坚持理念、政策、机制开放,适应形势变化,广纳良言,充分听取社会各界建议和诉求,鼓励各方积极参与和融入,不搞排他性安排,防止治理机制封闭化和规则碎片化。古语有云,和而不同。开放带来发展,包容促进和谐,是历史带给我们的深刻启迪。

习近平强调,开放是人类文明的重要动力,是世界繁荣发展的必由之路。当前,世界百年未有之大变局加速演进,世界经济复苏动力不足。我们要以开放纾发展之困、以开放汇合作之力、以开放聚创新之势、以开放谋共享之福,推动经济全球化不断向前,增强各国发展动能,让发展成果更多更公平惠及各国人民③。第一,我们要倡导交流互鉴,注重汲取不同国家、不同民族创造的优秀文明成果,取长补短,兼收并蓄,共同绘就人类文明美好画卷。第二,我们要反对各种形式的贸易保护主义,坚持对外开放的基本国策,坚持互利共赢,发

① 习近平.高举中国特色社会主义伟大旗帜 为全面建设社会主义现代化国家而团结奋斗——在中国共产党第二十次全国代表大会上的报告[M].北京:人民出版社,2022:62.
② 习近平.在华盛顿州当地政府和美国友好团体联合欢迎宴会上的演讲[M]//十八大以来重要文献选编(中).北京:中央文献出版社,2016:688.
③ 习近平在第五届中国国际进口博览会开幕式上的致辞(全文)[EB/OL].中国政府网,2022-11-04. http://www.gov.cn/xinwen/2022-11/04/content_5724715.htm.

展更高层次的开放性经济。第三,我们要推动全球经济治理体系改革完善,引导全球经济议程,维护多边贸易体制,加快实施自由贸易区战略,积极承担与我国能力和地位相适应的国际责任和义务。

中国坚持开放包容理念,致力于建设开放型世界经济。党的二十大报告强调,中国坚持对外开放的基本国策,坚定奉行互利共赢的开放战略,坚持经济全球化正确方向,增强国内国际两个市场两种资源联动效应,不断以中国新发展为世界提供新机遇。中国将推动各国各方共享中国大市场机遇,推动各国各方共享制度型开放机遇,推动各国各方共享深化国际合作机遇,共同克服全球经济面临的困难和挑战,让开放为全球发展带来新的光明前程。

## 三、 树立正确的义利观

中国共产党是为人民谋幸福的政党,也是为人类进步事业而奋斗的政党。我国作为世界第二大经济体,作为一个社会主义国家,致力于建设合作共赢、平等互利的国际关系,在国际交往时一直秉持着道义为先的义利观。习近平曾对义利观有过深刻阐述:"义,反映的是我们的一个理念,共产党人、社会主义国家的理念。这个世界上一部分人过得很好,一部分人过得很不好,不是个好现象。真正的快乐幸福是大家共同快乐、共同幸福。我们希望全世界共同发展,特别是希望广大发展中国家加快发展。利,就是要恪守互利共赢原则,不搞我赢你输,要实现双赢。我们有义务对贫穷的国家给予力所能及的帮助,有时甚至要重义轻利、舍利取义,绝不能唯利是图、斤斤计较。"[1]这种义利兼顾、道义为先的义利观,不仅停留在理念上,更体现在全球经济治理的实践中。例如,设立"南南合作援助基金",首期提供 20 亿美元支持发展中国家落实 2015 年后发展议程;继续增加对最不发达国家投资,2030 年达到 120 亿美元;免除对最不发达国家的债务;推动"一带一路"建设和亚洲基础设施投资银行建设。[2] 这无不彰显了我国对和平发展、合作共赢的坚定追求以及道义为先的大国风范。特别是党的十八大以来,"我们展现负责任大国担当,积极参与全球治理体系改革和建设,全面开展抗击新冠肺炎疫情国际合作,赢得广泛国际赞誉,我国国际影响力、感召力、塑造力显著提升"[3]。

## 四、 建立合作共赢的国际关系

在当前全球经济的发展中,无论是全球贸易体制、市场秩序,还是公共卫生安全、恐怖

---

[1] 习近平.坚持正确义利观 积极发挥负责任大国作用[N].人民日报,2013-09-10.

[2] 习近平在联合国发展峰会上的讲话(全文)[EB/OL].新华网,2015-09-27.http://www.xinhuanet.com/politics/2015-09/27/c_1116687809.htm.

[3] 习近平.高举中国特色社会主义伟大旗帜 为全面建设社会主义现代化国家而团结奋斗——在中国共产党第二十次全国代表大会上的报告[M].北京:人民出版社,2022:13.

主义、环境资源等领域,各国之间都存在相互依赖性。全球性挑战需要全球性合作,全球化过程中合作共赢成为各国必然的选择。习近平在纪念和平共处五项原则发表 60 周年的讲话中指出,坚持合作共赢,合则强、孤则弱,合作共赢应该成为各国处理国际事务的基本政策取向。他在党的二十大报告中又指出,要坚定站在历史正确的一边、站在人类文明进步的一边,高举和平、发展、合作、共赢旗帜,在坚定维护世界和平与发展中谋求自身发展,又以自身发展更好维护世界和平与发展。

当今世界经济格局朝着多极化的方向发展,经济全球化也进一步深入,同时,世界经济失衡加剧,南北差距拉大。为了应对全球性的经济治理难题,必须建立合作共赢的国际关系:第一,各国应该在经济上相互合作,优势互补,共同推动经济全球化朝着均衡、普惠、共赢的方向发展。把本国利益同其他国家利益结合起来,把本国的发展同其他国家的发展联系起来。在谋求本国发展的基础上,让发展成果更多、更好地惠及各国人民,促进各国共同发展,推动南南合作和南北对话,努力缩小发展差距,建立更加平等均衡的新型全球发展伙伴关系。第二,要推动建设国际经济金融领域、新兴领域、周边区域合作等方面的新机制、新规则,推动建设和完善区域合作机制,加强周边区域合作,加强国际社会应对资源能源安全、粮食安全、网络信息安全、气候变化及打击恐怖主义、防范重大传染性疾病等全球性挑战的能力。

## 五、坚持共商、共建、共享的治理理念

历史演进:
"一带一路"发展
历程回顾

习近平指出,"全球经济治理应该以合作为动力,全球性挑战需要全球性应对,合作是必然选择,各国要加强沟通和协调,照顾彼此利益关切,共商规则,共建机制,共迎挑战。全球经济治理应该以共享为目标,提倡所有人参与,所有人受益,不搞一家独大或者赢者通吃,而是寻求利益共享,实现共赢目标"[1]。想要治理好全球经济问题,就必须要坚持共商、共建、共享的理念,这也是在目前全球经济治理不足的情况下,协调好各行为主体之间不同利益关系,从而尽可能多地提供全球公共物品的切实可行的方案。

具体而言,共商,就是集思广益,由全球所有参与治理方共同商议,什么样的国际秩序和全球治理体系对世界好、对世界各国人民好,要由各国人民商量,不能由一家说了算,不能由少数人说了算。共建,就是各施所长、各尽所能发挥各自优势和潜能,并持续加以推进建设。共享,就是让全球治理体制和格局的成果更多、更公平地惠及全球各个参与方。坚持共商、共建、共享的理念,能够促进各国的共同利益,形成合作共赢的新型国家关系,推动人类命运共同体建设。

---

① 习近平.中国发展新起点,全球增长新蓝图[N].人民日报,2016-09-04.

## 本章小结

1. 资本主义世界体系的内在矛盾、跨国公司和非政府组织的崛起以及全球经济和金融的相互依存推动了国际经济治理向全球经济治理转变。回顾全球经济治理的演变,经历了英国主导下的国际经济治理体系、美国主导下的国际经济治理体系向后冷战时代全球经济治理体系的演变。

2. 全球经济治理包括各国政府、政府间国际组织和非政府组织等多元行动主体,它们重在对全球宏观经济、金融、贸易、投资及发展等问题展开全球层面合作。因此,全球经济治理实际是多元行动主体的合作共治,但是这一体系是不平等的,存在诸多矛盾。

3. 改革开放以来,中国积极参与全球经济治理,正在成为推动全球经济治理创新完善的重要力量,形成了以平等为基础、以开放为导向、树立正确的义利观、建立合作共赢的国家关系、坚持共商共建共享的治理理念和打造人类命运共同体的全球经济治理的中国方案。

## 复习思考题

1. 如何认识和处理经济全球化中全球经济治理与国家主权的关系,如何协调二者的矛盾?

2. 全球经济治理体系演变的规律是什么? 发展的趋势是什么?

3. 全球经济治理存在的主要问题是什么?

4. 当今全球经济治理的主要特征有哪些?

5. 全球经济治理的中国方案有哪些主要特征?

## 即测即评

请扫描二维码进行即测即评。

# 第十四章　中国特色社会主义和共产主义

从资本主义向社会主义和共产主义的过渡,是人类社会发展的必然趋势,也是科学社会主义运动的最终目标。社会主义是共产主义的低级阶段,最终目标是实现共产主义。我们既要坚定走中国特色社会主义道路的信念,也要胸怀共产主义的崇高目标,把践行中国特色社会主义共同理想和坚定共产主义远大理想统一起来。

## 第一节　从资本主义到共产主义是人类社会发展的方向

### 一、资本主义的历史地位

资本主义生产方式萌芽于 14 世纪末 15 世纪初在地中海沿岸的一些城市出现,15 世纪末地理大发现和世界市场的迅速扩大以及由此推动的资本原始积累为资本主义生产方式迅速发展创造条件,迄今为止资本主义已经走过 500 多年的发展历史。同历史上出现过的其他一切社会经济形态一样,资本主义社会的产生、发展以及最终为另一个更高级社会经济形态所代替,都是由生产关系一定要适合生产力性质的规律决定的,是客观的不以人的意志为转移的自然历史过程。同此前的其他社会经济形态相比,资本主义制度空前地提高了社会生产力,是以往任何社会所不可比拟的。对此,马克思和恩格斯在《共产党宣言》中指出:"资产阶级在它的不到一百年的阶级统治中所创造的生产力,比过去一切世代创造的全部生产力还要多,还要大。自然力的征服,机器的采用,化学在工业和农业中的应用,轮船的行驶,铁路的通行,电报的使用,整个整个大陆的开垦,河川的通航,仿佛用法术从地下呼唤出来的大量人口,——过去哪一个世纪料想到在社会劳动里蕴藏有这样的生产力呢?"①

与封建主义相比,资本主义是更为先进的社会制度。

其一,资本主义与大机器生产结合在一起创造了强大的生产力。在资本主义之前和资

---

① 马克思,恩格斯.共产党宣言[M]//马克思恩格斯选集:第 1 卷.北京:人民出版社,2012:405.

本主义出现的初期,生产的主要形式是以手工劳动为基础的小生产,分工简单,产品数量少。随着大机器生产体系的出现,资本主义生产方式的物质技术基础发生重大变化,社会分工和协作迅速扩大,生产社会化程度不断提高,形成了巨大的生产力。机器大工业生产体系的形成使资本主义生产方式创造了巨大的生产力,显示出比封建社会更大的优越性,从而确立了资本主义生产方式的统治地位。

其二,资本主义使商品货币关系成为普遍的经济交往形式,推动了生产力的发展。资本主义以前的社会形态,如奴隶社会、封建社会等都是以自给自足的自然经济为基础的,在自然经济条件下,生产的目的是获取使用价值,受到剥削者自身的物质生活需求和被剥削者自身的生理条件的限制,生产活动以家庭为基本单位进行,生产规模小,生产手段简单,生产力水平低下。资本主义生产方式建立在商品经济高度发展的基础上,资本主义商品经济将社会经济关系商品化、货币化,价值财富成为资本家追求的目标,对价值财富的追求不受财富的使用价值形态的限制,价值财富的积累可以无限制地扩大。在资本主义生产方式下,作为资本人格化的资本家生存的意义,就是无止境地追求剩余价值,资本家在不断增大剩余价值生产的同时,也推动了社会生产力的发展。

其三,随着资本主义生产方式的发展,资产阶级在反对封建专制主义的斗争中提出了符合自身利益和要求的"主权在民""天赋人权""分权制衡""社会契约论""自由、平等、博爱"等政治思想,并在这些思想的指导下建立起了资本主义政治制度和思想体系。资本主义在经济上保护自由竞争、等价交换,政治上要求自由民主、正义公平等,思想上要求平等、自由、开放。与奴隶制和封建制国家相比,这无疑是人类社会生活的一大进步,有力地推动了生产力的发展和社会的发展。

## 二、资本主义为共产主义所代替的历史必然性

尽管在人类社会发展的一定历史阶段,资本主义极大地促进了生产力发展,但从长远的发展趋势看,资本主义制度终究要为新的、更加美好的社会制度所取代,这是不以人的意志为转移的。这个更加美好的社会,马克思和恩格斯称其为共产主义,它的低级阶段是社会主义。资本主义的内在矛盾的发展必然导致资本主义被社会主义和共产主义所代替。

其一,资本主义基本矛盾是经济危机的根源。资本主义基本矛盾"包含着现代的一切冲突的萌芽"[1]。资本主义生产方式越是占统治地位,越是发展,"社会的生产和资本主义占有的不相容性,也必然越加鲜明地表现出来"[2]。资本主义基本矛盾是生产社会化与生产资料的资本主义私人占有之间的矛盾,表现在阶级关系上是无产阶级和资产阶级的对

① 恩格斯.社会主义从空想到科学的发展[M]//马克思恩格斯选集:第3卷.北京:人民出版社,2012:801.
② 恩格斯.社会主义从空想到科学的发展[M]//马克思恩格斯选集:第3卷.北京:人民出版社,2012:802.

立。资本主义基本矛盾的表现形式是多种多样的,比如,个别工厂中生产的有组织性和整个社会生产的无政府状态之间的矛盾,资本主义生产的无限扩张与劳动者有支付能力的消费需求相对狭小之间的矛盾,虚拟经济无限膨胀与实体经济不断萎缩之间的矛盾,政府财政支出不断扩大与财源枯竭、债台高筑之间的矛盾,资本主义经济全球化扩张与资本主义民族国家主权界限的矛盾,等等。这些矛盾的发展和激化必然导致资本主义经济危机频繁爆发。马克思和恩格斯认为,经济危机证明:"一方面,资本主义生产方式暴露出它没有能力继续驾驭这种生产力。另一方面,这种生产力本身以日益增长的威力要求消除这种矛盾,要求摆脱它作为资本的那种属性,要求在事实上承认它作为社会生产力的那种性质。"①也就是说,只有用社会主义和共产主义生产方式取代之,才能从根本上解决资本主义生产方式的基本矛盾。

其二,资本积累推动资本主义基本矛盾不断激化并最终否定资本主义自身。从资本主义积累过程来看,资本主义基本矛盾在资本积累过程中不断发展。如果说资本主义的原始积累使资本主义生产方式得以形成,那么,资本的不断积累则为否定资本主义制度自身准备了物质条件。例如,资本的不断积累使社会生产的规模不断扩大,而大规模的生产本身必然会冲破私人对生产过程的控制;资本的不断积累必然提高生产的社会化程度,这在客观上势必导致生产的集中和资本的集中,使资本的社会化占有成为可能;资本的不断积累使对生产过程的管理社会化了,相应地派生出管理社会化大生产的管理人员和专业的管理机构,而这些都弱化甚至排斥私人资本在管理中的地位和作用。总之,当资本主义基本矛盾及其派生的各种矛盾在资本积累中不断发展、激化到资本主义制度自身无法使之释放时,公有制取代私有制、社会主义取代资本主义就将成为不可避免的结果。这是资本主义积累过程所具有的客观历史趋势。

其三,经济全球化为社会主义和共产主义取代资本主义创造条件。经济全球化的过程是生产社会化程度不断提高的过程。在经济全球化进程中,社会分工得以在更大的范围内进行,资金、技术等生产要素可以在国际社会流动和优化配置,由此可以带来巨大的分工利益,推动世界生产力的发展。资本主义主导的经济全球化具有两面性,在推动生产社会化水平不断提高的同时,也在激化各种矛盾。如发达资本主义国家和落后国家之间出现"数字鸿沟",差距扩大;发展中国家在经济全球化进程中获益很少,有的甚至有被边缘化的危险,发展资金匮乏、债务负担沉重、贸易条件恶化、金融风险增加以及技术水平的落后,使发展中国家总体上处于不利的地位;在经济增长中忽视社会进步,环境退化与经济全球化有可能同时发生;经济全球化使各国的产业结构调整变成一种全球行为,它既为一国经济竞争力的提高提供了条件,同时也存在对别国形成依赖的危险;各国经济发展的不平衡不断

---

① 恩格斯.社会主义从空想到科学的发展[M]//马克思恩格斯选集:第3卷.北京:人民出版社,2012:808.

加剧,贫者愈贫、富者愈富的现象在继续发展。经济全球化的矛盾是经济全球化进一步发展的动力。经济全球化的深度发展必然要求改变经济全球化的资本主义主导性,要求改革不合理的国际经济秩序,使经济全球化成为世界各国"共赢"的经济全球化、世界各国平等的经济全球化、世界各国公平的经济全球化和世界各国共存的经济全球化。这意味着经济全球化最终将摆脱资本主义的主导,成为为全人类带来最大福利的全球化,成为推动资本主义生产方式被社会主义和共产主义所取代的全球化。

### 三、 从资本主义向社会主义和共产主义过渡是一个长期的历史过程

资本主义向共产主义的过渡是一个复杂的、长期的历史过程。

其一,生产社会化程度的提高需要长期的历史发展过程。生产社会化程度的不断提高是社会主义和共产主义取代资本主义的重要物质条件,而生产社会化程度的提高不可能一蹴而就,必须经过很长的历史发展过程才能实现。当今世界各国生产力发展水平差别很大,除少数发达资本主义国家外,许多不发达的资本主义国家还没有完全实现工业化,生产规模狭小,物质财富匮乏,依然没有摆脱贫穷落后的面貌。这些不发达的资本主义国家若没有特殊的矛盾和革命形势,则要经过资本主义发展的较长历程,才能逐步为社会主义准备物质基础。就发达资本主义国家而言,发达资本主义各国间经济和政治的发展存在不平衡性,特别是到了垄断资本主义阶段,垄断资本主义国家间发展的不平衡更为明显,社会主义革命有可能在资本主义链条中的某些薄弱环节,在一国或数国首先发生,而另外一些资本主义国家可能继续存在和发展。因此,从世界范围来看,资本主义向社会主义过渡必将是一个相当长的历史过程。

其二,资本主义还有一定的发展潜力,不会在短时期内灭亡。目前的世界经济和政治格局是以发达资本主义国家为主导的,旧的国际经济和政治秩序依然存在。虽然发达资本主义国家面临种种矛盾,经济呈现持续停滞状态,但是其科技、军事等方面的优势仍比较显著,发展中国家不同程度地依赖于发达国家和国际垄断资本。与之相比,社会主义国家的经济发展水平还比较低,科研开发能力也比较弱,生产力发展水平距离财富极大丰富、劳动不再是谋生手段、个人实现自由全面发展的条件还很远,在生产力发展水平上最终超过资本主义、从而更加充分证明社会主义制度的优越性仍需付出十分艰苦的努力。社会主义自身的发展还需要走比较长的路,这意味着社会主义最终取代资本主义是一个长期的历史过程。

其三,资本主义的自我调节能力还比较强,决定了过渡的长期性。马克思说:"无论哪一个社会形态,在它所能容纳的全部生产力发挥出来以前,是决不会灭亡的;而新的更高的生产关系,在它的物质存在条件在旧社会的胎胞里成熟以前,是决不会出现的。"[①]资产阶

---

① 马克思.《政治经济学批判》序言[M]//马克思恩格斯选集:第2卷.北京:人民出版社,2012:3.

级为了维护资本主义制度和自己的利益,必然会在资本主义生产方式的限度内,根据社会化大生产的要求对资本主义生产关系进行局部调整,使资本主义生产关系与生产力的发展在一定限度内相适应,从而为生产力的进一步发展提供一定的可能性。尽管从长期趋势看,资本主义的这种自我调节的空间不断缩小、能力日益减弱,资本主义在全世界被社会主义所取代是一个漫长的历史过程,这个过程可能出现这样那样的曲折,但从资本主义向社会主义过渡的总趋势是必然的历史走向。马克思在论述资本主义生产方式时指出:"发展社会劳动的生产力,是资本的历史任务和存在理由。资本正是以此不自觉地创造着一种更高级的生产形式的物质条件。"①这是对资本主义历史过渡性最精辟而辩证的论述。

## 第二节　当代资本主义的新变化及面临的困境

### 一、当代资本主义的阶段性特征

在生产力与生产关系矛盾运动的推动下,资本主义经济制度处在不断的发展变化中。从劳动方式看,经历了工场手工业、机器大工业、福特主义、后福特主义的发展;从所有制结构看,经历了业主私有制、股份资本所有制、国家资本所有制的发展;从国家与市场的关系看,经历了自由竞争、垄断和国家垄断的发展;从资本形态看,经历了商业资本主义、工业资本主义和金融资本主义的发展;从空间形式看,经历了民族资本主义、国际资本主义和全球资本主义的发展。

当前的资本主义处于什么样的发展阶段?对于这一问题,学术界有不同的认识,如国际垄断资本主义、金融资本主义、金融垄断资本主义、全球资本主义、新自由资本主义、信息化资本主义等。虽然人们的概括各有不同,但比较一致的意见认为,20世纪70年代滞胀危机后,资本主义发生了深刻而重要的变化,主要是:

1. 生产信息化。20世纪70年代以来,爆发了以信息技术为核心的新的科技革命,导致生产方式的深刻变革,生产过程逐渐向半自动化和自动化方向发展,出现了弹性化、精细化、智能化、数字化等新的趋势,服务业取代工业成为国民经济的主要部门。

2. 政策新自由主义化。滞胀危机后,第二次世界大战后形成的国家干预主义受到了批判,以"市场化""自由化""私有化"为核心的新自由主义在理论和政策上获得了支配地位,对资本逐利活动的各种限制和调节被大大削弱,资本和市场对社会各个领域的渗透日益强烈。

---

① 马克思.《资本论》第三卷(节选)[M]//马克思恩格斯选集:第2卷.北京:人民出版社,2012:511.

3. 资本全球化。两大阵营解体后,资本主义世界体系在全球急剧扩张,几乎深入到了世界的每一个角落,生产全球化、贸易全球化和金融全球化飞速发展,跨国公司成了世界经济的主导性力量,全球统一的金融市场货币体系逐步形成。

4. 资本虚拟化或金融化。20 世纪 80 年代以来,货币、证券、外汇、金融衍生物等非实物的虚拟资产急剧膨胀,经济关系和社会资产越来越表现为债权、股权等金融关系和金融资产,金融资本成了占统治地位的资本形式。

上述四个方面变化相互联系。信息化技术赋予了资本高度的流动性和灵活性,为资本的全球化和金融化提供了技术基础和物质条件;新自由主义政策消减了国家对资本的限制,为资本的全球化和金融化提供了制度基础和政策手段;全球化和金融化使资本摆脱了国家主权和物质形态的束缚,为资本的运动创造了更大的空间和新的形式。这些重要变化表明,当代资本主义的发展具有了新的阶段性的特征,即人们通常所说的信息化、全球化、金融化和新自由化的垄断资本主义,这是我们科学认识当代资本主义经济的本质与运动规律的基本依据和出发点。

## 二、资本主义基本矛盾的深化

在资本主义发展的新的阶段,以信息革命为基础的社会生产力获得了巨大的发展,生产的社会化程度不断提高,但是,生产力是有社会属性的,在资本主义制度体系中,生产力是资本的生产力,生产力发展的同时表现为资本力量的加强。在当代,随着资本主义生产方式的深刻变化,资本主义的基本矛盾即生产的社会化与生产资料资本主义私人占有制之间的矛盾也在不断深化,西方资本主义经济停滞呈现出明显的常态化,主要表现为:

其一,产业空心化导致产业危机,严重削弱国家竞争力。20 世纪 70 年代以来,西方国家的纺织、服装、造船、炼钢、家电、汽车等产业开始衰退,新兴高技术产业发展缓慢,产业结构中缺少带头产业。在制造业日益萎缩的同时,西方各国一直持续增长的产业是生产性服务业,主要包括国际贸易、国际金融、国际保险、咨询业、广告业、批发业等。目前在西方发达国家的三次产业中,各次产业的产值在国内生产总值中的比例是,第一产业约为 5%,第二产业约为 15%,第三产业约为 80%。这样的产业结构意味着加工制造业趋于萎缩,大部分普通消费品、日用品、工业制成品等在西方国家已不生产,消费品需求主要靠进口来满足,外贸赤字迅速扩大,产业竞争力严重衰竭。

其二,金融危机频繁爆发。20 世纪 70 年代以来,西方国家推动金融自由化,是为了将陷入"滞胀"泥沼的经济拉出来,恢复往昔的繁荣,然而实施金融自由化的后果却是金融风险的不断扩大和金融危机的频繁爆发。金融业的发展基础是实体产业的发展,只有深厚的实体产业基础才能支持繁荣的金融业。金融危机本质上是工业衰退的危机,是产业衰退和资本主义财富创造能力枯竭的表现。金融危机的作用是挤水分,是按比例发展规律在资本主义条件下的实现形式,其底线是金融业的发展与实体经济发展的要求相适应。金融危机的结果必然表现为财产性收入的大幅度缩水、金融机构的大批倒闭以及金融从业人员的大量失业。

其三,政府债务负担不断加重,公共开支难以为继。第二次世界大战后,西方国家财富越来越向少数人手里集中,两极分化越来越严重。这一切对资本主义制度构成严重威胁,迫使资产阶级政府通过扩大公共开支来缓和矛盾。然而,加工制造业的衰退弱化了经济增长,政府扩大财政收入失去了经济来源。政府向资本家征税以维持福利制度,结果却迫使资本家借对外直接投资之名,将资本和相应的收入转移他国,以达到避税目的,这使政府税源进一步减少。产业空心化和制造业衰落以及资本家逃税行为使政府通过增大公共开支来支持福利制度变得非常困难,被迫举债以维持公共开支,结果使债务雪球越滚越大。目前所有发达资本主义国家的政府都背负着巨额债务,债务危机随时爆发并压垮资本主义经济。

其四,经济持续下行,复苏和新的繁荣遥遥无期。自20世纪70年代以来,虽然个别时期个别国家经济有短暂较高速的发展,但是总趋势是逐步下行的,2008年全球金融危机后更是整体呈现停滞态势,经济复苏乏力。2008年世界金融危机期间,西方各国政府采取了一系列措施试图挽救遭受重创的经济,包括:出巨资援助大银行和大公司;实施宽松货币政策,将利率降到零甚至零以下的水平,并推出非常规的"量化宽松"政策;实施再工业化政策,鼓励海外投资回流本土;加大基础设施、环境保护、高新技术产业的投资,创造新的经济增长点;等等。然而政策实施的成效甚微。目前西方国家投资疲弱,消费不振,出口乏力,通货紧缩严重,经济复苏极其缓慢。

其五,通货膨胀高位运行。随着去工业化和产业空心化加剧,西方发达经济体物质财富生产能力严重萎缩,供求结构失衡成为常态。2008年金融危机爆发以来,西方各国的中央银行都使用了前所未有的货币宽松政策,导致通货膨胀率上升,2020年新冠病毒大流行让处于困境中的经济雪上加霜,推动通货膨胀率进一步上升,进入2022年后,通货膨胀率更是急剧攀升,2022年5月,美国居民消费价格指数同比涨8.6%、工业品出厂价格指数同比涨10.8%①,欧元区5月居民消费价格指数同比上升8.1%②,达到40年来最高点。超级通货膨胀推动西方国家经济陷入严重衰退,民众生活困难加剧。

其六,失业率高居不下。1974年后,各发达资本主义国家的失业率几乎都超过了5%。到了20世纪80年代,虽然通货膨胀得到了抑制,但失业率仍然居高不下。20世纪90年

---

① 美国高通胀是过度刺激和结构失衡的必然产物[EB/OL].国家改革和发展委员会网站,2022-06-29. http://www.ndrc.gov.cn/wsdwhfz/202206/t20220629_1329214.html?

② 欧洲央行加息箭在弦上[N/OL].经济日报,2022-06-18(04).http://paper.ce.cn/pc/layout/202206/18/node_04.html.

代,失业现象进一步加重,特别是欧洲国家的失业率达到空前严重的程度。1995 年,经济合作与发展组织(OECD)25 个成员国的平均失业率高达 8%。1997 年,欧盟国家平均失业率高达 10.9%①。金融危机导致严重失业,美国失业率从 2007 年的 4.6%上升到 2008 年的5.8%和 2009 年的 9.3%②,日本失业率从 2007 年的 3.9%上升到 2008 年的 4%和 2009 年的5.1%③,欧元区失业率从 2007 年的 7.1%上升到 2008 年的 7.5%和 2009 年的 9.4%④。2022年后,为了抑制日益加剧的通货膨胀,西方国家中央银行又纷纷采取激进加息政策,导致经济陷入衰退,失业率上升。

其七,中产阶级分化,橄榄型阶级结构转变为金字塔形结构,表现为阶级对抗加剧。随着制造业的迅速萎缩,中产阶级的主导地位被动摇,收入增长缓慢,生活状况越来越差。经济陷入持续低迷使得庞大的政府公共开支难以为继,不得不实行紧缩政策,造成了中产阶级人数的减少和收入水平的下降。随着中产阶级的分化和在社会政治生活中平衡作用的减弱,西方社会形成了极少数最富有人群与大多数低收入人群的严重对立,这种状况仿佛回到了财富占有极端不平等的资本主义发展的初级阶段,社会的阶级结构重新表现为穷人和富人两大集团的对立。

### 三、当代资本主义经济持续停滞的原因

资本主义制度走向衰落直至陷入停滞是大趋势,主要原因在于:

其一,以私有制和雇佣劳动为基础的基本经济制度。西方国家的市场经济偏重市场调节,轻视政府干预,这与其实行的基本经济制度有密切关系。西方资本主义经济制度的核心是私有制与雇佣劳动制度,私人资本在市场经济中占据支配地位,私人资本与雇佣劳动之间的关系具有对抗性。私人资本的本性是追求最大利润,它构成了私人资本从事所有经济活动的唯一动机和目标,决定了资本主义市场经济的固有特征,即资本利益至上。在资本主义私有制条件下,最能体现私人资本意志的经济秩序是自由放任和自由竞争,市场发挥自发调节作用的自由市场经济是最符合私人资本的本性和意志的经济运行机制,体现了私人资本追求最大利润的目标和要求。基于资本主义私有制,私人资本追求私人利益最大化而不是社会利益最大化,私人利益与社会利益存在着尖锐的矛盾,私人资本对任何限制和约束其谋求私人利益最大化的行为的制度安排本能地予以抵制,拒绝承担任何以牺牲资本私利为代价的社会义务和责任,反对政府基于社会利益对其谋利行为的干预和调控,导致经济持续停滞,社会财富创造能力枯竭。

① 世界银行."总失业人数(占劳动力总数的比例)"(模拟劳工组织估计)。
② 国家统计局.美国经济[J].中国经济景气月报,2011,132(03):227.
③ 国家统计局.日本经济[J].中国经济景气月报,2011,132(03):229.
④ 国家统计局.欧元区经济[J].中国经济景气月报,2011,132(03):228.

其二,以权力制衡为特征的政治法律制度。西方市场经济体制中市场力量强大而政府地位弱小,与西方的政治制度也有密切关系。在西方的"三权鼎立"制度安排中,立法是基础,司法是保证,行政只是立法和司法的从属与执行机构,基本职能是落实议会批准和通过的各项政策和法规。西方国家最有势力的资本利益集团既操纵议会的立法过程,又控制政府行政部门首脑的选举,政治体制沦为利益集团的驯服工具。在这套制度中,不同党派为各自代表的利益集团的私利在立法机构激烈争斗,相互掣肘和拆台,很难就重大经济和社会问题达成一致,决策效率极端低下,致使作为执行机构的政府难以有效发挥职能,很难及时应对、解决经济社会发展中出现的重大问题和矛盾,导致经济持续停滞,社会财富创造能力枯竭,人们的收入水平不断下降。

其三,以新自由主义为核心的意识形态。新自由主义是流行于西方社会的主流意识形态。新自由主义形成于 20 世纪 30 年代,发展于 20 世纪 70 年代初,主要以英国的弗里德里希·奥古斯特·冯·哈耶克(Friedrich August von Hayek)、美国的米尔顿·弗里德曼(Milton Friedman)等发表的一系列论著中阐述的新自由主义思想为代表。新自由主义思想的主要内容是:宣扬个人高于社会的唯心主义历史观,将个人自由视为自由市场经济的基础;反对公有制,极力主张全盘私有化;倡导经济自由主义,迷信市场自行调节,断言市场机制可以有效地实现资源配置;反对国家干预,认为国家干预只会扭曲资源配置,降低资源配置效率,管得最少的政府才是最好的政府。自 20 世纪 70 年代以来,哈耶克、弗里德曼等宣扬的新自由主义在西方大行其道,西方国家实施了一系列旨在强化市场调节,削弱国家干预的政策措施,遂使西方市场经济体制向更加偏向市场的方向转变。这种模式对私人资本的经济行为缺乏有效约束,对宏观经济波动和失衡状态缺乏有力调控,对私人利益与社会利益的矛盾难以有效化解,导致经济和社会矛盾日益激化,金融危机、债务危机频发,经济停滞常态化,社会成员的高收入难以为继。

## 四、资本主义向何处去

2008 年全球金融危机对资本主义制度无疑是一次沉重的打击,资本主义制度的合理性受到广泛的怀疑,资本主义制度将何去何从,再次成了国内外广泛关注的话题。在当前的关于资本主义走向的讨论中,逐步形成了四种比较有代表的观点:

1. 自由竞争资本主义。这是新自由主义者提出的方案。在 20 世纪 70 年代的滞涨时代,这种方案确实赢得了听众;但现在,一场席卷全球至今仍在发酵的全球金融经济危机已经充分暴露了新自由主义的恶果。事实是,国家干预不仅是当代资本主义存续的必要条件,更是资本主义在危机中维护其利益的最现实有力的工具,国家干预不仅不可能退出历史舞台,还有可能在危机中和危机后进一步加强。这种客观现实意味着,自由竞争资本主义已丧失了其存在的历史条件。

2. 国家干预资本主义。这种方案认为,通过合适的凯恩斯主义财政和货币政策,能有效地解决全球性经济衰退,重新实现资本主义经济的持续增长。然而,事实上自危机爆发后到现在,各国政府纷纷采取了大力度的常规和非常规救市措施。这些措施确实防止了全球金融和经济的崩溃,但并未能引导全球经济走出危机,相反却带来了主权债务危机等一系列新的矛盾,经济衰退的阴影根本没有被有效地驱除。

3. 民主社会主义。实行民主社会主义政策的实质是要改变资本相对劳动的强势地位,实现资本和劳动合作与和谐,解决需求不足的危机。然而在当前的社会历史条件下,由于资本的信息化、金融化和全球化的发展,大大增强了资本对劳动力的控制力,强资本弱劳动力的格局已经形成,改变"资强劳弱"的生产关系、缩小贫富差距和实现劳资关系的再平衡几乎是一项无法完成的任务。

4. 工业资本主义。鉴于金融资本盲目膨胀的巨大危害,欧美各国政府纷纷出台政策,力图通过监管制度改革与新兴产业政策来平衡国内金融资本与产业资本的关系,实现资本主义经济运动一定程度的去金融化,从而促进经济的可持续增长。但是,面临的困难是相当大的。根本的原因在于,金融垄断资本是资本的最高级历史形态,金融资本主义是对工业资本主义的历史替代,是资本主义历史发展过程的必然结果。金融垄断资本对国际国内的统治只会加强不会削弱。

总体来看,资本主义制度目前陷入了进退维谷的境地,其自我调整的空间越来越窄,这一点现在表现得很明显了。从技术上看,信息化的发展导致了资本对劳动的强烈排斥,资本主义发展日益表现出了产业空洞化和无就业增长的特点;从所有制上看,资本的虚拟化意味着生产资料私有制的历史合理性正在丧失,这是作为私人财产的资本在资本主义生产方式本身范围内的扬弃;从资本形态上看,金融资本是资本运动的最高级和最纯粹的形态,资本的运动摆脱了物质形态的束缚并与生产过程日益脱节;从空间上看,资本的全球化把资本主义生产方式扩展到了全世界的每一个角落,在空间发展上已经达到了极限。面对当前的金融经济危机,我们看到,无论是新自由主义、国家干预主义还是福利资本主义,都显得无能为力、力不从心。实行新自由主义,难以解决资本主义市场经济所固有的失业、经济危机和贫富分化等严重问题;实行国家干预主义,会损害私有制神圣不可侵犯的原则,损害资本主义经济的活力;实行紧缩性的财政货币政策,会加剧经济衰退与恶化和失业问题;实行刺激性的财政货币政策,会加剧债务危机、扩大资产泡沫,同时对于解决生产过剩和失业问题也无大的帮助。面对这样的困境,发达国家往往凭借强大的金融、政治和军事实力,甚至不惜发动战争,打垮竞争对手,维护本国利益,对外转嫁危机。事实一再证明,资本主义国家用来解决危机的种种手段,只能使这些危机以更大的规模重新出现。市场失灵与政府失效交织、自由主义的危机与国家干预危机并发,是资本主义基本矛盾发展不可避免的后果,也是资本主义制度走向衰落的历史征兆。

## 第三节　坚持远大理想和发展阶段相统一

### 一、共产主义的基本特征

共产主义是人类社会发展史上一种崭新的社会制度。马克思主义经典作家从一些最基本的方面揭示了共产主义社会的基本特征,包括:消灭私有制,建立公有制;社会生产实行有计划调节;物质财富极大丰富,实行按需分配;消灭脑力劳动和体力劳动、工农和城乡之间差别;消灭阶级对立,实现社会和谐;等等。

实现人的自由而全面的发展,是马克思主义追求的根本价值目标,也是共产主义社会的根本特征。1894年1月3日,意大利人卡内帕给恩格斯写信,请求他为即将在日内瓦出版的《新纪元》周刊的创刊号题词,而且要求尽量用简短的字句来表述未来的社会主义纪元的基本思想,以区别于伟大诗人但丁对旧纪元所作的"一些人统治,另一些人受苦难"的界定。恩格斯回答说,除了从《共产党宣言》中摘出下面一段话外,再也找不出合适的了,这就是:"代替那存在着阶级和阶级对立的资产阶级旧社会的,将是这样一个联合体,在那里,每个人的自由发展是一切人的自由发展的条件。"[1]

在共产主义条件下,人摆脱了自然经济条件下对人的依赖关系,也摆脱了商品经济条件下对"物的依赖性",实现了人的"自由个性"的发展。人的发展是全面的发展,不仅体力和智力得到发展,各方面的才能和工作能力得到发展,而且人的社会联系和社会交往也得到发展。共产主义社会中人与人之间形成事实上的平等,整个社会是和谐的,社会发展与个人发展实现了真正的统一,社会发展不再以牺牲某些个人的发展为代价。在共产主义社会,劳动不再是单纯的谋生的手段,而成为乐生的活动,成为"生活的第一需要"。那时,劳动能力和劳动时间不再是分配消费品的尺度,因而劳动摆脱了谋生的压力,成为发挥人的才能和力量的活动。由于劳动不再是固定僵化的旧式分工中的劳动,由于劳动时间变短和不再需要超时劳动,也由于劳动过程所具有的高度创造性等,劳动不再是单调枯燥和具有强迫性的活动,而成为人们乐于从事的自我实现的活动,成为人生快乐的巨大源泉。共产主义是人类解放的实现,那时人类将最终从支配他们生活和命运的异己力量中解放出来,实现从必然王国向自由王国的飞跃,开始自觉地创造自己的历史。

---

[1]　马克思,恩格斯.马克思恩格斯书信选编[M]//马克思恩格斯选集:第4卷.北京:人民出版社,2012:647.

## 二、 共产主义社会是历史发展的必然趋势

共产主义一定能够实现,这是由人类社会的发展规律所决定的。人类社会从低级到高级的发展,是一个社会形态发展和交替的过程。奴隶社会取代原始社会,封建社会取代奴隶社会,资本主义社会取代封建社会,社会主义社会取代资本主义社会,社会主义社会经过长期发展进入共产主义社会,这是一个客观必然的历史进程。

1. 共产主义理想的实现是历史规律的必然要求。共产主义理想一定会实现,是以人类社会发展规律以及资本主义社会的基本矛盾发展为依据的。马克思和恩格斯深入研究资本主义社会,特别是研究资本主义的经济运动,揭示了资本主义生产方式的特点,论证了资本主义发展的自我否定的趋势;揭示了资本主义生产社会化与生产资料私人占有的基本矛盾,论证了资本主义的历史暂时性;揭示了资本主义剥削的秘密,证明了资本主义的非正义性,论证了工人阶级推翻旧世界建设新世界的历史使命;揭示了工人阶级和资产阶级斗争的发展规律与趋势,论述了工人阶级解放斗争胜利的必然性。

理论发展:
**全球化与共产主义**

社会主义运动的实践,特别是社会主义国家的兴起和不断发展,已经并正在用事实证明共产主义理想实现的必然性,社会主义革命的胜利本身就是共产主义理想可以实现的证明。现实中的社会主义是共产主义社会的初级阶段,它与共产主义社会在性质上是一致的。现实中的社会主义国家还在继续发展中,这种发展持续的时间越长,取得的成就越大,就为共产主义高级阶段的到来提供着更多、更有利的条件,也提供了更有力的实践证明。

2. 实现共产主义是无产阶级解放斗争的最终目标。在人类历史上,对美好生活和理想社会的向往与追求源远流长。在阶级社会中,处于社会底层的广大劳动群众渴望有朝一日能摆脱剥削和压迫,摆脱贫困和动荡,过上安定富裕的生活。一些仁人志士也曾提出过一些对未来社会的设想,并为实现这些设想而奔走呼号、英勇奋斗。可以说,在阶级社会中人们始终向往和追求着一种没有剥削、没有压迫的理想社会。但历史证明,以往的任何阶级都不可能实现消灭剥削和压迫的社会理想。随着人类历史进入资本主义社会,随着资本主义社会自身矛盾运动的发展及无产阶级的发展壮大,人类追求和实现美好理想社会的使命,历史地落在了无产阶级的身上。

工人阶级是先进生产力的代表,他们深受资产阶级的剥削和压迫,为争取自身的解放进行了不懈的斗争。马克思和恩格斯适应工人阶级解放斗争的需要,经过艰苦的理论工作,创立了科学的社会主义理论,深刻揭示了工人阶级作为最革命的阶级所肩负的推翻资本主义、建立共产主义新社会的伟大使命。马克思主义的创立及其与工人运动的结合,特别是马克思主义政党的产生,使工人阶级找到了科学的理论指导和坚强的领导核心,走上

了实现自身历史使命的更加自觉的道路。在全世界实现共产主义,是工人阶级解放斗争的最终目标,也是马克思主义政党奋斗的最高纲领。

3. 实现共产主义是全人类解放的根本体现。工人阶级的解放与全人类的解放是完全一致的。工人阶级特殊的社会地位和历史使命,决定了他们只有解放全人类才能使自己最后得到彻底解放。恩格斯指出,现代被剥削被压迫的阶级即工人阶级,"如果不同时使整个社会一劳永逸地摆脱一切剥削、压迫以及阶级差别和阶级斗争,就不能使自己从进行剥削和统治的那个阶级(资产阶级)的奴役下解放出来"。① 争取共产主义社会制度的最终实现,不仅是无产阶级彻底解放的标志,也是全人类得到解放的根本要求和体现。

## 三、坚定共产主义远大理想和中国特色社会主义共同理想

矢志不渝为共产主义远大理想和中国特色社会主义共同理想而奋斗,是中国共产党人坚定不移的理想信念。习近平强调,马克思主义政党的最高目标是实现共产主义,并把实现人的自由而全面的发展作为共产主义的本质特征。这一崇高理想站在了人类道义制高点,成为一代又一代共产党人忠贞不渝、坚强不屈的坚定信仰和不惧任何风险、战胜一切困难的精神支柱,成为马克思主义政党团结广大人民砸碎旧世界、创造新世界的精神旗帜。

在马克思和恩格斯的经典文献中,社会主义和共产主义实际上是一回事。在《哥达纲领批判》中,马克思把共产主义社会区分为高级和低级两个发展阶段,低级阶段就是后来人们所说的社会主义,高级阶段则是人们所说的共产主义。这两个阶段虽然在发展程度上有所差别,但并不是截然不同的两种社会制度,而是同一个社会制度的不同发展阶段,因此,它们在本质上具有许多共同之处,包括人的全面发展、生产资料的公有制代替私有制、有计划地发展、以满足人民群众日益增长的物质和文化需要为生产目的、人民群众共享发展成果、人民之间的互助合作关系等。

从资本主义向社会主义和共产主义的过渡,是人类社会发展的必然趋势;社会主义是共产主义的低级阶段,最终目标是实现共产主义,这一点,对中国特色社会主义来说,绝不是无关紧要的,而是其本质和灵魂所在。邓小平多次强调,"马克思主义的另一个名词就是共产主义。我们多年奋斗就是为了共产主义,我们的信念理想就是要搞共产主义。"②"我们马克思主义者过去闹革命,就是为社会主义、共产主义崇高理想而奋斗。现在我们搞经济改革,仍然要坚持社会主义道路,坚持共产主义的远大理想,年轻一代尤其要懂得这一点。"③"社会主义的任务很多,但根本一条就是发展生产力,在发展生产力的基础上体现出

---

① 马克思,恩格斯.共产党宣言[M]//马克思恩格斯选集:第1卷.北京:人民出版社,2012:385.

② 邓小平.改革是中国发展生产力的必由之路[M]//邓小平文选:第3卷.北京:人民出版社,1993:137.

③ 邓小平.政治上发展民主,经济上实行改革[M]//邓小平文选:第3卷.北京:人民出版社,1993:116.

优于资本主义,为实现共产主义创造物质基础。"①

我们要清楚地看到,实现共产主义理想需要经历很长过程和若干阶段,我国现在正处于并将长期处于社会主义初级阶段。坚持和完善中国特色社会主义经济制度,发展中国特色社会主义经济,始终不能离开共产主义这个远大理想,不断把为崇高理想奋斗的伟大实践推向前进。背离了这一远大理想,就会失去灵魂、迷失方向,犯颠覆性错误。同时,我们要清楚地认识到,我国正处于并将长期处于社会主义初级阶段,要自觉纠正超越阶段的错误观念和政策措施;要清楚地认识到,社会主义初级阶段不是静止不变的阶段,而是一个阶梯式递进、不断发展进步、日益接近质的飞跃的量的积累和发展变化过程。既要立足社会主义初级阶段,扎扎实实做好现阶段每一项工作,向着全面建成社会主义现代化强国的目标不断前进;又要胸怀远大共产主义理想,永不迷失前进的方向,把坚定共产主义远大理想和中国特色社会主义共同理想统一起来。

作为共产主义低级阶段的社会主义本身就是共产主义的一个部分,发展中国特色社会主义和落实社会主义本质要求的各项措施,如践行以人民为中心的发展思想、促进人的全面发展、完善以公有制为主体的基本经济制度、走共同富裕的道路、实现社会的公平公正、保障和改善民生、落实人民当家作主的权利、全心全意为人民服务等,都是实现共产主义远大理想的现实步骤和具体行动,都是在向共产主义的远大理想迈进。

共产主义既是客观的历史趋势,也是鲜活的奋斗实践,体现了人类对美好生活的永恒向往,它是合规律与合目的的统一。马克思主义认为,生产力的发展是社会发展的根本动力,而生产力的发展归根结底是人的能力的发展,这种发展最终必然导向共产主义。在《1857—1858年经济学手稿》等重要著作中,马克思凭借其高瞻远瞩的洞察力,从科学技术发展的一般规律中,对人类生产方式的变革的可能趋势作出了精辟的科学预测。他指出,一旦生产力发展到这样的程度,社会知识作为直接的生产力而发生作用,社会生活越来越受智力的控制和改造;工人不再是生产过程的主要当事者,而是站在生产过程的旁边;财富的创造较少取决于直接的劳动时间,从而使直接形式的劳动不再是财富的巨大源泉。一旦到了那样的时候,资本的历史使命就完成了,可自由支配的时间本身就成了财富的尺度,以占有他人劳动为基石的资本主义生产就会崩溃。现在,随着科学技术的巨大发展,信息化革命的不断深化,消灭阶级剥削、实现个人自由全面发展的物质条件正以前所未有的规模和速度日益成熟起来。

**本章小结**

1. 从资本主义向社会主义和共产主义的过渡,是人类社会发展的必然趋势。与封建主

---

① 邓小平.改革是中国发展生产力的必由之路[M]//邓小平文选:第3卷.北京:人民出版社,1993:137.

义相比,资本主义极大地促进了生产力发展,但从长远的发展趋势看,资本主义制度终究要为新的、更加美好的社会制度所取代,这是不以人的意志为转移的。

2. 在当代,资本主义生产方式深刻变化、基本矛盾不断深化,资本主义制度自我调整的空间越来越窄。市场失灵与政府失效交织、自由主义的危机与国家干预危机并发,是资本主义基本矛盾发展不可避免的后果,也是资本主义制度走向衰落的历史征兆。

3. 共产主义一定能够实现,这是由人类社会的发展规律所决定的。实现共产主义理想需要经历很长过程和若干阶段,是一个复杂的、长期的历史过程,在此过程中,需要把坚定共产主义远大理想和中国特色社会主义共同理想统一起来。

## 复习思考题

1. 简述资本主义为共产主义所代替的必然性和复杂性。
2. 试析资本主义基本矛盾在当代的新表现。
3. 阐述共产主义远大理想和中国特色社会主义共同理想的关系。

## 即测即评

请扫描二维码进行即测即评。

# 主要参考文献

1. 马克思,恩格斯.共产党宣言[M]//马克思恩格斯文集:第 2 卷.北京:人民出版社,2009.

2. 马克思.资本论[M]//马克思恩格斯文集:第 5—7 卷.北京:人民出版社,2009.

3. 马克思.《政治经济学批判》序言[M]//马克思恩格斯文集:第 2 卷.北京:人民出版社,2009.

4. 马克思.《政治经济学批判》导言[M]//马克思恩格斯文集:第 7 卷.北京:人民出版社,2009.

5. 恩格斯.社会主义从空想到科学的发展[M].北京:人民出版社,2018.

6. 列宁.国家与革命[M]//列宁选集:第 3 卷.北京:人民出版社,2012.

7. 列宁.论粮食税[M]//列宁选集:第 4 卷.北京:人民出版社,2012.

8. 斯大林.苏联社会主义经济问题[M].北京:人民出版社,1952.

9. 毛泽东.论十大关系[M]//毛泽东文集:第 7 卷.北京:人民出版社,1999.

10. 毛泽东.读苏联《政治经济学教科书》谈话[M]//毛泽东文集:第 8 卷.北京:人民出版社,1999.

11. 邓小平.建设有中国特色的社会主义[M]//邓小平文选:第 3 卷.北京:人民出版社,1993.

12. 邓小平.在武昌、深圳、珠海、上海等地的谈话要点[M]//邓小平文选:第 3 卷.北京:人民出版社,1993.

13. 江泽民.加快改革开放和现代化建设步伐,夺取有中国特色社会主义事业的更大胜利[M]//江泽民文选:第 1 卷.北京:人民出版社,2006.

14. 江泽民.高举邓小平理论伟大旗帜,把建设有中国特色社会主义事业全面推向二十一世纪[M]//江泽民文选:第 2 卷.北京:人民出版社,2006.

15. 江泽民.全面建设小康社会,开创中国特色社会主义事业新局面[M]//江泽民文选:第 3 卷.北京:人民出版社,2006.

16. 胡锦涛.高举中国特色社会主义伟大旗帜 为夺取全面建设小康社会新胜利而奋斗[M]//胡锦涛文选:第 2 卷.北京:人民出版社,2016.

17. 胡锦涛.坚定不移沿着中国特色社会主义道路前进 为全面建成小康社会而奋斗[M]//胡锦涛文选:第3卷.北京:人民出版社,2016.

18. 习近平.决胜全面建成小康社会 夺取新时代中国特色社会主义伟大胜利——在中国共产党第十九次全国代表大会上的报告[M].北京:人民出版社,2017.

19. 习近平.中共中央关于坚持和完善中国特色社会主义制度 推进国家治理体系和治理能力现代化若干重大问题的决定[M].北京:人民出版社,2019.

20. 中共中央关于制定国民经济和社会发展第十四个五年规划和二〇三五年远景目标的建议[M].北京:人民出版社,2020.

21. 中共中央关于党的百年奋斗重大成就和历史经验的决议[M].北京:人民出版社,2021.

22. 中共中央文献研究室编.习近平关于社会主义经济建设论述摘编[M].北京:中央文献出版社,2017.

23. 习近平.论把握新发展阶段、贯彻新发展理念、构建新发展格局[M].北京:人民出版社,2021.

24. 中共中央宣传部、国家发展和改革委员会.习近平经济思想学习纲要[M].北京:人民出版社、学习出版社,2022.

25. 习近平.高举中国特色社会主义伟大旗帜 为全面建设社会主义现代化国家而团结奋斗——在中国共产党第二十次全国代表大会上的报告[M].北京:人民出版社,2022.

26.《马克思主义政治经济学概论》编写组.马克思主义政治经济学概论[M].第2版.北京:人民出版社、高等教育出版社,2022.

27. 张宇.中国特色社会主义政治经济学[M].北京:中国人民大学出版社,2016.

28. 顾海良,荣兆梓等.中国特色社会主义政治经济学研究[M].北京:高等教育出版社,2019.

29. 洪银兴.新编社会主义政治经济学教程[M].北京:人民出版社,2018.

30. 逄锦聚,景维民等.中国特色社会主义政治经济学通论[M].北京:经济科学出版社,2018.

31. 刘伟.中国特色社会主义政治经济学[M].北京:北京大学出版社,2021.

# 重要术语索引

## 郑重声明

高等教育出版社依法对本书享有专有出版权。任何未经许可的复制、销售行为均违反《中华人民共和国著作权法》，其行为人将承担相应的民事责任和行政责任；构成犯罪的，将被依法追究刑事责任。为了维护市场秩序，保护读者的合法权益，避免读者误用盗版书造成不良后果，我社将配合行政执法部门和司法机关对违法犯罪的单位和个人进行严厉打击。社会各界人士如发现上述侵权行为，希望及时举报，我社将奖励举报有功人员。

反盗版举报电话　（010）58581999　58582371

反盗版举报邮箱　dd@hep.com.cn

通信地址　北京市西城区德外大街 4 号　高等教育出版社法律事务部

邮政编码　100120

读者意见反馈

为收集对教材的意见建议，进一步完善教材编写并做好服务工作，读者可将对本教材的意见建议通过如下渠道反馈至我社。

咨询电话　400-810-0598

反馈邮箱　jinxf@hep.com.cn

通信地址　北京市朝阳区惠新东街 4 号富盛大厦 1 座

邮政编码　100029

内容简介

　　本教材以其第三版为基础修订而成,全面反映习近平新时代中国特色社会主义思想特别是习近平经济思想的新发展和新时代中国特色社会主义经济的新实践,深入贯彻党的二十大精神。 中国特色社会主义政治经济学,是马克思主义政治经济学基本理论与中国改革和发展实践相结合的理论成果,是当代中国马克思主义政治经济学的集中体现,是指导中国特色社会主义经济建设的理论基础,习近平经济思想是中国特色社会主义政治经济学的最新成果。 本教材以习近平经济思想为指导,按照经济制度、运行、发展、开放四位一体的理论体系,阐述了中国特色社会主义政治经济学的基本理论,揭示了中国特色社会主义经济的本质特征和运动规律,分析了新时代中国特色社会主义经济的基本问题。 教材中二维码链接了相关理论发展、观点争鸣、历史演进、比较分析等教学资源和即测即评。

　　本书除可作为全国高等院校经济学类专业核心课教材外,也可供理论学习使用和研究参考。

**图书在版编目(C I P)数据**

　　中国特色社会主义政治经济学 / 张宇等主编. -- 4版. -- 北京:高等教育出版社,2023.6
　　ISBN 978-7-04-060437-5

　　Ⅰ.①中… Ⅱ.①张… Ⅲ.①中国特色社会主义-社会主义政治经济学-高等学校-教材 Ⅳ.①F120.2

　　中国国家版本馆 CIP 数据核字(2023)第 079698 号

中国特色社会主义政治经济学
Zhongguo Tese Shehuizhuyi Zhengzhi Jingjixue

| | | | | | | | | |
|---|---|---|---|---|---|---|---|---|
| 策划编辑 | 刘清田 | 责任编辑 | 刘清田　晋晓飞 | 封面设计 | 张　楠 | 版式设计 | 李彩丽 |
| 责任绘图 | 易斯翔 | 责任校对 | 王　雨 | 责任印制 | 赵义民 | | |

| | | | | |
|---|---|---|---|---|
| 出版发行 | 高等教育出版社 | 网　　址 | http://www.hep.edu.cn |
| 社　　址 | 北京市西城区德外大街 4 号 | | http://www.hep.com.cn |
| 邮政编码 | 100120 | 网上订购 | http://www.hepmall.com.cn |
| 印　　刷 | 北京中科印刷有限公司 | | http://www.hepmall.com |
| 开　　本 | 787mm×1092mm　1/16 | | http://www.hepmall.cn |
| 印　　张 | 24.5 | | |
| 字　　数 | 550 千字 | 版　　次 | 2017 年 4 月第 1 版 |
| 插　　页 | 2 | | 2023 年 6 月第 4 版 |
| 购书热线 | 010-58581118 | 印　　次 | 2023 年 12 月第 2 次印刷 |
| 咨询电话 | 400-810-0598 | 定　　价 | 57.00 元 |

本书如有缺页、倒页、脱页等质量问题,请到所购图书销售部门联系调换
版权所有　侵权必究
物 料 号　60437-00